大展好書　好書大展
品嘗好書　冠群可期

大展好書　好書大展
品嘗好書　冠群可期

警拳道

陶忠先 編著

• 警拳道徽標 •

警拳道徽標內涵解讀

一、散手圖案：象徵著警拳道的核心內容是散手搏擊。

二、太極圖圖案：象徵著警拳道陰陽虛實，健擊並存。深藏著博大精深的傳統武術文化，精湛技藝昇華到武道，武林秘籍就在其中。

三、雄鷹圖案：象徵著警拳道如似雄鷹一樣，具有超強的搏擊能力和頑強的生存能力。

四、金盾圖案：象徵著警拳道如似金盾一樣，堅不可摧，萬古流芳，永世長存。

五、95 和八角星圖案：象徵著警拳道誕生於 1995 年 9 月 5 日，從第一天誕生起，就以真功絕技向四面八方延伸發展。

●警拳道頂級段位標誌●

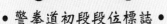

●警拳道初段段位標誌●

●警拳道中段段位標誌●

●警拳道高級段位標誌●

警拳道各段位標誌解讀

注：五角星每個角端的圓形圖案，各自代表著警拳道的散手、氣功、套路、武醫、武學理論五大內容。

一、初段段位標誌：發勁、有力的雙拳圖案，象徵著用紮實的拳腳功夫打出成績；一個朝上的箭頭，象徵著功夫步步為營，段位穩固向上晉升。

二、中段段位標誌：兩個朝上的箭頭圖案，象徵著功夫有新的突破、提高。

三、高級段位標誌：三個朝上的箭頭，象徵著警拳道散手、氣功、套路已全部掌握，整體武功又提升到一個新的境界，並飛快地向頂級衝刺。

四、頂級段位標誌：新增船舵圖案，象徵著警拳道實踐、秘籍、武醫、武學理論已全部掌握，可勝任駕馭、掌門、圓滿傳承警拳道這門獨立武學。

警拳道內涵解讀圖

千拳打開玄擊門　萬腳踢出警拳道

警拳道

立體散手

● 打法
- 強攻打法（有以剛克剛，以剛克柔打法，在步下、地趟、騰空打法中發揮）
- 打空間差反擊（屬以剛克剛打法，在步下、地趟打法中發揮）
- 躲閃反擊（屬以柔化剛反擊打法，在步下打法中發揮）
- 阻截反擊（剛柔阻截並存，在步下反擊中發揮）
- 誘惑反擊（屬前虛後實戰術反擊打法，在步下、地趟打法中發揮）

● 摔法
- 步下摔法（有主動和反擊摔法）
- 地趟摔法（有主動和反擊摔法）

● 擒拿
- 卸骨（主卸人體頸、肩、肘、手腕、指、膝、腳腕七大關節）
- 拿筋（主拿人體曲筋、伸筋、笑筋、麻筋）
- 拿穴（主拿兩臂與頸部要穴）
- 擒拿摔（主拿腳腕、手臂、頸部關節摔）

● 新穴術
- 按時辰點擊十二個血頭
- 點擊十二經脈
- 點擊三十六死穴

● 反刀槍
- 反擊持槍威脅
- 反擊持匕首威脅

● 器械擊法
- 雙節棍擊法
- 匕首刺法
- 手銬擊法與銬法

● 武術氣功
- 內氣練法（內氣九式練法）
- 外功練法（十拳武器及一指禪、鐵布衫練法）
- 中藥補助（中藥消毒、消腫、固功、固氣）
- 點穴固氣（十二時辰點穴固氣）

● 套路
- 空勁斬穴拳
- 踢擊戰棍
- 乾坤雙節棍
- 二人徒手對練
- 三人徒手對練
- 空手對匕首
- 空手奪棍

● 武醫
- 點穴解穴與藥物解穴
- 急救與上骨及刀傷、槍傷治療
- 中藥防毒、解毒

● 武學理論
- 《論武》《揭秘武林秘籍》《警拳道拳經》
- 《警拳道十拳武器解讀》《警拳道萬力勁法剖析》
- 《警拳道擊技八大差》《剛柔相生相剋解讀》

氣功
占30%

散手
占50%

套路
占20%

警拳道內容訓練比例

作者與馬英九總統

08 年作者與體委主任吳紹祖在浙江國際武術比賽中

02 年作者與泰國泰拳協會主席、陸軍中將納里在曼谷

05 年美國舊金山警察局長戴維會見作者

93 年亞洲武聯主席徐才為作者頒發比賽證書

98 年作者與中國武協主席李杰在北京

04 年中國武協主席王筱麟為作者頒發比賽證書

03 年作者與師父張山（中）于海（左）在山東

04 年作者與師父張山看望師爺張文廣

05 年作者與德慈、張山二位師父在深圳

94 年作者與中國武協秘書長康戈武在北京

15 年作者與中國武協副主席陳國榮在美國

05 年作者與徐才（中）、德慈師父（右）在山東

15 年作者與德卓師父在美國舊金山

99 年央視主持人胡琪主持作者破一指禪紀錄節目

03 年央視主持人李紅主持作者武功節目

94 年央視吳帆(左 4)來警拳道武校採訪作者(右 3)

96 年作者與中央警衛局教官王懷珠在北京

12 年作者與吳斌（中）、兒子陶小龍在美國比賽中

03 作者與師父張山、陶小龍在河北

13 年作者與吳斌在美國榮獲「國際武術名師」獎

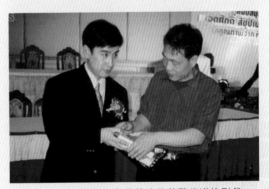

07 年泰國泰拳協會秘書長戴瑞收藏警拳道錄影帶

05 年作者與孫守年先生在美國警拳道武功學院

94 年作者與趙長軍在浙江武林精英演出中

作者擔任少林武僧副總教練出訪加拿大與國會警察

07 年作者與梁小龍、王群、計春華在山東

05 年張山為「警拳道杯」中美擂臺賽隊員頒發獎牌

05 年徐才、張山等在「警拳道杯」中美擂臺賽中

05 年張山、德慈、昌倉、牛懷錄在警拳道論證會中

美國兩位 MMA 冠軍參加作者功夫示範講座

作者指教美國海軍陸戰隊隊員學練警拳道搏擊術

04 年張山為作者頒發武術論文金獎

2004 年作者與夫人黃霞照

作者與夫人黃霞在美國阿波羅宇宙飛船登月倉前留影

美國《功夫》雜志封面刊登作者

作者獲聯合國工會頒發世界和平獎

作者與夫人黃霞在美國斯坦福大學

06 年作者與梁小龍、夫人黃霞、陶小龍在山東

01 年作者與學生、世界散打冠軍康力在美國

美國警拳道隊員在美國大黃蜂航空母艦上

作者與陶小龍獲全國武術功力大賽冠軍、第三名

2000 年作者在夏威夷

16 年作者在曼哈頓聯合國總部

05 年德慈師父為警拳道題寫武訓

作者在山東警拳道搏技武院創立警拳道

1992 年作者與兒子陶小龍練功照

作者全家三人在山東警拳道武校

2022 年 10 月作者全家在美國斯坦福大學

作者（左 2）在美國武術碩士畢業照

警拳道立體散手

95 年中央電視臺拍攝《警拳道實戰搏擊》

警拳道抓髮地趟摔

警拳道過橋摔

警拳道雙節棍反擊凶器

警拳道撞膝擊法

警拳道擒敵銬腕

警拳道騰空剪腿

警拳道劈掛腿

警拳道騰空撞膝

警拳道側踹腿

警拳道鐵指點擊天突穴

警拳道拿腕追蹤打法

警拳道拿腕反擊持凶器招法

警拳道高鞭腿

警拳道一人對付兩人練習

警拳道倒地後踢腳反擊從後鎖頸者

警拳道氣功絕技

警拳道二指禪倒立

警拳道鐵頭功倒立鐵管上吃玻璃

警拳道鷹爪功招斷直徑 5 毫米鋼絲

警拳道一指禪內勁橫頂 10 塊耐火磚

警拳道二指禪點穴功插碎酒瓶

警拳道轉身後搗肘擊斷石碑

警拳道赤腳後擺腿踢斷木棍

警拳道側端腿赤腳踢斷耐火磚

警拳道赤腳後擺腿踢碎酒瓶

警拳道內勁千斤墜功

警拳道轉身後鞭拳擊斷木棍

警拳道後擺腿赤腳踢斷木棍

警拳道側端腳踢斷石碑

警拳道劈掛腿赤腳劈斷耐火磚

警拳道鐵腳功鞭腿踢斷木棍

警拳道鐵砂掌與鐵頭功展示扇斷三磚

警拳道鐵膝功側撞膝撞斷石碑

中國武協主席徐才為警拳道題寫定名

中國禪書書法創始人、武僧德慈師父為警拳道題詞

中國武協副主席張山為警拳道題詞　　著名體育播音員宋世雄為警拳道題詞　　德卓師父為警拳道題詞

香港武打明星梁小龍為
警拳道題詞　　　　　　著名武術家吳彬為警拳道題詞　　　　著名武術家趙長軍為
警拳道題詞

序一

得知弟子陶忠先在美國所著《警拳道》一書即將出版，為師我深感欣慰，為本書作序以表祝賀和支持，以滿足他的心願。

陶忠先自幼習武，他虛心好學、博採眾長，擅於鑽研各種拳術擊法。他吸取中外武技之長，敢於身臨其境嘗試，勇於創新，歷經十餘年的刻苦研究，從中深得啟發，挖掘練就成一些獨特高效散手技術和氣功絕技，並將這些精髓作為警拳道的核心內容。他在散手、氣功絕技方面取得過突出成績，可見他對武術研究有高深造詣。

1992 年他創辦了山東警拳道武功學院，隨後中央電視臺三次專程採訪他，以《博採眾長的警拳道》向全國播放報導，之後又拍攝了《警拳道實戰搏擊》教學片，向全國播放，深受武林界好評。近幾年來，他多次出訪美國、加拿大、西歐等十幾個國家演出、教學，取得了可喜的成績。

1999 年移居美國，在美國又拍攝了十集英文《警拳道》教學片，深受海外武林界的歡迎。

尤其在 2008 年，聯合國工會在美國匹茲堡主辦的「世界和平促進會」上，他以獨特的警拳道功夫贏得了全場觀眾的熱烈歡迎，並且榮獲了大會頒發的「世界和平獎」，可謂是「德藝雙馨」，我為他獲取的榮譽感到非常高興。

2005 年 9 月，為了慶祝警拳道誕生十週年，我邀請了全國一批武術專家和山東省武術院負責人，對警拳道進行現場考察論證。專家們一致認為：警拳道內涵豐富、精湛，有深奧的武學研究價值。

《警拳道》一書出版，會從中揭秘許多武林秘籍，再現中華武術的博大精深，是件可喜可賀之事，一定會受到武術界的關注，大家也會從中得到益處和啟發。

中國武術院專家委員會專家
中國武術九段
國際武聯第一屆技委會主任
原中國武術協會常務副主席　張山
2017 年 6 月 15 日於北京

Per Face

美國功夫雜誌社社長 GIGI 為《警拳道》一書作序英文原文

Congratulations to your forthcoming book "Jing Quan Dao".I am very happy and willing to write this book preface.

Jing Quan Dao is an independent martial art system.It was founded by Grandmaster Alex Tao (Tao Zhongxian 陶忠先) in 1995 after a decade of dedicated research, combined with many advanced Sanshou techniques and qigong feats.I have heard that he spent an enormous effort in unlocking the secrets of the martial arts techniques,achieving the almost-lost martial arts skills, tapping the quintessence of the arts.At times, he personally tried risky experiments. After years of personal research and experimentation on his own body, his fearless spiritual devotion is worthy of our respect.

Kung Fu Tai Chi magazine has been in publication for over two decades, publishing interviews and reports on the world renowned martial arts masters, martial arts competitions, ring fights, and qigong seminars. In our January+February 2001 issue, we ran a cover story interview of Grandmaster Tao and his Jing Quan Dao system.We've also translated his nine instructional videos. The core methods of Jing Quan Dao are Sanshou fighting, qigong stunts, and especially its lethal acu-points attacking skills to strike the opponent's vulnerable acu-points, central nervous system, trigeminal and pneumogastric nerves, as well as seal main arteries.These are highly lethal,rare and unique methods.

The content of Jing Quan Dao is rich with many illustrations. It brought together Grandmaster Tao's lifelong effort and progressive approach to reveal many advanced martial art techniques. Grandmaster Tao dug out these precious techniques and martial arts training methods to make them public for the benefit of all enthusiasts.It is a great contribution to the world of martial arts. Readers, read this book carefully.It will be a glimpse of the wonders of martial arts.If you can train hard according to the methods listed in this book, there will be excellent opportunities for training advanced martial arts exercises.

Gigi Oh

OCT/ 9/, 2016

序二

美國功夫雜誌社社長 GIGI 為《警拳道》一書作序翻譯

喜聞陶忠先先生所著《警拳道》一書即將出版，非常高興，願為此書作序，表示祝祝賀。

警拳道，是陶忠先先生歷經十年的專注研究於 1995 年創立的一門獨立武學。我聽聞他在創始中所付出的巨大心血，為揭秘武林秘籍、練就失傳武林功法、挖掘國粹精髓，不惜多次親身冒險試驗，這種不懼艱難、為武術奮鬥及奉獻的精神值得我們尊重。

美國《功夫》雜誌社二十多年來宣傳、採訪、報導世界各國武術名家、流派，武術比賽、擂臺競賽、氣功講座等。在 2000 年我們也特別專刊報導陶忠先先生創始的警拳道，之後對警拳道的部分內容拍攝、翻譯過 9 集 DVD 教學片。警拳道是以散手搏擊、氣功絕技為核心的，特別是警拳道的斬穴術及氣功絕技，是極其獨特、罕見的。

《警拳道》這部書，彙集了陶忠先先生幾十年的心血，圖文並茂，內容非常豐富，由淺入深的揭示了許多鮮為人知的千古武林秘籍。陶忠先先生將研究、挖掘出的這些特殊技術、功夫練法，是首次在書中公佈於世，嘉惠武林同好，是對世界武術的巨大貢獻。

讀者如果精心研讀此書，將會一窺武林秘籍的奧妙。如果能夠按書中方法深悟苦練，將有機會練就武林真功絕技。《警拳道》這部書，其博大精深的武術內涵，為讀者破譯了通往高層武林的密碼，具有很深的武學研究價值。

美國功夫雜誌社社長：簡琪
2016 年 10 月 9 日

序三

喜聞弟子陶忠先即將出版《警拳道》一書，為師深表支持，故願為此書作序。

陶忠先 90 年隨我學練功夫，並列入門牆之內而傾囊相授，他聰明好學，刻苦練習，是我眾多弟子中的佼佼者。他功力深厚，拳藝精臻。常跟隨我外出比賽和演出。早在 93 年鄭州國際少林武術節就同我一起亮相，先後又在中國海南海口市與當代武林明星李連杰師父吳彬同台獻藝及觀摩。96 年又隨我前往北美加拿大，代表中國少林武僧團 1500 年來首次在境外演出，為期 28 天。在溫哥華，在多倫多，在蒙特利爾、艾民頓等城市，他那二指禪倒立、一指禪金剛指插碎酒瓶、鐵腳功赤腳高空旋轉擊斷石碑以及徒手對打更是技驚四座。

我深知，陶忠先聰明好學，善於鑽研，為揭秘武林秘籍、練就真功絕技、挖掘國粹精髓，敢於親身冒險試驗特殊功夫、特殊技術，並且非常注重武德。在他十年精心研究下，挖掘研究出許多高效散手技術和氣功絕技，以超人的膽識，於 1995 年成功創始了聞名海內外的警拳道，在武術研究上，是當今武林前無先例的獨具一人，這種不懼艱難、為武術奮鬥奉獻精神值得我們敬佩。

警拳道的特點是：不講花架子，注重速度快、硬度強、技術全面、反應靈敏，同時將氣功硬度注入到人身十拳中去，以敏捷的速度打出去，全面提升散手打擊威力。正如拳諺所說，「以快打慢，以硬打軟」、「拳到腿也到，打人如拔草」，讓警拳道發揮的淋漓盡致。真可謂；可圈可點，可讚可喜，歎為觀止。但警拳道又警示人們：有了功夫而不恃強凌弱，和善待人，為人謙卑，以父母的心腸待人，以兄弟姐妹的姿態與人和睦相處，慈善中又藏著威嚴。

《警拳道》一書出版，不單對警拳道愛好者是一個夢寐以求的練功秘籍，對各國專業拳種亦是一個珍貴的參考書，相信人們會從警拳道七大理論、八大訓練體系中得到裨益，清楚瞭解警拳道是如何揭秘武林秘籍、練就武林秘籍的，答案一一均在書中，聊贅數語，不敬為序。

時任中國武警體工大隊武功教練馮德卓呈上
2017 年 5 月 8 日於中國安陽市

前言

　　《警拳道》這部書，是繼中、英文二十二集《警拳道實戰》教學 DVD 發行後應中外警拳道愛好者的要求開始寫的。當然，這部書出版發行，也早在筆者計畫之中。因為警拳道，畢竟是我十年歷盡滄桑、冒險實驗、努力拚搏研究創立出的一門獨立武學。所以，創立警拳道、圓滿寫完這部書，是我的人生使命；將警拳道承傳、弘揚、流芳百世，更是本人的終生願望。

　　警拳道自 1995 年誕生後，中央電視臺和國家武術院曾先後採訪報導、拍攝了《警拳道實戰搏擊》教學片，其獨一無二的散手立體交戰技術和氣功絕技很快就名揚海內外，成為華夏武林崛起的一顆璀璨明珠。

　　2005 年 5 月，山東省武術院、中南海鏢局和國家最高法官學院武術教官及多名全國武術專家，在前中國武協副主席張山的帶領下對警拳道進行了現場論證，充分肯定了警拳道的武學價值。雖然過去以警拳道的強項獲得了許多成績，但筆者在海外的十幾年，從沒停止過對警拳道的縱深研究。期間，靈感倍出，相繼又研究、試驗出一些高效散手技術和氣功絕技，以此寫入書中，不斷圓融、昇華、充實著警拳道。

　　《警拳道》一書，共有 2200 多張照片，30 多萬字，書中圖文並茂，秘籍詳解、奧秘盡釋，對警拳道規定的內容及具體的八大訓練體系進行了詳細解讀，從多角度由淺入深揭示了古往今來人們遺留不解的武林秘籍，揭開了練就武林秘籍、踏入高層武林的秘碼。

　　特別是首次公開了警拳道的經典內容：時辰斬血頭、時辰尋經斬穴、武功點穴解穴、封穴固氣、特殊中藥防毒與解毒秘方，這些都是歷代秘不外傳的絕密武林秘籍，在當今很少有人能破解其中之奧秘，在以前從未傳授過。特別是對斬穴原理，根據自己所學的手法技術，又查證了許多古代武林點穴資料，再結合現代醫學解剖，把斬穴產生的奇蹟及來龍去脈、圖文並茂的詳細解讀清楚了。

　　對於這些嚴守保密的武林秘籍，筆者一直堅持遵守：「寧可不傳，也不錯傳；寧可失傳，也不亂傳」這一武林規矩，否則，沒有武德、武魂作指導，如果傳給惡人，會敗損武林及警拳道的名譽；如果不能以精髓武裝警拳道，繼承必淺薄，創立警拳道也就毫無意義。

　　在寫作期間，筆者對是否公開這些武林秘籍，曾反覆考慮、猶豫過、作過心理掙扎，但從傳承國粹武術文化精髓的角度考量，就決定系統寫入書中記載下來。在此，希望練習者，注重武德，時刻牢記中國「善惡必有報」這句古言，絕不以武欺壓平民，不做奸詐惡人。練就警拳道絕招的最終目的就是：懲惡揚善立拳威，敢做

維護正義之勇士，把警拳道弘揚光大。

　　在寫作期間，對警拳道以前的內容進行了精簡整理，但不管怎樣修改，警拳道的風格、特點及經典內容是絕不能動搖的。寫作期間，有幸得到了美國《功夫》雜誌社社長 GIGI、張山和馮德卓師父的大力支持，於 2019 年 9 月在美國舊金山寫作完畢，對此，深表感謝。由於筆者在探索研究、試驗挖掘中，智慧還未到達一定境界，本書難免有不妥之處，敬望武林界有識之士不吝指正。

作者 2019 年 9 月於美國舊金山

十年創拳感悟

生命雖誠貴，為創拳而研而博價卻更高。

自幼視學武如命，童心純，夢寐以求，熱血沸騰，日漸火種滋生，月漸燃燒，烈焰不熄。

步入武林，熔煉十幾載，隨歲月流失，深感：華夏神州、神傳文化淵源、博大精深，漸知武林秘籍實存、玄奧至極。但，難見國粹真武，盡顯花拳，遠離當初想像，深感遺憾，卻灰心不甘。發誓：不惜代價，找回精髓！

為探武道、尋找答案，渴望絕技在身、懲惡揚善。自此，立雄心，身其境，遠走探險，力掘秘籍。取經不怕路漫長，天涯海角不為遠，大江南北，拚搏追求；長城內外，足跡踏遍，一往無前。

但，費時耗金，答案淺淡，妙術、真功蹤影難見，知其一，不明二，白紙談兵將軍布天，甚多，甚多。雖多見「名師」，但「明師」罕見；雖遇高人指點，但畢竟稀如鳳毛、少如麟角。滄桑經歷，猛然警醒：國粹棄真換花，今神州大地國粹變異，移花樹栽，花拳遍地，精髓飄然隱去。

定神靜觀：世風日下，神傳文化遭踐踏，武魂何在？武德罕見，悠悠國粹，真功蕩然無存，為何故？人心變，國術變，變空，變異，絕內涵。可見，變異人之愚、百倍之蠢。保守曰：八成花架有餘而不玄。若武輩重歸看世，心必傷，淚必流，定慚愧。

返觀：武輩為創國粹，歷盡滄桑，嘔心瀝血，創立中華武術為何故？只盼國粹健康承傳，昌盛不衰，永保精髓，強我國，盛我民，立武威。可見古人胸寬、智豐、慧滿。現人從骨再挖根，甚少，難也。專心求名、求財視已朦，胸懷已淡，責拋九霄，任拋雲外，已任無存。屢見國術違古初，真武淹沒，內涵遺忘，花拳湧現，深感痛心。史證，事證，人證：亂世練武軌道已偏，歧途已誤。

探索遇險是必然，知難挺進必有膽。奔武當上梁山，再投少林尋精湛，長途跋涉，屢遇劫匪，屢驗拳威，被迫交戰，披荊斬棘突難關，實戰懲匪得經驗。

忽醒：此機此遇，從中得其妙、受啟發，為驗拳機緣。光陰似箭，去而不返，歷經滄桑換驚醒，中秋丙寅年，忽大悟、猛生一念：創立「警拳道」。使命有緣點燃創拳之火，狂燒不熄，迎來創拳機緣。此刻，骨氣倍增，雄心立生，自信、毅力生智慧，催促身心動。自此，創拳動力，如脫韁野馬，似箭出弓，勢不可擋，難以收回，斬釘截鐵，毅然決然開啟創拳路。

深知：創拳艱難，要敢於超越自我，需身臨其境；需鋌而走險；需親身試驗；需破釜沉舟、壯士斷腕之勇氣，更需敢入虎穴之膽。一不做，二不休，立誓：不挖

國粹之精、掘國粹之髓，心不甘；不挖武骨、掏術心，誓不休，不論千阻萬險，雷打不動，休想動我心，只勝而不敗。

清楚：創研武道，嚴密謹慎，把住武魂，守住武德，掘出精髓，承前輩之優，去後人之弊，技擊為首選，絕不存花拳，整體國粹嚴禁隔散，散手、氣功、套路、武醫、武學理論定設全，其中之一若消亡，國粹瑰寶不逢源。

為創警拳道，生命置之度外，興趣，壯我膽；毅力、恆心反覆驗，絕不甘休，勇往直前。

深知：試驗，必有危險，成、敗存數變。自此，暗中精研，暗中試驗，曾休克，曾遇險，血汗常伴，雖勞其筋骨，但一切視為甜。十載春秋，為掘真功，不懼冒險試驗；為驗絕招，勇上擂臺，敢於實戰；為驗打穴，與匪搏驗，身經百戰，屢戰不厭。

驗證：一戰勝過練十年，一驗勝過道百遍。研究、試驗間，強烈使命感，靈感倍出，催生智慧，迸發勇敢。創立警拳道，真功標準不可變，雖困難不讓步，但開弓沒有回頭箭，誓要靠手硬、心堅、步步為營攻難關，絕不心軟。不論真功、秘籍隱藏多深，立志深挖，破迷重現、用血汗換。

最終：披荊斬棘，闖入虎穴，捉住虎子，以身驗絕技，以身證答案，揭開武林秘籍，掘出國粹經典，從中得其秘、取之妙，真武精髓重現，大浪淘沙聚黃金，篩選精髓進我拳。

千拳打開玄擊門，萬腳踢出警拳道，十年不鳴，一鳴驚人。歷經十載磨劍，利刃爍閃，剛柔並斬，一劍定乾坤，創拳達終點。九五辰年史載日，警拳道橫空出世，正法金時魏然誕，意義非凡，智者解讀易，凡者恐有難。警拳道，史有證，芸芸眾眼見，權威專家經得驗，揭秘籍，明其理，拳中自有妙法選。自此，賽場、戰場屢見輝煌，懲惡揚善，拳威猛升不減，四海健康承傳。

此刻，深感驕傲，永感自豪。為創拳，層層身臨其境，知山高，曉海深，雖歷盡千辛萬苦，但半點無遺憾，心甘情願。所掘真武精髓，他人若想得其秘、知其妙，非深研苦練、親手真傳，否則，難！

回首靜思：滄桑創拳為何故？一不求名，二不為利，只有一願：願國粹精髓不丟、不偏、昌盛不衰、告別花拳，何人不讚？一路歷經創拳，層層磨難，感觸太多，付出多險，茫茫人海，大千世界，有誰知驚險？一切為創拳！雖未讀萬卷書，但卻超走萬里路，征途中，靠自信，憑毅力，催生靈感破秘籍，拋紙論兵，棄虛還實，以身驗證掘秘籍，最終獨創拳門，唯我獨尊，完成創拳使命，此生深感充實。

冥冥人生有定數，時去時來玄機露。08 辰年秋月，命運忽變，佛緣凸顯。深知：沒有偶然，只有因緣。自此，靜修佛法，滋養身心，再開啟智、豐其慧，再探高層武道，衝刺使命新征程，修中忽覺醒：

真法一得如夢醒，
半世虛度迷宮行，
餘年金時莫虛度，
忽清微觀至大穹。

　　佛法，淨身心，催魂醒，清洗迷茫雙眼睛。自此，視覺更亮，胸更闊，心更明，千惡萬善能辨清，深感境界又攀升。自此，清晰生命之真諦，深悟返本歸真為終極。

作者：二零零九年荷月
寫於美國舊金山

目錄

第八章｜警拳道第七步訓練——模擬交手

第九章｜警拳道第八步訓練——實戰

第十四章｜警拳道七大理論

第十五章｜警拳道各段位學習及考核內容

第一章

警拳道概論

第一節　何為警拳道

> 千拳打開玄擊門
> 萬腳踢出警拳道
> 百驗掘出武精髓
> 昇華武道藏奇妙

　　警拳道是一門獨立的中國武學，由陶忠先教授歷經十年的專注研練、上百次的冒險試驗，從中攻克破譯了許多武林秘籍、挖掘練就成許多散手技術和氣功絕技，於 1995 年成功創始了「警拳道」這一重大武術工程，成為中華武術又一經典創新。中國武協副主席張山在警拳道論證會中，曾高度概括題詞：「十年磨劍定乾坤，警拳一鳴震四海」，對警拳道的武學價值作出了充分肯定，原中國武協主席徐才為其題寫「警拳道」。

　　警拳道特點：陰陽虛實，健擊並存，內氣、外功兼併同練，招法剛勁、快速、凶猛、爆發有力。在散手交戰時，把氣功硬度注入到全身，將十拳武器鑄就成陰陽利劍，交戰可明打暗擊、長擊短打，拳拳各藏絕招、各有千秋，具有以柔化剛、以剛克柔、以剛克剛、以柔化柔、剛柔並濟立體交戰技術。在快打、速摔、擒拿卸骨、斬穴、拿筋、反擊凶器中，可隨機應變，出奇制勝。並將「散手一通知百械」內涵解讀後，可用散手技術指導各種器械交戰妙用，在賽場和戰場可機智演變出千招百法，能全面適應賽場和戰場不同環境的交戰需要，在關鍵時刻能化險為夷、轉敗為勝、創造制勝奇蹟，如似一艘移動的小航母，具有攻防兼備、立體打擊威力，這就是警拳道武學核心價值。

　　警拳道，脈起淵源的傳統國粹武術，其武學根基非常堅固。創立中，以高級武學理念透過武術表面看實質，將「武」精心研究、千錘百煉，把試驗、挖掘練就出的妙術真功昇華為真正的「武道」，其特色獨樹一幟，成為華夏武林新崛起的一顆璀璨明珠。中華神州大地，五千年文明，多元文化就是隨著歷史的發展波浪式的演變著，從淹沒、失傳，到再挖掘、再出現、再失傳，宇宙相生相剋的規律，就是這樣在不斷循環著，這是歷史演變的必然規律，無人能左右。

警拳道，雖創立、誕生在現代，但博大精深的武學內涵，卻在返歸體現著國粹傳統武術的精髓，把失傳的精髓深挖、研究出來了，這是中華千古武術血脈的繼承、延伸，歷史在這一特殊時期給予了警拳道應有的使命，從而規範著武術文化不變異、不偏離軌道，避免走向花拳繡腿，這就是創立警拳道的終極目的。

警拳道有：獨立散手、獨立武術氣功、獨立套路、獨立武醫、獨立武學理論五大內容組成。這定型的五大內容，符合了「源流有序、風格獨特、拳理明晰、自成體系」的創拳、立拳標準；具備了傳統武術文化的整體內容。其博大精深的內涵，有絕妙的方法能徹底破解武林秘籍、練就武林秘籍。

警拳道特點

內氣、外功兼併同練，剛勁、快速凶猛，不練花架子，專練實戰技擊。

警拳道獨立散手

警拳道獨立散手，有快打、速摔、擒拿三種技術；有騰空、地趟、步下三種打法。高級打法中，隱藏著精確斬穴術；高級摔法中隱藏著擒拿卸骨術及跟蹤暗擊絕招；高級擒拿中隱藏著卸骨、拿筋、封穴秘法，同時具備各種器械交戰擊法，不但有固定的制敵絕招，而且還潛藏著眾多應急變換招法，能全面適應戰場、賽場及種環境交戰的需要。

警拳道獨立武術氣功

警拳道武術氣功，具備內氣、外功同兼併練方法。內氣以五種氣法刺激臟腑、激發加速打通體內氣道，促使改變體內生理機能，練就充盈內氣。外功以練筋骨、皮肉為主，透過各種練法，可加強皮肉彈性，增加骨骼分子密度，練就超強硬度。透過內氣、外功並練，體內會生成聚集大量高能粒子，從而鑄就以硬打軟之利箭、銅牆鐵壁之身軀，在散手搏擊時，可增強抵禦能力和十拳爆發摧毀力。

警拳道獨立套路

警拳道有斬穴拳、踢擊戰棍、乾坤雙截棍三個單練套路；有二人徒手對練、三人徒手對練、空手對比首、空手奪棍四個對練套路。七個套路內涵豐富，各自有不同的散手、器械擊法，打擊力特強。特別是斬穴拳和雙截棍，拆招後，不但有表面的第一打擊技術，而且還潛藏著許多不易發覺的隱蔽招法。

警拳道獨立訓練體系

警拳道八大訓練體系，從初級練到高級有明確的八步訓練內容；對快速練就高效散手技術、精湛氣功絕技，有科學、捷徑的訓練方法；對練就全能素質有可靠保障。

警拳道獨立武學理論

警拳道七大武學理論，從不同角度、全方位深度揭示了從古到今鮮為人知的武林秘籍；把從宏觀到具體的武林秘籍，由淺入深透視解剖清楚了，從根源上把國粹武術的真實面貌解讀了；把如何練就高級功夫的方法講清了；把如何邁入高層武林、如何練就高層功夫的密碼破解了。警拳道七大武學理論，能指引習武者把準練武方向、不偏離軌道練習，同時能幫助明辨真假武功之能力。

警拳道獨立晉陞段位

警拳道有初級、中級、高級、頂級四個晉陞級別，有九個黑帶晉陞段位，每個段位都規定了具體的理論與實踐學習考核內容，對步步為營考取頂級段位，制定了明確的晉陞考核標準。

警拳道獨立武醫

警拳道獨立武醫包括：點穴解穴、藥物解穴、藥物防身、藥物解毒、上骨復位、跌打損傷治療。這些都是歷代武術家必備的自救與救人的技能，對及時救治、減少傷亡、消除後患有了可靠保障。

警拳道這五大獨立內容，都不同層次的內涵著不同的武林秘籍，處處展現著濃厚的古典國粹武術氣息，是正宗「武道」必備的內容。

從技擊角度講，能快速增長功力、提高散手技擊威力；從健身角度講，能快速激發身體達到生理生化調整變化狀態，很快促使身體提升到一個新的健康境界，從而展現出「健擊並存」之優越性。

「武，可武，非常武」，「術，可術，非常術」。警拳道的「武」，不是一般之武，警拳道的「術」，不是一般之術，本門自有獨特先進散手技術、精湛功夫以及深奧的時辰斬穴術。

警拳道最高境界是：以德為武魂，揭秘武林秘籍，練就武林秘籍。按哲理和科學研究創立，其境界已超越了一般之武，昇華到「武道」中去了，這是因為警拳道具備的絕妙技術與精湛功夫所決定的境界。

警拳道不追求花架子，專練實戰技能，在警拳道技擊八大差指導下，把力學相生相剋的原理巧妙融入到散手中去，有快速練就克敵制勝的絕竅，同時把氣功注入到人身十拳中去加強散手威力的奧秘研究探索出來了；把快速打法、摔法、擒拿卸骨、斬穴術及散手指導器械使用的絕竅捕捉到了；把功力加技術精確利用產生的散手效果證實了；把最快、最捷徑的八大訓練體系找到了，從而全面揭開了高級武林之奧秘。同時有步步為營、目標明確的九個晉陞段位，充分展現出警拳道是一門精湛、獨立的完整武學，最終把踏入高層武林、練就高層武林功夫的密碼破解了。

警拳道，武魂純真，立意高遠，以「武道」為標準而創立；以健擊並存價值而

傳承發展，是中華千古武術繼承和創新，其內涵博大精深，從問世的第一天起，就以獨一無二的真功絕技、立體散手技術震撼武林，整個創始背景有著鮮為人知的傳奇色彩。

警拳道，不是單一的一個拳種，是一門系統完整的獨立武學。1995 年中央電視臺、國家武術院，拍攝的《警拳道》教學片播放後，在武林屆引起強烈反響，2005 年，中國武協人員、山東省武術院及全國一批武術專家，透過對警拳道的現場論證，對其武學價值作出了充分肯定。1999 年警拳道正式推向美國，以真功絕技在海外一炮打響，深得世界武林界的高度評價。警拳道雖誕生在現代，但卻內涵著高深的傳統拳理、哲理，容納著許多武林秘籍，從而展現出中華傳統武術之根沒有動搖，是國粹傳統武術經典之延續，以獨有的特色巍然矗立在世界武林。

警拳道三字內涵解讀

警：高警戒，正克邪，剛柔並濟壯氣豪。
拳：神拳妙，打摔拿，立體交戰藏絕招。
道：悟道理，掘秘籍，揭秘鑄就警拳道。

警拳道武德要訣	警拳道武訓	警拳道武魂
學武重德首放前	靜以凝神	崇尚武德揚正氣
嚴禁以武欺善軟	動武重德	精研武道掘秘籍
遇事忍讓要把關	剛強致勝	剛正克邪立拳威
身在亂世能檢驗	柔性妙法	壯士斷腕永不懼
有武窮德為惡奸	忠守傳言	
有德貧武非好漢	先師世禪	
若遇劫匪逼亮劍	創訓警拳	
萬不得已可動拳		
銘記要訣不違犯		
德藝雙馨得真傳		

警拳道特點	警拳道散手技術使用	警拳道秘籍
內氣外功兼併練	七分快打為首選	七大理論述武清
陰陽虛實藏十拳	戰時智發陰陽箭	八大訓練鑄精功
賽場戰場有絕招	三分摔拿再備齊	深研苦練知其妙
健擊並存立體戰	遇敵交戰應急變	武林秘籍藏其中

警拳道精神

在散手搏擊中，不管採用任何招法，只要高效、快速制勝對方，這就是目的。

警拳道內在氣質	警拳道外在氣質
眼觀六路八方聽	步行身移拳腳動
自信毅力智慧生	全身陰陽速相生
氣血充盈精氣神	機智靈敏精氣神
八方警覺氣魄盛	身伴矯健五洲行

警拳道三大技術

》第一技術：快打法

警拳道快打在散手搏擊使用中占百分之七十，並且有騰空、地趟、步下三種打法，高級打法中又暗藏著時辰斬截血頭、斬擊氣血、斬擊十二經脈，可對全身重要動脈、三叉神經、中樞神經、迷走神經、末梢神經、中樞延髓神經等進行鎖定打擊，同時在散手技術指導下能使用各種器械交戰，因此，在散手搏擊時為首選技術。

》第二技術：速摔法

有步下摔法和地趟摔法兩種，同時又分為：搶先快摔和防守反擊摔。高級摔法中又暗藏著暗擊、擒拿、卸骨技術，地趟摔法和暗擊最難預防；最有意想不到的特殊效果。

》第三技術：擒拿卸骨

有主動擒拿和反擒拿兩種，主要對全身各關節進行封鎖控制。高級擒拿術中又暗藏著卸骨、封穴、拿筋技術，以強制手段迫使關節脫臼、經筋斷裂、傷穴之目的。

十拳武器解讀

第一拳：腳，警拳道有二十四種技擊腿法。
第二拳：拳，警拳道有六種交戰拳法。
第三拳：指，警拳道有三種技擊指法。
第四拳：肘，警拳道有五種交戰肘法。
第五拳：掌，警拳道有四種實戰掌法。
第六拳：膝，警拳道有四種實戰膝法。

第七拳：臂，警拳道有五種交戰臂法。

第八拳：頭，警拳道有四種技擊頭法。

第九拳：肩，警拳道有三種實戰肩法。

第十拳：胯，警拳道有三種交戰胯法。

警拳道交戰氣法與聲法

警拳道氣法與聲法分三種：一是「呿」聲，二是「哼」聲，三是「呀」聲。發聲是一種軟體殺傷武器，在發力時，三種聲法與氣法，隨丹田收縮繃緊伴聲而發出。特別是在散手交戰時，突然霹靂一聲，能刺激對方大腦、驚破敵膽、消弱意志、干擾正常思維，會導致對方措手不及，而受制於我。

良好的發聲，能迅速調動全身潛在的能量爆發出來，有壯膽、助威、血勇、氣足、神旺、增強大腦快速反應、提高人身十拳武器爆發速度、增強阻截抵禦能力、增加打擊力度之功效，特別有利於散手搏擊。

一、「呿」聲

發力時，丹田突然收縮、提肛，三分之一氣從牙縫伴隨發聲疾速逼出，同時力達部位隨發聲突然爆發打出。此發聲，特別適應快速打法，對迅速提高拳腳爆發速度、增強打擊力度有特別推動作用。

二、「哼」聲

發力時，丹田突然收縮、提肛、舌抵上齶、閉嘴、咬齒，三分之一氣伴隨發聲從鼻子疾速逼出，發聲可大可小。通常在擒拿、摔法或阻截抵禦時發此聲，這樣能迅速調動體內潛在的能量，從而達到最佳發力效果。

三、「呀」聲

發力時，丹田突然收縮，提肛，三分之一氣伴隨發聲從口中發出。此發聲，對快打、速摔有特別助威、助力作用，通常在拳腳打出或快摔發力時伴隨發聲效果最佳。

第二節　警拳道實戰手型與步型

一、拳

四指併攏捲曲，大拇指壓在食指第二指骨上，拳面要平，成捲心拳。主要力達拳面、拳背、拳棱、三個部位。帶護具散手比賽時，有時力達拳心（圖1-1）。

二、梗手（梗拳）

五指彎曲挺緊，力達四指第二關節骨峰，既拳尖（圖1-2）。

三、掌

四指併攏伸直，大拇指第一關節曲成 90 度，成柳葉掌，砍掌時力達掌刀（圖 1-3），扇掌時五指自然伸直，力達掌心，甩掌時力達掌背，推擊掌時力達掌根（圖 1-4）

四、指

四指併攏微曲，大拇指第一關節曲成 90 度，成蛇頭指，力達指尖（圖 1-5）。

五、鷹爪

五指第二關節曲成 90 度，全部挺緊成鷹爪狀，力達五指指尖（圖 1-6）。

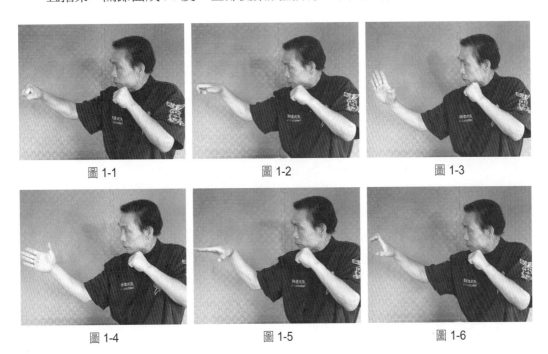

圖 1-1　　　　　　　　圖 1-2　　　　　　　　圖 1-3

圖 1-4　　　　　　　　圖 1-5　　　　　　　　圖 1-6

六、弓步

一腿彎曲成 90 度，一腿伸直，上身挺直，目視前方（圖 1-7）。

七、低勢馬步

兩腿彎曲下蹲，兩大腿與地面平行，上身挺直，目視前方（圖 1-8）。

圖 1-7

圖 1-8

第三節　警拳道進攻、反擊與移動步法

拳諺道：步不快拳則慢；步不穩拳則亂。在散手交戰時，不論進攻或防守，不論快打、速摔，只要步法速度快，就能疾速逼近對方、搶先捕捉戰機，能給對方措手不及致命一擊，對打擊對方就有把握，只要步法速度快，就能增強拳腳的爆發衝擊力，從而提高打擊效果；只要步法速度快，對躲閃防守反擊來說，就能快速擺脫對方攻擊、減少危險係數、製造出反擊制勝的機會。

要鍛鍊出快速靈活、穩定的步法，警拳道在步法訓練中，要求熟練掌握各種步法後再逐漸加重綁腿砂袋的重量練習。目的是進一步增強步法的速度、加固步法的穩定性、提高全身平衡力。步法的快慢、穩定與否，對拳腳打出的力度、準確度有直接影響。因此，在追求步法快速的同時，一定要做快中不亂，達到：動如風，站如鐘這一標準要求。

一、前進步

屬快速移動步法。以左警戒式為例，右腳快速蹬地向前邁進半步，隨即左腳疾速向前前進半步，兩腳以此步法連續快速向前做機械運動。前進時，兩腳前腳掌需蹬地貼地而行，離地不可太高，可突然改變成右警戒式前進練習（圖1-9）。

二、急退步

屬快速急撤躲閃步法。以左警戒式為例，左腳快速蹬地向後急退半步，隨即右腳疾速向後急撤半步，兩腳以此步法連續快速向後做機械運動。練習時，兩腳前腳掌需蹬地貼地而行，離地不可太高，可突然改變成右警戒式急退練習。交戰時，可憑藉疾速退步優勢，迅速躲閃正面拳腳攻擊（圖1-10）。

三、左、右進步

屬快速左、右躲閃移動步法。練習時，右腳快速蹬地向左移進半步，隨即左腳疾速向左快進半步，兩腳離地不可太高，兩腳前腳掌要蹬地貼地而行，兩腳以此步法連續快速向左做機械運動，交戰時，根據當時環境機智快速向左進步躲閃（圖1-11），右進步可疾速向右躲閃，要領與左進步相同，唯方向相反（圖1-12）。

四、左、右弧轉步

屬快速躲閃、周旋步法。以正面警戒式做準備，左腳快速蹬地向右弧進半步，隨即右腳疾速向右弧進半步，兩腳以此步法快速連續向逆時針方向旋轉機械運動為右弧轉步（圖1-13）。

右腳快速蹬地向左弧進半步，隨即左腳疾速向左弧進半步，兩腳以此步法快速連續向順時針方向旋轉機械運動為左弧轉步（圖1-14）。

左、右弧轉步練習時，兩腳離地不可太高，需以兩腳前腳掌蹬地貼地而行。交戰時，可以此步法靈活優勢，機智與對方周旋或迅速躲閃對方的攻擊。

圖 1-9

圖 1-10

圖 1-11

圖 1-12

圖 1-13

圖 1-14

五、衝刺搶步

此步法屬陽步，為強攻前方目標而用。以左警戒式為例，在主動強攻時，左腳要突然向前衝刺一步，拳或掌、指梗手同時向前打出；若用膝或腳進攻，要緊跟打出。

衝刺搶步，速度特快，能出其不意逼近對方、迅速打對方個措手不及，同時能帶動進攻部位放長擊遠、產生整體爆發穿透力。（圖 1-15、1-16）。

六、前墊步

此步法屬陰步，在使用側踹腿強攻前方目標時而採取的一種步法。以左警戒式為例，在對前方目標發起主動強攻時，右腳要快速向前墊進一步，左踹腿迅速向前踹出。

前墊步，非常隱蔽，不易被對方發覺，並且速度特快，能迅速逼近地方，同時能帶動側踹腿放長擊遠、產生跟蹤穿透力（圖 1-17、1-18）。

七、右墊步

此步法屬陰步，在主動進攻右側目標時而採取的一種步法。以正面警戒式為例（圖 1-20）。

左腳快速向右墊進一步，隨即右腳迅速向右踹出（圖 1-19）。

此步法隱蔽、快速，散手搏擊時對方不易發覺，能迅速帶動右踹腿放長擊遠擊中目標，對踹擊遠方目標有獨特優勢。左墊步分析相反。

圖 1-15

圖 1-16

圖 1-17

圖 1-18

圖 1-19

圖 1-20

八、後墊步

此步法，屬陰步、進攻步法，主要是在後蹬腿打擊身後目標時而採取的一種步法。以左警戒式做準備（圖 1-21），左腳快速向後墊進一步，隨即右腳迅速抬起向後猛力踹出（圖 1-22）。

此步法，隱蔽快速、方便，不用轉身，在散手搏擊時，會爭取時間，以最快的速度促使右腿後蹬放長擊遠，打擊身後遠方目標。

九、轉身倒插步

此步法，屬陰暗進攻和反擊步法。主動強攻時，可帶動後鞭拳、後削掌打擊對方；防守反擊時，可帶動後鞭拳、後削掌、後撩拳、後搗肘反擊對方。以左警戒式做準備（圖 1-23），全身快速右轉 270 度，同時右腳疾速向後倒插一步、右後鞭拳迅猛向後打出（圖 1-24）。

此步法，在散手交戰時，隱蔽性好，不易暴露，能促使力達部位放長擊遠、增加衝擊爆發力，是主動強攻和防守反擊共同採用的一種步法。

十、急撤誘惑步

此步法，屬陽性步法，同為戰術誘惑反擊步法。以左警戒式做準備（圖 1-25），全身快速右轉 270 度，同時左腳迅速向後蓋撤一步、右鞭拳迅猛向後打出（圖 1-26）。

散手搏擊時，可以此步法假裝後撤誘惑對方進攻中計，從而機智的以後鞭拳殺對方個回馬槍，可出其不意的打擊對方右側太陽穴，給對方意想不到的致命一擊。

圖 1-21

圖 1-22

圖 1-23

圖 1-24

圖 1-25

圖 1-26

警拳道散手警戒式

　　兩腿微曲與肩同寬站立，兩拳空握，兩肘護肋，全身鬆而不懈、高度警覺，兩眼餘光掃視周圍，全身 45 度兩人相對。良好、準確的警戒式，在散手搏擊時會更加靈活機動，對搶先進攻與防守反擊特別有利（圖 1-27）。

圖 1-27

第二章

警拳道第一步訓練
——假想空擊

散手假想空擊的秘密

空擊，就是把無形假想成有形來打擊，是一種訓練空勁方法。拳諺道：「打拳無人似有人，打人有人似無人」。這句拳諺，內含著高深的技擊心理素質。

前者指的是：在空擊和有技擊性套路練習時，要假想面前有人與其對抗，拳腳要針對這個假想目標進行打擊。這種訓練方式能鍛鍊人的技擊心理素質，散手中叫作「假想空擊」。

後者指的是：在真正打人時，要視為無人。因為無人，自然膽量就大，膽量一大，就會無畏懼感，必越戰越勇、反應靈活、出招果斷迅速、爆發有力，後面的散手技術就會發揮出最佳狀態，這就是大膽帶來的技擊威力。

「兩軍對陣勇者勝」，這句兵法諺語就是從中而生的。假想空擊練習，實質就是從精神練習充實到拳腳實踐練習，這是一種壯膽、藐敵心裡素質的鍛鍊，沒有強烈的精神支柱、沒有強烈的對敵打擊意識，實踐散手技術就會嚴重受影響。

散手空擊的奧妙，就是集中精力把散手技術都要對準面前這個假想目標實施打擊，只有這樣才能調動全身潛伏的力量打出來，出手才能果斷、快速、凶猛。這種假想空擊打出的各種隱藏招法，實質就是武林秘密，在古代武林屬訓練中的秘籍，要想快速提高散手打擊威力，第一關空擊練習必須過硬，相反，違背這種方式練習就會降低技擊效果，這是練習散手的第一步重要基礎。花拳繡腿套路訓練，雖同是打拳練武，但與其區別之大，其間沒有散手技術空擊訓練，不存在假想目標打擊。因此，毫無技擊招法內含，不能與散手空擊相提並論。

空擊訓練，不練花架子，所有擊法全是以實戰散手技術出現。練習時，以十拳為武器，以最捷徑的打擊路線、最快的散手招法，從不同角度、不同方位進行假想打擊，技擊味道非常明顯，最終目的就是鍛鍊強烈的假想打擊意識，增加空勁爆發力，鍛鍊拳腳打的出、收的快、發招如射箭、收拳如簧彈之功夫。

警拳道空擊技術非常豐富，有騰空、地趟、步下三種打法空擊練習，有單招空擊，有假想摔法，有假想擒拿卸骨法，有強攻連環空擊，有假想躲閃反擊空擊，有阻截反擊空擊，有手握啞鈴、腿綁沙袋負重空擊，有組合空擊，有 60 妙綜合空

擊。整個空擊，用什麼技術，假想打擊哪個要穴，每招均有鎖定的打擊目標，內含招法極為隱蔽，只有自己明白，別人憑眼觀看根本無法知道其中技擊之奧秘，因此，空擊秘密就在於此，不是有一定境界的專家，實則難以琢磨破解其中之招法。

假想空擊，其技擊內含非常豐富，在古代屬於武林秘籍範疇之內容。真正的武林秘籍，就是指導人們：練功快、招法絕。警拳道第一步空擊訓練，是揭開武林秘籍、練就散手絕招、踏入高級武林的第一道門檻。由於十拳武器潛藏著眾多擊法、摔法、拿法，空擊中可隨意變換出眾多招法，並且有許多招法需明勁暗力配合，因此，難以表達完美，不能一一展現，在本章只能選擇有代表性的空擊技術進行解讀練習，練習時，可以左右警戒式交換練習。

在以下各步訓練前，首先要進行拔筋、壓腿、涮腰、踢腿等各項預熱活動。這些多角度運動，可促使奇經八脈、經筋、韌帶，肌肉、關節、五臟六腑得到充分刺激，從而促使氣血暢通、增強彈性、韌性，在練習各種動作時會更加靈活、有力，對提高訓練品質、減少不必要的損傷非常重要。所以，練功前都必須進行預熱活動。

第一節　主要武器單式空擊

一、直拳

屬陰陽一拳，以假想打擊對方兩眼、人中、鳩尾及期門穴為主要目標。

以左警戒式兩腿自由向前移走（圖2-1），左腳突然向前衝刺搶進一步，同時先左後右兩直拳快速向前打出（圖2-2），兩拳集中打前面一個點，力達拳面，目視前方。假想：兩直拳連環打擊前面對方人中要穴（圖2-3）。

【要領】以下動作有衝刺搶步時，在前腳搶步後瞬間，後腳要疾速跟進一小步，目的是帶動全身產生整體爆發衝擊力，並且所有打出的武器要像彈簧一樣快放快收。

【註】為增強、提高空擊爆發力效果，下面任何一拳打出都要在衝刺搶步帶動下打出，同時從牙縫發出「呋」聲或從鼻子發出「哼」聲。正確的發聲，會增加發招爆發速度和力度，同時要清楚明確以下照片中的黑色爆炸圖形為力達部位。

圖2-1　　　　　　　　圖2-2　　　　　　　　圖2-3

二、擺拳

屬陰陽一拳，可明打、暗擊，以假想打擊對方太陽穴、左右下頜為主要目標。

以左警戒式向前移走（圖 2-4），左腳突然向前搶進一步，同時先左後右兩擺拳疾速向前擺擊打出，力達拳面。

假想：兩擺拳打擊對方兩側太陽穴（圖 2-5）。

三、勾拳

屬陰暗一拳，以假想打擊對方下頜骨、巨闕穴為主要目標。

以左警戒式兩腿自由向前移走（圖 2-6），左腳突然向前衝刺搶進一步，同時先左後右兩勾拳疾速向前勾擊，力達拳面。

假想：兩拳連環打擊對方下頜（圖 2-7）。

四、後撩拳

屬陰暗一拳，以假想打擊對方襠部、曲骨、關元、中極穴為主要目標。

以左警戒式兩腿自由向前移走（圖 2-8），左腳突然向前衝刺搶進一步，隨即全身快速右轉 180 度，同時右腳快速向後倒插一步、右拳疾速向後撩出，做到拳快、步穩，力達拳背或拳棱，目視右拳。

假想：打擊對方襠、腹部（圖 2-9）。

圖 2-4　　　　　　　　圖 2-5　　　　　　　　圖 2-6

圖 2-7　　　　　　　　圖 2-8　　　　　　　　圖 2-9

五、後鞭拳

屬陰暗一拳，以假想打擊對方太陽、耳門、左右頜骨、章門穴為主要目標。

以左警戒式兩腿向前移走（圖 2-10），左腳突然向前衝刺搶進一步，隨即全身快速右轉 270 度，同時右腳迅速向後倒插一步、右鞭拳疾速向後打出，做到倒插步

要大、要穩，兩腿要彎曲，不可伸直，力達拳背，目視右拳。

假想：打擊對方右側太陽穴（圖 2-11）。

六、崩拳

屬陽明一拳，以假想崩擊對方面部雙目、人中、太陽、耳門穴為主要目標。

以左警戒式兩腿自由向前移走（圖 2-12），左腳突然向前衝刺搶進一步，同時先左後右兩崩拳疾速向左、右前上方打出，兩崩拳要放長擊遠，力達拳棱，目視崩拳。假想：崩擊對方臉面（圖 2-13）。

七、梗拳（梗手）

以打擊對方眼睛、人中、天突、巨闕、左右期門穴為主要目標，一切要求與直拳空擊完全相同，只是改變手型，把拳變成梗手，力達四指第二關節（圖 2-14）。

八、插指

屬陰陽指，一切空擊要求、打擊目標與梗手完全相同，只是改變手型，把梗手變成指力達指尖（圖 2-15）。

圖 2-10　　　　　　圖 2-11　　　　　　圖 2-12

圖 2-13　　　　　　圖 2-14　　　　　　圖 2-15

九、橫掃指

屬陽明指，以假想掃擊對方兩眼為主要目標。

以左警戒式自由向前移走（圖 2-16），左腳突然向前搶進一步，同時先左後右兩手指疾速向前掃擊，力達四指指尖，發力時手指要微曲，不可伸直。

假想：兩手指連環掃擊對方眼睛（圖 2-17）。

十、鷹爪

屬陰陽指，以假想抓擊對方雙眼、封鎖咽喉、鎖拿人迎穴為主要目標。

以左警戒式兩腿自由向前移走（圖2-18），左腳突然向前衝刺搶進一步，同時先左後右兩鷹爪疾速向前抓擊，力達五指指尖，目視鷹爪。

假想：兩鷹爪連環抓擊對方雙眼（圖2-19）。

十一、扇掌

屬陽明掌，一切空擊要求與擺拳完全相同，只是把拳變成掌。

假想：打擊目標為左右頜骨、太陽、聽宮穴（圖2-20），力達掌心。

十二、砍掌

屬陽明一掌，以假想砍擊對方頸兩側人迎穴為主要目標。

以左警戒式向前移走，左腳搶進一步，同時先左後右兩掌疾速向前砍擊，要求成45度砍出，力達掌刀。

假想：兩掌各砍擊對方頸部左右人迎穴（圖2-21）。

圖2-16　　　　　　圖2-17　　　　　　圖2-18

圖2-19　　　　　　圖2-20　　　　　　圖2-21

十三、甩掌

屬陽明掌，以假想甩擊對方眼睛、鼻子、太陽、耳門穴為主要目標，一切空擊要求、出掌路線與崩拳完全相同，只是把拳變成掌，力達掌背、四指背面（圖2-22）。

十四、盤肘

屬陽明一肘，以假想盤擊對方面部、兩側太陽穴、左右頜骨為目標。

以左警戒式向前移走（圖2-23），左腳搶進一步，同時先左後右兩肘疾速向前盤擊，要爆發有力，肘尖與眼同高，力達肘前端。

假想：兩肘各擊對方左右太陽穴（圖2-24）。

圖 2-22　　　　　　　　　圖 2-23　　　　　　　　　圖 2-24

十五、砸肘

屬陽明一肘，以假想砸擊對方後腦、督脈、左右京門穴要穴為主要目標。

以左警戒式向前移走，左腳突然搶進一步，同時先左後右肘猛力向下砸擊。

假想：被對方抱住左腿，迅速用右肘砸擊對方脊背心俞穴（圖 2-25）。空擊時一切要求、出肘路線與砍掌完全相同，只是把掌變成肘，力達肘尖。

十六、後搗肘

純屬陰肘，以假想打擊身後對方兩側太陽、章門、期門穴為主要目標。

以左警戒式自由向前移走（圖 2-26），兩腳突然停止移走成高式馬步，同時先左後右兩肘疾速向後搗擊，力達肘尖，目視後搗肘。

假想：兩肘各搗擊身後對方左右章門穴（圖 2-27）。

圖 2-25　　　　　　　　　圖 2-26　　　　　　　　　圖 2-27

十七、挑肘

屬陰明一肘，以假想挑擊對方面部、下頜、巨闕穴為主要目標。

以左警戒式向前移走（圖 2-28），左腳搶進一步，同時先左後右肘疾速向上挑擊，力達肘前端，目視前方。

假想：對方從前抱攔頸部，疾速以肘挑擊對方下頜骨（圖 2-29）。

十八、頂肘

屬陰陽肘，以假想撞擊對方面部雙眼、人中、巨闕穴為主要目標。

以右警戒式兩腿自由向前移走（圖 2-30），右腳突然向前衝刺搶進一步，同時左手推擊右拳、右肘疾速向前頂擊，力達肘尖，目視前方。假想：對方從右側抱攔

頸部，疾速以右肘頂擊對方巨闕穴（圖2-31），左右警戒式兩肘交換練習。

十九、正撞膝

屬陰陽一膝，以假想撞擊對方襠部、曲骨、神闕、巨闕穴為主要目標。

以左警戒式自由向前移走（圖2-32），左腳突然向前衝刺一步，隨即右膝迅速向前撞擊，撞膝要送胯、放長擊遠、快速爆發有力，力達膝尖，目視前方。

假想：撞擊對方襠部（圖2-33）。兩膝交換練習。

圖 2-28

圖 2-29

圖 2-30

圖 2-31

圖 2-32

圖 2-33

二十、側撞膝

屬陰陽一膝，以假想撞擊對方兩側章門穴、腰笑穴為主要目標。空擊搶步與正撞膝相同，只是在撞膝時疾速左轉90度（圖2-34）。

二十一、跪膝

屬陰性一膝，以假想跪擊對方面部、襠部、神闕、巨闕、期門穴為主要目標。

以左警戒式兩腿自由向前移走（圖2-35），右膝突然向下猛力跪擊，力達膝部脛骨上端。假想：以跪擊倒在地上對方的章門穴（圖2-36）。兩膝交換練習（需在膠墊上逐漸用力跪擊練習）。

圖 2-34

圖 2-35

圖 2-36

二十二、騰空撞膝

屬陽性一膝，以假想騰空撞擊對方面部、下頜、巨闕穴為主要目標。

左腿快速向前衝刺搶進一步，再疾速以左腳蹬地向前騰空跳起，右膝緊跟猛力向前撞擊，做到左腿搶步、蹬地要快速、連環，撞膝要放長擊遠、爆發有力。力達膝尖。

假想：騰空一膝撞擊對方下頜將其撞出（圖 2-37、2-38）。

圖 2-37　　　　　　　　　　　　　　　　圖 2-38

第二節　腿法空擊

二十三、彈踢腳

屬陰陽一腳，以假想踢擊對方襠部、下頜及曲骨、關元穴為主要目標。

以左警戒式自由向前移走（圖 2-39），左腳突然衝刺搶進一步，隨即右腳疾速向前踢出，力達腳尖（圖 2-40）。

假想：一腳將對方踢出。以下腿法練習，除扶地後掃腿、倒地後掃腿外，大多腿法都需兩腿交換練習。

二十四、正蹬腿

屬陰陽腿，以假想踢擊對方下頜、襠部、丹田、神闕、巨闕穴為主要目標。踢擊路線與彈踢腳相同，只是改變成腳尖朝上，力達腳底（圖 2-41）。

圖 2-39　　　　　　　　圖 2-40　　　　　　　　圖 2-41

二十五、鞭腿

屬陽明一腳，以假想踢擊對方頭部、章門、腰笑、膝關節為目標。

以左警戒式向前移走（圖2-42），左腳突然搶進一步，隨即右鞭腿疾速向前踢出，力達腳背，目視右腳。

假想：踢擊對方左側太陽穴（圖2-43）。

二十六、劈掛腿

屬陽明一腳，以假想劈擊對方兩肩鎖骨、胸部巨闕穴為主要目標。

以左警戒式向前移走（圖2-44），左腳突然搶進一步，右腳疾速高起向下劈擊。為增加劈腿長度和爆發力，起腿一定要高過頭，劈腿發力時，上身要自然後倒，力達腳後腕，目視右腳。

假想：劈擊對方右肩鎖骨或胸下巨闕穴（圖2-45）。

圖2-42　　　　　　圖2-43　　　　　　圖2-44

二十七、側踹腿

屬陰陽腿，以假想踹擊對方咽喉、巨闕、神闕、中極穴及襠部為主要目標。

以左警戒式自由向前移走（2-46），右腳突然向前墊進一步，隨即左腳疾速向前踹出，力達腳底，目視左腳。

假想：踹擊對方巨闕穴（圖2-47）。兩腿交換練習。

圖2-45　　　　　　圖2-46　　　　　　圖2-47

二十八、後擺腿

屬陰腿，以假想踢擊對方太陽、巨闕、章門、腰笑穴為主要目標。

以左警戒式兩腿自由向前移走（圖2-48），左腳突然向前衝刺搶進一小步，隨

即全身快速右轉，同時右腳疾速向後旋轉踢出，在旋踢到180度時發出最大力，力達腳後腕或腳底，目視右腳。

假想：後擺踢擊對方右側太陽穴（2-49）。

二十九、轉身後蹬腿

屬陰腿，以蹬擊襠部、曲骨、中極、神闕、巨闕穴為打擊目標。

以左警戒式向前移走（2-50），左腳搶進一步，隨即右轉180度，同時右腳疾速向後蹬出，力達腳底，目視右腳（圖2-51）。為增加後蹬腿長度，後蹬時，定要同時彎腰。

圖 2-48

圖 2-49

圖 2-50

三十、偷踢腳

屬陰腿，以假想偷踢對方三陰交穴、膝關節為主要目標。

以左警戒兩腿自由向前移走（圖2-52），左腳向前衝刺搶進一步，隨即右腳疾速向前踢出，力達腳底，目視右腳。

假想：踢擊對方小腿三陰交穴（圖2-53）。

圖 2-51

圖 2-52

圖 2-53

三十一、直身前掃

屬陰陽腿，以假想掃踢對方腳腕為主要目標。

以左警戒式兩腿自由向前移走，左腳突然向前衝刺搶進一步，隨即右腳疾速向前掃出，力達腳內沿，目視右腳。

假想：掃擊對方腳腕（圖2-54）。

三十二、倒地前掃

倒地前掃與直身前掃打擊目標完全相同，不同的是在前掃時全身需同時倒地（圖2-55）。

三十三、地趟鉤踹腿

屬陰腿，以假想勾封對方腳腕、踹擊膝關節為主要目標。

以左側臥為例（圖2-56）。練習時，左腳快速向前勾起猛力回拉，同時右腳猛力向前踹出，力達腳底，目視右腳（圖2-57）。

假想：左腳勾住對方一腳腕，右腳踹擊膝關節將其踹倒。

三十四、地趟鞭腿

屬陽腿，以假想踢擊對方襠部、中極、神闕、巨闕穴為主要目標。

兩臂護頭，以左側臥為例（圖2-58）。右腳快速向前上方踢出，力達腳背，目視右腳（圖2-59）。

假想：右腳踢擊對方襠部。

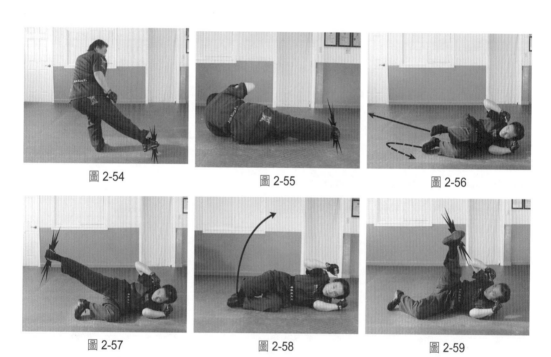

圖2-54　　　　圖2-55　　　　圖2-56

圖2-57　　　　圖2-58　　　　圖2-59

三十五、前滾劈腿

屬陽腿，以假想前滾劈擊對方面部、神闕、巨闕穴為主要目標。

以左警戒式向前移走（圖2-60），右腳上一步，同時低頭、彎腰快速以左、右手臂、右肩著地前滾劈擊，力達腳後跟，目視右腳（圖2-61）。

假想：劈擊對方巨闕穴（圖2-62）。

圖 2-60　　　　　　　　　圖 2-61　　　　　　　　　圖 2-62

三十六、扶地後掃、倒地後掃

屬陰腿，以假想後掃對方小腿、腳腕為目標。主要在對付高式腿法進攻、打空間差反擊時發揮威力。

以左警戒式向前移走（圖 2-63），左腳搶進一步，隨機右轉兩手快速扶地後掃一周（圖 2-64）；如果練習倒地後掃，右腿在掃轉到 180 度時兩手要同時扶地成左側倒地狀（圖 2-65），二者在掃轉到 180 度時發出最大力，力達腳後腕。

假想：右腳迅猛掃擊對方腳腕將其掃倒。

圖 2-63　　　　　　　　　圖 2-64　　　　　　　　　圖 2-65

三十七、倒地後踢腳

屬陰腿，以地趟打法假想踢擊對方面部為目標。

以左警戒式向前自由移走（圖 2-66），右腳快速向前上步左轉 180 度與左腳在一條橫線上，同時蹲成高式馬步、兩掌在胸前擊響緊握（圖 2-67），然後迅速後倒，同時右腳猛力向後踢出（圖 2-68）。後倒時脊背要繃緊著地，後踢腿要快速、爆發有力，力達腳尖，目視右腳。

假想：左臂阻截對方右擺拳，再迅速與右臂封鎖下拉其臂迫使彎腰，疾速後倒以右腳踢擊面部。

三十八、騰空彈踢腳

屬陽明一腿，以假想騰空踢擊對方下頜骨為目標。

兩腿助跑騰空跳起，右腳迅速向前爆發踢出，力達腳尖（圖 2-69）。

三十九、騰空側踹

屬陽明一腿，以假想騰空踹擊對方咽喉和巨闕穴為目標。

兩腿助跑騰空跳起，右腳迅速向前爆發踹出，力達腳底（圖 2-70）。

四十、騰空鞭腿

屬陽明一腿，以騰空踢擊對方左側太陽穴、章門穴為打擊目標。

兩腿助跑騰空跳起，右腳疾速向前爆發踢出，力達腳背或脛骨（圖 2-71）。

圖 2-66

圖 2-67

圖 2-68

圖 2-69

圖 2-70

圖 2-71

四十一、騰空後蹬腿

屬陽明腿，以假想騰空後蹬對方巨闕穴、鳩尾穴穴為目標。

兩腿助跑騰空跳起，隨即全身右轉 180 度，同時右腳疾速向後蹬出（圖 2-72）。

四十二、騰空後擺腿

先做扶地後掃腿 270 度，再借掃腿慣性全身騰空躍起，同時右腳疾速向後擺踢（圖 2-73）。此腿法，只用於空擊練習，不可在散手實戰中使用。

圖 2-72

圖 2-73

第三節　假想空摔

一、鎖臂過肩摔

以左警戒式向前移走（圖 2-74），右腳快速向前上步迴旋與左腳在一條橫線上，同時左轉 180 度兩掌在胸前擊響猛力下拉。

假想：左臂阻截對方右擺拳，再快速與右臂將對方右臂封鎖在右肩上迅速將對方從肩上摔出（圖 2-75）。

【要領】彎腰下拉時，胯部要有意向上暗頂，並伴隨發力發出「哼」聲。夾頸摔與本式要求基本相同，區別在於假想右臂鎖夾住頸部將其摔出。

圖 2-74

圖 2-75

二、挑襠過頭摔

以左警戒式兩腿自由向前移走，右腳快速向前上一步，同時兩腿下蹲，右臂疾速向前插進（圖 2-76），然後迅速起身，右臂猛力向後挑起。

假想：左手抓住對方右肩，右臂向上挑襠將對方從頭上摔過（圖 2-77）。

【要領】右腿上步要突然、快速，同時要縮身低頭、暗瞅前方，右臂上挑發力時要發出「哼」聲。

圖 2-76

圖 2-77

三、接正蹬腿、側踹腿、左鞭腿彆腿摔

以左警戒式兩腿自由向前移走（圖2-78），左腳突然向前衝刺搶進一步，同時迅速右轉躲閃、左手向下鉤摟在胸前與右手擊響緊握（圖2-79），然後右腳快速向左墊進一步，左腳疾速向前插進一大步做彆腿狀。

假想：兩手臂接住對方來腿將其彆腿摔倒（圖2-80）。左右式交換練習。

【要領】左腿前插步要大、要快速、挺直有力，並伴隨右轉發力發出「哼」聲。

圖2-78

圖2-79

圖2-80

四、接左蹬腿涮腿摔

以左警戒式兩腿自由向前移走（圖2-81），然後突然停止，左手快速向下鉤摟與右手在胸前擊響緊握（圖2-82），然後兩手猛力向後下方速拉約半尺，再疾速向左、向上旋轉涮摔。

假想：兩手接住對方左蹬腿，迅速將其涮腿摔倒（圖2-83）。

【要領】兩手後拉要突然爆發，再疾速改變涮腿方向，並伴隨涮腿發力發出「哼」聲。

圖2-81

圖2-82

圖2-83

五、接右踹腿掃踢摔

以左警戒式兩腿自由向前移走（圖2-84），左腳突然向左前方搶進一步，同時迅速右轉躲閃、左手向下鉤摟在胸前與右手擊響緊握（圖2-85），然後右腳快速向前墊進一步，左腳疾速向右掃踢。

假想：兩手臂接住對方右踹腿將其掃踢倒地（圖2-86），左右式交換練習。

【要領】左腳掃踢要快速、爆發有力，並伴隨掃踢發出「呔」聲。

<table>
<tr><td>圖 2-84</td><td>圖 2-85</td><td>圖 2-86</td></tr>
</table>

六、抱雙腿過橋摔

以左警戒式兩腿自由向前移走（圖 2-87），左腳快速向前搶進一步，隨即右腳緊跟向前上一大步，兩腿下蹲成低勢馬步，同時兩臂向前摟抱（圖 2-88），然後兩臂快速上舉後倒。

假想：兩臂抱住對方雙腿，將其從頭上摔過，以脊背砸擊頭面（圖 2-89）。左右式交換練習。

【要領】後倒時要低頭、全身繃緊，需以脊背著地，並伴隨倒地發出「哼」聲。

<table>
<tr><td>圖 2-87</td><td>圖 2-88</td><td>圖 2-89</td></tr>
</table>

七、鎖臂地趟摔

以左警戒式兩腿向前移走（圖 2-90），然後突然停走，同時右手快速向前、向下纏繞一周在胸前擊響左手緊握（圖 2-91），再迅速右旋轉以右小臂外側著地倒地。假想：以右臂纏鎖住對方右臂，以地趟摔將其摔倒（圖 2-92）。左右式交換練習。

【要領】倒地時全身要繃緊，右小臂著地時，左手要用力握住右拳離開地面，以避免右拳碰地受傷，並伴隨倒地發力發出「哼」聲。

<table>
<tr><td>圖 2-90</td><td>圖 2-91</td><td>圖 2-92</td></tr>
</table>

第四節　假想擒拿卸骨

一、擒拿頸椎

以左警戒式自由向前移走（圖 2-93），左腳突然向前衝刺搶進一步，同時左鷹爪向前快抓回拉，兩手迅猛在胸前擊響並速變成鷹爪前推，右手在前左手在後成雙鷹爪（圖 2-94）。

假想：左手抓住對方右側頭髮後拉、右掌猛力推擊右下頜逆時針推擰將頸椎拿下（圖 2-95）。

【要領】兩手拍擊要用力，鷹爪旋擰要突然爆發，並伴隨兩手旋擰發力發出「哼」聲。

圖 2-93

圖 2-94

圖 2-95

二、抓右腕卸右腕

以左警戒式向前移走（圖 2-96），左腳突然向前搶進一步，同時左手前抓回拉在胸前兩掌擊響（圖 2-97），右手再變鷹爪疾速向左猛力推擊。

假想：左手抓住對方右手腕，右掌猛力逆時針推擊右掌背迅速將對方右手腕關節拿下（圖 2-98）。

【要領】右手推擊要爆發有力，同時還要產生跟蹤推轉力，並伴隨發力發出「哼」聲。

圖 2-96

圖 2-97

圖 2-98

三、反抓肩卸手腕

以左警戒式向前移走（2-99），然後突然停步，同時右手快速用力抓住左肩，左臂迅速上舉猛力下壓，力達大臂中間。

假想：對方右手抓我左肩，迅速以右手將其封鎖住，再上舉左臂用大臂猛力下壓手腕，將右腕關節拿下（圖2-100）。

【要領】左臂上舉下壓要快速、爆發有力，並伴隨發力發出「哼」聲。

四、反抓腕卸腕關節

以右警戒式自由向前移走，然後兩腿突然停走，同時左手快速用力抓住右手腕（圖2-101），右手疾速變成鷹爪做順時針向下猛壓，力達四指。

假想：對方右手抓我右手腕，快速以左手用力封鎖住右手不讓其掙脫掉，再迅速以右手旋壓腕背部，將腕關節拿下（圖2-102）。

【要領】左手抓右腕要緊，右手指旋轉要快速、爆發有力，並伴隨發力發出「哼」聲。

五、反抓右臂卸腕骨

以右警戒式自由向前移走，然後兩腿突然停止走步，左手快速用力抓住右手腕（圖2-103），右腿再迅速上一步成低勢馬步，同時右肘猛力向前旋轉下壓，力達右肘前端。

假想：對方兩手抓我右小臂，先以左手用力封鎖固定住對方右手，再以右肘旋壓其臂，迅速將右手腕關節拿下（圖2-104）。

【要領】左手抓握要緊，右肘旋轉滾壓要快速、爆發有力，並伴隨發力發出「哼」聲。

圖2-99

圖2-100

圖2-101

圖2-102

圖2-103

圖2-104

第五節　假想強攻空擊

一、鷹爪抓面，右鞭腿踢肋

以左警戒式兩腿自由向前移走（圖 2-105），左腳突然向前衝刺搶進一步，同時左鷹爪疾速向前抓擊（圖 2-106），或以直拳、插指、梗手向前打擊，右鞭腿再緊跟向前追蹤踢出（圖 2-107）。假想：左手攻擊對方臉面，右鞭腿追蹤踢擊左太陽穴或章門穴、腰笑穴。左右式交換練習。

圖 2-105　　　　　　圖 2-106　　　　　　圖 2-107

二、左直拳擊面，右擺拳擊太陽穴

以左警戒式兩腿自由向前移走，左腳突然向前衝刺搶進一步，同時左直拳或者左鷹爪、插指、梗手疾速向前攻擊面部（圖 2-108），右擺拳緊跟向前追蹤打出（圖 2-109）。假想：左手攻擊對方臉面，右擺拳追蹤打擊左太陽穴或左頜骨。左右式交換練習。

三、左手插眼，右腳踢巨闕穴

以左警戒式兩腿自由向前移走，左腳突然向前衝刺搶進一步，同時左手指疾速向前插出（圖 2-110），右蹬腿或右撞膝再緊跟向前追蹤撞擊（圖 2-111）。

假想：左手插擊對方雙眼或天突穴，右腳或右撞膝追蹤打擊襠部或巨闕、神闕、曲骨要穴。左右式交換練習。

四、左直拳擊面，左腳踹襠

以左警戒式自由向前移走，左腳突然向前衝刺搶進一步，同時左直拳疾速向前打出（圖 2-112），右腳再快速向前墊進一步，左腳疾速向前跟蹤踹出（圖 2-113）。

假想：左拳直擊對方人中穴，左腳跟蹤踹擊襠部或巨闕穴、神闕、曲骨穴。左右式交換練習。

圖 2-108　　　　　　圖 2-109　　　　　　圖 2-110

圖 2-111

圖 2-112

圖 2-113

五、左直拳擊面，右腳後蹬襠

以左警戒式自由向前移走，左腳突然向前衝刺搶進一步，同時左直拳疾速向前打出（圖 2-114），再快速右轉 180 度，同時右腳飛快向後蹬出（圖 2-115）。

假想：左拳直擊對方人中穴，右腳跟後蹤蹬襠腹部。

圖 2-114

圖 2-115

六、右膝撞擊襠，右盤肘擊頭

以左警戒式向前移走，左腳突然搶進一步，隨即右膝疾速向前撞出（圖 2-116），右腳再快速向前落地，同時右肘猛力向前盤擊（圖 2-117）。

假想：右膝撞擊對方襠腰被包住右腿，迅速反應出右肘盤擊左側太陽穴。左右式交換練習。

圖 2-116

圖 2-117

第六節　假想躲閃反擊

一、縮身躲閃右直、擺拳，右撞膝反擊

以左警戒式向前移走，突然兩手臂護頭下蹲（2-118），右膝迅猛向前撞出（圖2-119），也可打出右直拳（圖2-120）。

假想：躲過右直、擺拳進攻，右膝迅猛撞擊左章門穴或襠部，或右直拳打擊巨闕穴。左右式交換練習。

圖 2-118　　　　　　圖 2-119　　　　　　圖 2-120

二、躲閃右鞭腿，右鞭腿反擊

以左警戒式向前移走，突然縮身向右下方傾倒躲閃（圖2-121），右鞭腿或右蹬腿迅猛向前踢出（圖2-122、2-123）。

假想：躲過右鞭腿對頭攻擊，乘機以右鞭腿踢擊左章門穴；也可假想以右蹬腿反擊襠部、曲骨要穴。左右式交換練習。

圖 2-121　　　　　　圖 2-122　　　　　　圖 2-123

三、後躲閃右蹬腿，右蹬腿反擊

以左警戒式向前移走，兩腳突然向後急退一小步，同時上身後仰躲閃（圖2-124），右腳再迅猛向前蹬出（圖2-125）。

假想：躲過對方高式右蹬腿或側踹腿、鞭腿、後擺腿的攻擊，迅速以右蹬腿反擊巨闕穴或襠部要處，或出右鞭腿（圖2-126）、右踢腳反擊練習。左右式交換練習。

圖 2-124　　　　　　　　圖 2-125　　　　　　　　圖 2-126

第七節　假想阻截反擊

一、左臂阻截右擺拳，右撞膝反擊

以左警戒式向前移走，突然以左臂猛力向左上方格擋（圖 2-127），右膝或右擺拳迅猛向打出（圖 2-128）。

假想：左臂阻截對方右擺拳，迅猛以右膝撞擊襠部，或以右擺拳打擊左下頜（圖 2-129）。左右式交換練習。

圖 2-127　　　　　　　　圖 2-128　　　　　　　　圖 2-129

二、阻截直拳，後蹬反擊

以左警戒式向前移走，左臂突然向右阻截（圖 2-130），再迅速右轉以右腳迅猛向後蹬出（圖 2-131）。

假想：左臂截擊對方左直、擺拳、高蹬腿，迅猛以後蹬反擊襠部。也可出右後鞭拳（圖 2-132）右蹬腿變換練習。左右式交換練習。

圖 2-130　　　　　　　　圖 2-131　　　　　　　　圖 2-132

三、提膝阻截正蹬腿，右蹬腿反擊

以左警戒式向前移走（圖 2-133），左膝突然繃緊提起，同時意念左腿堅硬有力（圖 2-134），左腳快速向前落地，右腳迅猛向前蹬出（圖 2-135）。

假想：提膝阻擋正蹬腿或側踹腿進攻，再疾速以右蹬腿反擊襠部，也可出右鞭腿、右踢腳變換反擊練習。左右式交換練習。

圖 2-133　　　　　　　　　圖 2-134　　　　　　　　　圖 2-135

四、提左膝阻截右鞭腿，右鞭腿反擊

以左警戒式向前移走（圖 2-136），左膝突然繃緊提起向左外展阻截，（圖 2-137），右鞭腿疾速向前踢出（圖 2-138）。

假想：提左膝阻截對方右鞭腿，迅速出右鞭腿反擊左章門穴，也可打出左直拳反擊練習。左右式交換練習。

圖 2-136　　　　　　　　　圖 2-137　　　　　　　　　圖 2-138

五、提左膝阻截左鞭腿，後蹬腿反擊

以左警戒式向前移走（圖 2-139），左膝突然繃緊提起向右阻截，（圖 2-140），再右轉 180 度迅猛出右腿向後蹬出（圖 2-141）。

假想：提左膝阻截對方左鞭腿，右腿後蹬襠部。也可出左直拳打出反擊練習。左右式交換練習。

圖 2-139

圖 2-140

圖 2-141

第八節　負重連環空擊

　　負重空擊，是在力量、技術達到一定水準後，對四肢逐漸增加負重、以各種技術進行空擊訓練的一種方式。功力、技術要想步步提高，必須改變訓練方式，進行腿綁沙袋、手握啞鈴空擊練習。目的是增加拳、腳衝擊爆發滲透力，提高散手交戰耐力，鍛鍊拳腳打得出、收得回以及全身平衡力。訓練先以拳、腳、膝單式訓練後再進行組合練習。

　　第一組：警戒式、左直拳、右直拳、右蹬腿、左鞭腿、後蹬腿（圖 2-142、2-143、2-144、2-145、2-146、2-147）。

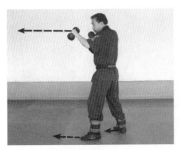
圖 2-142

圖 2-143

圖 2-144

圖 2-145

圖 2-146

圖 2-147

　　第二組：警戒式、左直拳、後鞭拳、右踹腿、左鞭腿、右鞭腿（圖 2-148、2-149、2-150、2-151、2-152）。

圖 2-148

圖 2-149

圖 2-150

圖 2-151

圖 2-152

　　第三組：警戒式、左直拳、右撞膝、左蹬腿、右鞭腿、右踹腿（圖 2-153、2-154、2-155、2-156、2-157）。

圖 2-153

圖 2-154

圖 2-155

圖 2-156

圖 2-157

第四組：後擺腿、右鞭腿、左蹬腿、後蹬腿（圖 2-158、2-159、2-160、2-161、2-162）。

圖 2-158

圖 2-159

圖 2-160

圖 2-161

圖 2-162

第九節　立體技術綜合空擊

　　警拳道散手空擊，是一項高水準升級訓練方式。有騰空打法、地趟打法、地趟摔法，空擊技術非常豐富，對全面鍛鍊拳、腳、肘、膝爆發速度、連環打擊能力、快速發招能力、技術變換能力、散手交戰耐力，有獨特效益；對提高散手技術有極大幫助作用。

　　第一組：警戒式、左直拳、右直拳、右蹬腳、左鞭腿、助跑騰空右鞭腿（圖 2-163、2-164、2-165、2-166、2-167、2-168）。

圖 2-163

圖 2-164

圖 2-165

圖 2-166

圖 2-167

圖 2-168

第二組：警戒式、右撞膝、右盤肘、右格臂、右側踹、助跑騰空右踹腿（圖
2-169、2-170‧、2-171、2-172、2-173、2-174）。

圖 2-169

圖 2-170

圖 2-171

圖 2-172

圖 2-173

圖 2-174

第三組：警戒式、提左膝外阻截、右鞭腿、左鞭腿、右蹬腿、前滾劈腿（圖
2-175、2-176、2-177、2-178、2-79、2-180）。

圖 2-175

圖 2-176

圖 2-177

圖 2-178　　　　　　　　　　　圖 2-179

圖 2-180　　　　　　　　　　　圖 2-181

　　第四組：警戒式、左擺拳、右擺拳、過橋摔、左、右地趟鞭腿（圖 2-182、2-183、2-184、2-185、2-186。

圖 2-182　　　　　　　圖 2-183　　　　　　　圖 2-184

圖 2-185　　　　　　　　　　　圖 2-186

第五組：警戒式、左直拳、後蹬腿、左鞭腿、鎖臂地趟摔（圖 2-187、2-188、2-189、2-190、2-191）。

圖 2-187　　　　　　圖 2-188　　　　　　圖 2-189

圖 2-190　　　　　　圖 2-191

第六組：警戒式、左截臂、左側踹、倒地後踢腳、先左後右連環兩拳沖天炮（圖 2-192、2-193、2-194、2-195、2-196）。

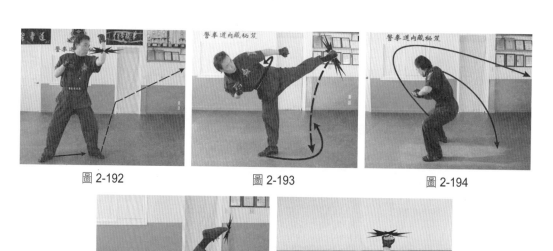

圖 2-192　　　　　　圖 2-193　　　　　　圖 2-194

圖 2-195　　　　　　圖 2-196

第七組：警戒式、左直拳、後鞭拳、右側踹、左鞭腿、助跑騰空彈踢腳（圖 2-197、2-2-198、2-199、2-200、2-201）。

圖 2-197

圖 2-198

圖 2-199

圖 2-200

圖 2-201

第八組：警戒式、後擺腿、右鞭腿、左蹬腿、助跑騰空後蹬腿（圖 2-202、2-203、2-204、2-205、2-206）。

圖 2-202

圖 2-203

圖 2-204

圖 2-205

圖 2-206

第九組：警戒式、左右擺拳、扶地後掃、騰空後擺腿（圖 2-207、2-208、2-209、2-210）。

圖 2-207

圖 2-208

圖 2-209

圖 2-210

60 秒自由空擊

60 秒自由空擊，是警拳道立體散手技術的展現，其招法非常豐富、實用。在 60 秒空擊中，假想四周圍敵逼近圍攻，以機智、靈活的強攻招法、阻截、躲閃反擊招法在騰空、步下、地趟三種打法中體現出來，做到快速、準確、爆發有力。空擊中間停頓不超過 3 秒鐘。因是無規律的自由空擊，需要很強的快速反應能力。因此，60 秒自由空擊練習，是鍛鍊應急反應、增加散手交戰耐力、增強全方位打擊意識的高效訓練方式。

60 秒自由空擊圖

第三章

警拳道第二步訓練
——基本功

　　基本功，是警拳道第二步訓練，有騰空、地趟、步下三大類。其中又分：技擊基本功和藝術基本功。技擊基本功，已集中在假想空擊中練習。

　　為確保技擊精髓、節省時間，警拳道不過多追求練習體操、舞蹈式基本功，只選擇了能提高身體靈活性的基本功練習。這些基本功與技擊基本功有重大差別，沒有散手技擊內涵，不存在技擊價值，只能鍛鍊身體騰空、跌撲、滾翻靈活性，但也是武術必練項目，可在武術表演中展示觀賞價值。

第一節　步下基本功

一、正踢腿

　　以左警戒式為例（圖 3-1），左腳向前上一步，右腳尖勾起快速向上踢起，腳尖朝後，腳底朝上，全身挺直，目視前方（圖 3-2），兩腿交換練習。

二、外擺腿

　　以左警戒式為例（圖 3-3），左腳向前上一步，右腳尖勾起快速從左向右擺踢，腳尖朝後，腳底朝上，全身挺直，目視前方（圖 3-4），兩腿交換練習。

三、裡合腿

　　以左警戒式為例（圖 3-5），左腳向前上一步，右腳尖勾起快速從右向左擺踢，腳尖朝後，腳底朝上，全身挺直，目視前方（圖 3-6），兩腿交換練習。

圖 3-1　　　　　　　　　　圖 3-2　　　　　　　　　　圖 3-3

圖 3-4

圖 3-5

圖 3-6

四、單拍腳

以左警戒式為例（圖 3-7），左腳向前上一步，右腳快速向前踢出，同時右手擊響右腳背，腳背繃直，全身挺直，目視前方（圖 3-8），兩腿交換練習。

圖 3-7

圖 3-8

第二節　地趟基本功

一、前倒

全身挺直站立（圖 3-9），然後兩手放於胸前向前跌倒，在兩手著地時，要同時閉嘴、丹田繃緊、氣從鼻子呼出（圖 3-10）。

【目的】鍛鍊兩手著地支撐保護能力。

圖 3-9

圖 3-10

二、側倒

兩腿蹲成馬步，兩掌繃緊、兩臂微屈置於兩側（圖 3-11），然後右腳向左伸腿落地，同時右手順時針擺動與左手一塊在右側著地（圖 3-12）。

【目的】鍛鍊兩臂及全身抵抗防禦能力。

圖 3-11

圖 3-12

三、後倒

兩腿蹲成馬步（圖 3-13），然後右腿伸直向上舉起，同時丹田繃緊、頭頸挺緊低頭、以脊背著地向後跌倒（圖 3-14）。

【目的】鍛鍊脊背及兩臂抵抗防禦能力。

圖 3-13

圖 3-14

五、搶背前滾

右腳向前上步低頭、彎腰，隨即兩手臂護頭著地向前滾翻（圖 3-15、3-16、3-17），可連續向前滾翻練習。

【目的】鍛鍊全身翻滾防禦能力及大腦平衡力。

圖 3-15

圖 3-16

圖 3-17

六、後滾翻

兩腿彎曲下蹲，全身捲曲迅速向後滾翻，兩腳自然著地站穩，可連續向後滾翻練習。

【目的】鍛鍊地趟後翻滾防禦能力及大腦平衡力（圖 3-18、3-19、3-20）。

圖 3-18

圖 3-19

圖 3-20

第三節　騰空基本功

一、側空翻

先練好兩手扶地側翻，再練單手扶地側翻，最後再練騰空側翻。

【目的】鍛鍊身體騰空旋轉靈活性及大腦平衡力（圖 3-21）。

二、後空翻

先練好兩手扶地蹴子翻，再逐漸練騰空後翻。

【目的】鍛鍊身體騰空翻轉靈活性及大腦平衡力（圖 3-22）。

圖 3-21

圖 3-22

三、騰空前竄滾翻

逐漸加高障礙物，由助跑騰空躍過（圖 3-23、3-24），在兩手著地瞬間巧妙做好減震（圖 3-25），然後自然前滾翻站起。

【目的】鍛鍊身體騰空竄躍障礙物靈活性、兩手臂支撐減震能力及大腦平衡力。

圖 3-23　　　　　　　圖 3-24　　　　　　　圖 3-25

四、騰空跌撲

　　兩腿助跑，全身快速騰空躍起，以兩手臂與兩腳為著力點落地。落地時要丹田收縮、全身繃緊、咬齒、閉嘴、氣從鼻內呼出（圖 3-26、3-27）。

五、騰空回頭跌撲

　　兩腿助跑，全身快速騰空躍起迅速在空中逆時針旋轉 180 度，然後以兩手臂與兩腳為著力點落地。落地時全身要繃緊、咬齒、閉嘴、氣從鼻內呼出（圖 3-28、3-29、3-30、3-31）

圖 3-26　　　　　　　圖 3-27　　　　　　　圖 3-28

圖 3-29　　　　　　　圖 3-30　　　　　　　圖 3-31

第四章

警拳道第三步訓練
——散手技術打靶

打靶，是警拳道第三步訓練，是練習散手搏擊的重要訓練項目。打靶，分拳、腳、肘、膝、掌、指單式打靶、負重打靶、躲閃反擊打靶、阻截反擊打靶、強攻連環打靶、散手攻防打靶、二分鐘對四面八方打靶。同時為適應自由搏擊和散手擂臺競技比賽需要，又採取戴拳套和不戴拳套兩種形式打靶練習。

打靶，最核心目的就是鍛鍊拳腳爆發速度、出招殺傷力、打擊精確度、大腦反應能力、散手交戰耐力以及感受力達部位的最佳角度。

打靶，是以不同的散手招法、最捷徑的打擊路線從不同方位、不同角度、不同距離配合不同步法、不同聲法在騰空、地趟、步下三種打法中對面前的靶標實施針對性的反覆打擊練習。

整個打靶過程，以主動強攻技術、防守反擊打法為主；以快摔法為輔，每招一式，打擊力非常明顯、非常逼真，實戰味道極為突出，全是散手實戰招法的真實體現，同時有很多招法是鍛鍊拿靶者的阻截防守本領。

打靶，是警拳道散手搏擊訓練的重要方法之一，對鍛鍊實戰意識非常有效，並且在拳腳負重特殊形式的訓練下，更能大大提升拳腳的衝擊穿透力、增強打擊威力以及身體平衡力，對提高散手水準有特殊效果。以下各項打靶，可採取戴手套和不戴手套兩種方式練習。

【註】在打靶時，不管任何一拳打出都要配合發出「呔」聲或「哼」聲，同時假想一拳一腳將靶擊穿、擊碎，並且以左右警戒式交換練習。

第一節　拳、掌、指、肘法打靶

一、直拳打靶

全身鬆而不懈，意念兩拳堅硬有力，左腳快速搶進一步，同時先左後右兩拳疾速打擊靶標，力達拳面。

假想：兩拳將靶標擊穿、擊碎（圖 4-1、4-2），做到兩拳需集中打擊靶標中心一個點，反覆練習會不斷提高直拳的爆發速度和打擊準確度。

二、擺拳、勾拳打靶

意念兩拳堅硬有力，左腳快速搶進一步，同時先左後右兩擺拳或兩勾拳疾速打擊靶標，力達拳面，假想兩拳將靶標擊穿、擊碎（圖4-3、4-4）。

三、後撩拳打靶

意念右拳背堅硬有力，左腳快速搶進一步，隨即全身右轉180度，同時右腳迅速向後倒插一步、右拳疾速向後打擊靶標，力達拳背。

假想：右拳將靶擊碎。（圖4-5、4-6）。

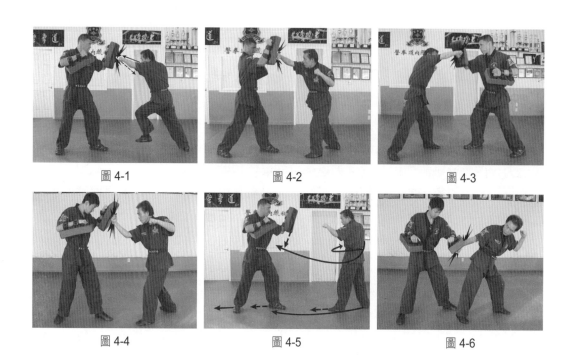

圖 4-1　　　　　　　　圖 4-2　　　　　　　　圖 4-3

圖 4-4　　　　　　　　圖 4-5　　　　　　　　圖 4-6

四、崩拳、梗手打靶

意念兩拳堅硬有力，左腳快速搶進一步，同時先左後右兩崩疾速打擊靶標，力達拳棱（圖4-7），用同樣步法先左後右兩梗手再打靶，力達四指第二關節。

假想：將靶標擊碎。（圖4-8）。

五、後鞭拳打靶

以左警戒式為例（圖4-9）。全身鬆而不懈，意念右拳堅硬有力。左腳快速向前搶進一步，隨機全身右轉270度，同時右腳迅速向後倒插一步、右拳緊跟向後打擊靶標，力達拳背。假想：右拳將靶擊碎（圖4-10）。

六、插指擊靶

意念兩手指如似鋼叉，左腳快速向前搶進一步，同時先左後右兩手指疾速向前插擊靶標，力達指尖（圖4-11、4-12）。

假想：兩手指將靶插擊穿透。按此法經常練習，會不斷提高插指爆發速度、硬度和準確度。

圖 4-7

圖 4-8

圖 4-9

圖 4-10

圖 4-11

圖 4-12

七、掃指、鷹爪擊靶

意念兩手指堅如鋼叉，左腳快速向前搶進一步，同時先左後右兩手指疾速掃擊靶標，或以兩鷹爪抓擊靶標，力達指尖（圖 4-13、4-14）。

假想：兩手將靶標掃擊劃破或抓出個洞。反覆練習，會逐漸提高掃指、鷹爪抓擊爆發速度、硬度、力度、準確度。

八、扇掌、甩掌擊靶

意念兩手掌堅硬有力，左腳快速向前搶進一步，同時先左後右兩掌疾速扇擊靶標，力達掌心（圖 4-15），或先左後右以兩甩掌擊打靶標，力達掌背（圖 4-16）。

假想：兩掌將靶擊碎。

圖 4-13

圖 4-14

圖 4-15

九、砍掌、盤肘擊靶

意念兩掌刀堅硬有力，左腳快速向前搶進一步，同時先左後右兩掌疾速向前砍擊靶標，力達掌刀，兩掌刀砍下時要成 45 度（圖 4-17），或先左後右以兩盤肘擊靶（圖 4-18）。假想：兩掌或兩肘將靶擊碎。

| 圖 4-16 | 圖 4-17 | 圖 4-18 |

十、砸肘、挑肘擊靶

意念兩肘堅硬有力，左腳快速向前搶進一步，同時先左後右肘疾速向下砸擊靶標，力達肘尖（圖4-19），或先左後右以兩挑肘擊靶（圖4-20）。

假想：兩肘將靶擊碎。

十一、轉身後搗肘擊靶

以左警戒式做準備（圖4-21），意念右肘堅硬有力，左腳快速向前搶進一步，隨機右轉270度，同時右腳迅速倒插一步、右肘疾速向後搗擊靶標，力達肘尖（圖4-22）。假想：右肘將靶擊穿、擊碎。按此法練習，會提升步法靈活性、後搗肘打擊準確度及爆發速度。

十二、正撞膝、側撞膝、騰空撞膝擊靶

意念右膝堅硬有力，左腳快速向前衝刺搶進一步，隨機以右膝緊跟向前撞擊靶標（圖4-23、4-24），或以側撞膝撞擊靶標（圖4-25），或以騰空撞膝擊靶（圖4-26），力達膝尖。假想：右膝將靶擊碎、擊穿。

| 圖 4-19 | 圖 4-20 | 圖 4-21 |

| 圖 4-22 | 圖 4-23 | 圖 4-24 |

圖 4-25　　　　　　　　　　　　　　圖 4-26

第二節　腿法踢靶

一、鞭腿、側踹腿踢靶

　　意念兩腳堅硬有力，右腳快速搶進一步，左腳疾速向前踢擊靶標（圖 4-4-27、4-28），也可左腳墊步以右腳踹擊靶標（圖 4-29）。

　　假想：一腳將靶踢碎。

圖 4-27　　　　　　　　　圖 4-28　　　　　　　　圖 4-29

二、彈踢腳、正蹬腿踢靶

　　意念右腳堅硬有力，左腳快速搶進一步，隨機右腳疾速向前踢擊靶標，力達腳背（圖 4-30、4-31），或以右蹬腿踢擊靶標，力達腳底（圖 4-32）。

　　假想：一腳將靶踢碎。

圖 4-30　　　　　　　　　圖 4-31　　　　　　　　圖 4-32

三、劈腿擊靶

意念右腳堅硬有力，左腳快速向前搶進一步，隨機右腳緊跟向前劈擊靶標，力達腳後跟（圖 4-33、4-34）。假想：右腳迅速將靶劈擊粉碎。

四、轉身後蹬腿踢靶

意念右腳堅硬有力，左腳快速搶進一步，隨機全身右轉 180 度，同時右腳疾速向後蹬擊靶標，力達腳底（圖 4-35、4-36）。假想：右腳將靶蹬碎。

五、後擺腿踢靶

左腳快速搶進一步，隨即右轉 360 度，同時右腳疾速向後擺擊靶標，在旋踢到 180 度時發出最大力，力達腳後跟（圖 4-37、4-38）。假想：右腳將靶踢碎。

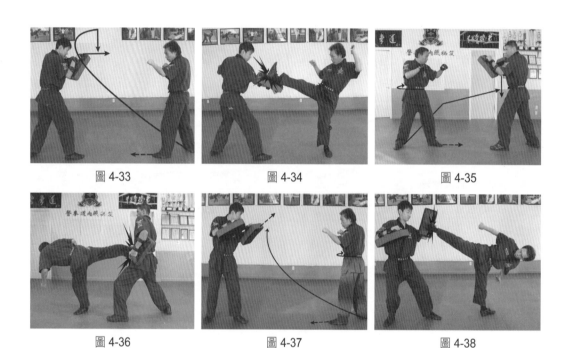

圖 4-33　　　　　　　圖 4-34　　　　　　　圖 4-35

圖 4-36　　　　　　　圖 4-37　　　　　　　圖 4-38

六、扶地後掃腿、倒地後掃腿擊靶

意念右腳堅硬有力，左腳快速搶進半步，隨機右轉兩手扶地後掃，掃轉到 180 度時發出最大力，力達腳後腕（圖 4-39、4-40）。倒地後掃與扶地後掃相同，只是在掃到 180 度時左側倒地（圖 4-41）。假想：右腳將靶掃擊粉碎。

圖 4-39　　　　　　　圖 4-40　　　　　　　圖 4-41

七、前滾劈腿擊靶

右腳快速向前上一步，同時低頭、彎腰，兩手臂、頭、右肩依次著地疾速前滾以右腳劈擊靶標，力達腳後跟（圖 4-42、4-43）。

假想：右腳將靶劈擊粉碎。按此法不斷練習，會增加前滾劈腿爆發速度、準確度、打擊力度及大腦平衡力。

八、倒地後踢靶

以脊背著地，兩拳護頭做準備，意念兩腳堅硬有力，然後右腳迅猛向後踢擊靶標，力達腳背，目視靶標（圖 4-44）。

假想：右腳將靶迅速踢碎，兩腳交換練習。

圖 4-42　　　　　　　　圖 4-43　　　　　　　　圖 4-44

九、地趟鞭腿踢靶

以左側臥兩拳護頭做準備（圖 4-45），意念右腳堅硬有力，然後猛力踢擊前邊靶標，力達腳背，目視右腳（圖 4-46）。

假想：右腳將靶踢碎。兩腳交換練習。

十、騰空側踹踢靶

兩腿助跑騰空跳起，右腳迅猛踹擊靶標，力達腳底（圖 4-47）。

假想：騰空一腳將靶踹碎。

圖 4-45　　　　　　　　圖 4-46　　　　　　　　圖 4-47

十一、騰空鞭腿、騰空彈踢腳踢靶

兩腿助跑騰空跳起，全身在空中迅速右轉 90 度，同時右鞭腿迅猛向前踢擊靶標，力達腳背，騰空彈踢腳可直接騰空踢擊靶標（圖 4-48）。

假想：騰空一腳將靶踢碎（圖 4-49）。

十二、騰空後擺腿踢靶

需先做扶地後掃腿 270 度，再借掃腿慣性騰空躍起，同時右腳疾速向後踢擊靶標，力達腳底或腳後腕（圖 4-50）。

假想：右腳將靶標踢碎。

圖 4-48　　　　　　圖 4-49　　　　　　圖 4-50

第三節　負重打靶

負重打靶，是一項超強的訓練方式。有：誘惑踢靶和連環進攻打靶兩種方式。訓練時，兩手握啞鈴、兩腿綁沙袋，使用各種散手招法以最快、最大力度進行打靶練習。因拳、腳負重打出後更具衝擊慣性，為此，更能開發體力、加強拳腳衝擊爆發穿透力、持久耐力及全身平衡力，同時有鍛鍊誘敵反擊特殊效果，為真正散手實戰練就紮實基礎。

訓練時，可根據自身功力增長，循序遞增、逐漸增加手、腿重量。

縮身下蹲誘惑踢靶

一、後擺腿踢靶

兩手臂護頭下蹲，並暗瞅觀察對方（圖 4-51）。

假想：對方強行靠近攻擊，待對方進入打擊範圍之內，突然起身以後擺腿踢擊靶標（圖 4-52）。以下各種腿法均以此假想方式踢靶練習。

二、鞭腿踢靶：（圖 4-53、4-54）。

三、轉身後蹬腿踢靶：（圖 4-55、4-56）。

圖 4-51　　　　　　圖 4-52　　　　　　圖 4-53

圖 4-54　　　　　　　　　　圖 4-55　　　　　　　　　　圖 4-56

四、彈踢腳踢靶：（圖 4-57、4-58）。

五、側踹腿踢靶（圖 4-59、4-60）。

六、正蹬腿踢靶：（圖 4-61、4-62）。

圖 4-57　　　　　　　　　　圖 4-58　　　　　　　　　　圖 4-59

圖 4-60　　　　　　　　　　圖 4-61　　　　　　　　　　圖 4-62

負重連環進攻打靶

第一組：兩直拳、右鞭腿、左蹬腿、後蹬腿（圖 4-63、4-64、4-65、4-66、4-67、4-68）。

圖 4-63　　　　　　　　　　圖 4-64　　　　　　　　　　圖 4-65

圖 4-66

圖 4-67

圖 4-68

第二組：左直拳、後蹬腿、左鞭腿、右鞭腿、左蹬腿（圖 4-69、4-70、4-71、4-72、4-73）。

圖 4-69

圖 4-70

圖 4-71

圖 4-72

圖 4-73

第三組：左直拳、右撞膝、左鞭腿、右蹬腿、右踹腿（圖 4-74、4-75、4-76、4-77、4-78）。

圖 4-74

圖 4-75

圖 4-76

圖 4-77   圖 4-78

第四組：左直拳、後鞭拳、右側踹、左鞭腿、右劈腿（圖 4-79、4-80、4-81、4-82、4-83）。

圖 4-79   圖 4-80   圖 4-81

圖 4-82   圖 4-83

第五組：後擺腿、右鞭腿、左鞭腿、右蹬腿、左鞭腿（圖 4-84、4-85、4-86、4-87、4-88、4-89）。

圖 4-84   圖 4-85   圖 4-86

圖 4-87

圖 4-88

圖 4-89

第四節　躲閃反擊打靶

警拳道拳經講：拳未打出謀禦先，最佳防守是躲閃。

躲閃反擊打靶，有後躲閃、縮身下躲、左右躲閃反擊打靶。躲閃反擊打靶，是集中精力練習散手以柔化剛、反制對方的高效手段。

專練躲閃反擊打靶，如似親臨實戰，躲閃後，都是以最快、最大爆發力、最有打擊威力的招法進行果斷反擊的，所有反擊技術，都具高效殺傷力的。

按此方法打靶訓練，對鍛鍊躲閃後快速反應發招具有特殊效果；對提高散手技擊品質有巨大幫助作用。

只有身臨其境不斷練習躲閃反擊打靶，才能從中領略躲閃反擊的奧妙；才能掌握練就以柔化剛、反擊制敵的絕招。

一、後躲閃，右踢腳反擊踢靶

兩人各以警戒式作準備，打靶者為甲，拿靶者為乙（圖 4-90）。

乙：左腳快速向前搶進一步，同時以左靶直擊甲面部。

甲：兩腳疾速後撤，同時上身後仰躲閃來靶（圖 4-91），再乘機迅速出右腳踢擊乙襠部。

乙：兩腿疾速後撤，同時以左靶猛力阻截砸擊甲右腳背（圖 4-92）。

【註】甲躲閃乙直靶進攻後，也可靈活改用右鞭腿、正蹬腿交換踢靶練習。

圖 4-90

圖 4-91

圖 4-92

二、後躲閃右踹腿，右鞭腿反擊踢靶

甲：兩腳快速後撤躲閃乙右踹腿進攻（圖 4-93），再迅速以右鞭腿踢擊乙胸窩巨闕穴。

乙：兩腿疾速後撤，同時以右靶阻截甲右鞭腿（圖 4-94）。

【註】不管對方出側踹腿或正蹬腿、彈踢腳、鞭腿、後擺腿進攻胸部以上，甲方都可以躲閃後靈活以各種遠戰腿法反擊打靶練習。

圖 4-93　　　　　　　　　　　　　圖 4-94

三、躲閃右擺靶，右扇掌反擊打靶

兩人各以警戒式作準備（圖 4-95）。

乙：右腳快速向前搶進一步，同時以右靶代替右擺拳打擊甲頭左側。

甲：快速縮身向右傾倒躲閃乙右擺靶（圖 4-96），再乘機迅速以右扇掌反擊左太陽穴。

乙：疾速以右靶阻截甲右扇掌（圖 4-97）。

【註】甲躲閃後，也可右鞭腿或左踹腿、右蹬腿、彈踢腳、右撞膝、右直拳變換打靶練習。

圖 4-95　　　　　　圖 4-96　　　　　　圖 4-97

四、躲閃右鞭腿，右鞭腿反擊踢靶

甲：快速縮身向右傾倒躲閃乙右鞭腿（圖 4-98），再乘機以右鞭腿反擊乙胸左

側章門穴。

乙：疾速後撤，同時以右靶阻截甲右鞭腿（圖4-99）。

【註】甲方躲過右鞭腿後，也可改用左端腿、右蹬腿、彈踢腳變換打靶練習。

圖 4-98

圖 4-99

五、躲閃右蹬腿，側撞膝反擊打靶

兩人各以警戒式相對（圖4-100）。

乙：左腳快速向前搶進一步，隨即出右腳迅速蹬踢甲腰部。

甲：快速向左躲閃乙右蹬腿（圖4-101），再乘對方右腿蹬空之機迅速以右側撞膝撞擊乙襠部（圖4-102）。

【註】兩人在練習時，乙也可用不同的側端腿或彈踢腳、後蹬腿踢擊甲，甲可用同樣方法躲閃乙各種腿法進攻，再改用正撞膝或正蹬腿、右鞭腿、右踢腳、左端腿變換打靶練習。

圖 4-100

圖 4-101

圖 4-102

第五節　臂、腿阻截反擊打靶

臂、腿阻截反擊打靶，是警拳道的獨特訓練方法，是練就阻截後反擊制敵的高效方式。先進的訓練方法，會換取先進高效的散手技術、練就精湛的功夫，沒有高效的訓練方法，一切散手絕招都無從談起。臂、腿阻截反擊打靶，是採取以剛克剛

的戰術打法進行訓練的。

散手阻截反擊法，就是巧妙使用兩臂、兩小腿為阻截武器，靠臂、腿的過硬功夫直接阻截對方的進攻部位，可達到以剛克剛直接迫使對方受傷而失去戰鬥力，同時能迅速改變對方進攻武器的方向，從而減少被擊中的危險。

在散手搏擊時，若把準時機，往往單用阻截招法，就能瞬間制服於對方；如果再奮起反擊，特別是提膝阻截鞭腿，足能迫使對方筋斷骨折而受制於我。所以說，防守是最好的進攻。

臂、腿阻截反擊打靶，就是為達到這一目的而設計的特殊訓練方法，經常練習，可從中練就阻截後的反擊制勝絕招。

一、阻截右直靶，右撞膝反擊打靶

兩人各以警戒式作準備（圖4-103）。

乙：右腳快速向前衝刺搶進一步，同時以右靶代替右直拳進攻甲頭部。

甲：快速以左臂阻截乙右直靶進攻（圖4-104），再乘機以右直拳反擊乙面部。

乙：迅速以左靶阻擋餵其甲右直拳（圖4-105）。

【註】甲以左臂向上阻截或向左阻截直靶進攻後，也可靈活改用右擺拳或右扇掌、右撞膝、右蹬腿、右鞭腿、彈踢腳、左端腿反擊打靶練習。

圖4-103　　　　　　圖4-104　　　　　　圖4-105

二、左臂阻截直靶，後鞭拳反擊打靶

乙：左腳快速向前衝刺搶進一步，同時以左靶代替左直拳直擊甲面部。

甲：左臂快速向右阻截乙直靶（圖4-106），再疾速右轉270度，同時右鞭拳迅速向後打擊乙頭部。

乙：兩腿迅速後撤躲閃，同時以左靶準確阻截甲右鞭拳（圖4-107）。

【註】甲以左臂阻截直靶進攻後，也可靈活改用後削掌或左端腿、後蹬腿反擊打靶練習。

圖 4-106

圖 4-107

三、左臂阻截左直靶，右腿後蹬反擊踢靶

乙：左腳快速向前衝刺搶進一步，同時以左靶直擊甲面部。

甲：左臂快速阻截直靶進攻（圖 4-108），再疾速右轉 90 度，同時以右腳後蹬乙襠腰處。

乙：兩腿迅速後撤躲閃，同時以右靶阻擋餵其甲右蹬腿（圖 4-109）。

圖 4-108

圖 4-109

四、提左膝阻截右蹬腿，右蹬腿反擊踢靶

兩人各以警戒式作準備（圖 4-110）。

乙：左腳快速向前搶進一步，隨即以右腳蹬擊甲襠腰處。

甲：左膝快速提起阻擋乙右蹬腿（圖 4-111），再疾速以右蹬腿反擊乙胸腰處。

乙：迅速以左靶餵其甲右蹬腿（圖 4-112）。

【註】甲提左膝阻截正蹬腿或側端腿進攻後，也可靈活改用右鞭腿或右踢腳反擊打靶練習。

圖 4-110

圖 4-111

圖 4-112

五、提左膝外截右鞭腿，右鞭腿反擊踢靶

兩人各以警戒式作準備（圖4-113）。

乙：左腳快速向前搶進一步，隨即以右鞭腿踢擊甲左腰肋。

甲：左膝快速提起向外阻截乙右鞭腿（圖4-114），再疾速以右鞭腿反擊乙頭左側。

乙：兩腿快速後撤，同時迅速以右靶阻截甲右鞭腿（圖4-115）。

【註】甲提左膝外截右鞭腿進攻後，也可改用左右直拳或右踢腳、右蹬腿反擊打靶練習。

圖4-113　　　　　　　　圖4-114　　　　　　　　圖4-115

六、提左膝內截左鞭腿，轉身後蹬腿反擊踢靶

甲：左膝快速提左膝向右阻截乙左鞭腿（圖4-116），再疾速以左踹腿踢擊乙襠腰處。

乙：兩腿快速後撤躲閃，同時以右靶餵其甲左踹腳（圖4-117）。

【註】甲提左膝內截左鞭腿進攻後，也可改用左踹腿或右後鞭拳反擊打靶練習。

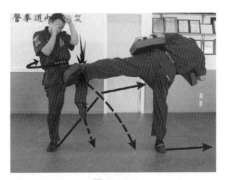 

圖4-116　　　　　　　　圖4-117

第六節　警拳道散手立體技術組合打靶

　　立體技術打靶，是以拳、腳、肘、膝為四大武器，在騰空、地趟、步下打靶中，從不同角度、不同方位、不同距離，發揮出不同的散手交戰擊法。同時配合步下、地趟快摔法進行練習，連環打擊特強。

　　透過九組連環打靶練習，可從中鍛鍊連環追蹤打擊本能，對提高全身格鬥靈敏度、加深招法記憶、增加交戰耐力、加強快速反應能力有特殊效果。立體技術打靶，不但有鍛鍊散手搏擊的特殊效果，而且有極高的表演觀賞價值。

　　第一組：左直拳、右踢腳、左鞭腿、右蹬腿、地趟剪腿（圖 4-118、4-119、4-120、4-121、4-122）。

圖 4-118　　　　　　　　　　圖 4-119　　　　　　　　　　圖 4-120

圖 4-121　　　　　　　　　　圖 4-122

　　第二組：左直拳、右後鞭拳、右踹腳、左鞭腿、抓肩蹬腿摔（圖 4-123、4-124、4-125、4-126、4-127）。

圖 4-123　　　　　　　　　　圖 4-124　　　　　　　　　　圖 4-125

圖 4-126　　　　　　　　　　　圖 4-127

　　第三組：右撞膝、右盤肘、右踹腳、左鞭腿、助跑騰空後蹬腿（圖 4-128、4-129、4-130、4-131、4-132）。

圖 4-128　　　　　　圖 4-129　　　　　　圖 4-130

圖 4-131　　　　　　　　圖 4-132

　　第四組：後擺腿、右鞭腿、左踢腳、倒地後掃、地趟鞭腿（圖 4-133、4-134、4-135、4-136、4-137）。

圖 4-133　　　　　　圖 4-134　　　　　　圖 4-135

圖 4-136　　　　　　　　　　圖 4-137

第五組：左直拳、右側撞膝、左鞭腿、右蹬腿、前滾劈腿（圖 4-138、4-139、4-140、4-141、4-142）。

圖 4-138　　　　　　　圖 4-139　　　　　　　圖 4-140

圖 4-141　　　　　　　　　圖 4-142

第六組：左直拳、右轉後蹬腿、左鞭腿、右撞膝、抓肩挑襠過頭摔（圖 4-143、4-144、4-145、4-146、4-147、4-148）。

圖 4-143　　　　　　　圖 4-144　　　　　　　圖 4-145

圖 4-146

圖 4-147

圖 4-148

第七組：左撞膝、左擺拳、右擺拳、扶地後掃腿、騰空後擺腿（圖4-149、4-150、4-151、4-152、4-153）。

圖 4-149

圖 4-150

圖 4-151

圖 4-152

圖 4-153

第八組：左直拳、右踢腳、左蹬腿、右劈腿、助跑騰空鞭腿（圖4-154、4-155、4-156、4-157、4-158）。

圖 4-154

圖 4-155

圖 4-156

圖 4-157

圖 4-158

第九組：左直拳、左踹腿、轉身後蹬腿、左鞭腿、助跑騰空剪腿（圖 4-159、4-160、4-161、4-162、4-163）。

圖 4-159

圖 4-160

圖 4-161

圖 4-162

圖 4-163

第七節　阻截反擊連環打靶

　　阻截反擊打靶，是警拳道一項獨特打靶訓練方式。訓練中，乙方主要以靶代拳和以腿進攻甲方，甲方主要以兩臂和腿膝迅速阻截來靶、來腿進攻，再以肘、膝、腿進行猛力反擊，同時乙方快速反應準確餵靶，並且有鍛鍊、加強乙方阻截防禦能力。整個四組阻截反擊打靶短小精悍，甲乙雙方如似實戰對抗，阻截反擊剛勁爆發有力。

　　練習時，因甲方進攻、乙方餵靶是有規律的，所以不論再大的力都是擊在靶上，都具有安全感，不必擔心傷著對方，要求在練習時，甲方要以實戰對抗速度和

力量，果斷對鎖定的靶標猛力打擊，但出招要準確無誤。阻截反擊打靶與前面打靶是有區別的，此項打靶有鍛鍊實戰對抗的價值，經常練習，可從中捕捉阻截反擊奧妙，練就實戰技能，對提高散手技擊品質有重大幫助作用。

【註】以下打靶為甲，拿把為乙。

第一組

兩人各以警戒式做準備（圖4-164）。

乙：右腳快速向前搶進一步，同時用右靶代替直拳進攻甲面部。

甲：迅速以左臂截擊來靶（圖4-165），再乘機以右鞭腿踢擊乙左腰肋。

乙：兩腿向後急撤躲閃，同時以右靶阻截甲鞭腿（圖4-166），再迅速以右靶直擊甲面部。

甲：快速反應以右臂截擊來靶（圖4-167），再乘機以右腳踹擊乙胸部。

乙：兩腿迅速後撤躲閃，同時以左靶餵其甲右踹腿（圖4-168）。

甲：右腳快速落地，迅速換左鞭腿踢擊乙右肋。

乙：右腳快速後撤一步躲閃，同時疾速以左靶阻截甲左鞭腿（圖4-169）。

圖4-164　　　　圖4-165　　　　圖4-166

圖4-167　　　　圖4-168　　　　圖4-169

第二組

乙：左腳快速向前搶進一步，同時用左靶代替左直拳進攻甲面部。

甲：迅速以左臂阻截來靶（圖4-170），再迅速右轉，同時出右腳後蹬乙襠腹部。

乙：迅速後撤躲閃，同時以右靶餵其甲後蹬腿（圖4-171），再快速以左靶直

擊甲頭部。

甲：快速以右臂阻截來靶（圖 4-172），再以左、右連環鞭腿踢擊乙。

乙：兩腿迅速後撤躲閃，以左、右靶變換阻截甲左右鞭腿（圖 4-173、4-174）。

圖 4-170

圖 4-171

圖 4-172

圖 4-173

圖 4-174

第三組

乙：左腳快速搶進一步，同時用左靶直擊甲面部。

甲：迅速以左臂阻截來靶（圖 4-175）。

乙：再快速以右靶代替右擺拳擺擊甲頭左側。

甲：迅速以左臂外截來靶（圖 4-176），再迅速以右膝撞擊乙襠部。

乙：左腿快速向後急撤一步躲閃，同時以右靶猛力砸壓甲右膝（圖 4-177）。

甲：再快速以右盤肘進攻乙左側太陽穴。

乙：迅速以右靶阻截甲盤肘（圖 4-178）。

甲：再快速以右腳踹擊乙胸腰部，乙快速後撤躲閃，同時以左靶餵其甲右踹腿（圖 4-179）。

圖 4-175

圖 4-176

圖 4-177

圖 4-178　　　　　　　　　　　　　圖 4-179

第四組

甲：迅速提左膝外展阻截乙右鞭腿（圖 4-180），再迅速以右鞭腿反擊乙頭左側。

乙：疾速後撤躲閃，同時以右靶阻截甲右鞭腿（圖 4-281），再迅速以右靶直擊甲面部。

甲：快速出右臂阻截來靶（圖 4-182），再乘機以左鞭腿踢擊乙頭部。

乙：右腿迅速後撤一步，同時以左靶阻截餵其甲左鞭腿（圖 4-183）。

甲：快速右轉，同時以右腿後蹬乙襠腹部。

乙：兩腿快速後撤躲閃，同時以右靶餵其甲右後蹬腿（圖 4-184）。

圖 4-180　　　　　　　圖 4-181　　　　　　　圖 4-182

圖 4-183　　　　　　　　　圖 4-184

第八節 兩人攻防打靶

攻防打靶，更具特色，更有鍛鍊散手實戰對抗價值。訓練中，甲、乙雙方有強攻打法、阻截反擊招法，以打、摔兩種技術出現，使用武器，以拳、腳、膝為主。具體技術有：強攻被阻截再反擊招法；有阻截反擊招法，雙方相互以不同的進攻、反擊招法進行打靶練習，其招法攻防明顯、變化快速，其形式如似實戰對抗。

練習時，因雙方進攻、阻截是有規律的，進攻部位都是打在靶上，阻截也是以靶代替肘臂，除用膝阻截鞭腿一招外，其他都具有安全感，不必擔心傷著對方。因此，在練習時，要求雙方都需以最快、最大力度，果斷進攻或阻截鎖定的對方部位。但要求雙方不論進攻還是阻截防守必須出招準確無誤。

散手攻防打靶，是一項鍛鍊散手實戰對抗的強力有效方法，經常練習，可從中捕捉技擊奧妙，練就真正的快速反應及實戰技能，對提高散手技擊品質有特殊效果。

【註】以下打靶，左邊為甲，右邊為乙。

第一組

兩人以警戒式做準備（圖 4-185）。

甲：左腳快速搶進一步，同時以左靶代替左直拳直擊乙面部，

乙：迅速以左鞭腿踢擊甲頭右側，甲疾速後撤步並同時以左靶阻截乙左鞭腿（4-186）。

甲：阻截乙左鞭腿後迅速以左腳踹擊乙襠部。

乙：兩腿快速後撤躲閃甲左踹腿，同時以左靶猛力砸壓甲左小腿（圖 4-187）。

甲：左腳被阻截落地，再速右轉 180 度，同時右腳疾速倒插一步、右拳鞭擊乙右太陽穴。

乙：快速後撤躲閃，同時以左靶阻截甲右鞭拳（圖 4-188），再迅速出右鞭腿踢擊甲頭部。

甲：兩手臂迅速接住乙右鞭腿將其摔倒（圖 4-189、4-190）。

圖 4-185

圖 4-186

圖 4-187

圖 4-188　　　　　　　　圖 4-189　　　　　　　　圖 4-190

第二組

兩人各以警戒式對峙（圖 4-191）。

甲：左腳快速搶進一步，隨即以後擺腿踢擊乙頭右側。

乙：迅速下蹲縮身躲過甲後擺腿（圖 4-192），再快速乘機以左鞭腿踢擊甲頭部。

甲：迅速用左靶阻截乙左鞭腿（圖 4-193），再迅速出右腳後蹬乙襠部。

乙：兩腿迅速後撤躲閃，同時用左靶猛力砸壓甲右小腿（圖 4-194）。

甲：後蹬腿被乙砸壓阻截後，再快速以左鞭腿踢擊乙胸部反擊。

乙：迅速後撤躲閃，同時用左靶阻截甲左鞭腿（圖 4-195），再快速出右腿後蹬甲腰腹部。

甲：兩腿快速後撤躲閃，同時用左靶猛力砸擊乙右後蹬腿進攻（圖 4-196）。

圖 4-191　　　　　　　圖 4-192　　　　　　　圖 4-193

圖 4-194　　　　　　　圖 4-195　　　　　　　圖 4-196

第三組

兩人各以警戒式做準備（圖 4-197）。

甲：快速出右腳踹擊乙胸腰部。

乙：兩腿快速後撤躲閃，同時迅速以左靶阻截砸壓甲右小腿（圖 4-198）。

甲：再疾速出左鞭腿踢擊乙胸部。

乙：兩腿迅速後撤，同時以左靶阻截甲左鞭腿（圖 4-199），再快速右轉 180 度，同時右腿後插一步、右鞭拳疾速打擊甲頭右側太陽穴。

甲：迅速後撤一步，同時用左靶阻截乙右後鞭拳（圖 4-200），再快速出右膝撞擊乙襠部。

乙：右腿快速後撤一步，同時用左靶猛力砸擊甲右膝（圖 4-201）。

甲：右腳快速向前落地，迅速以左鞭腿踢擊乙胸窩處。

乙：兩腿快速後撤躲閃，同時以左靶迅速阻截甲左鞭腿進攻（圖 4-202）。

圖 4-197

圖 4-198

圖 4-199

圖 4-200

圖 4-201

圖 4-202

第四組

兩人各以警戒式做準備（圖 4-203）。

甲：右腳快速向前衝刺搶進一步，隨即出左鞭腿踢擊乙右腰肋。

乙：迅速提右膝阻截甲左鞭腿（圖 4-204），再迅速出左鞭腿踢擊甲頭部。

甲：兩腿疾速後撤躲閃，同時以左靶阻截乙左鞭腿（圖 4-205），左腳再快速搶進一步，同時以右膝猛力撞擊乙襠部。

乙：兩腳迅速後撤躲閃，同時以左靶猛力砸擊甲右膝（圖 4-206）。

甲：右腳快速落地，同時以右擺拳打擊乙頭左側太陽穴。

乙：右腳快速上一步，同時以左靶阻截甲右擺拳，並迅速與右手臂封鎖住甲右臂，將其迅速摔倒（圖 4-207、4-208）。

圖 4-203

圖 4-204

圖 4-205

圖 4-206

圖 4-207

圖 4-208

一人對四方打靶

　　一人對四方打靶是一種無規律、無順序、隨心所欲打靶練習方式，是鍛鍊一人遭遇多人圍攻時的交戰能力。

　　練習時，四周拿靶者將打靶者圍在中心，從不同高度、不同角度靈活準確餵靶，打靶者機智使用拳、腳、肘、膝在騰空、地趟、步下三種打法中機智變換打靶，要求在 3 分鐘內打出直拳、擺拳、勾拳、後鞭拳、盤肘、正撞膝、鞭腿、側踹腿、彈踢腳、正蹬腿、轉身後蹬腿、後擺腿、劈腿、倒地後掃腿、地趟鞭腿、騰空撞膝招法，所有招法都必須有實戰價值。

　　此練法，對鍛鍊拳、腳、肘、膝爆發速度、連環打擊能力、應急反應能力、打擊準確度及交戰耐力有獨特效果（見下面綜合打靶圖）。

一人對四方打靶圖

第五章

警拳道第四步訓練
──打砂袋、打橡膠人

　　打砂袋、打橡膠人，是警拳道第四步訓練。為進一步加強各技擊部位的硬度、衝擊穿透力，練習時，砂袋內裝物要逐漸由軟到硬，最後砂袋以裝滿純綠豆為宜。因綠豆有清熱解毒藥物功能，打擊時，接觸部位不會中毒受傷，但需逐漸增加打擊力練習，不可蠻練。打砂袋、打橡膠人，分強攻技術打擊、二分鐘自由打擊，同時又有騰空、地趟腿法打砂袋練習。

　　打擊練習時，把被打擊物視為近身臨敵，以拳、腳、肘、膝、掌、指、頭組成的各種招法進行反覆打擊練習。特別是在二分鐘自由打擊無規則遊蕩的砂袋時，更似與真人交戰，忽左忽右、忽前忽後產生不規則運動，這就需要快速反應、步法靈敏，以最快的速度、最大的力量、最準確、最靈活、最有效的招法，在周旋中實施強攻、跟蹤、急退打擊，這對鍛鍊主動進攻、躲閃反擊能力特別有效。

　　打橡膠人，有練習招法準確度和跟蹤穿透力的用意。因橡膠人模型與真人相似，全身要害穴位分佈和真人一樣，對拳、腳、肘、膝、掌、指精確打擊要穴有特別幫助作用；又因橡膠人底座蹲狀穩固，若要擊倒非常不容易，這對循序漸進練就衝擊穿透力提供了最有效的實靶練習方法。

　　在出招打擊時，以事先鎖定的要穴部位為打擊目標；以不同的散手擊法對其實施精確打擊，這為練就快速打穴絕招打下了第一基礎。

　　打砂袋、打橡膠人，最終目的就是鍛鍊散手技擊部位的堅韌度、跟蹤穿透力，在散手技術指導下，集中精力反覆錘煉各進攻部位的功力，這會增強所有散手技術的殺傷力、練就一招制敵的本能，沒有超強的功力，絕不能實現這一目的，真正的拳腳功力就出在這一關。

　　【註】因擊打砂袋、擊打橡膠人招法繁多，本章只選擇有代表性的技法解讀練習，在練習時，也可隨心所欲變化各種技法打擊練習，很多技法需左、右警戒式交換擊打練習，並且要伴隨發力同時發出「呋」或「哼」聲。

第一節　散手強攻招法打砂袋、打橡膠人

一、左、右直拳

以左警戒式做準備（圖 5-1），意念兩拳堅硬有力，左腳快速搶進一步，同時先左後右兩直拳疾速向前直擊砂袋（圖 5-2、5-3）。在打橡膠人時，左拳要直擊人中穴（圖 5-4），右拳要緊跟打擊胸窩巨闕穴（圖 5-5），並伴隨兩拳打出發出「呋、呋」兩聲。

假想：兩拳將砂袋或橡膠人擊穿、擊碎。

圖 5-1

圖 5-2

圖 5-3

圖 5-4

圖 5-5

二、左直拳右擺拳

意念兩拳堅硬有力，左腳快速搶進一步，同時先左直拳後右擺拳疾速打擊砂袋（圖 5-6）。在打橡膠人時，左拳要直擊人中穴（圖 5-7），右擺拳要緊跟打擊左側太陽穴或左下頜骨（圖 5-8）。

圖 5-6

圖 5-7

圖 5-8

假想：兩拳將砂袋或橡膠人擊穿、擊碎。

三、左直拳右勾拳

意念兩拳堅硬有力，左腳快速搶進一步，同時先左直拳後右勾拳疾速打擊砂袋（圖 5-9）。在打橡膠人時，左拳要直擊人中穴（圖 5-10），右勾拳要緊跟打擊下頜骨或巨闕穴（圖 5-11）。

假想：兩拳將砂袋或橡膠人擊穿、擊碎。

| 圖 5-9 | 圖 5-10 | 圖 5-11 |

四、轉身後鞭拳

意念右拳堅硬有力，左腳快速搶進一步，同時左直拳打出空擊，再迅速右轉右腿疾速倒插一步，同時右鞭拳迅猛打擊砂袋（圖 5-12），打橡膠人同樣先打左直拳空擊，右後鞭拳再緊跟打擊左側太陽穴（圖 5-13、5-14）。

假想：一拳將砂袋或橡膠人擊碎。

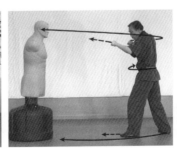

| 圖 5-12 | 圖 5-13 | 圖 5-14 |

五、左硬爪右扇掌

意念左手指、右掌堅硬有力，左腳快速搶進進一步，同時左手疾速抓擊砂袋（圖 5-15），右掌再緊跟扇擊砂袋。打橡膠人時，左手要疾速抓擊雙眼（圖 5-16），右掌要猛力扇擊左聽宮穴（圖 5-17）。

假想：左鷹爪將砂袋或橡膠人抓出個洞、右掌將其擊碎。

圖 5-15　　　　圖 5-16　　　　圖 5-17

六、左直拳右砍掌

　　意念左拳、右掌堅硬有力，左腳快速搶進一步，同時先左直拳後右砍掌迅速打擊砂袋（圖 5-18），在打橡膠人時，左拳要直擊人中穴（圖 5-19），右掌要緊跟砍擊左側人迎穴（圖 5-20）。

　　假想：一拳一掌將砂袋或橡膠人擊碎。

圖 5-18　　　　圖 5-19　　　　圖 5-20

七、左直拳右撞膝

　　意念左拳、右膝堅硬有力，左腳快搶一步，同時左拳迅速直擊砂袋，隨即右膝緊跟撞擊砂袋（圖 5-21）。在打橡膠人時，左拳要直擊人中穴（圖 5-22），右膝要緊跟撞擊襠部或曲骨、中極、神闕、巨闕穴（5-23）。

　　假想：一拳一膝將砂袋或橡膠人擊穿、擊碎。也可以先左鷹爪抓擊，再緊跟右撞膝追蹤撞擊。

圖 5-21　　　　圖 5-22　　　　圖 5-23

八、左直拳右蹬腿

意念左拳、右腳堅硬有力，左腳快速衝刺一步，同時先左直拳後右蹬腿迅速打擊砂袋（圖 5-24），在打橡膠人時，左拳要直擊人中穴（圖 5-25），右腳要疾速蹬擊襠部或曲骨、中極、關元、神闕、巨闕穴（5-26）。

假想：一拳一腳將砂袋或橡膠人擊穿、踢碎。

圖 5-24　　　　　　　　圖 5-25　　　　　　　　圖 5-26

九、左直拳右鞭腿

意念左拳、右腳堅硬有力，左腳快速搶進一步，同時左拳迅速直擊砂袋（圖 5-27），隨右鞭再腿緊跟踢擊砂袋（圖 5-28）。打橡膠人左拳要直擊人中穴（圖 5-29），右鞭腿要迅猛踢擊左章門穴或左側太陽穴（5-30）。

假想：一拳一腳將砂袋或橡膠人擊穿、踢碎。

圖 5-27　　　　　　　　　　　圖 5-28

圖 5-29　　　　　　　　　　　圖 5-30

十、左插指側撞膝

意念左手指、右膝堅硬有力，左腳快速搶進一步，同時左手指迅速插擊砂袋，力達四指尖（圖5-31），隨即右膝緊跟撞擊砂袋。在打橡膠人時，左手指要直插雙眼或天突穴（圖5-32），右膝要迅猛撞擊左側章門穴（5-33）。

假想：左手插進砂袋或橡膠人內，右膝將砂袋或橡膠人撞擊粉碎。

圖 5-31　　　　　　　　圖 5-32　　　　　　　　圖 5-33

十一、左掃指右後鞭拳

意念左手指、右拳堅硬有力，左腳快速搶進一步，同時左手指迅速掃擊砂袋，力達四指尖（圖5-34），隨即全身右轉180度，同時右拳緊跟向後打擊砂袋，力達拳背。在打橡膠人時，左手指要掃擊雙眼（圖5-35），右後鞭拳要迅猛打擊右側太陽穴或右側章門穴（5-36）。

假想：左手如似鐵指將砂袋或橡膠人掃破，右拳將砂袋或橡膠人擊碎。

圖 5-34　　　　　　　　圖 5-35　　　　　　　　圖 5-36

十二、右撞膝右盤肘

意念右膝、右肘堅硬有力，左腳快速搶進一步，隨即右膝迅速向前撞擊砂袋，（圖5-37），右腳快速向前落地，同時右肘疾速向前盤擊砂袋（圖5-38）。在打橡膠人時，右膝要猛力撞擊襠或曲骨、中極、關元、神闕、巨闕穴（圖5-39），並靈活用右肘或右擺拳打擊左側太陽穴（5-40）。

假想：一膝一肘或一拳將砂袋或橡膠人擊碎。

圖 5-37

圖 5-38

圖 5-39

圖 5-40

十三、抓髮撞膝挑肘

以左警戒式做準備，意念兩手鷹爪、右膝、右肘堅硬有力，左腳快速搶進一步，同時兩手迅速抓住橡膠人頭上部（圖 5-41），然後兩手猛力下拉，同時右膝猛力撞擊面部（圖 5-42），然後右腳向前落地，同時右肘疾速向上挑擊面部或下頜骨（5-43）。

假想：一膝一肘將橡膠人擊碎。此招只能在打橡膠人時練習。

圖 5-41

圖 5-42

圖 5-43

十四、轉身後蹬腿

意念右腳堅硬有力，左腳快搶一步，隨即全身右轉 180 度，同時右腳疾速向後蹬擊砂袋（圖 5-44、5-45），踢橡膠人要踢擊襠部或神闕、巨闕穴。

假想：一腳將其踢碎。

115

圖 5-44

圖 5-45

十五、轉身後擺腿

意念右腳堅硬有力，左腳快速衝刺搶進一步，隨即全身右轉 180 度，同時右腿疾速向後旋轉擺擊砂袋（圖 5-46）。在打橡膠人時，右腳可靈活隨意踢擊左側太陽穴或右側腰肋腰笑穴、章門穴（5-47、5-48）。

假想：一腳將砂袋或橡膠人踢碎。

圖 5-46

圖 5-47

圖 5-48

十六、劈掛腿

意念右腳堅硬有力，左腳快速搶進一步，隨即右腿迅猛劈擊橡膠人右肩（圖 5-49、5-50）。

假想：一腿將橡膠人劈碎。

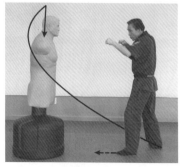

圖 5-49

圖 5-50

十七、側踹腿、正蹬腿

為了鍛鍊側踹腿、正蹬腿的不同高度的踢擊威力，除踢擊襠部、曲骨、神闕、巨闕穴練習外，可以高式腿法踢擊橡膠人的下頜、頸部進行練習。

假想：一腳把橡膠人踢碎（圖 5-51、5-52、5-53）。

圖 5-51　　　　　　　圖 5-52　　　　　　　圖 5-53

十八、左右連環鞭腿

意念兩腳堅硬有力，先左後右進行兩鞭腿快速踢擊砂袋練習（圖 5-54、5-55）。在踢橡膠人時，左、右鞭腿可隨意踢擊頭兩側或腰部兩側練習（圖 5-56、5-57）。

假想：連環兩鞭腿將砂袋或橡膠人踢碎。

圖 5-54　　　　　　　　　　　圖 5-55

圖 5-56　　　　　　　　　　　圖 5-57

十九、左踹腿後蹬腿

意念兩腳堅硬有力，先左踹腿再右後蹬腿快速踹擊砂袋或橡膠人（圖 5-58、5-59、5-60、5-61）。

假想：左、右連環兩腿將砂袋或橡膠人擊穿、擊碎。

圖 5-58

圖 5-59

圖 5-60

圖 5-61

第二節　騰空、地趟踢砂袋

一、騰空撞膝

意念右膝堅硬有力，然後助跑騰空迅速以右膝撞擊砂袋或橡膠人（圖 5-62、5-63）。

假想：一膝將砂袋或橡膠人撞擊粉碎。

圖 5-62

圖 5-63

二、騰空鞭腿、騰空側踹腿

意念右腳堅硬有力，然後助跑騰空跳起迅速以右鞭腿或側踹腿踢擊砂袋或橡膠人（圖5-64、5-65、5-66）。

假想：一腳將砂袋或橡膠人踢斷或擊碎。

圖5-64　　　　　　　圖5-65　　　　　　　圖5-66

三、騰空、地趟腿絞剪砂袋

意念兩腿堅硬有力，然後騰空跳起，左腿在前首當其衝快速插進砂袋上端右側（圖5-67），隨即全身在空中迅速右轉，同時右腿迅猛向後擺擊絞剪砂袋（圖5-68），地趟剪腿出腿順序與騰空剪腿相同，只是高度不同（圖5-69）。

假想：兩腿將砂袋絞斷。

圖5-67　　　　　　　圖5-68　　　　　　　圖5-69

四、騰空後蹬腿、騰空撞頭

意念右腳堅硬有力，然後助跑騰空跳起在空中右轉迅猛以右腳後蹬砂袋或橡膠人（圖5-70），騰空撞頭要意念頭頂堅硬（圖5-71）。

假想：一腳或一頭將橡膠人擊碎。

圖 5-70

圖 5-71

五、地趟鞭腿

以左側臥為例（圖 5-72），意念右腳堅硬有力，然後右腳迅速踢擊砂袋，力達腳背（圖 5-73）。

假想：一腳將砂袋踢碎。兩腿交換練習。

圖 5-72

圖 5-73

第三節　散手重要武器爆發衝擊穿透力擊倒橡膠人

為了使重要技擊部位練就最大爆發衝擊穿透力，在以上打砂袋、打橡膠人的基礎上，還需集中精力各個突破拳、腳、肘、膝這四大武器的最大爆發衝擊穿透力。此法，就是用騰空、步下按一下方式將 200 磅蹲壯穩固的橡膠人擊倒。在擊倒橡膠人時，從表面看打出的是一種強大的力，但實際是爆發力在前跟蹤穿透力在後產生的結果，這是體現爆發穿透力的一種方式。

擊倒橡膠人，因橡膠人彈性很強，沒有強大的爆發力和跟蹤穿透力緊密配合是難以將其擊倒的，並且是在極強的意念下才能產生出這種巨大威力。專練散手技擊爆發穿透力與專練武術氣功硬度、爆發力目的一樣，二者都是為提高散手打擊威力而採取的不同訓練方式，在進入警拳道黑帶五段就必須突破這一關。

一、正撞膝、側撞膝擊倒橡膠人

集中意念右膝堅硬有力，迅猛以爆發衝擊穿透力將橡膠人擊倒（圖 5-74、5-75）。

圖 5-74

圖 5-75

二、直拳、盤肘、正蹬腿擊倒橡膠人

集中意念右拳或右肘、右腿堅硬有力，迅猛以爆發衝擊力將橡膠人擊倒（圖 5-76、5-77、5-78）。

圖 5-76

圖 5-77

圖 5-78

三、鞭腿、側踹腿、轉身後蹬腿擊倒橡膠人

集中意念右腳堅硬有力，迅猛以爆發衝擊穿透力將橡膠人踢倒（圖 5-79、5-80、5-81）。

圖 5-79

圖 5-80

圖 5-81

四、騰空撞膝、騰空後蹬腿、騰空側踹腿擊倒橡膠人

集中意念右膝、右腿堅硬有力，迅速騰空以爆發衝擊穿透力將橡膠人擊倒（圖5-82、5-83、5-84）。

圖 5-82   圖 5-83   圖 5-84

二分鐘自由打砂袋、打橡膠人

二分鐘自由打砂袋或打橡膠人，是一項高強度、高效率練習方式，主要鍛鍊強攻招法打擊威力。

在二分鐘之內需完成：有直拳、擺拳、勾拳、後鞭拳、鷹爪抓擊、插指、扇掌、盤肘、挑肘、撞膝、鞭腿、側踹腿、正蹬腿、後蹬腿、後擺腿、騰空撞膝隨意組合成的招法進行打擊，這是一種無規律、無順序可隨意打擊的一種訓練方式，所有出招要快速、靈活，打擊目標要準確、爆發有力，中間停頓不超過3秒鐘。

無規律打砂袋、打橡膠人練習，可鍛鍊拳、腳、肘、膝、掌、指爆發速度和連環打擊能力、跟蹤穿透力；對提高應急反應能力及散手交戰耐力有特殊幫助作用（圖5-85）。（見以下自由綜合打擊）。

自由打砂袋、打橡膠人綜合圖 5-85

第六章

警拳道第五步訓練
——獨立套路

　　套路，是警拳道三大實踐內容組成之一，同是警拳道第五步訓練。警拳道共有七個套路，其中有三個單練、四個對練，有拳術單練，有器械單練，有徒手對練，有徒手與器械對練。其中三個單練套路，都各自配有內含豐富的技擊拳譜、棍譜。

　　不論單練還是對練，其特點是：快速凶猛、剛勁爆發有力，風格獨特，技擊味道特濃。七個套路沒有花架子，以鍛鍊技擊為主，各自深藏著眾多散手、器械技擊招法，不但有競技比賽價值，同時有極高的表演觀賞價值。

第一節　警拳道空勁斬穴拳

　　空勁斬穴拳，是警拳道的先鋒開門拳。空勁，就是假想空擊爆發力，也就是武術氣功的空勁力；斬穴拳，就是氣功打穴拳。斬穴拳，共有二十四式組成，雖短小，但卻非常精悍，從字意表面看，就能縱深影射出內含的打穴奧秘及實戰價值，它的誕生研究、立拳背景，是在原來箭道攻擊拳的基礎上，針對致命要穴打擊而加深研究的一種高效實戰拳術。

　　斬穴拳特點是：陰陽虛實、明打暗擊、長擊短打、發招快速凶猛、剛勁爆發有力，具備快打、速摔、擒拿、卸骨、點穴、拿筋六種散手技術，招法非常豐富、靈活、實用。整個套路演練起來如似山洪洶湧，具有排山倒海之氣勢，首當其衝的展現出了警拳道的獨特風格。

　　空勁斬穴拳，配有絕密的技擊拳譜。套路中，有五種拳法、兩種鷹爪、一種插指、一種掌法、四種肘法、一種肩法、三種臂截法、兩種腿截法、兩種膝法、八種腿法，全面突出拳、腳、肘、膝、掌、指、臂、肩這八拳為進攻、防守武器，在不斷變換中組成了空勁斬穴拳。

　　斬穴拳以快打為主，除表面二十四招外，每招背後隱藏的潛伏技術足有一百多招，每招都有鎖定的致命打擊要穴目標，若能深悟拳譜、拆解套路之內含、透視其中隱藏的技擊秘密，可從中捕捉許多散手技擊絕招，明白許多意想不到的制敵招法，這也是武林秘籍所秘之處，是古今中外獨特罕見的技擊套路。

斬穴拳，沒有花架子，展現的全是散手搏擊技術。因此，根據套路所含的技擊招法被命名為空勁斬穴拳。

打拳容易，解拳難，解拳不比用拳難，潛藏招法若破解，巧妙用拳是經典。斬穴拳立拳之本，是建立在散手搏擊基礎上，只要身臨其境練習，就能從中體驗到獨到之處；就能領略其拳技擊之奧秘、感受妙招之威力。如果把斬穴拳內含悟透、練到爐火純青，不但散手招法變化多端、一招制敵，而且可從套路招法演變成器械擊法，就能會使用各種器械交戰，從中會延伸出許多高效器械交戰絕招；就能達到練斬穴拳的終極目的，這就叫「拳術一通知百械」。

當然，套路中所內含的每項技術，還需單獨經過空擊、打靶、打沙袋、功力、模擬交手集中突擊練習，只有這樣才能達到最高技擊境界；才能保持斬穴拳技擊精髓永存不變。否則，就是套路表面延續、淺薄承傳，其中的技擊精髓就難以開發挖掘，就會偏離斬穴拳核心軌道、丟棄精髓，從而誤入歧途，對傳承就不利。

斬穴拳所潛伏的變換技術雖然豐富，但只是警拳道散手的一部分。為了集中解讀警拳道所有散手技術，斬穴拳隱藏潛伏的全部招法都將在第九章《警拳道第八步訓練—實戰與實戰技術》中具體分解，一切技術都會從中找到答案。

◆ 空勁斬穴拳拳譜

第一節

雙龍出洞奔前方，閃擊巨闕或鼻梁，
飛腳似箭從地射，襠腹下頜必一傷。
阻截拳腿鐵臂防，右腳急踹腰或襠，
臂截三陰破蹬踹，鞭腿踢肋乘機上。
格擋拳腿改方向，巧用鋼臂攻防藏，
兵臨城下偷步追，攻打太陽後削掌。
撞膝強攻似木樁，專打襠腹一暗槍，
若遭抱腿急盤肘，快斬太陽命必亡。
鋼臂外截力要強，右腳奔襠快踹撞，
砸臂撥腿又截膝，崩拳擊面如彈簧。
左腳蹬襠把時搶，追蹤鞭腿奔太陽，
連環兩腿如重炮，要穴中腿見閻王。

第二節

後擺急轉如旋風，鞭腿速奔太陽中，

兩腿隨意踢頭肋，發招果斷易致命。
卸腕頂肘追面孔，右踹頸面急跟蹤，
膝撞巨闕雙掌貫，抓髮推頷再卸頸。
劈腿專打面和胸，踹襠快似箭出弓，
直鞭兩拳面耳打，取敵要穴兩精兵。
鷹爪封眼快關燈，追打巨闕快左蹬，
雙爪抓髮膝撞面，肘挑人中毒招凶。
提膝專截鞭腿攻，以剛克剛如踢鐘，
陰腿後蹬射暗箭，取襠奪命一腿定。

第三節

速拿人迎要突襲，斷經斷血斷氣機，
拳勾下頷或巨闕，傷心損經把命斃。
後掃專把三陰擊，臥虎突躍右蹬踢，
格臂阻截拳腳攻，膝撞章門易癱地。
左臂快截來拳臂，肘搗巨闕最隱蔽，
插指封眼尖刀兵，陰腿射襠銳利器。
接腿甃摔一絕技，出其不意能制敵，
左踹右蹬連環炮，踹襠蹬胸把命取。
以剛克剛快提膝，阻截鞭腿不費力，
左拳乘機奔人中，速定乾坤鞭腿踢。

◆ 空勁斬穴拳動作名稱

第一節	第二節	第三節
第一式：雙龍出洞追踢腳	第一式：後擺、右鞭連環踢	第一式：鎖人迎勾拳打
第二式：臂截踹腿反擊	第二式：拿腕肘腿追打	第二式：後掃右蹬連環腿
第三式：撥臂鞭腿反擊	第三式：撞膝貫耳卸頸	第三式：截臂側撞膝
第四式：截臂後削掌	第四式：劈踹連環腿	第四式：臂截後搗肘
第五式：撞膝盤肘	第五式：陰陽連環拳	第五式：插指後蹬腿
第六式：格臂踹腿	第六式：鷹爪封眼踢襠腿	第六式：接腿甃腿摔
第七式：砸臂崩拳	第七式：抓髮膝肘連擊	第七式：踹蹬連環腿
第八式：左蹬右鞭連環腿	第八式：截腿後蹬腿	第八式：截腿拳腳連擊

◉ 空勁斬穴拳

第一節

【註】斬穴拳套路演練為直線往返運動，路線長度為八米，整個套路演練時間為 45 秒鐘。在拳、腳、肘、膝、掌、指打出發力時，要同時發出「呋」聲；在內含的快摔與擒拿技術發力時，要同時發出「哼」聲。

【預備式】兩腳立正站立，兩臂置於兩側，嘴微閉，鼻息鼻呼，精神抖擻，目視前方（圖 6-1）。左腳向左跨一步，同時左轉 90 度，兩腳略寬於兩肩，兩腿微屈，兩拳成格鬥警戒式，目視前方，停兩秒鐘（圖 6-2）。

圖 6-1

圖 6-2

≫ 第一式：雙龍出洞追踢腳

左腳快速向前衝刺搶進一步，同時左直拳快速向前打出（圖 6-3），左拳快速收回，同時右拳疾速追蹤打出（圖 6-4），右拳快速收回，同時右腳疾速向前追蹤踢出，腳與下頜同高，力達腳尖，目視前方（圖 6-5）。

圖 6-3

圖 6-4

圖 6-5

【要領】左腳搶步與左直拳打出要同時完成，並且右腳要疾速跟進一小步，然後右直拳再疾速打出，這裡右腳跟進一小步非常關鍵，後面很多搶步出拳、出指、

出掌、出肘時，右腳都要疾速跟進這一小步，準確的步法才能打出整體爆發力。同時左、右直拳要放長擊遠，共同奔打前方一個點，右腳要放長踢遠緊追而上，拳腳要快打快收、爆發有力。

【散手解讀及打擊目標】此招，屬主動強攻連環打法。在散手交戰時，左拳要隨左腿搶步衝鋒陷陣快速打擊對方人中穴、鼻梁骨或眼睛，右拳迅速追打巨闕穴或期門穴，右腳緊追踢擊襠部要處。

實戰時，要求兩拳一腳在 0.5 秒鐘之內爆發打出。使用本招也可省去右直拳，直接以左直拳先打擊面部，再疾速以右腳跟蹤追踢襠部。

【潛伏技術解讀】除表面一招外，為了使更多的潛伏技術發揮打出，可省去右直拳，直接以左直拳或虛或實進攻對方面部，不論真打或假打、擊中與否，當對方把注意力集中保護面部時，要乘機以潛伏的拳、腳、膝招法迅猛見縫插針跟蹤追打胸部巨闕或期門、神闕、中極、關元、曲骨、襠部要處。此招，潛伏技術變換追打十二招分解，見第九章第二節「強攻打法」中的第一招。

» 第二式：臂截踹腿反擊

接上式不停，右腳快速收回向前落地，同時右小臂疾速向左截擊，拳心朝內，拳與頭同高，力達小臂尺骨（圖 6-6），然後左腳快速向前墊進一步，右腳疾速向右踹出，腳高與胸齊，力達腳底，目視右腳（圖 6-7）。

圖 6-6　　　　　　　　　　　　　　圖 6-7

【要領】右腳落地一定與右截臂同時完成，右踹腳要放長踢遠、爆發有力。

【散手解讀及打擊目標】此招，屬臂截反擊招法。在散手交戰時，若對方以右擺拳、右扇掌或以直拳、鷹爪抓擊、插擊、正蹬腿、側踹腿進攻胸部或頭部時，可快速反應以右小臂阻截防禦，再迅速以右腳踹擊前腿膝關節或襠部、曲骨、關元、神闕、巨闕要穴。

【要求】阻截反擊需在 0.5 秒鐘之內完成。此招，潛伏反擊變換技術解讀，見第九章第三節「阻截反擊打法」中的第一招。

» 第三式：撥臂鞭腿反擊

接上式不停，右腿快速收回向前落地，同時右小臂猛力向右發力砸撥，力達小

圖 6-8

圖 6-9

臂尺骨（圖 6-8），左鞭腿再緊跟向前踢出，力達腳背或腳腕、脛骨，目視左腳（圖
6-9）。

【要領】右腳落地與右臂下砸右撥要同時完成，左鞭腿要放長踢遠、高踢、快
速爆發有力。

【散手解讀及打擊目標】在散手交戰時，若對方以側踹腿或正蹬腿踢擊腰部，
可快速反應，疾速以右臂尺骨向右砸撥對方左蹬腿小腿三陰交穴，迫使其腿直接受
傷並改變進攻方向；也可以右小臂內側以柔化剛撥開對方來腿，從而改變腿的進攻
方向，然後疾速以左鞭腿踢擊右側太陽穴或右側章門、腰笑穴。此招，在阻截時，
具有以剛克剛、以柔化剛兩種防禦方式，要求不論使用哪一種方式防禦，左鞭腿反
擊都需在 0.2 秒鐘之內踢出。

【潛伏技術解讀】除表面一招外，右臂阻截後，其背後還潛藏著右踹腿、正蹬
腿、左踢腳三種重型遠戰腿法可追蹤打擊。這三種腿法，可對襠部、曲骨、中極、
關元、神闕、巨闕、右章門穴、右腰笑穴進行致命打擊。此招，潛伏三種反擊腿法
解讀，見第九章第三節「阻截反擊打法」中的第二招。

》第四式：截臂後削掌

接上式不停，左腿快速收回落於前方，同時左小臂猛力向右阻截，力達尺骨
（圖 6-10），然後全身快速右轉 270 度，同時右腳迅速向後插進一大步成高式馬
步、右掌猛力向後削擊，掌與頸齊，掌心朝下，力達掌刀，左拳自然護於頭左側，
目視右掌，停一秒鐘（圖 6-11），然後全身左轉 90 度，同時右腳向左移動一小步、
右臂收回成左警戒式，目視前方，全身鬆而不懈停兩秒鐘（圖 6-12）。

【要領】左鞭腿要快速收回落地，並與左格臂同時完成。右腿倒插步，要迅
速、穩定、紮實，右削掌要放長擊遠、快速爆發有力。

【散手解讀及打擊目標】此招，為以剛克剛阻截反擊打法。在散手交戰時，若
對方以左擺拳、右後鞭拳、左扇掌或直拳、硬爪抓擊、插擊、左鞭腿、正蹬腿、側
踹腿對頭及胸腰進攻時，可快速反應以左肘臂尺骨向左猛力阻截，可直接損傷對方
左臂或左鞭腿腳背、左蹬腿小腿三陰交穴，達到阻截防禦或改變來腿進攻方向目
的，然後再疾速右轉以後削陰掌削擊頸部人迎穴（也可以轉身後鞭拳打擊），若遇

圖 6-10

圖 6-11

圖 6-12

高個子，可縮身削擊右側章門或期門要穴。

【要求】左臂阻截後，需在 0.2 秒鐘之內打出後削掌一招。

【潛伏技術解讀】除表面一招外，左臂阻截後，其背後還潛藏著後蹬腿、右蹬腿、右踢腳、右鞭腿、崩拳、後撩拳、反背掌、左削掌、左鷹爪、轉身後搗肘明打暗擊妙法。這十種招法，發招速度特快，如似明槍暗箭，在防不勝防的情況下，可從不同角度出其不意的突然對面部、頸部、襠部、雙眼、膝關節及太陽穴、章門穴、期門穴、命門穴、京門穴、巨闕穴、神闕穴、關元穴、中極穴、曲骨穴進行致命或癱瘓打擊，對快速反擊制勝對方非常有效。此招，潛藏變換反擊技術十招解讀，見第九章第三節「阻截反擊打法」中的第十一招。

》第五式：撞膝盤肘

左腳快速向前衝刺搶進一步，隨即右膝緊跟向前猛力撞擊，膝高與胸齊，力達膝尖，兩拳自然護於胸面前，目視前方（圖 6-13），右腳快速向前落地，同時右盤肘疾速向前盤擊，並且右拳在胸前要準確擊響左掌，肘高與眉齊，力達肘前端，成高式右弓步，目視前方（圖 6-14）。

圖 6-13

圖 6-14

【要領】左腳搶步要迅速，右撞膝要放長擊遠、爆發有力，右盤肘時，右拳心一定朝下，只有這樣，右盤肘才能打出最佳爆發力，並且在盤肘時拳面一定同時擊響左掌。

【散手解讀及打擊目標】此招，可主動強攻，也可防守反擊。在散手交戰發起

強攻時，可隨意以騰空撞膝或步下正撞膝撞擊對方襠部或曲骨、關元、神闕巨闕要穴。若在右膝撞擊對方時被抱住右腿，左腿要快速蹬地跳起，同時右腿要猛力下踩迫使對方彎腰，為盤肘擊頭製造先決條件。

【要求】一膝一肘連環打擊需在 0.5 秒鐘之內打出。

【潛伏技術解讀】除表面一招外，在右膝撞出被對方抱住時，不但有右盤肘追打絕招，而且背後還潛藏著拳、掌追打法和一種跟蹤地趟摔法。若對方被右膝撞出，為乘勝追擊，背後還潛藏著四種遠戰重型腿法跟蹤追踢。這七種招法，有對付抱腿或被撞出後追蹤打擊之妙，內含長擊短打、打擊要穴、地趟快摔之絕招。實戰時，需應急反應、果斷發招，易瞬間制勝對方。此招，潛藏變換技術八招解讀，見第九章第二節「強攻打法」中的第二招。

》第六式：格臂踹腿

接上式不停，右小臂快速向右格擋阻截，肘關節成 90 度，力達小臂背側，拳與頭同高，目視右方（圖 6-15），左腳迅速向前墊進一步，右腿疾速向右踹出，腳與頸同高，力達腳底，目視右腳（圖 6-16）。

圖 6-15

圖 6-16

【要領】右臂向右格擊要突然爆發，右踹腳要放長擊遠、爆發有力。

【散手解讀及打擊目標】此招，屬臂截踹腿反擊招法。在散手交戰時，可以右小臂阻截對方左直拳或左擺拳、右後鞭拳，再疾速以右踹腳反擊對方襠部或曲骨、中極、關元、神闕、巨闕要穴。

【要求】右臂阻截後，需在 0.2 秒鐘之內踹出右腳。

【潛伏技術反擊解讀】右臂阻截後，除用左撞膝反擊外，其背後還潛藏著各種陰陽拳法、掌法、左側撞膝、腿法及地趟、步下快摔妙法。這些追蹤打、摔招法，發招速度特快，難以預料，能出其不意從不同角度突然對面部、頸部、襠部、雙眼、膝關節及太陽穴、聽宮穴、章門穴、期門穴、巨闕穴、神闕穴、關元穴、中極穴、曲骨穴進行致命或癱瘓打擊，在防不勝防的情況下，可快速反擊制勝對方。

這裡需要明白的是：不論左臂還是右臂阻截，反擊招法則相同，唯有反擊部位有左右之分。此招，潛藏變換技術十九招解讀，見第九章第三節「阻截反擊打法」

中的第十二招。

» 第七式：砸臂崩拳

接上式不停，右腿快速收回落地成低勢馬步，同時右小臂上舉猛力向下砸擊，拳眼朝上，小臂與地面平行，力達小臂尺骨，目視右方（圖 6-17），然後右拳疾速向前崩擊打出，力達拳楞，拳與眉同高，目視右拳（圖 6-18）。

圖 6-17

圖 6-18

【要領】右小臂要垂直向下猛力砸擊，右崩拳要放長擊遠、爆發有力。

【散手解讀及打擊目標】此招，屬砸臂反擊招法。在散手交戰時，若對方以右撞膝進攻腰腹部，可快速向後抽腰躲閃，同時以右小臂尺骨猛力砸截右大腿，再疾速以右崩拳打擊人中穴或眼睛。

【要求】右砸臂、崩拳反擊，要快速、爆發有力，一截一攻需在 0.3 秒鐘之內完成。若對方以側踹腿或正蹬腿踢擊腰腹部，同樣抽腰後躲閃，同時以小臂尺骨砸擊小腿，以橫勁破豎勁迫使對方偏離踢擊目標而失效，為不同招法反擊創造條件。

【潛伏技術反擊解讀】右臂阻截正撞膝後，除以右崩拳反擊面部外，其背後還潛藏著右掌、右肘、右膝、右腳、右肩五種追蹤反擊招法，具體技術見第九章第三節「阻截反擊打法」中的第五招潛伏技術相同。若以左臂砸截對方右踹腿或右蹬腿後，除以右鞭腿反擊外，其背後還潛藏著左踹腳、右蹬腿兩種重型腿法進行追蹤反擊，可對右側章門穴、腰笑穴進行致命打擊。

【注意】不論左臂還是右臂阻截砸壓來膝、來腿，反擊招法則相同，唯有反擊部位有左右之分。此招，反擊解讀，見第九章第三節「阻截反擊打法」中的第三招，潛藏變換反擊五種技術解讀見第五招。

» 第八式：左蹬、右鞭連環腿

接上式不停，右拳快速收回，同時左腳迅速向前蹬出，腳與胸同高，兩拳自然護頭，目視前方（圖 6-19），左腿快速收回落於前方，同時右鞭腿緊跟向前踢出，腳與頭同高，力達腳背或脛骨，目視右腳（圖 6-20），右腿快速收回落地，同時全身左轉 90 度成左警戒式，全身鬆而不懈，停兩秒鐘，目視前方（圖 6-21）。

圖 6-19

圖 6-20

圖 6-21

【要領】連環兩腿，要快踢速收、放長擊遠、爆發有力。

【散手解讀及打擊目標】此招，屬重腿遠戰連環腿踢法，可主動強攻連環踢擊，也可打防守反擊。在散手交戰時，可先以左蹬腿蹬擊對方襠部或曲骨、關元、神闕穴，再疾速以右鞭腿跟蹤踢擊左側太陽穴或章門穴、腰笑穴及膝關節。

【要求】在實戰搏擊時，兩腿連環踢擊需在 0.5 秒鐘之內完成。

【潛伏技術解讀】在左腿踢出後，除右鞭腿追蹤踢擊外，其背後還潛藏著不同的六種陰陽遠戰腿法可追蹤打擊。這些腿法，能明踢暗擊；有以剛克剛、以剛克柔之妙，不但能強攻踢擊，而且還有打空間差反擊、阻截反擊、躲閃反擊、誘惑反擊之絕招，其實戰價值、殺傷威力非常高效。此招，潛藏六種腿法變換追蹤打擊解讀，見第九章第二節「強攻打法」中的第三招。

第二節

》第一式：後擺、右鞭連環踢

左腳快速向前衝刺搶進一小步，隨即全身迅速右轉，同時右腿疾速向後擺擊，在旋擺到 180 度時右腳發出最大力，腳與頭同高，力達腳底或腳後跟，目視右腳（圖 6-22），右腳旋轉 360 度後自然落地（圖 6-23），右鞭腿再疾速追擊向前踢出，腳與頭同高，目視右腳（圖 6-24）。

【要領】右腿後擺時上身要自然向左傾倒，這樣才能踢擊更遠、踢出最大爆發力，並且在散手交戰時最安全。

圖 6-22

圖 6-23

圖 6-24

【散手解讀及打擊目標】此招，屬重型遠戰腿法連環踢擊，可主動強攻，可打防守反擊。在散手交戰時，可把準時機，迅速以後擺腿踢擊對方右側太陽穴或右側章門穴、腰笑穴，若對方縮身或後閃躲過，要疾速以右鞭腿跟蹤踢擊左側太陽穴或章門、腰笑穴。

【要求】實戰時，後擺腿若被對方躲過，右鞭腿需在 0.2 秒鐘之內完成追蹤打擊。

【潛伏技術解讀】在後擺腿被對方躲過後，除以右鞭腿追踢外，其背後還潛藏著右彈踢腳和右蹬腿兩種遠戰腿法，可機智追蹤踢擊對方襠部或曲骨、中極、神闕、巨闕要穴。此招，潛藏變換兩種腿法追打解讀，見第九章第二節「強攻打法」中的第四招。

» 第二式：拿腕，肘腿追打

接上式不停，右腿快速收回，同時左手迅速在右腰前抓擊右手腕（圖 6-25），然後右腳快速向前落地蹲成低勢馬步，同時右肘從上猛力向下滾壓，力達左手和右肘兩部位（圖 6-26）。

然後左腿突然蹬地伸直成高式右弓步，同時左手猛力推送右拳、右肘疾速向右頂出，力達肘尖，目視右方（圖 6-27），左腳再快速向前墊進一步，右腳迅猛向右踹出，腳與胸同高，目視右腳（圖 6-28）。

【要領】右鞭腿收回與左手抓握右手腕一定要同時完成，並且左手在抓握時要擊響右手腕，這樣在演練套路時，會增加氣勢感。

右肘滾壓、頂肘、右踹腿三者要聯貫、快速爆發有力，從表面外形動作上看，有擒拿後快速追打的氣勢。

【散手解讀及打擊目標】此招，為反擒拿跟蹤追打法。在遭遇對方雙手或單手抓握擒拿右手臂時，右肘要快速屈成 90 度防禦抵抗，同時左手迅速將對方右手與自己右手腕封鎖控制住，再疾速上右腿、抬右肘猛力向下滾壓對方右小臂，定迫使劇疼跪地就擒，可將腕骨卸下，然後再乘機以右肘快速頂擊面部，再出右腳迅猛跟蹤踹擊咽喉要出，給對方以連環致命打擊。

【要求】在將對方右手腕封鎖拿住後，一肘一腳追打需在 0.5 秒鐘之內完成連環打擊。

【潛伏技術解讀】在右臂被對方雙手抓握擒拿時，除表面一招反擒拿卸右手腕外，其背後還潛伏著六招反擒拿招法和兩招反擊打法可制勝對方。

這些招法都有出其不意的反制奧妙，能迅速致殘或癱瘓致命對方，是隱藏在本招背後鮮為人知的制敵絕招。

具體潛藏反擊招法，見第九章第七節「反擊抓握、抱攔打法」中的第十招、第十一招和第十節「擒拿卸骨」中反擒拿中的第三招、第四招、第五招、第六招、第七招。

圖 6-25

圖 6-25 背面

圖 6-26

圖 6-26 背面

圖 6-27

圖 6-27 背面

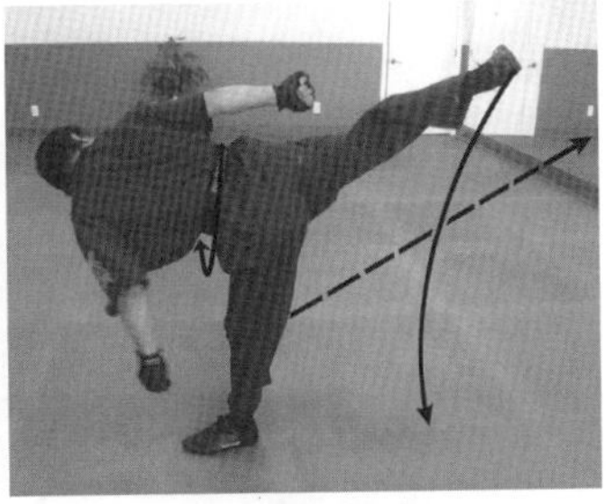

圖 6-28

» 第三式：撞膝貫耳卸頸

接上式不停，右腿快速收回落地於前方，隨即左膝迅速向前撞擊，高與胸齊，力達膝尖，兩拳自然護胸面，目視前方（圖 6-29），左腳再快速向前落地，同時兩拳變掌在胸前爆發擊響（圖 6-30），然後兩掌變成雙鷹爪疾速向前推擊再稍微彈回，左掌在左上方，右掌在右下方，兩掌心朝前，掌高與頭齊，力達兩手，目視前方，停一秒鐘（圖 6-31）。

【要領】左膝撞擊要放長擊遠、快速爆發有力，兩掌務必在胸前爆發擊響，雙鷹爪要疾速遠推再快速稍微收回。

【散手解讀及打擊目標】此招，屬先打後拿法，內含膝、掌連環擊法和擒拿卸頸技術。在散手交戰時，若以膝撞擊對方腰部被抱住時，要快速以兩掌掌根猛力雙擊左右太陽穴，或以兩掌速擊兩耳，然後左手迅速抓住右耳上邊的青龍角處的頭髮，右手猛力推擰右下頜骨，將頸椎關節卸下。

圖 6-29

圖 6-30

圖 6-31

【潛伏技術解讀】不論出左膝還是右膝進攻，若撞擊被抱住後，潛伏反擊招法有很多，具體潛藏招法解讀，見第九章第二節「強攻打法」中的第二招八招解讀和第六招解讀。

》第四式：劈、踹連環腿

接上式，右腿快速高起猛力向前下劈，腳高過頭，力達腳後跟或腳底，然後以前腳掌自然著地（圖 6-32、6-33），左腳再快速向前墊進一步，右腳疾速向前爆發踹出，腳高與頸齊，目視右腳（圖 6-34），右腳快速收回落地，全身左轉 90 度成左警戒式，目視前方，停兩秒鐘（圖 6-35）。

圖 6-32

圖 6-33

圖 6-34

圖 6-35

【要領】右劈腿時，右腳越高越好，下劈時上身要自然後倒、向前送胯，務必以前腳掌著地，右踹腿要放長擊遠、爆發有力。

【散手解讀及打擊目標】此招，屬正面強攻連環腿踢擊法。在散手交戰時，可把準時機，出其不意左腳突然衝刺搶進一步，迅速以右劈腿劈擊對方右鎖骨或胸部陰經線上鳩尾穴，若對方躲過右劈腿，要疾速以右踹腳跟蹤追打襠部或曲骨穴、丹田、神闕、巨闕穴。

【要求】在散手交戰時，不論右劈腿擊中與否，右踹腿需在 0.2 秒鐘之內跟蹤踹出。

【潛伏技術解讀】除表面劈、踹連環兩腿一招外，右劈腿劈擊後，也可機智採取三種潛伏腿法跟蹤追打，見第九章第二節「強攻打法」中的第五招具體三種腿法解讀。

》第五式：陰陽連環拳

左腳快速搶進一步，同時左直拳快速向前打出（圖 6-36），隨即全身快速右轉270 度，同時右腳疾速向後插進一大步、右拳猛力向後鞭擊，拳與眼同高，力達拳背，左拳自然護於頭左側，目視右拳（圖 6-37）。

圖 6-36

圖 6-37

【要領】左直拳要快速放長擊遠打出，右轉後插步要快、要穩，務必與右後 拳同時完成。做到：意到，氣到、眼到，腿到，力到、拳到六者合一。

【散手解讀及打擊目標】此招，屬陰陽連環拳進攻打法。在散手交戰時，可把準時機，出其不意左腳突然衝刺搶進一步，同時迅以左直拳打擊對方人中穴或眼睛要出，不論擊中對方與否，都要迅速右轉倒插右腿逼近對方，以陰拳（右後鞭拳）打擊右側太陽穴（也可以後削掌，力達掌刀），給其致命一擊。

【要求】在散手交戰時，陰陽兩拳需在 0.5 秒鐘之內打出。

【潛伏技術解讀】在散手實戰時，左拳也可隨意變換成插指、梗拳、鷹爪抓擊先攻擊臉面，不論擊中對方與否，都要再機智出右直拳或鷹爪、擺拳、扇掌、正撞膝、騰空撞膝、正蹬腿、彈踢腳、鞭腿、劈腿、側踹腿、轉身後蹬腿、後擺腿對臉面、下頜骨、太陽、耳宮、巨闕、神闕、期門、丹田、中極、曲骨、襠部、章門、腰笑穴及膝關節進行跟蹤追打，整個潛伏變換追打技術，見第九章第二節「強攻打法」中的第一招隱藏的十二招解讀。

➤ 第六式：鷹爪封眼踢襠腿

接上式不停，右腳快速收回提起，腳趾朝下，兩拳迅速變成雙鷹爪，右手在前，左手在後成鷹爪狀，目視前方（圖6-38），然後右腳疾速向前衝刺搶進一步，同時右鷹爪疾速向前抓擊，手與眼同高，力達五指尖（圖6-39），隨即左腿再緊跟向前追蹤蹬出，腳與胸同高，兩拳自然護於胸面前（圖6-40）。

圖6-38　　　　　　　　　圖6-39　　　　　　　　　圖6-40

【要領】右腳衝刺搶步時，左腳要緊急向前跟進一小步，右手抓擊與右腿衝刺搶步要同時完成，左蹬腿要緊跟而上、放長擊遠、快速爆發有力。

【散手解讀及打擊目標】此招，屬上抓下踢連環進攻招法。在散手交戰時，可把準時機，出其不意右腳突然衝刺搶進一步，同時以右鷹爪抓擊對方雙眼，再疾速以左蹬腿蹬擊襠部或神闕、巨闕要穴，給其致命一擊。

【要求】在散手交戰時，一抓一腿需在0.3秒鐘之內打出。

【潛伏技術解讀】除表面一招外，右鷹爪抓擊雙眼後，潛伏追打技術與第九章「強攻打法」中的第一招潛伏的十二招相同，其區別就是改換成右鷹爪先進攻，追打部位改換成左拳或左腿。

➤ 第七式：抓髮膝肘連擊

接上式不停，左腿快速收回向前落地，兩手變鷹爪疾速向前猛抓回拉，同時右膝猛力向前撞擊，膝高與胸同高，力達雙手和右膝（圖6-41），右腳再快速向前落地，同時右肘猛力向上挑擊，右拳輪朝上，肘高與頭齊，力達肘前端，目視前方（圖6-42）。

圖6-41　　　　　　　　　圖6-42

【要領】兩手前抓回拉與右膝撞擊要同時完成；右腳落地與右肘挑擊要同時完成。

【散手解讀及打擊目標】此招，屬近戰連環打擊招法，可主動進攻，也可防守反擊。

在散手交戰時，可突然衝刺搶步逼近對方，迅速以兩手抓住頭髮或兩肩猛力後拉，再疾速出右膝撞擊面部人中穴或襠部、曲骨、丹田、神闕、巨闕要穴，然後乘對方受擊彎腰之機，再疾速以右挑肘追打面部或下頜骨。

【潛伏技術解讀】除表面一招外，兩手抓髮後，還有七種潛伏技術可瞬間追打。具體潛藏招法見第九章第二節「強攻打法」中的第六招中的六招解讀。

》第八式：截腿後蹬腿

接上式不停，左腿快速提膝向右阻截，同時兩拳自然護於胸面前（圖6-43），然後左腳向前落地全身疾速右轉180度，同時右腳猛力向後蹬出，腳高與腰齊，力達腳底（圖6-44），右腳快速收回落地成警戒式，全身鬆而不懈，停兩秒鐘（圖6-45）。

圖6-43　　　　　　　圖6-44　　　　　　　圖6-45

【要領】提左膝要崩緊，要盡力提高，目的是有利於阻截對方左鞭腿保護腰部，同時右轉身要快速、穩定，後蹬腳要放長擊遠、快速爆發有力，蹬出右腿整個全身要成一條直線為最佳。

【散手解讀及打擊目標】此招，屬以剛克剛阻截反擊招法。在散手交戰時，若對方以左鞭腿踢擊右腰肋，可把準時機快速提左膝阻截對方左鞭腿，用以剛克剛腿截腿法直接損傷對方左腿，然後疾速右轉出後蹬腿蹬擊襠部或曲骨、丹田、神闕要穴，給對方致命一暗腿。

【要求】提左膝阻截後，後蹬腿反擊需在0.2秒鐘之內蹬出。

【潛伏技術解讀】除表面一招反擊外，提左膝阻截後，也可出左踹腿反擊對方襠部或右膝關節，潛伏三種技術反擊解讀，見第九章第三節「阻截反擊打法」中的第六招。

第三節

» 第一式：鎖人迎勾拳追打

左腳快速向前衝刺搶進一步，同時左鷹爪快速向前鎖抓，十指尖朝右，指高與頸齊，力達五指（圖 6-46），然後左手猛力回拉，同時右勾拳疾速向上勾擊打出，拳心朝裡，力達拳面（圖 6-47）。

圖 6-46

圖 6-47

【要領】左鷹爪要放長前抓，右勾拳要快速、爆發有力。

【散手解讀及打擊目標】此招，屬鎖筋、抓穴近戰妙法，可主動進攻，可防守反擊。在散手交戰時，可把準時機突然衝刺搶步逼近地方，迅速以左鷹爪封鎖抓住對方右側人迎穴猛力後拉，再疾速以右勾拳打擊下頜骨或巨闕穴、期門要穴。

【要求】在交戰時，鎖抓和勾拳打出，需在 0.5 秒鐘之內完成。具體潛藏技術分解，見第九章第十一節「鎖拿經筋」中的第二招。

【潛伏技術解讀】除表面一招外，左鷹爪強攻封鎖住對方右側人迎穴之後，可機智採取以下招法跟蹤追打。

（一）可疾速以右掌砍擊對方左側頸部人迎穴。

（二）可疾速以右掌扇擊對方左側太陽穴。

（三）可疾速以右鷹爪抓擊對方雙眼。

（四）可疾速以右直拳打擊對方人中穴。

（五）可疾速以右擺拳打擊對方左側太陽穴或右下頜骨。

（六）可疾速以右膝撞擊對方襠部或曲骨、中極、丹田、神闕、巨闕穴。

（七）可疾速以右側撞膝撞擊對方左側章門穴或腰笑穴。

（八）可疾速以右臂挑襠過頭摔將其摔出。

» 第二式：扶地後掃右蹬連環腿

接上式不停，快速縮身右轉雙手扶地，同時右腿疾速向後掃轉一周，力達腳後腕（圖 6-48、6-49），然後迅速起身左腳向前搶進一小步，右腳緊跟向前迅猛蹬出，腳高與胸齊，兩拳自然護於胸面前，目視前方（圖 6-50）。

圖 6-48　　　　　　　　　圖 6-49　　　　　　　　　圖 6-50

【要領】扶地後掃腿要迅速，在掃到 180 度時要發出最大力，起身要快，右蹬腳要放長擊遠、快速爆發有力。

【散手解讀及打擊目標】此招，屬連環腿法打法，在打空間差反擊時，扶地後掃腿主要來反擊高式腿法進攻。在散手交戰時，若對方以高式腿法進攻胸部以上部位時，可把準時機見縫插針，迅速縮身扶地後掃損傷小腿將對方掃倒（見第九章第四節「打空間差反擊」中的圖 9-229 至 9-236），若對方抬腿或後撤躲閃，可疾速以右蹬腿跟蹤追打襠部或曲骨、丹田、神闕、巨闕穴、期門要穴。

【要求】在交戰時，若後掃腿被躲過，右蹬腿需在 0.2 秒鐘之內跟蹤踢出。

【註】扶地後掃退與倒地後掃腿用法相同。

【潛伏技術解讀】除表面一招外，若對方躲過後掃腿，可機智採取以下腿法跟蹤追打。

（一）可疾速以右彈踢腳踢擊對方襠部要處。

（二）可疾速以右鞭腿踢擊對方左側章門穴或腰笑穴。

》第三式：截臂側撞膝

接上式不停，右腿快速收回向前落地，兩腿微曲，同時右臂疾速向右格擋，拳高與頭齊，力達小臂背側，左拳自然護於左下頜（圖 6-51），然後全身快速右轉 90 度，同時左側撞膝猛力向右前方撞擊，膝高與腰齊，力達膝尖（圖 6-52）。

【要領】右格臂要突然爆發阻截、突然停止，左撞膝要緊跟而上、放長擊遠、快速爆發有力。撞膝時，左胯要前送，上身要自然右倒。

圖 6-51　　　　　　　　　　　　圖 6-52

【散手解讀及打擊目標】此招，屬臂截反擊法。在散手交戰時，若對方以左直拳或左擺拳進攻頭部時，要迅速反應快出右臂阻截格擋，然後再疾速以左側撞膝撞擊右側章門穴或腰笑穴。

【要求】右臂格擋、左側撞膝反擊，需在0.3秒鐘之內完成。

【潛伏技術解讀】除表面一招外，右臂阻截來拳後，還潛藏著左撞膝、左扇掌、左直拳、左擺拳、左鷹爪、左插指、抓髮地趟摔、鎖頸地趟摔等許多變換技術可以反擊。

【註】左、右臂阻截後的反擊技術相同，其區別在於左式和右式之分。這些反擊招法在第九章第三節「阻截反擊打法」中的第十二招中可以找到答案。

》第四式：臂截後搗肘

接上式不停，左腳快速向前落地，同時左小臂迅速向右截擊，肘關節曲成90度，拳心向內，拳高與頭齊，力達小臂尺骨（圖6-53），隨即全身快速右轉270度，同時右腳疾速向後倒插一大步、右肘猛力向後搗擊，拳心朝下，兩腿成低勢馬步，左拳自然護於頭左側，目視右肘停一秒鐘（圖6-54），然後全身左轉90度，同時右腳向左移動一小步成左警戒式，停兩秒鐘（圖6-55）。

圖 6-53

圖 6-54

圖 6-55

【要領】右轉身倒插步要快速、穩定，並且與右搗肘務必同時完成。

【散手解讀及打擊目標】此招，屬臂截貼身轉打反擊法。在散手交戰時，可把準時機，迅速以左小臂阻截對方左直拳或左擺拳對頭部的進攻，然後再快速右轉，以右腿後插步逼近對方，迅速以右肘猛力搗擊頭面或巨闕穴、右側期門穴。也可上步右轉以右肘阻截左鞭腿、左蹬腿對胸腰的攻擊，直接以剛克剛截擊損傷對方腳背或三陰交穴。

【要求】左臂格擋阻截後，轉身後搗肘反擊需在0.2秒鐘之內打出。

【潛伏技術解讀】除表面一招外，左臂阻截來拳、來腿後，潛伏反擊技術解讀，見第九章第三節「阻截反擊打法」中的第九招中的四招隱藏技術和第十一招中的十種招法解讀。

》第五式：插指後蹬襠

左腳快速向前衝刺搶進一步，同時左手指放長擊遠插出，指高與眼齊，力達四

圖 6-56

圖 6-57

指尖，目視前方（圖 6-56），左手快速收回，同時全身迅速右轉 180 度、右腳疾速向後蹬出，腳高與腰齊，目視右腳（圖 6-57）。

【要領】左手插擊與右蹬腿要放長擊遠、快速爆發有力，後腿蹬出與全身要成一條直線。

【散手解讀及打擊目標】此招，屬上攻下踢攻連環打擊招法。在散手交戰時，可出其不意突然衝刺搶步先以左手插擊對方雙眼（也可用左鷹爪、左直拳、左梗手），不論擊中與否，都要迅速以轉身後蹬腿跟蹤蹬擊襠部或曲骨、丹田、神闕穴。

【要求】插指與後蹬腿連環打擊需在 0.3 秒鐘之內打出。

【潛伏技術解讀】除表面一招外，在散手實戰時，左手插指也可隨意變換成左直拳、梗拳、鷹爪先攻擊臉面，不論擊中對方與否，都要機智出右直拳或鷹爪、擺拳、扇掌、正撞膝、騰空撞膝、正蹬腿、彈踢腳、鞭腿、劈腿、側踹腿、轉身後蹬腿、後擺腿跟蹤追打對臉面、下頜骨、太陽、耳宮、巨闕、神闕、期門、丹田、中極、曲骨、襠部、章門、腰笑穴及膝關節，整個潛伏技術追打有十二招，具體潛藏變換追打技術，見第九章第二節「強攻打法」中的第一招。

» 第六式：接腿蹩腿摔

接上式不停，右腿快速收回落於身後，隨即左腿向前迅速插進一步，同時左手從下向上鉤摟在胸前猛力擊響右掌，再疾速右轉成右弓步，發力點在兩手臂和左小腿，目視左方，停一秒鐘（圖 6-58）。

【要領】整個動作，要體現出抱腿、左蹩腿旋摔之摔力。

【散手解讀及打擊目標】此招，屬接腿摔法。在散手交戰時，若對方以前蹬腿或側踹腿、鞭腿、後擺腿進攻胸腰部，可機智靈活快速向左躲閃來腿，同時以兩手臂迅速將來腿接住，再疾速插進左腿蹩住對方一腿，然後快速猛力右轉旋摔另一腿將其摔倒。

【要求】實戰時，接腿蹩腿摔摔需在 0.5 秒鐘之內完成。此招，與第九章第九節「反擊摔法」中的第七招相同。

圖 6-58

【潛伏技術解讀】除表面一招外，為了靈活接住對方不同的腿法踢擊，潛伏接腿摔法還藏有七招可以機智反擊，具體接腿方法解讀，見第九章第九節「反擊摔法」中的第六招、第九招、第十招、第十二招。

》 第七式：踹蹬連環腿

接上式不停，右腳快速向左墊進一步，左腳迅速向左踹出，腳高與胸齊，目視左腳（圖 6-59），左腿快速收回向前落地，右腳疾速向前蹬出，目視前方（圖6-60）。

圖 6-59

圖 6-60

【要領】兩腿連環踢擊要放長擊遠、快速爆發有力。

【散手解讀及打擊目標】此招，屬遠戰連環腿踢法。可強攻連環踢擊；可阻截反擊；可打空間差反擊；可誘惑反擊；可躲閃反擊。在散手交戰時，可先以左踹腿踹擊對方襠部或曲骨穴，再疾速以右蹬腿踢擊襠部或曲骨、關元、丹田、神闕穴。

【要求】實戰時，連環兩腿需在 5 秒鐘之內踢出。

【潛伏技術解讀】除表面一招外，左腳踹出後，還潛藏著右鞭腿、右踢腳、右蹬腿、轉身後蹬腿四種遠戰腿法。這四種腿法，各有千秋，是散手的重要遠戰武器，在左踹腿踢出後，可隨心所欲選擇任何一種腿法進行跟蹤追踢。這些腿法的踢擊威力，在第九章各節中都有不同的具體解讀。

》第八式：截腿拳腳連擊

接上式不停，右腿快速收回向前落步，隨即全身左轉 180 度，同時左膝迅速提起外展，膝高與腰齊，兩拳護於頭前，力達左小腿脛骨上端，目視前方（圖 6-61），右腳猛力蹬地前衝，隨即左腿快速向前衝刺一大步落地，同時左直拳飛快向前打出（圖 6-62），隨即右鞭腿疾速追擊向前踢出，腳高與頭齊，目視右腳（圖 6-63），右腿快速收回落於右側，同時左轉 90 度，成左警戒式，全身鬆而不懈，目視前方，停兩秒鐘（圖 6-64）。

圖 6-61　　　　　　　　　　　圖 6-62

圖 6-63　　　　　　　　　　　圖 6-64

【要領】左腿提膝要高，一定要向左外展，目的是鍛鍊阻截右鞭腿的自然習慣，左拳、右鞭腿要放長擊遠、快速聯貫緊跟而上、爆發有力。

【散手解讀及打擊目標】此招，屬以剛克剛腿截反擊招法。在散手交戰時，若對方以右鞭腿踢擊左腰肋，可把準時機，快速提左膝以脛骨上端保護左腰肋，直接截擊對方右鞭腿脛骨或腳腕背，迫使腿腳骨折遭受重創，然後左腳迅速向前衝刺落地逼近對方，乘對方左腿受傷巨疼無力再戰之機，疾速以左拳打擊面部人中穴，再緊跟以右鞭腿乘勝追踢左太陽穴或左章門穴、腰笑穴。提左腿阻截後，也可直接出右鞭腿反擊。

【要求】提腿截擊右鞭腿後，左直拳與右鞭腿連環打擊需在 0.3 秒鐘之內打出。此招，在第九章第三節「阻截反擊打法」中的第七招有詳細解讀。

【潛伏技術解讀】除表面一招外，提左膝阻截後，還還潛藏著左直拳、右蹬

腿、右踢腳三種招法可進行跟蹤追打。這些潛藏反擊招法，在第九章第三節「阻截反擊打法」中的第七招中有圖文並茂詳細解讀。

【收勢】全身右轉 90 度，同時右腳收回與左腳立正站直，兩臂自然置於兩側，精神抖擻，目視前方兩秒鐘（圖 6-65）。

圖 6-65

第二節　警拳道踢擊戰棍

警拳道踢擊戰棍，共有二十四式組成，其特點是：短小精悍，剛勁爆發有力，招法快速凶猛，長擊短打，不存花架，打擊力特強。

整個套路有後擺腿、鞭腿、後蹬腿、彈踢腳、側踹腿五種散手腿法和正撞膝及前掃棍、後掃棍、連環蓋棍、後撩棍、雙截擊棍、單截擊棍、上撩滾、下劈棍、雙蓋棍、斜撩棍、前刺棍、絞剪棍十二種技擊棍法組成。

這些棍法與最有實戰威力的散手腿法、膝法相互配合，能變換出許多近戰、遠戰強攻招法和阻截反擊絕招，內含招法非常豐富，為反擊凶器進攻、多人圍攻具有一招制敵之神效，是專門為防身自衛而研究設計的獨特技擊套路。

警拳道踢擊戰棍，配有內含深奧的技擊棍譜，若能悟透棍譜內含、拆解開套路潛藏之招法，許多雙截棍精髓擊法將展現出來，這也是武林秘籍的奧妙所在之一，行家一看就能清楚明瞭踢擊戰棍的實戰價值。踢擊戰棍，擊法靈活多變，在交戰時，每招可單獨打擊、可連環打擊，同時還有腿、棍配合連環打擊招法，招招快速迅猛、打擊力特強。

練習踢擊戰棍，不但要把套路練好、練精，更重要的是經過拆招把每招單獨拿出來集中進行假想空擊和打靶訓練，只有按此法練習，才能從中捕捉雙截棍技擊精髓；才能練就殺傷力特強的精湛絕招，從而展現出踢擊戰棍的實戰威力，這才是學練踢擊戰棍的終極目的。練習踢擊戰棍，可在極短時間內迅速提高自衛能力；快速增強臂力、交戰耐力。

◆ 踢擊戰棍動作名稱

第一節

第一式：轉身後擺腿

第二式：鞭腿掃頭棍

第三式：右踹腿

第四式：轉身後掃棍

第五式：連環蓋棍

第六式：撩劈棍

第七式：左蹬腿

第八式：轉身後蹬腿

第九式：截棍右踹腿

第十式：上撩下劈棍

第十一式：左掃棍

第十二式：連環右踹腿

第二節

第一式：蓋棍正撞膝

第二式：騰空旋轉連掃棍

第三式：反掃棍

第四式：後掃攔腰棍

第五式：右截連環斜撩棍

第六式：左踹腿

第七式：左截連環斜撩棍

第八式：右箭腳

第九式：截擊直刺棍

第十式：側踹後蹬連環腿

第十一式：左右連掃棍

第十二式：跳步轉身連掃棍

◆ 踢擊戰棍棍譜

第一節

後擺急轉如旋風，
主攻太陽或腰中，
鞭腿突襲章門穴，
跟蹤掃頭斃敵命。
右踹遠打似射釘，
踹襠踢胸不留情，
後掃急轉如車輪，
阻敵圍攻毒招凶。
連環蓋棍從天衝，
點打百會降天兵，
轉身後撩發暗箭，
再劈一棍送命終。
勇猛強攻發正蹬，

第二節

急蓋百會再鎖頸，
暗膝撞襠快插縫，
騰空轉掃猛要準，
橫掃圍敵無漏洞。
反掃一棍力猛增，
斬掃章門敵巨疼，
急轉倒掃應急變，
掃頭斬肋早鎖定。
截棍意把拳刀封，
突發撩棍奔耳宮，
乘機左踹快鑽襠，
速射暗箭快鬆弓。
棍截腕腿急反應，

奔襠一腳打衝鋒，	放飛撩棍快撒鷹，
轉身後蹬絕命腿，	見縫插針奔襠踢，
陰腿專奔襠部行。	腿似利箭快追蹤。
棍截拳腿要準猛，	棍截拳腿護面胸，
右腳踹襠快暗攻，	反擊直刺奔喉捅，
上撩下劈陰陽棍，	側踹後蹬連環腿，
擊襠劈頭莫放鬆。	陰陽兩腿必致勝。
突變左掃靈機動，	左右連掃不要停，
左掃來敵一招精，	搶時奪機要智勇，
連環踹腿阻敵進，	跳步橫掃戰圍敵，
遠戰重腿似炮轟。	騰空連掃快前蹦。

◈ 踢擊戰棍

第一節

【註】踢擊戰棍套路演練為直線往返運動，路線長度為七米，整個套路演練時間為 45 秒鐘。同時，為了集中解讀警拳道雙節棍擊法，踢擊戰棍所內含的技擊招法，都將在第十章第二節「雙節棍實戰技法」中有圖文並茂詳細解讀。

【預備式】兩腳立正站立，右手握雙棍，兩臂置於兩側，嘴微閉，鼻息鼻呼，精神抖擻，目視前方（圖 6-66）。左腳向左跨一步，同時左轉 90 度，兩腳略寬於兩肩，兩腿微屈，成雙截棍實戰警戒式，目視前方（圖 6-67）。

圖 6-66

圖 6-67

》 第一式：轉身後擺腿

左腳快速向前衝刺搶進一小步，隨機全身右轉，同時右腿向後旋轉擺擊，腳高與頭齊，在旋轉到 180 度時發出最大爆發力，力達腳底或腳後腕（圖 6-68），在旋

轉360度時右腳自然落地，目視前方（圖6-69）。

【要領】右腿旋轉擺踢要放長擊遠、快速爆發有力。

【技術解讀與打擊目標】此招，屬單招陰腿暗招，可主動強攻，也可打空間差反擊。在散手交戰強攻時，左腳要突然衝刺搶進一步快速靠近對方，隨即右轉迅速以後擺腿打擊對方右側太陽穴或右側章門、腰笑穴。若打反擊，在對方從遠處衝過來以直拳或擺拳攻打頭部時，要把準時機快速反應打空間差反擊，迅速以轉身後擺腿踢擊同樣致命要穴。

【要求】主動強攻，轉身後擺腿需在0.5秒鐘之內踢出；打反擊，需在0.3秒鐘之內踢出。後擺腿使用，可在第九章「強攻技術打法」和「阻截反擊技術打法」中找到解讀。

圖6-68　　　　　　　　　　　　圖6-69

》第二式：鞭腿掃頭棍

接上式不停，右鞭腿疾速向前踢出，高與頭齊，力達腳背或脛骨，目視右腳（圖6-70），右腿快速收回向前落地，同時左臂上舉、右手放棍疾速向左掃擊，力達棍前端，然後左腋夾住一棍成高式左弓步，目視右方（圖6-71、6-72）。

圖6-70　　　　　　　　　圖6-71　　　　　　　　　圖6-72

【要領】右鞭腿要放長擊遠、爆發有力，左掃棍要緊跟追擊打出。

【技術解讀與打擊目標】此招，屬先鞭腿後跟蹤掃頭棍配合連擊，可主動強攻，也可打空間差反擊。在散手交戰時，若主動強攻打擊對方，左腳要快速衝刺搶

進一步逼近對方，隨即以右鞭腿踢擊左側章門穴或腰笑穴，不管踢中與否，右手掃棍都要跟蹤追打頭部左側太陽穴，若遇對方以拳腳或凶器進攻頭或胸時，要把準時機疾速左倒躲閃，同時以右鞭腿打空間差疾速踢擊左側章門穴或腰笑穴，再緊跟以右掃棍掃擊左側太陽穴。

【要求】在實戰時，一腿一棍需在 0.5 秒鐘之內打出。根據當時交戰環境和自己喜好招法，先出腿還是先用棍，也可隨心所欲自由選擇。具體鞭腿踢擊、掃棍路線解讀，見第十章第二節「雙節棍實戰技法」中的第二警戒式隱藏擊法的第六棍。

》第三式：右踹腿

接上式不停，左腳快速向右墊進一步，同時左腋鬆棍，隨即左手接握一棍，右腿疾速向右踹出，高與胸齊，目視右腳（圖6-73）。

【要領】右踹腿要放長擊遠、爆發有力。

【技術解讀與打擊目標】此招，屬遠戰腿法，可主動強攻，也可打空間差反擊。在散手交戰時，若主動進攻對方，左腳要快速向前墊進一步，迅速以右腳踹擊襠部或曲骨、丹田、神闕、巨闕、咽喉要處；若打反擊，需待對方以拳腳或凶器進攻頭部時，可把準時機，見縫插針，疾速以右腳踹擊襠部或曲骨、丹田、神闕要穴。

【要求】在實戰時，右踹腿需在 0.3 秒鐘之內踹出。

圖 6-73

圖 6-73 背面

》第四式：轉身後掃棍

接上式不停，右腿快速收回落地，隨即左腳迅速向前上一步，同時全身右轉270度、右棍疾速向後掃擊一周置於右腋成警戒式，全身放鬆而不懈，目視前方，停兩秒鐘（圖6-74）。

【要領】左腿上步要快速，右棍橫掃360度要放長擊遠、爆發有力。

【技術解讀與打擊目標】此棍，屬遠戰陰棍，發招隱蔽，可主動強攻，也可打空間差反擊。在散手交戰時，可用右手握雙棍以警戒式應對，若採取主動強攻打法，左腳要快速向前衝刺前進一步靠近對方，隨即右轉270度，同時右腿疾速倒插一步、右手快放一棍猛力掃擊對方右側太陽穴或右側章門穴、腰笑穴；若遇對方以

拳腳或凶器進攻，可把握戰機打反擊，左腿要快速向後蓋進一步，同時全身右轉
270度、右手迅猛放棍疾速掃擊頭側太陽穴或腰肋章門致命要穴，給其致命一擊。

【要求】在實戰時，轉身後掃棍需在0.3秒鐘之內打出。此棍法，見第十章第
二節「雙節棍實戰技法」中的第二警戒式隱藏的第一棍和第四棍，出棍路線和打擊
部位將有圖文並茂具體分解。

》第五式：連環蓋棍

右腳快速向前衝刺搶進一步，同時右腋鬆棍疾速向前蓋擊後夾於右腋，力達棍
端，按同樣方法連續衝刺搶進三步蓋擊三棍後置於腋下，目視前方（圖6-75、
6-76）。

【要領】一定按圖6-74、6-75、6-76搶步模式連續蓋棍三次，並且要連環快
速、爆發有力。

【技術解讀與打擊目標】此棍，屬中戰陽棍，發招快速，可主動強攻，也可打
反擊。採用此棍法交戰時，可以右腋夾住一棍做準備，若主動發起強攻，右腳要突
然快速連環向前衝刺搶步，同時放棍連環蓋擊對方手腕、人中穴或眼睛、印堂、上
星、囟會、百會穴；若打反擊，待對方發起進攻時，把握時機，迅速急撤步放棍，
同樣蓋擊手腕、頭部要穴。

【要求】在實戰時，蓋擊一棍需在0.1秒鐘之內疾速打出。此棍法，見第十章
第二節「雙節棍實戰技法」中的第四警戒式隱藏的第一棍，出棍路線將有圖文並茂
具體分解。

圖 6-74

圖 6-75

圖 6-76

》第六式：撩劈棍

接上式不停，左腳快速向前上一步，同時全身右轉180度、右棍疾速向後撩擊
一周置於脊背後（圖6-77），再猛力向前劈擊一棍後自然置於右腋下（圖6-78）。

【要領】轉身後撩棍要放長擊遠，在撩擊到180度時發出最大爆發力，劈蓋棍
要緊跟下劈，不可怠慢，劈棍後要減緩棍速，並自然置於右腋下

【技術解讀與打擊目標】此棍，可單擊、可連環打擊。後撩棍，屬遠戰陰棍，
發招隱蔽，主要以打反擊為主；劈蓋棍，屬遠戰陽棍，可主動強攻，也可打反擊。
在散手交戰時，可用右手握住一棍，右腋夾住一棍，以左、右警戒式均可應對，當

對方從後面進攻時，可把準時機，迅速放棍撩擊陰經線上的襠部或曲骨、中極、丹田、神闕、鳩尾穴及下頜骨，劈蓋棍可作為跟蹤打擊，順勢劈擊頭面部。

【要求】在實戰時，單發撩棍需在 0.2 秒鐘之內打出，打出撩、劈連環兩棍，需在 0.5 秒鐘之內打出。此棍法，見第十章第二節「雙節棍實戰技法」中的第三警戒式隱藏的第三棍，出棍路線將有圖文並茂具體分解。

圖 6-77

圖 6-78

» 第七式：左蹬腿

接上式不停，右腋鬆棍，同時右手快速上提接住棍成雙手握棍（圖 6-79），左腳再疾速向前蹬出，高與胸齊，力達腳後掌，目視左腳（圖 6-80）。

圖 6-79

圖 6-80

【要領】左蹬腿出要放長擊遠、快速爆發有力。

【技術解讀與打擊目標】此腿，屬遠戰重型腿法，可主動強攻，也可打空間差反擊。在散手交戰時，右腳可出其不意突然衝刺搶進一步，迅速以左蹬腿蹬擊對方襠部或曲骨、丹田、神闕、巨闕、頸部要處。

【要求】在實戰時，左蹬腿需在 0.3 秒鐘之內蹬出。

» 第八式：轉身後蹬腿

接上式不停，左腿快速收回向前落地，隨機全身右轉 180 度，同時腰部前彎、右腳疾速向後蹬出，眼從右側看右腳，腳與頭同高（圖 6-81），右腿快速收回落

圖 6-81　　　　　　　　　　　　圖 6-82

地，兩腿曲膝成高式馬步，右手握雙棍置於右大腿外側，左拳自然護於頭左側，全身鬆而不懈，目視右方，停兩秒鐘（圖6-82）。

【要領】左蹬腿和後蹬腿，要放長擊遠、連環快速、爆發有力，後蹬腿的腳與頭同高為最佳，這樣腿踢的最遠、最安全、最有爆發力。

【技術解讀與打擊目標】此招，屬陰腿遠戰重型腿法，隱蔽性好，不易發覺，可主動強攻，也可打空間差反擊。在散手交戰時，左腳可出其不意突然衝刺搶進一步，迅速右轉180度，同時以右腳迅猛蹬擊對方襠部或曲骨、丹田、神闕要穴。

【要求】在實戰時，轉身後蹬腿需在0.3秒鐘之內踢出。

》第九式：截棍右踹腿

右腳快速向右搶進一步，隨即左腳迅速跟進一步，同時雙棍疾速向前猛力敲擊，力達雙棍前端，棍端與頭同高，目視前方（圖6-83），左腳快速向右墊進一步，隨機右腳迅猛向右踹出，腳與胸同高，目視右腳（圖6-84），右腿快速收回以前腳掌著地落於前方，同時右轉90度，兩腿自然彎曲，目視前方（圖6-85）。

圖 6-83　　　　　　　　圖 6-84　　　　　　　　圖 6-85

【要領】雙棍阻截要有明顯敲擊力，右踹腿要放長擊遠、快速爆發有力。

【技術解讀與打擊目標】此招，屬阻截反擊招法。在散手交戰時，若對方以右直拳或右擺拳、右鞭腿、正蹬腿、側踹腿進攻頭部或胸腰時，可快速反應，迅速左轉躲閃，同時以雙棍猛力敲擊對方手腕或小腿三陰交穴，再疾速放出一棍掃擊頭部或以右腳踹擊襠部曲骨、丹田要穴。

【要求】在實戰時，雙棍阻截後，右踹腿需在 0.3 秒鐘之內踢出。具體阻截掃棍反擊或側踹腿反擊分解，見第十章第二節「雙節棍實戰技法」中的第一警戒式隱藏擊法的第五棍和第六棍。

》 第十式：上撩下劈棍

接上式不停，右腳快速向前衝刺搶進一步，同時右手鬆一棍向上撩擊後置於後背，力達棍前端（圖 6-86），右棍不停，再疾速向下劈擊置於右腿外側，目視前方（圖 6-87）。

【要領】上撩下劈兩棍，要與連環搶步落地同時完成，並要放長擊遠、快速爆發有力。下劈棍要謹防傷及到右腿，務必下落置右腿外側。

【技術解讀與打擊目標】此招，屬陰撩陽劈連環棍，可主動進攻，也可打反擊。在散手交戰時，不論強攻還是打反擊，可先以上撩棍打擊對方襠部或手部、曲骨、丹田、神闕、鳩尾、下頜骨要出；下劈棍以追蹤打擊頭頂百會、囟會、面部、鎖骨、鳩尾穴為主。

【要求】在實戰時，連環兩棍需在 0.3 秒鐘之內打出。具體強攻和後撤躲閃反擊棍法分解，見第十章第二節「雙節棍實戰技法」中的第一警戒式隱藏擊法的第一棍和第三棍。

》 第十一式：左掃棍

接上式不停，右棍快速向前猛力掃擊置於左腋下，同時上身左轉 90 度、左臂上舉，左臂再迅速下落將一棍夾於腋下，目視右方（圖 6-88）。

【要領】掃棍要放長擊遠、爆發有力。

【技術解讀與打擊目標】此招，屬遠戰陽棍，可主動進攻，也可阻截後打反擊；也可靈活機動放出一棍單掃，也可連掃，根據交戰情況自由運用。在散手交戰時，不論強攻還是打反擊，可把握戰機，出其不意突然掃擊對方右側太陽穴或右側章門穴、腰笑穴。

【要求】在實戰時，前掃棍需在 0.2 秒鐘之內打出。具體強攻和後撤躲閃反擊棍法分解，見第十章第二節「雙節棍實戰技法」中的第一警戒式隱藏擊法的第二棍和第四棍。

 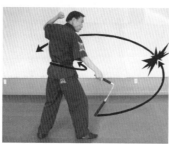 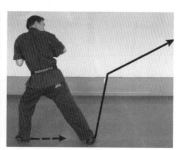

圖 6-86　　　　　　　　圖 6-87　　　　　　　　圖 6-88

》第十二式：連環右踹腿

接上式不停，左腳快速向右墊進一步，同時左腋鬆棍、左手準確接握一棍，隨機右腳疾速向右踹出，右腿快速收回落地，左腳緊急再向右墊進一步，右腳再飛快向右踹出，目視右腳（圖 6-89）。右腿快速收回落地，同時左轉 90 度，左手握棍在前，右手握棍在後，成格鬥警戒式，目視前方停兩秒鐘（圖 6-90）。

圖 6-89　　　　　　　　　　　圖 6-90

【要領】連環踹腿要快速靈活、放長擊遠、爆發有力。

【技術解讀與打擊目標】此招，屬遠戰重型腿法，可主動進攻，可打空間差反擊。在散手交戰時，若對方以直拳或擺拳、凶器進攻胸部以上部位，要快速反應，把握戰機突然以右腳踹擊襠部或曲骨、丹田、神闕要穴；若對方以高式腿法踢擊胸部以上部位，可把準時機疾速以右腳踹擊襠部打空間差反擊，若對方反應快速後撤躲過，左腳要向右墊跳一大步，迅猛以右腳追踢一腳將其擊倒。

【要求】在實戰時，突踹一腳需在 0.3 秒鐘之內踢出。

第二節

》第一式：蓋棍撞膝

左腳快速向前衝刺搶進一步，同時兩棍合併疾速向前猛力蓋擊，力達雙棍前端，兩棍不停再迅速回拉絞剪，同時右膝迅猛向前撞出，目視前方，停一秒鐘（圖 6-91）。

圖 6-91

【要領】雙棍蓋擊要放長擊遠、快速爆發有力，兩棍蓋擊後定要疾速回拉絞剪，剪棍與右撞膝要配合好，並同時發力。

【技術解讀與打擊目標】此招，屬近戰擊法，可主動進攻，可打反擊。在散手交戰時，可把準時機，左腳突然衝刺搶進一步，疾速以雙棍蓋擊對方百會穴，兩棍再迅速下滑猛力絞剪封鎖頸側兩人迎穴，然後兩棍再猛力回來，同時以右膝撞擊襠部或曲骨、丹田、神闕要穴。

【要求】在實戰時，蓋棍擊頭和剪棍封鎖頸部要連環快速準確，需在 1 秒鐘之內完成兩種棍法。具體強攻和後撤躲閃反擊棍法分解，見第十章第二節「雙節棍實戰技法」中的第六警戒式隱藏擊法的第二棍。

》 第二式：騰空旋轉連掃棍

接上式不停，右腳向前落地，兩腿迅速蹬地向前騰空跳起在空中右轉 450 度，同時左手鬆棍、右棍疾速在空中順時針連掃兩周後兩腿落地，右手持一棍在右方，目視右方（圖 6-92、6-93、6-94、6-95）。

圖 6-92

圖 6-93

圖 6-94

圖 6-95

【要領】兩腿向前騰空跳步要遠、要快速靈活，並有追打之意，需在空中完成以柔催剛爆發掃擊兩棍，不可僵硬掃棍。

【技術解讀與打擊目標】此招，屬騰空遠戰棍法，以打突圍見長，主要對四周圍敵進行連環掃擊。在散手交戰時，若遇群敵包圍，可把準時機，隨意採取騰空或步下掃棍法進行強攻或打反擊，可突然對準一個方向迅猛連環掃擊頭或胸腰部位，

迅速打出一個缺口突圍。

【要求】在實戰時，連環兩周掃棍，需在一秒鐘之內打出。同時根據交戰情況，也可自由選擇掃擊一周或半周進行強攻或反擊。具體棍法分解，見第十章第二節「雙節棍實戰技法」中的第六警戒式隱藏擊法的第一棍和第三棍。

》第三式：反掃棍

接上式不停，右棍快速向前、向左回掃，同時左臂上舉左轉 90 度，力達棍前端，目視前方，（圖6-96）。

圖 6-96

【要領】反掃棍要放長擊遠、爆發有力。

【技術解讀與打擊目標】此棍法，簡單、迅猛，可打近戰，可打遠戰；可主動進攻，可打反擊。在交戰時，不論強攻還是打反擊，要出其不意突然放棍掃擊對方頭頸或腰部章門穴、腰笑穴。

【要求】在實戰時，一棍掃出需在 0.2 秒鐘之內完成。具體棍法分解，見第十章第二節「雙節棍實戰技法」中的第二警戒式隱藏擊法的第三棍和第五棍。

》第四式：轉掃斬腰棍

接上式不停，左腿快速向後蓋撤一步，隨即右腿再緊跟倒插一步，同時全身右轉、右棍後掃 450 度，右手掃棍發力在右邊，目視右方（圖6-97、6-98），右棍不停迅速向左橫掃，同時左臂快速上舉再下落將棍夾於腋下（圖6-99），然後左腋鬆棍，左手準確將棍握住成雙節棍格鬥警戒式，目視前方，停兩秒鐘（圖6-100）。

【要領】兩腿後撤步要靈活、快速穩定不亂，掃棍要放長擊遠、爆發有力。

【技術解讀與打擊目標】此招，屬遠戰陽棍，以掃擊四周圍敵見長，可主動進攻，可打反擊。在交戰時，可迅猛掃擊四周圍敵腰肋章門穴或腰笑、神闕、巨闕、期門、京門、命門穴。

【要求】在實戰時，旋轉掃棍需在 0.3 秒鐘之內完成。此棍法，見第十章第二節「雙節棍實戰技法」中的第二警戒式隱藏的第一棍，出棍路線將有圖文並茂具體分解。

圖 6-97

圖 6-98

圖 6-99

圖 6-100

》 第五式：右截連環斜撩棍

左腳快速向前衝刺搶進一小步，隨即右腳緊急跟進一小步，同時左棍迅速向右阻截敲擊，力達棍上端（圖 6-101），右手快速鬆棍疾速向左斜撩掃出（圖 6-102），再快速返回向右斜撩一棍，同時右臂上舉再快速下落將棍夾於右腋下，目視前方（圖 6-103）。

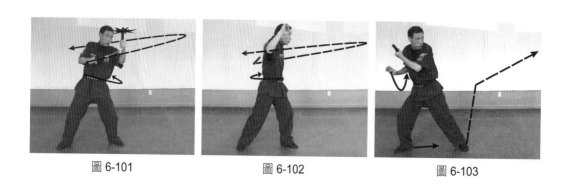

圖 6-101

圖 6-102

圖 6-103

【要領】左棍阻截要有明顯敲擊力，左右連環斜撩棍要放長擊遠、快速爆發有力。

【技術解讀與打擊目標】此招，屬陰陽棍，可明打，可阻截後暗撩打擊。在交戰時，兩手各握一棍作準備，若主動強攻，可把準時機，突然右手鬆棍快速掃擊對方左右太陽穴或聽宮穴、左右下頜；若打反擊，要反應快速，迅速以左棍阻截敲擊

對方左直拳或左擺拳手腕或側踹腿、正蹬腿小腿，右手再迅速鬆棍，迅猛撩擊左側太陽穴，再疾速反掃右側太陽穴。

【要求】不論主動強攻還是阻截後反擊，撩出一棍都需在 0.1 秒鐘之內打出。此棍法，見第十章第二節「雙節棍實戰技法」中的第五警戒式隱藏的第一棍，出棍路線將有圖文並茂具體分解。

》第六式：左踹腿

接上式不停，右腳快速向左墊進一步，同時右腋鬆棍，右手準確接住一棍，隨即左腳迅速向左踹出，腳高與胸齊，目視左腳（圖 6-104），左腿快速收回向前落地，兩手各握一棍成格鬥警戒式，目視前方（圖 6-105）。

圖 6-104　　　　　　　　　圖 6-105

【要領】左踹腿要放長擊遠、快速爆發有力。

【技術解讀與打擊目標】此招，屬重型遠戰陰陽腿，可明踹，臂阻截後可暗擊。在散手交戰時，主要踹擊對方襠部或膝關節、曲骨、丹田、神闕、巨闕、左右期門穴及頸部咽喉要出。

【要求】在散手交戰時，左踹腿需在 0.3 秒鐘之內踹出。

》第七式：左截連環斜撩棍

左腳快速向前衝刺搶進一小步，隨即右腳緊急跟進一小步，同時左棍迅速向左阻截敲擊，力達棍上端（圖 6-106），右手快速鬆棍疾速向右斜撩掃出（圖 6-107），再快速向左返回斜撩一棍，目視前方（圖 6-108）。

圖 6-106　　　　　　　圖 6-107　　　　　　　圖 6-108

【要領】左棍向左阻截要有明顯敲擊力，左右連環斜撩棍要放長擊遠、快速爆發有力。

【技術解讀與打擊目標】此招，屬陰陽棍，可明打，可阻截後暗撩打擊；可放出一棍單掃，也可左右連掃。在交戰時，兩手各握一棍作準備，若主動強攻，可把準時機，突然右手鬆棍快速掃擊對方左右太陽穴或聽宮穴、左右下頜；若打反擊，要反應快速，迅速以左棍阻截敲擊對方右直拳或右擺拳手腕，右手再迅速鬆棍，迅猛撩擊右側京門穴或太陽穴，再疾速反掃左側太陽穴。

【要求】不論主動強攻還是阻截後反擊，撩出一棍都需在 0.1 秒鐘之內打出。此棍法，見第十章第二節「雙節棍實戰技法」中的第五警戒式隱藏的第三棍，出棍路線將有圖文並茂具體分解。

》第八式：右箭腳

接上式不停，右腳迅猛向前踢出，力達腳尖，高與下頜齊，目視前方（圖6-109），然後右腿快速收回落地，同時全身左轉 180 度、右手迅速準確接住另一棍成警戒式，目視前方，停兩秒鐘（圖 6-110）。

圖 6-109

圖 6-110

【要領】右腳彈踢要放長擊遠、快速爆發有力。

【技術解讀與打擊目標】此招，屬遠戰快速陰陽腿，可明踢、暗踢。在散手交戰時，主要踢擊對方襠部為打擊目標。

【要求】在散手交戰時，一腳踢出需在 0.2 秒鐘之內完成。

》第九式：截擊直刺棍

左腳快速向前衝刺搶進一小步，同時左棍猛力向右阻截敲擊，力達棍上端（圖6-111），左棍不停疾速向前刺擊，力達棍頂，高與頸齊，成左弓步，目視前方（圖6-112）。

【要領】左棍阻截敲擊要快速靈活，前刺棍要放長擊遠。

【技術解讀與打擊目標】此招，屬阻截反擊招法。在交戰時，主要以左棍阻截敲擊對方左直拳或左擺拳手腕部，或敲擊左蹬腿三陰交穴，然後再疾速刺擊咽喉或眼睛、人中穴。

圖 6-111

圖 6-112

【要求】左棍阻截反擊需在 0.5 秒鐘之內完成。具體出棍路線和圖片，見第十章第二節「雙節棍實戰技法」中的第五警戒式隱藏的第三棍。

》 第十式：側踹後蹬連環腿

左棍快速收回，同時右腳快速向前墊進一步，隨即左腳飛快向前踹出，腳高與胸齊，目視左腳（圖 6-113），左腿快速收回落地，隨即全身右轉 90 度，同時右腳疾速追蹤向後蹬出，腳與頭同高，目視右腳（圖 6-114）。

圖 6-113

圖 6-114

【要領】兩腿踢擊要放長擊遠、聯貫快速靈活、爆發有力。

【技術解讀與打擊目標】此招，屬遠戰陰陽連環腿，可明踹，可暗踢；可強攻，可打空間差反擊。在散手交戰時，可憑藉腿長、力大之優勢，先以左踹腿踹擊對方襠部，再疾速右轉以後蹬腿蹬踢襠部或曲骨、中極穴、丹田穴、神闕穴。

【要求】在實戰時，左踹、後蹬連環兩腿需在 1 秒鐘之內踢出。

》 第十一式：左右連掃棍

右腿快速收回落地，同時左手鬆棍迅速向右掃出（圖 6-115），右棍不停，再疾速向左反掃置左腋下，同時全身左轉 90 度成高式左弓步，目視右方（圖 6-116）。

圖 6-115

圖 6-116

【要領】兩棍左右連掃要快速靈活、爆發有力。

【技術解讀與打擊目標】此招，屬快速連環棍擊法，以打擊腰部為主，可主動強攻，可打空間差反擊。

在交戰時，以右手握雙棍作準備，若對方以直拳或擺拳或凶器突然進攻胸部以上部位，要反應快速，迅速後撤躲閃，同時放出一棍迅速打擊右側章門穴，再疾速反掃一棍掃擊左側章門穴。

【要求】在實戰時，連環兩棍需在 0.5 秒鐘之掃出。具體出棍路線和圖片，見第十章第二節「雙節棍實戰技法」中的第一警戒式隱藏的第四棍。

》第十二式：蹦跳旋轉連掃棍

接上式不停，兩腿迅速蹬地向前騰空跳起在空中右轉 450 度，同時右棍疾速在空中順時針連掃兩周後夾於右腋下，兩腿穩定落地成格鬥警戒式，左拳自然護於左腰，目視前方，停兩秒鐘（圖 6-117、6-118、6-119）。

圖 6-117

圖 6-118

圖 6-119

【要領】兩腿向前騰空跳步要遠、要高、要快速靈活，需在空中完成以柔催剛爆發掃擊兩棍，不可僵硬掃棍。

【技術解讀與打擊目標】此招，屬騰空遠戰棍法，以打突圍見長，主要對四周圍敵進行連環掃擊。在遭遇群敵圍攻時，可把準時機，果斷、勇猛騰空前跳順時針連掃法，或者選擇上左腿步下順時針連掃法，這樣對準一個方向直線迅猛連環掃擊群敵頭部或胸腰部位，可迅速打出一個缺口突圍逃身。

【要求】在真正實戰時，騰空連掃兩棍或步下連掃兩棍，都需果斷迅猛才能防不勝防、出其不意打亂群敵陣腳；才能逃脫群敵的圍攻、擺脫危險。具體出棍路線圖片，見第十章第二節「雙節棍實戰技法」中的第二警戒式隱藏的第一棍。唯一區別的就是：如果決定從右邊打出缺口突圍，就要左腿先向右上步，至於先採取打哪一個方向，可根據當時狀況機智選擇，但棍法不能變；也可參考第十章第五節「環境交戰與多人交戰」中的第三招，但左右兩腿可隨意上步。

【收勢】右腳向左收回與左腳立正站立，同時左轉 90 度、右腋鬆棍右手準確將一棍接住置於右側，精神抖擻，目視前方（圖 6-120）。

圖 6-120

第三節　警拳道乾坤雙截棍

　　警拳道乾坤雙節棍，共有三十六式，整個套路有：直拳、插指、側踹腿、單拍腳、裡合腿和前掃棍、後掃棍、騰空反掃棍、撩棍、劈棍、攔腰棍、前蓋棍、橫絞棍、立絞棍、纏頭棍、連環絞剪棍、掃腿棍、甩棍十三種棍法組成，其棍法有實戰技擊棍法；有過度棍法，整個套路演練起來猶如一條巨龍往返穿梭，不但有套路競技比賽價值，同時是一套實戰自衛極強、古今中外獨一無二的雙截棍套路。

　　警拳道乾坤雙節棍，配有內含豐富的技擊棍譜，棍譜中隱藏著許多雙截棍實戰招法，深入拆解後，可從中揭開這些奧妙的招法，許多擊法將展現出來。

　　乾坤雙截棍，擊法靈活多變，在交戰時，有些招法可單獨使用、可連環打擊；有些招法是散手中的拳、指、腿與棍相互配合能發揮出獨特威力；能適應各種環境交戰需要，並且是套路器械比賽的獨有套路。

　　學練乾坤雙截棍，不但要把套路練好、練精，除了過度配合動作外，需把含有技擊的棍法單獨拿出來，集中進行假想空擊和打靶訓練，只有按此法練習，才能增強每招的打擊威力、練就真正的實戰絕招，這才是學練乾坤雙截棍的核心目的。學練乾坤雙截棍，特別鍛鍊臂力、增強格鬥交戰耐力及全身靈敏性。

◆ 警拳道乾坤雙截棍動作名稱

第一節

第一式：架棍衝拳
第二式：左踹腿
第三式：單拍腳
第四式：回插指
第五式：竄蹦連掃棍
第六式：扣腳掃頭棍
第七式：跳轉掃腰棍
第八式：左進連掃棍
第九式：右進掃撩棍
第十式：換手掃撩棍
第十一式：連絞開路棍
第十二式：騙腿纏頭棍

第二節

第一式：右踹腿
第二式：縮身掃腿棍
第三式：騰空連掃棍
第四式：連環下劈棍
第五式：上步甩撩棍
第六式：連環掃撩棍
第七式：跳轉掃腰棍
第八式：上步撩襠棍
第九式：箭腳回插指
第十式：竄蹦連掃棍
第十一式：上步撩襠棍
第十二式：縮身螺旋棍

第三節

第一式：連蓋跳掃棍
第二式：橫絞正踢腿
第三式：連環撩劈棍
第四式：強攻火輪棍
第五式：翻身撩棍
第六式：連絞開路棍
第七式：騙腿反掃棍
第八式：連蓋翻撩棍
第九式：迷惑轉掃棍
第十式：跳轉掃腰棍
第十一式：左進連掃棍
第十二式：竄蹦連掃棍

◆ 乾坤雙節棍棍譜

第一節

開門一拳如射槍，
拳打鳩尾不還鄉，
左踹似炮戰遠敵，
襠腹巨闕必遭殃。
飛腳如箭直射上，
踢頜為輔主踢襠，
鋼指回插似暗箭，
翻身插喉回馬槍。
跳步連掃棍放長，
主打章門或太陽，
鞭腿飛奔踢腰肋，
追蹤一棍掃頭亡。
跳轉掃棍急瘋狂，

第二節

忽踹右腳似炮轟，
重擊襠腹取敵命，
縮身變招地游棍，
暗擊三陰把膝攻。
騰空連掃蹬地蹦，
斬腰掃頭也擊胸，
突降天棍連下劈，
猛似山洪蓋頭頂。
甩棍從地向上衝，
陰撩專把襠來封，
掃撩暗藏巧妙術，
四方鑽打似游龍。
跳轉掃腰棍要猛，

第三節

前後蓋棍似刀砍，
跳轉斬腰肋必斷，
橫絞快轉急湧進，
主練步快和手腕。
陰陽劈撩兩棍全，
意擊襠腹和頭面，
急進轉棍似火輪，
勇猛追打殺一線。
翻身後撩一暗箭，
敵後偷襲難防範，
下劈頭肩絕命棍，
絞棍猛似驅逐艦。
騙腿專把靈腿練，

眾敵攻襲心妄想，
上步連掃逼敵退，
勇猛追打敵難擋。
換手回掃戰右方，
陰陽掃撩招難防，
連環掃撩火龍棍，
圍敵靠近難碰撞。
連絞追敵休躲藏，
劈頭蓋臉勇猛闖，
驅腿薹棍練腿敏，
纏棍意把後敵傷。

掃擊圍敵易命中，
上步撩棍急鑽襠，
見縫射棍快撒鷹。
飛踢襠頜毒招精，
回插鋼指奔喉捅，
竄蹦騰掃緊追擊，
圍敵想攻妄做夢。
防中帶攻鑽襠縫，
陰棍取襠毒招凶，
縮身誘敵待敵進，
臥龍忽躍如旋風。

反掃一棍如閃電，
蓋棍奔頭降天兵，
後撩一棍最陰險。
前絞迷惑把敵探，
聲東擊西毒手段，
跳轉專掃肋章門，
制敵絕招最尖端。
急進左掃打兩邊，
敵攻無策心膽顫，
蹦跳旋掃蛟龍躍，
乾坤神棍現威嚴。

◆ 警拳道乾坤雙截棍

第一節

【註】警拳道乾坤雙截棍，套路演練為直線往返運動，路線長度為十米，整個套路演練時間為 120 秒鐘。

【預備式】兩腳立正站立，左手握雙棍，兩臂置於兩側，嘴微閉，鼻息鼻呼，精神抖擻，目視前方（圖6-121）。

》 第一式：架棍衝拳

右腿突然爆發震腳，隨即左腳向左跨一步，同時左手握雙棍向前方上舉架棍、右直拳疾速向左前方打出，拳心朝下，與肩同高，力達拳面，成左弓步，目視左前方（圖6-122）。

【要領】右腿陣腳要響亮，左架棍與左跨步和右直拳要同時完成，右直拳要放長擊遠、快速爆發有力。

【技術解讀與打擊目標】此招，屬阻截反擊招法。在散手交戰時，若對方以直拳或擺拳、劈蓋拳及劈棍對頭進攻，可快速反應，迅速以左雙棍阻截招架護頭，再疾速以右直拳打擊眼睛或人中、鳩尾、左右期門要穴。在散手交戰時，一定要把套路中的左弓步變換成警戒式散打步。

》 第二式：左踹腿

接上式不停，右腳快速向左墊進一步，隨即左腳迅猛向左踹出，腳與胸齊，力達腳底，目視左方（圖6-123）。

【要領】左踹腿要放長擊遠、快速爆發有力，踹腿時上身要自然向右倒。

【技術解讀與打擊目標】此腿，屬散手遠戰重型腿法，可主動強攻；可打空間

差反擊；可躲閃後反擊；可阻截後反擊。在散手交戰時，若對方以直拳或擺拳、高式腿法及凶器進攻胸部以上部位時，可快速反應，把準時機，迅速出左踹腿踹擊對方襠部或曲骨要穴，給對方致命重型一腿。

圖 6-121　　　　　　圖 6-122　　　　　　圖 6-123

≫ 第三式：單拍腳

接上式不停，左腿快速收回落於左側，同時左轉 90 度，隨即右腳飛快向前踢出，同時右掌擊響腳背，腳高與頭齊，目視前方（圖 6-124）。

【要領】右腿踢擊要放長擊遠、快速爆發有力，右掌要準確拍響右腳背。

【技術解讀與打擊目標】此腿，屬散手遠戰腿法，以快、以靈、以踢遠見長。在套路演練時，以單拍腳出現；在散手交戰時，其戰術、戰法與上式「左踹腿」相同，但在打空間差反擊時，以腳尖為力點，主要以踢擊對方襠部為主；在主動強攻時，根據現狀也可踢擊下頜骨。

≫ 第四式：回插指

接上式不停，右腳快速向後倒插一大步，同時全身右轉 180 度、右指從右腰間飛快向前插出，力達四指尖，掌心朝上，指與肩平，同時左手握雙棍架於頭上方，成右弓步，目視前方，停一秒鐘（圖 6-125）。

【要領】右腿倒插步要快、要穩，右腳落地與右插指和左手架棍要同時完成

【技術解讀與打擊目標】此招，屬阻截招架反擊插指法。在套路演練時，身形以標準右弓步出現；在散手交戰時，要以散手交戰步法出現。運用此插指進行散手交戰，可陽指明插、陰指暗用，在戰術、戰法上，可主動強攻；可打空間差反擊；可阻截反擊；可躲閃反擊，並且可隨意變換成立插指或俯插指使用。

【本式散手用意】以左臂或左棍阻截對方直拳或擺拳或高式右蹬腿對胸部以上進攻後，可疾速以右插指插擊對方雙眼或咽喉天突要穴。

≫ 第五式：竄蹦連掃棍

接上式，全身左轉 90 度，同時兩腿蹲成高式馬步、右手收回在左腰側接握一棍，目視右方（圖 6-126），然後兩腳迅速蹬地向右方騰空竄蹦，全身在空中右轉 360 度，同時右棍在空中疾速連掃兩周後落地後成右弓步，右腋再迅速準確將棍夾住，同時左掌從右胸前立掌向前推出，力達掌刀，指尖朝上，目視前方，停一秒鐘

（圖6-127、6-128、6-129）。

【要領】騰空要高，竄蹦要遠，在空中連掃棍要快速、爆發有力，兩腿落地要穩。

【技術解讀與打擊目標】此招，為遠戰棍法，可強攻連掃；可防守反擊；可隨意竄蹦或步下掃擊。在交戰時，若遇圍敵從四周進攻，可出其不意對準一個方向，以連環旋掃棍勇猛殺出一條血路迅速突圍。本式左推掌為配合過度動作，不存在技擊內含。具體出棍路線圖片，見第十章第二節「雙節棍實戰技法」中的第二警戒式隱藏的第一棍。

唯一區別的是：如果決定從右邊打出缺口突圍，就要左腿先向右上步。至於先採取打哪一個方向，可根據當時狀況機智選擇，但棍法不能變；也可參考第十章第五節「環境交戰與多人交戰」中的第三招，但左右兩腿可隨意上步。

圖6-124　　　　圖6-125　　　　圖6-126

圖6-127　　　　圖6-128　　　　圖6-129

》第六式：扣腳掃頭棍

接上式，右腳快速向左墊進一步（圖6-130），隨即左腳迅速向左急邁一步，右腳緊跟向左猛力裡合擺擊，同時左掌在頭前方準確擊響右腳底（圖6-131），右腳再快速向前落地，同時右棍緊追猛力向前掃出、左臂迅速舉起給掃棍讓位，目視前方（圖6-132、6-133）。

【要領】左右腿墊、進步要快速、靈活，裡合腿要響亮、爆發有力。

【技術解讀與打擊目標】此招，為腿、棍配合打擊招法，可主動強攻；可防守反擊；也可單腿踢擊；也可單棍掃擊。在交戰時，需把套路中的右裡合腿變換成右鞭腿使用，不論主動強攻或是待機反擊，可把準時機，先以右鞭腿踢擊對方左腰肋

章門穴或腰笑穴，右手再疾速放棍掃擊左側太陽穴，給對方致命一腿、一棍連環打擊。此招，具體出腿、出棍路線和圖片，見第十章第二節「雙節棍實戰技法」中的第二警戒式隱藏的第六棍。

圖 6-130

圖 6-131

圖 6-132

圖 6-133

≫ 第七式：跳轉掃腰棍

接上式不停，兩腳快速蹬地跳起右轉180度，同時右棍在空中猛力向右掃擊一周後兩腳落地成高式馬步，棍掃高度與腰齊，右手握棍在右側，左手臂置於胸前，目視右方（圖6-134、6-135）。

【要領】跳轉掃棍要快速、爆發有力，兩腿跳轉不可太高，以快速為主。

圖 6-134

圖 6-135

【技術解讀與打擊目標】此招，為遠戰掃腰棍法，可主動強攻；可防守反擊。套路中雖是騰空跳轉，但在交戰時，禁忌騰空使用，要把騰空變為直接上步或退步掃擊。不論強攻或打反擊，在實戰時，要把準時機，突然放棍直奔腰肋左、右章門穴迅猛掃擊，這是掃腰棍打擊效果最佳的攻擊目標。此招，具體出棍路線可參考第十章第二節「雙節棍實戰技法」中的第二警戒式隱藏的第一棍擊法。

》第八式：左進連掃棍

接上式不停，左臂快速伸直向左後轉，隨即右腳緊跟向左上一步，左腳再快速向後倒插一步帶動全身左轉450度，同時右棍迅速向左連續兩次發力掃擊，然後將棍交給左手，目視前方（圖6-136、6-137、6-138）。

| 圖 6-136 | 圖 6-137 | 圖 6-138 |

【要領】兩腿換步要快速、靈活、穩定，兩次連環掃棍要放長擊遠、快速爆發有力。

【技術解讀與打擊目標】此招，為跟蹤追打遠戰棍法，可主動強攻；可防守反擊。在交戰時，可把準時機，突然右腿上步帶動全身左轉，同時放棍連環追蹤打擊前方來敵頭部或腰肋部。根據交戰狀況，也可靈活出單棍掃擊。此招，具體出棍路線和圖片，可參第十章第二節「雙節棍實戰技法」中的第二警戒式隱藏的第三棍擊法。

》第九式：右進掃撩棍

接上式不停，左腳快速向左蓋上一步，同時全身迅速右轉360度、左棍迅猛向右掃擊一周在腰前將棍交給右手（圖6-139），右腳再向後急撤一步，同時右手在腰後快速將棍交給左手（圖6-140），左腳再快速後撤一步，同時左棍疾速胸前撩擊一周在腰前將棍交給右手（圖6-141）目視前方。

【要領】兩腿三次換步要快速、靈活、穩定；兩手三次換棍要準確無誤，右掃棍要放長擊遠，左撩棍要快速、爆發有力。

【技術解讀與打擊目標】此招，掃棍為遠戰棍法；撩棍為中戰棍法，二者均可主動強攻或打反擊，並且在使用時需打單招才能發揮威力。在遇敵交戰時，可把準時機，左腿突然上步以左掃棍迅猛掃擊右太陽穴或右章門穴；也可左手握雙棍以警戒式準備打反擊，若對方手拿凶器從前進攻，可快速反應，待進入打擊距離之內，

圖 6-139

圖 6-140

圖 6-141

左腿疾速後撤一步，疾速放棍撩擊持刀手腕或下頜、襠部、丹田、神闕、巨闕要穴，給其出其不意突然打擊。此招，掃棍與上式相同，只是改變用左手放棍掃出。

》第十式：換手掃撩棍

接上式不停，右棍快速向左掃擊，同時左臂上舉給掃棍讓位置於左腋下（圖 6-142），右棍不停再疾速向回反掃置身後將棍交給左手（圖 6-143、6-144），左棍再迅猛向前撩擊一周在腰前將棍交給右手（圖 6-145）。

按此法兩腿站立不動連續快速做三遍，然後右棍再快速向左掃擊疾速大弧度回掃一棍，目視前方（圖 6-146、6-147）。

圖 6-142

圖 6-143

圖 6-144

圖 6-145

圖 6-146

圖 6-147

【要領】兩手三次換棍掃撩棍要準確無誤，做到連環快速、爆發有力。

【技術解讀與打擊目標】此招，掃、撩棍均為為中、遠戰棍法；二者均可主動強攻或打反擊，並且在使用時需打單招才能發揮威力，不能按照套路中的演練方式進行使用。在遇敵交戰時，左撩棍擊法與上式撩棍相同；使用連環掃棍，可右手握

棍快速搶步或退步連環掃擊對方左右腰肋章門穴或頭部。此招，連掃棍打擊，可參考第十章第二節「雙節棍實戰技法」中的第一警戒式第一棍和第二警戒式第五棍擊法。

》第十一式：連絞開路棍

接上式不停，兩腿不動左掌立於胸前，右棍稍放慢向左前方落下，並在身前由慢到快做橫 8 字形絞棍約十次，然後按散手前進步快速前進三步並疾速絞棍數次（圖 6-148、6-149、6-150）。

此棍，因連絞線路複雜，所以圖片中很難把運行路線畫清楚，在此只畫棍行路線一次，只要學練者明白就可以。

圖 6-148　　　　圖 6-149　　　　圖 6-150

【要領】兩腿站立絞棍和前進步絞棍時，不需數次數，做到從慢到快，越絞越快，同時注意左肘要緊貼左前肋，不可向左外凸，預防絞棍時擊到肘部。

【技術解讀與打擊目標】此招，雖為中戰棍法，但在交戰時不提倡使用，因為打擊力不夠強。如果使用，可右手握一棍，以快速前進步對準一個方向連環絞棍攻打。

》第十二式：騙腿纏頭棍

接上式不停，左腿快速向前上一步，同時右棍迅速大弧度回絞到右後方（圖 6-151），右腿再緊跟上踢並左轉 270 度落地，同時右棍在右踢腿最高時迅速纏繞右腳腕，並以反作用力將棍甩回在頭上方順時針連轉兩周，再彎腰低頭，同時右棍快速向後掃擊一周在左肩上方將棍交給左手，左手再快速在身後將棍交給右手，右手握棍在身前順時針連轉兩周後疾速掃擊置左腋下，左腋準確夾住一棍右手握一棍成左弓步，目視右方停一秒鐘（圖 6-152、6-153、6-154、6-155、6-156、6-157、6-158）。

【要領】右踢腿要高，棍纏腳腕要快速、準確，向頭後掃棍要特別注意配合低頭彎腰。此式動作比較聯貫複雜，要領回好動作要領。

【技擊要領與目的】此招，踢腿甩棍、身前轉棍無技擊內含，主要鍛鍊全身及棍法靈活性，是套路中的配合過度動作。

圖 6-151　　　　　　　圖 6-152　　　　　　　圖 6-153

圖 6-154　　　　　　　圖 6-155　　　　　　　圖 6-156

圖 6-157　　　　　　　圖 6-158

第二節

》 第一式：右踹腿

接上式，左腳快速向右墊進一步，同時左腋鬆棍，左手準確接住一棍，右腳迅猛向右踹出，腳與頸同高，力達腳底，目視右腳（圖 6-159）。

【要領】右踹腿要放長擊遠、快速爆發有力，踹腿時上身要自然向左傾倒。

【技術解讀與打擊目標】此腿，屬散手遠戰重型腿法，可主動強攻；可打空間差反擊；可躲閃後反擊；可阻截後反擊。在散手交戰時，若對方以直拳或擺拳、高式腿法及凶器進攻胸部以上部位時，可快速反應，把準時機，迅速出右踹腿踹擊對方襠部或曲骨要穴，給對方致命重型一腿。

》 第二式：縮身掃腿棍

接上式不停，右腿快速收回落於右側，隨即左腿迅速向右上一步縮身下蹲右轉180 度，同時右棍迅猛向右下方掃擊一周置於右側，兩膝彎曲蹲低，兩臂伸直與肩同高，目視右方（圖 6-160）。

【要領】上步縮身掃擊要快速、爆發有力，兩腳距離要與兩肩同寬，不可太

窄，也不可太寬，這樣才能保證兩腿有彈性、穩定、掃棍靈活、爆發有力。

【技術解讀與打擊目標】此招，屬縮身打法，可主動強攻；可打空間差反擊。若對方以直拳或擺拳、高式腿法及凶器進攻上盤時，可把準時機，快速縮身下蹲，疾速掃擊小腿三陰交穴或膝關節出。為了加大殺傷力，在交戰時，可打破套路中的單一擊法，機智靈活的對腰肋章門穴或頭部要出掃擊。此招，具體變換棍法，可參考第十章第二節「雙節棍實戰技法」中的第二警戒式的第一棍打法。

圖 6-159

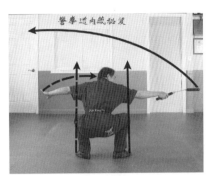

圖 6-160

》第三式：騰空連掃棍

接上式不停，兩腿猛力蹬地騰空跳起，同時右棍在空中先左後右迅猛連掃兩棍後自然落地成高式馬步，兩臂伸直與肩同高，目視左方（圖 6-161、6-162）。

圖 6-161

圖 6-162

【要領】蹦跳越高越好，空中掃棍要快速、爆發有力。

【技術解讀與打擊目標】此招，為近戰掃腰棍法，可主動強攻；可防守反擊。套路中雖是騰空跳轉，但在交戰時，禁忌騰空使用，要把騰空變為直接上步或退步或站立不動掃擊。不論強攻或打反擊，在實戰時，要把準時機，突然放棍直奔腰肋左、右章門穴迅猛掃擊，這是掃腰棍打擊效果最佳的攻擊目標。此招，具體出腿、出棍路線和圖片，可參考第十章第二節「雙節棍實戰技法」中的第二警戒式隱藏的第五棍擊法和第三警戒式隱藏的第五棍擊法。

》第四式：連環下劈棍

接上式不停，右腳快速向左上一大步成高式馬步，同時全身左轉 180 度、右棍從上向下猛力劈擊一周（圖 6-163）；左腳再快速向右倒插一步，右腳再緊跟再向左上一大步，同時右棍繼續從上向下猛力劈擊一周成高式馬步，右棍置於右腿前，左手掌朝下置於左跨處，目視右方（圖 6-164）。

圖 6-163

圖 6-164

【要領】兩腿連進三步要快速、靈活、穩定，兩劈棍要畫一個大圓有明顯劈擊力。

【技術解讀與打擊目標】此棍，為遠戰棍法，交戰時禁忌使用套路中的換步法。實戰時，可以右手握雙棍、以左警戒式應對。若採取主動強攻，可把準時機，右腿快速蓋上一步，同時右手疾速發出一棍迅猛劈擊對方手部或頭面、兩肩鎖骨。此招，出棍路線和圖片，可參考第十章第二節「雙節棍實戰技法」中的第二警戒式隱藏的第二棍擊法。

》第五式：上步甩撩棍

接上式不停，左腳快速向右上一步，同時右轉 180 度、右棍迅速向右甩擊一周後在腰後將棍交給左手（圖 6-165、6-166），左棍再猛力向前撩擊一周在身前將棍轉交給右手，兩腿微曲，左臂置於胸前，掌心朝下、目視左方（圖 6-167），

【要領】上步右甩棍，要放長擊遠、快速爆發有力，左撩棍要疾速爆發。

圖 6-165

圖 6-166

圖 6-167

【技術解讀與打擊目標】此式，右甩棍為遠戰棍法；左撩棍為中戰棍法，二者均可主動強攻、打反擊。在交戰時，可以右手握雙棍、以右警戒式應對，若對方從前方進攻襲擊，可把準時機，右手突然放出一棍直接打擊手腕或右側太陽穴、右側章門穴；也可以左警戒式、左手握雙棍直接撩擊對方襠部或下頜骨。此招，出棍路線和圖片，可參考第十章第二節「雙節棍實戰技法」中的第一警戒式隱藏的第二棍擊法。

》第六式：連環掃撩棍

接上式不停，右棍迅速向左掃擊置於左腋下，同時左臂上舉給掃棍讓位（圖6-168），左腳快速向右上一步右轉 180 度，同時右棍疾速向右掃擊一周在身後將棍交給左手（圖 6-169、6-170），左棍再緊急向前撩擊一周將棍交給右手，兩腿微曲，左臂置於胸前，掌心朝下、目視左方（圖 6-171）。

圖 6-168

圖 6-169

圖 6-170

圖 6-171

【要領】連環回掃棍和左撩棍，要快速、爆發有力。

【技術解讀與打擊目標】此式，左右連掃棍為遠戰棍法；左撩棍為中戰棍法，二者均可主動強攻、打反擊。此招，連掃棍打擊，可參考第十章第二節「雙節棍實戰技法」中的第二警戒式第五棍；撩棍打擊，可參考第一警戒式第一棍，需要注意的是：在實戰時，套路中的左手撩棍盡量改成用右手撩棍。

》第七式：跳轉掃腰棍

接上式不停，右棍快速向左掃擊置於左腋下，同時左臂上舉各右掃棍讓位（圖

6-172），兩腳再迅速蹬地騰空右轉 180 度，同時右棍向右掃擊一周兩腿落地成低勢馬步，右臂伸直，左小臂置於胸前，掌心朝下，目視右方，停一秒鐘（圖 6-173、6-174）。

圖 6-172

圖 6-173

圖 6-174

圖 6-174 背面

【要領】騰空跳轉要快，兩腿落地要穩，兩腿跳轉不可太高，以快速爆發力為主。

【技術解讀與打擊目標】此招，在交戰用棍時可參考第十章第二節「雙節棍實戰技法」中的第二警戒式隱藏的第一棍擊法。

》第八式：上步撩襠棍

接上式，右腿快速向左上一步，隨即左膝提起，同時左轉 90 度、左臂上舉、右棍迅速向上撩擊置左腋下（圖 6-175），然後左手快速準確接握兩棍成金雞獨立式，目視前方（圖 6-176）。

【要領】左膝提起要高，右腿金雞獨立要穩，上撩棍要快速、爆發有力。

【技術解讀與打擊目標】此式，為陰棍中戰棍法，可主動強攻；可打反擊。在交戰時，可以左警戒式、以右手握雙棍應對，若主動進攻，可直接放棍撩擊對方襠部或下頜骨；若阻截反擊，一是用左臂阻截招架直拳或擺拳進攻；二是提左膝阻截對方右鞭腿，不論使用哪種阻截法，右撩棍都要迅速撩擊對方襠部或下頜骨要出。具體出棍路線和圖片，可參考第十章第二節「雙節棍實戰技法」中的第二警戒式隱藏的第五棍擊法。

圖 6-175　　　　　　　　　　圖 6-176

》第九式：箭腳回插指

接上式不停，左腿快速向前落步，隨即右腳疾速向前彈踢，同時右手拍響右腳背（圖 6-177），右腿不停快速向後倒插一大步成左弓步，同時右手指疾速從右腰直線向後插出，掌心朝前，兩臂伸直，目視右方（圖 6-178）。

圖 6-177　　　　　　　　　　圖 6-178

【要領】右腳踢出要放長擊遠；右掌拍擊右腳背要響亮、快速、爆發有力；右腿倒插步落地要與右插指同時完成。

【技術解讀與打擊目標】此式，為散手遠戰腿法和指法配合動作，二者均可主動強攻或打空間差反擊。

使用此招交戰，可先指後腿連環打擊，也可腿、指單獨使用，同時手指可隨意變換成俯指或立指使用；單拍腳需變成彈踢腳使用。手指以插擊對方雙眼或咽喉天突穴為主；彈踢腳以踢擊襠部為主。

》第十式：竄蹦連掃棍

接上式不停，兩腿快速蹲成高式馬步，同時右手在左腰側接握一棍，目視右方（圖 6-179）。

兩腳猛力蹬地向左騰空躍起，全身在空中右轉 360 度，同時右棍疾速在空中連續發力掃擊兩周後兩腿落地成右弓步，右手持一棍在右肩上，一棍置於脊背，左掌立於右胸前指尖朝上，掌心朝右，目視前方（圖 6-180、6-181、6-182）。

圖 6-179

圖 6-180

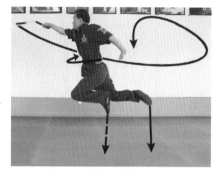

圖 6-181

圖 6-182

【要領】騰空要高，竄蹦要遠，在空中連掃棍要快速、爆發有力，兩腿落地要穩。

【技術解讀與打擊目標】此招，為遠戰棍法，可強攻連掃；可防守反擊；可隨意竄蹦或步下掃擊。在交戰時，若遇圍敵從四周進攻，可出其不意對準一個方向，以連環旋掃棍勇猛殺出一條血路迅速突圍。本式左推掌為配合過度動作，不存在技擊內含。具體出棍路線見第十章第二節「雙節棍實戰技法」中的第二警戒式隱藏的第一棍。

唯一區別的就是：如果決定從右邊打出缺口突圍，就要左腿先向右上步。至於先採取打哪一個方向，可根據當時狀況機智選擇，但棍法不能變；也可參考第十章第五節「環境交戰與多人交戰」中的第三招，但左右兩腿可隨意上步。

» 第十一式：上步撩襠棍

接上式不停，左膝快速向上提起，腳尖向下，同時左臂上舉、右棍猛力向上撩擊置於左腋下，成右腿獨立式，目視前方（圖 6-183）。

【要領】左膝提起要高，右腿金雞獨立要穩，上撩棍要快速、爆發有力。

【技術解讀與打擊目標】此招，具體出棍路線可參考第十章第二節「雙節棍實戰技法」中的第二警戒式隱藏的第五棍擊法。

圖 6-183

》第十二式：縮身螺旋棍

接上式不停，左腿快速向左落步，全身右轉 90 度疾速縮身下蹲成低勢馬步，同時右棍迅猛向後、向上撩擊一周，兩臂伸直，目視右方（圖 6-184），右棍再快速向左掃擊 180 度置於左腋下，同時左臂回曲置於胸前，目視左方（圖 6-185），然後左腿向右蓋進一步，同時全身右轉 270 度、右棍迅猛螺旋掃擊一周將後棍夾於右腋下，兩腿自然彎曲成雙截棍警戒式，目視前方，停一秒鐘（圖 6-186、6-187）。

【要領】下蹲要快速穩定，螺旋掃棍要從低向高放長擊遠螺旋掃出，並要快速爆發有力。

圖 6-184

圖 6-185

圖 6-186

圖 6-187

【技術解讀與打擊目標】此招，內含陰陽擊法，有主動強攻、躲閃、阻截反擊，誘惑反擊戰法之奧妙，同時具有中戰、遠戰擊法。在交戰時，可演變成轉身後掃棍。此招，具體出棍路線可參考第十章第二節「雙節棍實戰技法」中的第二警戒式隱藏的第一棍擊法。

第三節

》 第一式：連蓋跳掃棍

接上式，右腋鬆棍快速從前向後打一周置於右腋後，隨即左手在右腋下阻擋右棍，右棍再快速向前蓋打一周置於右腋下將棍夾住，按此法連做三遍（圖 6-188），然後兩腿快速向右跳轉 90 度，同時右棍迅猛向右掃擊 180 度蹲成高式馬步，左臂橫置於胸前，掌心朝下，目視右方（圖 6-189、6-190、6-191）。

圖 6-188

圖 6-189

圖 6-190

圖 6-191

【要領】連環三次蓋撩棍要快速、準確，跳轉不可騰空太高，以快速爆發力掃棍為主。

【技術解讀與打擊目標】此招，屬近戰、中戰棍法，可單擊；可連環打擊；可主動強攻；可打反擊。

【本式內含技術一】撩棍分解：在交戰時，可右腋夾一棍、右手握一棍以右警戒式應對對方。若對方從前持匕首直刺進攻，兩腿要快速急撤一步，同時右腋鬆棍直接撩擊對方右手腕，先將匕首打掉失效，再疾速劈頭重擊。

此招，具體出棍路線和圖片，參考第十章第二節「雙節棍實戰技法」中的第四警戒式隱藏的第二棍擊法。

若對方從後進攻，可右腋鬆棍直接向後蓋擊對方頭頂百會穴。

【本式內含技術二】後蓋棍分解：在遭遇對方從後襲擊時，要機智靈敏右腋鬆棍疾速向後蓋擊對方頭頂百會穴。具體出棍路線和圖片，與第十章第二節「雙節棍實戰技法」中的第一警戒式隱藏的第七棍擊法相似。這裡右手握雙棍和右手握一棍、右腋夾一棍向後蓋棍反擊相同。

【本式內含技術三】掃棍分解：此招，為遠戰掃腰棍法。在交戰時，可主動強攻；可防守反擊。套路中雖是騰空跳轉，但在交戰時，禁忌騰空使用，要把騰空變為直接上步或退步掃擊。不論強攻或打反擊，在實戰時，要把準時機，突然放棍直奔腰肋左、右章門穴迅猛掃擊，這是掃腰棍打擊效果最佳的攻擊目標。此招，具體出棍路線可參考第十章第二節「雙節棍實戰技法」中的第四警戒式隱藏的第四棍擊法相似。

》第二式：橫絞正踢腿

接上式不停，右膝快速提起，同時右棍疾速橫絞一周放慢（圖 6-192），然後右腳向前落地迅速前進三步，同時右棍由慢到快在身前橫絞數周（圖 6-193），左腿再向前上一步，隨即右腿向上踢起，同時右手迅速從右腿下將棍交給左手（圖 6-194、6-195）。

圖 6-192

圖 6-193

圖 6-194

圖 6-195

【要領】連續三次前進步要快，橫絞棍一定要從慢越絞越快，同時右踢腿要高。

【技術解讀與打擊目標】此招橫絞棍，是發招前的一種虛偽迷惑棍法；騙腿換手是套路中過度配合動作，二者均無技擊內含，主要鍛鍊兩手換棍和腿部靈活性。

» 第三式：連環撩劈棍

接上式不停，右腳向前落地，隨即左腳快速向前上一步，同時左棍疾速向前撩打一周在身前將棍給右手（圖 6-196），全身快速右轉 180 度，同時右腿迅速倒插一步、右棍疾速向下劈擊一周後在身後將棍交給左手（圖 6-197），左腿再快速向後倒插一步，同時左棍在左側猛力向上撩擊一周將棍交給右手，兩腿成微曲，目視前方（圖 6-198）。

| 圖 6-196 | 圖 6-197 | 圖 6-198 |

【要領】上步撩棍與換手劈棍，要快速、爆發有力，整個動作一氣呵成。

【技術解讀與打擊目標】此招，掃、撩棍均為為中、遠戰棍法；二者均可主動強攻或打反擊，並且在使用時需打單招才能發揮威力，不能按照套路中的演練方式進行使用。

【本式內含技術一】撩棍分解：在遇敵交戰時，撩棍打擊，可參考第十章第二節《雙節棍實戰技法》中的第一警戒式隱藏的第三棍擊法。唯一不同的是，在實戰時，盡量用右手放棍撩擊。

【本式內含技術二】劈棍分解：遇敵交戰時，可右手握雙棍應對。若遇對方持凶器，可把準時機突然上右腿放出一棍，現劈打手腕把凶器打掉，再用重棍反掃頭部。具體出棍路線見第十章第二節「雙節棍實戰技法」中的第二警戒式隱藏的第二棍擊法。

» 第四式：強攻火輪棍

接上式不停，兩腿快速前進三步，同時右棍疾速向前立絞數周（圖 6-199），然後左腿快速向前上一步，同時右轉 90 度、右棍迅速鑽進右腋被夾住，兩腿微曲，目視後方（圖 6-200）。此棍法，因立絞運轉路線重複不易畫線，因此在圖片中的線路只體現一次。

【要領】前進三步要快速、聯貫，立絞棍用力不可過大，一快為主，要像疾速

圖 6-199

圖 6-200

運轉的車輪一樣勻速運轉，左腿上步一定要與右腋夾棍同時完成。

【技術解讀與打擊目標】此棍法，屬中戰棍法，可主動強攻；可打反擊，以連環打擊前方來敵為主。在交戰時，可右腋夾棍以右警戒式應對。若對方從前進攻，可把準時機，突然發出一棍蓋擊頭面，然後再快速前進步，以疾速立絞棍連環打擊對方頭面或胸部。

此招，發棍使用與第十章第二節「雙節棍實戰技法」中的第四警戒式隱藏的第一棍擊法相似，只是不用腋下夾棍，但威力比不從腋下夾棍打出有爆發力。

》第五式：翻身撩棍

接上式不停，上身快速右轉 180 度，同時右腋鬆棍疾速向後撩擊一周置於後背，左掌立於右胸前，兩腿微屈，目視前方（圖 6-201）。

【要領】右轉翻身要快，後撩棍要放長擊遠、爆發有力。

【技術解讀與打擊目標】此棍法，屬陰棍、遠戰棍法，發招隱蔽、突然，主要撩擊從後來襲者。在交戰時，可右手握一棍、右腋夾一棍以左警戒式應對。若對方從後進攻偷襲，可把準時機，左腿快速向前上一步右轉 180 度躲閃，同時迅猛放棍撩擊對方陰經線上的襠部或曲骨、丹田、巨闕、下頜骨要處，給其意想不到的突然打擊。此招，具體出棍路線見第十章第二節「雙節棍實戰技法」中的第三警戒式隱藏的第四棍擊法。

》第六式：連絞開路棍

接上式不停，兩腿不動左掌立於胸前，右棍猛力向左前方劈出一棍在身前由慢到快做橫 8 字形絞棍約十次，然後按散手前進步快速前進三步並疾速絞棍數次（圖 6-202、6-203）。此棍，因連絞數次線路繁多，所以圖片中不宜畫線太多，只畫棍的運行路線一次，供學練者明白為原則。

【要領】兩腿站立絞棍和前進步絞棍時，不需數次數，一定做到從慢到快，越絞越快，同時注意左肘要緊貼左前肋，不可向左外凸，預防絞棍時擊到肘部。

【技術解讀與打擊目標】此棍法，雖有一定打擊力，但在交戰時不提倡使用，因為打擊力不夠強。如果要使用，可右手握一棍，以快速前進步對準一個方向連環絞棍攻打。

圖 6-201　　　　　　　　　圖 6-202　　　　　　　　圖 6-203

》第七式：騙腿反掃棍

接上式不停，左腿快速向前上一步，右腿緊跟上踢並左轉 180 度落地，同時右棍在右踢腿最高時迅速纏別右小腿，並以反作用力將棍別回在頭上方順時針連轉兩周（圖 6-204、205），（因棍在頭前上方運轉重複兩周不易畫線，所以圖片中只畫線一周為例），再疾速向左掃擊置左腋下，同時左臂上舉給右掃棍讓位（圖 6-206）。

右棍不停迅速向右反掃從後經頭上方置右腋下，左拳自然置於腰左側，兩腿微曲成雙節棍警戒式，目視前方，停一秒鐘（圖 6-207）。

【要領】右踢腿要高，棍別小腿要快速、準確、產生反作用力，反掃棍要放長擊遠、快速爆發有力。

圖 6-204　　　　　　　　　　　　　　圖 6-205

圖 6-206　　　　　　　　　　　　　　圖 6-207

　　【技擊要領與目的】此招，踢腿別棍、身前轉棍無技擊內含，是套路中的過度配合動作，只有前掃與反掃棍有技擊用途。在交戰時，可右手握雙棍以右警戒式應對，在對方從前或右側進攻時，要把準時機突然發出一棍，迅猛掃擊對方右側太陽穴或右側腰肋章門穴。此招，具體出棍掃擊路線見第十章第二節「雙節棍實戰技法」中的第一警戒式隱藏的第四棍擊法相似。

》第八式：連蓋翻撩棍

　　接上式，兩腿快速向前衝刺搶進一步，同時右腋鬆棍迅速向前蓋擊後被右腋夾住，按此法連續前進三步蓋擊三次，每前進蓋擊一棍必須右腋將棍夾住（圖6-208、6-209），然後左腿再快速向前上一步，隨即右轉翻身90度，同時右棍疾速向後撩出，棍的最大爆發力點在身後（圖6-210），全身不停快速右轉180度，同時右腿向前上一步、右棍從頭上方運行與右腿同時停止成低勢馬步停，左掌置於右胸前，目視右方一秒鐘（圖6-211）。此招，因連環搶進三步、三次蓋棍不宜重複畫線，圖片中只畫線一次為例。

圖 6-208

圖 6-209

圖 6-210

圖 6-211

　　【要領】三次前進步要快速，每次向前蓋棍要放長擊遠、爆發有力，做到：疾速放棍，快速收棍，每次收棍必須被右腋夾住。翻身撩棍發力需在180度之內發出最大爆發力，超過180度時要自然減緩棍速。

　　【技擊要領與目的】此招，內含陰、陽棍法，以打擊遠方目標為主，可主動強攻，可打反擊。在交戰時，可單招使用，也可連環打擊，主要打擊前、後來敵發揮

威力。

【技術一】蓋棍進攻分解：遇敵交戰，可右腋夾住一棍以右警戒式應對，若主動發起強攻，可快速前進步，同時右腋鬆棍迅猛打擊對方頭面；若打反擊，需把準時機，急撤一步，同時發出一棍蓋擊頭面。具體出棍蓋擊路線見第十章第二節「雙節棍實戰技法」中的第四警戒式隱藏的第一棍擊法。

【技術二】撩棍反擊分解：此棍法，屬陰棍、遠戰棍法，發招隱蔽、突然，主要撩擊從後來襲者。在交戰時，可右手握一棍、右腋夾一棍以左警戒式應對。若對方從後進攻偷襲，可把準時機，左腿快速向前上一步右轉180度躲閃，同時迅猛放棍撩擊對方陰經線上的襠部或曲骨、丹田、巨闕、下頜骨要處，給其意想不到的突然打擊。此招，具體出棍路線見第十章第二節「雙節棍實戰技法」中的第三警戒式隱藏的第三棍擊法。

» 第九式：迷惑轉掃棍

接上式不停，右膝快速提起，同時右棍疾速橫絞一周放慢（圖6-212），然後右腳向前落地迅速前進三步，同時右棍由慢到快在身前快速轉棍數周（圖6-213），然後兩腿突然再快速急退三步，同時右棍繼續在身前轉棍數周（圖6-214）。（因連環搶進、急撤三步、數次機械轉棍不宜重複畫線，圖片中只畫線前進、急撤轉棍一次為例），然後兩腿突然停止右棍迅猛向左橫掃一棍置於左腋下，同時左臂舉起給掃棍讓位（圖6-215）。

圖 6-212

圖 6-213

圖 6-214

圖 6-215

【要領】提膝時要同時疾速轉棍一周，再放慢棍速，然後隨前進步要越絞越快。左掃棍要在急退步突然停止時爆發掃出。

【技術解讀與打擊目標】此招，為聲東擊西、前虛後實棍法。在交戰時，若遇左右圍敵攻擊，可眼觀六路觀察周圍環境，先輕鬆以橫絞棍迷惑右方來敵，當左方來敵乘虛而入發起進攻時，把準時機突然向左掃擊來敵章門穴或巨闕、太陽穴。

此招，具體出棍路線見第十章第二節「雙節棍實戰技法」中的第七警戒式「聲東擊西棍」擊法。

≫ 第十式：跳轉掃腰棍

接上式不停，兩腿突然蹬地向右跳轉180度，同時右棍迅猛向右掃擊一周兩腿落地成低勢馬步，左掌置於右胸前，目視右方（圖6-216、6-217）。

圖 6-216

圖 6-217

【要領】跳轉不要過高，兩腿落地要穩，以快速爆發力為主。

【技術解讀與打擊目標】此招，交戰交戰時不需要跳轉，實戰棍法可與第十章第二節「雙節棍實戰技法」中的第二警戒式隱藏的第一棍擊法相似。

≫ 第十一式：左進連掃棍

接上式不停，先右後左腿快速向左連環急進三至五步，同時每左進一步掃棍向左或右迅猛掃擊一棍，然後突然停步縮身成準備騰空竄跳式（圖6-218、6-219、6-220）。

圖 6-218

圖 6-219

圖 6-220

【要領】兩腿左進步要快速、連環，連環左右掃棍要爆發有力。

【技術解讀與打擊目標】此招，為遠戰棍法，可主動強攻；可打反擊。在交戰時，如果遭遇左右來敵夾擊，可用右手握雙棍應對，根據當時交戰狀況，可機智靈活掃擊左或右邊來敵頭部或巨闕、期門、章門、命門要穴，出棍路線與第十章第二節「雙節棍實戰技法」中的第二警戒式隱藏的第三棍擊法相似。

》第十二式：竄蹦連掃棍

接上式不停，兩腿猛力蹬地向右方騰空竄蹦，全身在空中右轉 360 度，同時右棍在空中疾速連掃兩周後落地後成右弓步，右腋迅速準確將棍夾一住，同時左掌從右胸前迅速向前推出，力達掌刀，指尖朝上，目視前方，停兩秒鐘（圖 6-221、6-222、6-223）。

| 圖 6-221 | 圖 6-222 | 圖 6-223 |

【要領】騰空要高，竄蹦要遠，在空中連掃棍要快速、爆發有力，兩腿落地要穩。

【技術解讀與打擊目標】此招，為遠戰棍法，可強攻連掃；可防守反擊；可隨意竄蹦或步下掃擊。在交戰時，使用技術、打擊目標與第一節第五式相同。

【收勢】右腳快速蹬地收回與左腳立正站立，同時右腋鬆棍，右手準確接住一棍手握雙棍，兩臂自然垂直置於兩側，精神抖擻，目視前方（圖 6-234）

圖 6-224

第四節 警拳道二人徒手對練

警拳道二人徒手對練，共有八個回合組成。其特點是：招法剛勁凶猛、快速聯貫，打、摔並用，招招逼人，驚險刺激。雙方在對練時，以拳、腳、膝、鷹爪為進攻武器；以兩臂、提膝為阻截武器；以快打、速摔兩大技術為主。

整個對練有：直拳、擺拳、後 拳、鷹爪、正撞膝、正蹬腿、鞭腿、側踹腿、彈踢腳、後擺腿、騰空側踹腿、地趟滾拳、地趟鞭腿、地趟蹬腿、地趟後踢腳、倒地後掃腿、前滾劈腿、格臂阻截、提膝阻截及接腿摔、夾頸摔、抱腰地趟摔、抓肩地趟蹬腿摔招法變換組成。每招各有千秋，在騰空、地趟、步下打法和步下、地趟摔法中各自展示出不同的散手威力。整個對練套路獨具風格，是警拳道立體散手技術的部分展現，對全面提高散手交戰能力有特殊作用。

◆ 對練要求

甲、乙雙方在對練時，要精力集中、眼觀六路、耳聽八方、精神抖擻、反應敏捷，每招一式攻防要明顯、乾淨俐索，每個回合要快速、聯貫、一氣呵成。在雙方對峙時兩腿要放鬆自由移動，攻、防要配合好，進攻與反擊招法要逼真、有實戰氣勢，並在發力時發出洪亮聲音，同時在拳腳爆發打出時，要突然停止，做到：打得出、收得住，既要擊到對方，又不能把全部衝擊力落在對方身上，發力做到恰到好處，從表面看如似身臨實戰，具有一招制敵之威力，給人一種逼真的感覺。所以，把握好拳腳力度非常關鍵，嚴防傷及對方。整個對練套路以 55 秒為標準。

第一回合

甲在前乙在後同時向前走，兩人中間約隔 2.5 米至 3 米（圖 6-225）。

乙：突然助跑「呀」的一聲以騰空右踹腿踹擊甲背部（圖 6-226）。

甲：被乙踹擊踉蹌上步搶背前滾，乙全身自然從空中跌落地面（圖 6-227），然後兩人迅速站起，立刻以移動警戒式對峙準備進攻（圖 6-228）。

乙：左腿快速向前衝刺搶進一步逼近對方，同時先右後左以兩擺拳進攻甲左右太陽穴，甲頭部疾速左右躲閃，同時用兩臂阻截護頭（圖 6-229、6-230）

甲：快速乘機以右鞭腿踢擊乙左腰肋。

乙：兩手臂快速準確將甲右腿接住（圖 6-231）。

甲：迅速變換一招，疾速騰空左轉翻身以左腳後踢乙頭左側。

乙：頭部快速向右躲閃，同時兩手抱緊腿迅猛向右旋轉將甲摔倒在地（圖 6-232、6-233）。

甲：迅速再乘機以地趟左鞭腿將乙踢擊踉蹌後退三步（圖 6-234），然後兩人立刻以移動警戒式相互對峙準備再戰（圖 6-235）。

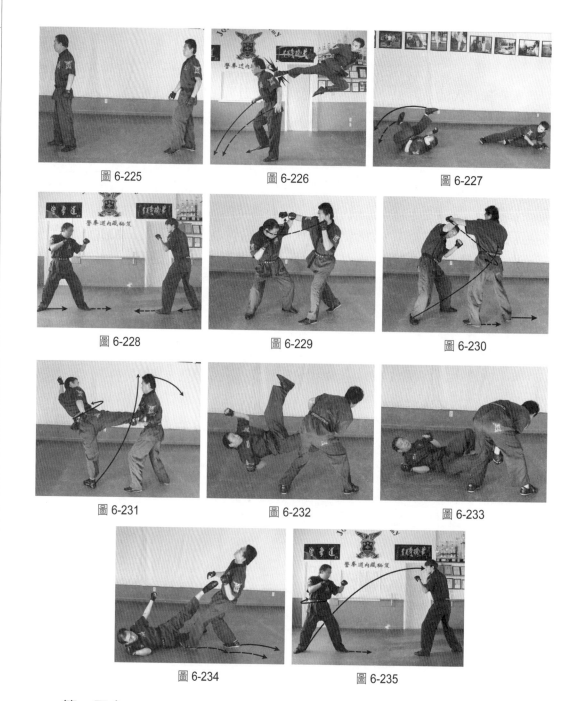

圖 6-225　　　　　　　圖 6-226　　　　　　　圖 6-227

圖 6-228　　　　　　　圖 6-229　　　　　　　圖 6-230

圖 6-231　　　　　　　圖 6-232　　　　　　　圖 6-233

圖 6-234　　　　　　　圖 6-235

第二回合

甲：左腿快速向前搶進一步，迅速以後擺腿踢擊乙右側太陽穴，乙兩臂疾速護頭、縮身下蹲躲過（圖 6-236）。

乙：乘甲踢空落腿之機，快速以右蹬腿蹬擊甲胸窩處，甲疾速後撤躲閃（圖 6-237）。

甲：緊跟以右裡合腿擺擊乙頭部（散手交戰時改用右鞭腿），乙兩拳護頭疾速縮身低頭閃過（圖 6-238）。

乙：快速上右步從後面用右臂封鎖控制住甲頸部，甲緊急用兩手將乙右臂抓住（圖6-239）。

甲：迅速有意向後倒地，同時以右腳猛力向後踢擊乙頭部頂端，將其踢擊後倒跌地（圖6-240、6-241），然後兩人立刻站起，迅速以移動警戒式相互對峙準備進攻（圖6-242）。

圖6-236　　　　　　圖6-237　　　　　　圖6-238

圖6-239　　　　　　圖6-240　　　　　　圖6-241

圖6-242

第三回合

乙：左腳快速向前衝刺搶進一步，同時以左直拳進攻甲面部。

甲：迅速後閃躲過乙左直拳進攻（圖6-243）。

乙：再快速變招以右後 拳跟蹤追打甲右側太陽穴。

甲：疾速後撤，同時以兩臂阻截乙後鞭拳（圖6-244），再快速乘機以右鞭腿踢擊乙胸腰部（圖6-245），將其踢擊跟蹌後退三步跌倒在地，然後快速縱身躍起以雙鷹爪封掐乙頸部天突要穴（圖6-246）。

乙：迅速用兩手臂阻擋護喉，並乘機用雙腳猛力蹬擊甲襠部，將其蹬出後倒跌

地（圖 6-247、6-248），然後兩人立刻站起，迅速以移動警戒式相互對峙準備進攻（圖 6-249）。

圖 6-243

圖 6-244

圖 6-245

圖 6-246

圖 6-247

圖 6-248

圖 6-249

第四回合

甲：突然搶步以倒地後掃腿掃擊乙小腿。

乙：快速向上跳起躲閃來腿（圖 6-250）。

甲：再疾速右轉翻身，迅速以地趟左鞭腿踢擊乙腰部，將其打退跟蹌後撤三步，再迅速站起與乙對峙（圖 6-251、6-252）。

乙：左腳快速搶步以右擺拳進攻甲左側太陽穴，甲快速以左臂阻截（圖 6-253）。

甲：右腿迅速上一步左轉 180 度，同時用右臂封鎖夾住乙頸部，將其摔倒在地（圖 6-254、6-255、6-256）。

乙：快速反應疾速向左翻滾躲閃。

圖 6-250

圖 6-251

圖 6-252

圖 6-253

圖 6-254

圖 6-255

圖 6-256

圖 6-257

圖 6-258

圖 6-259

圖 6-260

圖 6-261

圖 6-262

甲：迅速以右腳踢擊乙胯部（圖 6-257），再上步以右腳跟蹤踹擊襠部（圖 6-258）。

乙：突然右滾發起反擊，先以右拳打擊甲襠部（圖 6-259），再以地趟左鞭腿追打襠腰處，將乙踢擊跟蹌後退三步倒地後滾翻（圖 6-260、6-261），然後兩人立刻站起，迅速以移動警戒式相互對峙準備進攻（圖 6-262）。

第五回合

甲：左腳快速搶進一步，迅速以後擺腿踢擊乙頭部右側太陽穴。

乙：兩手臂迅速護頭縮身躲過甲後擺腿（圖 6-263），再疾速出右鞭腿踢擊甲左胯部（圖 6-264），再緊跟以右擺拳進攻甲左側太陽穴。

甲：快速以左臂阻截乙右擺拳（圖 6-265）。

乙：再乘機出左鞭腿踢擊甲右肋（圖 6-266）。

甲：兩手臂快速將乙左腿抱住迅速將其摔倒在地（圖 6-267、6-268）。

乙：快速以地趟右蹬腿蹬擊甲胸部將其蹬倒後滾翻（圖 6-269、6-270），然後兩人立刻站起，迅速以移動警戒式相互對峙準備進攻（圖 6-271）。

圖 6-263

圖 6-264

圖 6-265

圖 6-266

圖 6-267

圖 6-268

圖 6-269

圖 6-270

圖 6-271

第六回合

乙：右腳快速衝刺搶進一步，迅速以左腳踢擊甲下頜。

甲：快速反應，迅速後撤躲過（圖 6-272）。

乙：再快速以後擺腿踢擊甲頭部，甲急退並縮身躲過來腿（圖 6-273）。

甲：乘乙右腿落地之機，快速搶進一步以左右連環直拳進攻乙面部（圖 6-274、6-275）。

乙：迅速兩手臂護面阻擋防禦來拳。

甲：快速變招，疾速以右膝撞擊乙腰部將其撞擊後退 3 步，再迅速以前滾劈腿將乙擊倒跌地（（圖 6-276、6-277、6-278），然後兩人迅速站起，以移動警戒式相互對峙準備進攻（圖 6-279）。

圖 6-272

圖 6-273

圖 6-274

圖 6-275

圖 6-276

圖 6-277

圖 6-278

圖 6-279

第七回合

乙：左腳快速衝刺搶進一步，迅速以轉身右踹腿踹擊甲胸部。

甲：迅速後撤躲過乙側踹腿（圖 6-280）。

乙：右腿快速向前落地，同時以右擺拳跟蹤追打甲左側太陽穴。

甲：迅速後撤躲過擺拳（圖 6-281），再快速以左直拳反擊乙面部，

乙：兩腿疾速後撤躲閃甲左直拳（圖 6-282）。

甲：再迅速變招以右後 拳跟蹤追打乙右側太陽穴。

乙：左腿快速後撤一步，同時用右臂阻截甲後鞭拳（6-283）。

甲：突然變招縮身下蹲攻其下盤，用兩臂抱住乙右腿。

乙：兩臂迅速抱住甲腰部（圖 6-284），然後兩人較勁順時針旋轉 180 度（圖 6-285），乙突然發力「呀」的一聲後倒，以地趟摔將甲從頭上向後摔出（圖 6-286），然後兩人立刻站起，迅速以移動警戒式相互對峙準備再戰（圖 6-287）。

圖 6-280

圖 6-281

圖 6-282

圖 6-283

圖 6-284

圖 6-285

圖 6-286

圖 6-287

第八回合

甲：左腳快速搶進一步，迅速以右鞭腿踢擊乙左胯部。

乙：快速提左膝阻截甲右鞭腿（圖 6-288）。

甲：迅速變招，迅速以右腳踹擊乙胸腰部。

乙：快速後撤躲閃，同時以左手臂按壓甲右踹腿（圖 6-289），再迅速變招以右膝撞擊甲腰部。

甲：疾速後躲閃來膝（圖 6-290）。

乙：右腳快速落地，同時用右手抓住甲右肩（圖 6-291）。

甲：兩手快速抓握乙左手腕抵抗。

乙：右腿迅速向後倒撤一步突然下蹲後倒，同時以左腳蹬擊甲腹部將其從頭上向後摔出（圖 6-292、6-293），兩人再快速站起，迅速以格鬥警戒式相互對峙兩秒鐘（圖 6-294）。

【收勢】甲乙兩人同時立正站好，精神抖擻，目視前方（圖 6-295）。

圖 6-288

圖 6-289

圖 6-290

圖 6-291

圖 6-292

圖 6-293

圖 6-294

圖 6-295

第五節　警拳道空手對匕首對練

　　警拳道空手對匕首，共有六個回合組成。其對練特點是：剛勁快速凶猛，驚險刺激，招法變換靈活，快打、速摔、擒拿並用。整個對打套路在騰空、地趟、步下交戰中完成。其中乙方先後實施直刺刀、橫刺刀、上挑刀、下劃刀、反刺刀、地滾刺刀、下宰刀、刮刀、轉身橫刺刀九種刀法對甲發起進攻，甲方赤手空拳機動靈活、反應敏捷，分別以彈踢腳、鞭腿、轉身後擺腿、地趟鞭腿、倒地後踢腳、倒地後掃腿、地趟蹣腳以及臂截、抓臂過肩摔、接腿快摔、擒拿招法進行防守反擊較量，在逼真的對抗中，鍛鍊與持凶器者搏鬥時的心裡素質，增強臨危不懼的膽量，提高應急反應能力，練就反制對方的強力招法，以不同技術展現警拳道立體打擊技術的高效威力。整個對練套路以 45 秒為標準。

第一回合

　　甲在前，乙在後右手正握匕首，兩人同時向前走，中間約隔 2 米（圖 6-296）。

　　乙：突然快速搶步「呀」的一聲直刺甲右肩上方。

　　甲：迅速縮身左閃躲過乙匕首直刺，同時兩手快速抓住乙右手臂（圖 6-297），然後迅猛從肩上將其摔出跌地（圖 6-298、6-299），再快速以左拳打擊面部。

　　乙：迅速以地趟後踢腳踢擊甲頭部，將其踢出後倒跌地（圖 6-300、6-301），再迅速起身騰空躍起對準甲喉部下刺（圖 6-302、6-303））。

　　甲：快速以兩手臂護頭防守，同時雙腳猛力蹬擊乙襠腹部將其蹬出踉蹌後退三步（圖 6-304），然後兩人迅速站起。

圖 6-296

圖 6-297

圖 6-298

圖 6-299

圖 6-300

圖 6-301

圖 6-302　　　　　　　圖 6-303　　　　　　　圖 6-304

第二回合

乙：快速搶進兩步逼近甲，同時以上挑下劃刀連續兩次進攻甲胸面部（圖 6-305、6-306）。

甲：兩腿快速急退兩步躲閃連環進攻。

乙：再急變刀法先右後左連續直刺甲頸部（圖 6-307、6-308）。

甲：疾速左右躲閃乙直刺後迅速以右鞭腿、轉身後擺腿乙踢出後退踉蹌三步（圖 6-309、6-310），兩人立刻以移動警戒式相互對峙準備再戰（圖 6-311）。

圖 6-305　　　　　　　圖 6-306　　　　　　　圖 6-307

圖 6-308　　　　　　　圖 6-309　　　　　　　圖 6-310

圖 6-311

第三回合

乙：右腿快速上一步，同時先橫刺甲頭左側。

甲：迅速反應疾速向右躲閃來刀（圖6-312）。

乙：刺空後，再快速變招反刺甲臉面。

甲：迅速向左躲閃來刀，同時以左臂阻截乙持刀右臂（圖6-313），再迅速以左手抓住持刀手腕，右手迅猛推擊抓住右手背將乙拿倒在地（圖6-314、6-315）。

乙：乘機以地趟左鞭腿踢擊甲右腰肋將其踢退踉蹌三步（圖6-316），再迅速向右滾翻兩周半，同時以地趟連環滾刺刀進攻甲（圖6-317）。

甲：快速騰空躍起從乙上空跌撲滾翻躲避乙滾刺刀（圖6-318、6-319），然後兩人立刻站起迅速以移動警戒式相互對峙準備再戰（圖6-320）。

圖6-312　　　　　圖6-313　　　　　圖6-314

圖6-315　　　　　圖6-316　　　　　圖6-317

圖6-318　　　　　圖6-319　　　　　圖6-320

第四回合

乙：快速將正握刀扔起換成反握刀（圖6-321、6-322），然後左腿迅速搶進一

步以下宰刀猛刺甲胸部。

　　甲：疾速後撤步躲閃乙下宰刀（圖6-323）。

　　乙：緊跟變招以轉身橫刺刀進攻甲頭右側。

　　甲：快速反應，疾速以倒地後掃腿將乙掃倒跌地（圖6-324、6-325），再乘機以右腳踹擊乙腰部（圖6-326），乙被踹快速向左翻滾一周半迅速站起，然後兩人迅速以移動警戒式相互對峙準備再戰（圖6-327）。

圖6-321

圖6-322

圖6-323

圖6-324

圖6-325

圖6-326

圖6-327

第五回合

　　乙：快速將反握刀扔起換成正握刀（圖6-328、6-329），再迅速上右步直刺甲喉部。

　　甲：快速後撤躲閃乙直刺刀（圖6-330）。

　　乙：兩腿再快速衝刺搶進兩步，同時以刀尖先右後左順序連環橫掃甲面部兩次。

　　甲：疾速後撤躲避乙連環橫掃刀（圖6-331）。

乙：再迅速以右鞭腿跟蹤踢擊甲左肋。

甲：接住乙右鞭腿向右旋轉做騰空前空翻跌地，乙配合騰空左轉翻滾跌地，（圖 6-332、6-333、6-334），然後兩人立刻站起，迅速以移動警戒式相互對峙準備再戰（圖 6-335）。

圖 6-328　　　　　圖 6-329　　　　　圖 6-330

圖 6-331　　　　　圖 6-332　　　　　圖 6-333

圖 6-334　　　　　圖 6-335

第六回合

乙：迅速將刀向上扔起，右手快速接住成反握刀（圖 6-336、6-337），然後快速以轉身橫刺刀進攻甲頭部（圖 6-338）。

甲：後撤躲過來刀，再疾速以左鞭腿踢擊乙後背，將其踢出向前跟蹌三步（圖 6-3539）。

乙：快速轉過身來準備進攻（圖 6-340），然後右腿疾速搶進兩步，同時以下刮刀連續兩次進攻甲面部（圖 6-341），圖片中只體現搶步刮刀一次，對練時必須連續做兩次。

甲：快速退步躲閃乙連環刮刀，並迅速以左腳踢擊乙右手腕，將匕首踢掉（圖

6-342），再快速以右鞭腿、轉身後擺腿連環踢擊乙胸部，將其踢出跟蹌後腿三步跌地（圖 6-343、6-344、6-345），然後迅速站起，兩人以警戒式相對峙兩秒鐘（圖 6-346）。

【收勢】兩人同時轉身立正站立，精神抖擻，目視前方（圖 6-347）。

圖 6-336　　　　　　圖 6-337　　　　　　圖 6-338

圖 6-339　　　　　　圖 6-340　　　　　　圖 6-341

圖 6-342　　　　　　圖 6-343　　　　　　圖 6-344

圖 6-345　　　　　　圖 6-346　　　　　　圖 6-347

第六節　警拳道空手奪棍對練

　　空手奪棍，是警拳道獨特對練套路，整個套路共有五個回合組成。其特點是：連環快速，剛勁凶猛，以武術氣功與技擊棍法相配合展示實戰威力。

　　對練中，甲、乙雙方各自使用不同的掃頭棍、掃腿棍、反別棍、轉身後掃棍、直刺棍、左右貫棍、上挑棍、下割棍、截壓棍、下劈棍、撩擊棍、絞轉棍、後搗棍、阻截棍十四種棍法進行強攻或反擊，同時雙方以散手鞭腿、側踹腿、彈踢腳、轉身後側踹、轉身後擺腿、地趟雙蹬腿、地趟鞭腿七種腿法及一種鷹爪鎖喉法、一種擺拳、一種盤肘、一種扇掌進行防守反擊，雙方技術變化多端、快速聯貫，特別是持棍者進攻凶猛，如山洪沟湧，招招驚險，步步逼人，赤手者見縫插針，機智採取打空間差反擊、躲閃反擊、阻截反擊，最後以鐵臂功阻截斷棍招法結束對練，整個對練給人一種刺激、驚險、觀賞不夠的感覺。

　　警拳道空手奪棍，是氣功功力與實戰棍法組成的對練套路，要求技術熟練、功力過硬，反應快速。經常練習，特別鍛鍊遇持棍者襲擊時臨危不懼、快速反擊能力，對防身自衛有高效價值。整個對練套路以 45 秒為標準。

　　【註】在對練時，為適應對練需要，有些招法會改變打擊部位。

第一回合

　　甲在右，乙在左右手拿棍，兩人中間相距一米同時並排向前走（圖 6-348）。

　　甲：突然「呀」的一聲，同時以轉身後擺腿踢擊乙後背部（此時必須力達腳底），將其踢擊向前踉蹌三到五步差點跌地（圖 6-349）。

　　乙：被甲踢出後迅速轉過身來與甲展開對峙（圖 6-350），然後右腿快速上步，同時以橫掃棍猛力掃擊甲頭部。

　　甲：兩手臂護頭縮身躲過掃棍（圖 6-351、6-352）。

　　乙：疾速變招，兩手握棍迅速反掃甲小腿。

　　甲：快速騰空跳起躲過乙掃腿棍（圖 6-353）。

　　乙：再迅速反掃甲後背將其打倒趴地（圖 6-354、6-355），再快速雙手舉棍下砸甲。

　　甲：乘機快速右轉翻滾二百七十度，順勢以地趟左鞭腿踢擊乙腰部，將其踢出踉蹌後退三步倒地（圖 6-356、6-357），再迅速起身竄蹦跳起，以兩鷹爪封掐乙頸部咽喉（圖 6-358、6-359）。

　　乙：迅速雙手握棍，以橫棍護住頸部阻止甲兩鷹爪進攻（圖 6-360），再疾速以雙蹬腳蹬擊甲襠腹部，將其蹬出在空中右滾轉 180 度落地（圖 6-361），再乘機以地趟左鞭腿猛力踢擊甲後胯，將其踢出向前踉蹌三步差點跌地（圖 6-362），然後兩人迅速以移動警戒式相互對峙準備再戰（圖 6-363）。

圖 6-348

圖 6-349

圖 6-350

圖 6-351

圖 6-352

圖 6-353

圖 6-354

圖 6-355

圖 6-356

圖 6-357

圖 6-358

圖 6-359

圖 6-360

圖 6-361

圖 6-362

圖 6-363

第二回合

乙：左腳快速向前衝刺搶進一步，同時雙手握棍直刺甲面部，甲疾速向左躲閃避開乙刺棍（圖6-364），乙再快速二次直刺甲頭面。

甲：疾速再向右躲閃乙直刺棍，同時以左手抓住來棍（圖6-365），再迅速以左腳踹擊乙腰部，將其踹出向後跟蹌三步，將棍從乙手中奪過（圖6-366、6-367），然後兩人稍一對峙，甲左腿快速搶進一步，同時以棍右端貫擊乙頭左側。

乙：迅速向右傾倒躲閃，同時以左臂護頭阻截來棍（圖6-368）。

甲：再快速換招，以棍左端貫擊乙頭右側。

乙：再迅速向左傾倒躲閃，同時以右臂護頭阻截來棍（圖6-369）。

甲：左腿快速向前搶進一步，同時變招雙手舉棍以棍尖猛力向下劃擊乙胸面部，再疾速搶進一步向上挑擊乙襠腹部。

乙：上身快速後仰，同時兩腿迅速連續後撤躲閃甲下劃、上挑棍（圖6-370、6-371）。

甲：再快速變棍，迅速以棍端下劃乙胸面部。

乙：上身快速後仰，同時兩腿後撤躲過甲下劃棍（圖6-372、6-373）。

甲：快速變招，迅速以直刺棍刺穿乙腰部。

乙：迅速向右躲閃刺棍，同時以左手抓住來棍，再疾速以右鞭腿踢擊甲頭左側將棍奪過，再乘機以轉身左踹腿踹擊甲胸部將其踹出跟蹌後退三步（圖6-374、6-375、6-376），然後兩人迅速以移動警戒式相互對峙準備再戰（圖6-377）。

圖 6-364

圖 6-365

圖 6-366

圖 6-367

圖 6-368

圖 6-369

圖 6-370

圖 6-371

圖 6-372

圖 6-373

圖 6-374

圖 6-375

圖 6-376

圖 6-377

第三回合

乙：右腿上步，左腿緊跟倒插一步，同時全身左轉 360 度迅猛連環橫掃甲頭部（圖 6-378、6-379）。

甲：兩手臂疾速護頭，同時後撤縮身躲過乙連環掃頭棍，再迅速以左腳踹擊乙腰上部，將其踹出跟蹌後退三步（圖 6-380），然後與乙稍一對峙（圖 6-381），再快速跟蹤追步以左腳踢擊乙襠部。

乙：迅速以橫壓棍阻截甲左踢腳（圖 6-382）。

甲：急變左擺拳進攻乙右側太陽穴。

乙：迅速以棍向右阻截甲左擺拳（圖 6-383），再快速變招以下撩棍撩打甲左胯部（圖 6-384），再快速搶進兩步，同時先左後右以連環貫棍攻打甲頭部（圖 6-385、6-386）。

甲：兩臂護頭，迅速後撤躲閃乙左右貫棍。

乙：再快速連續搶進三步，同時先下劃、後上挑，按此棍法每進一步做一次下劃、上撩棍，連做三次（圖 6-387、6-388、6-389），（圖片中為了不重複畫線，所以只畫線一次作表明，在實際對練時要做三次）。

甲：兩腿疾速後撤躲閃乙連環三棍進攻。

乙：再跟蹤追擊，突然變招以直刺棍刺穿甲襠部（圖 6-390）。

甲：疾速向右側閃避開乙直刺棍，迅速以右鞭腿踢擊乙後背部（圖 6-391），再緊跟先右、後左掌扇擊脊背和胸部（在對練比賽或表演時，左右扇掌需擊響胸、背；實戰時，兩掌需扇擊左右太陽穴或面部），將乙打出跟蹌後退三到五步（圖 6-392、6-393、6-394），然後兩人迅速以移動警戒式相互對峙準備再戰（6-395）。

圖 6-378

圖 6-379

圖 6-380

圖 6-381

圖 6-382

圖 6-383

圖 6-384

圖 6-385　　　　　　圖 6-386　　　　　　圖 6-387

圖 6-388　　　　　　圖 6-389　　　　　　圖 6-390

圖 6-391　　　　　　圖 6-392　　　　　　圖 6-393

圖 6-394　　　　　　圖 6-395

第四回合

乙：迅速搶步以轉身後掃棍掃擊甲頭部。

甲：兩手臂快速護頭縮身防守躲過（圖 6-396）。

乙：疾速變招以反掃棍掃擊乙小腿。

甲：兩腿快速騰空跳起躲過（圖 6-397、6-398）。

乙：快速再變招以雙手握棍猛力劈擊甲頭部（圖 6-399）。

甲：迅速搶步逼近乙，同時以左臂阻截乙右臂，右手疾速抓住乙右肩，以右膝

撞擊乙腰腹部（圖6-400），再以右盤肘跟蹤打擊頭部，將其打退二到三步（圖6-401、6-402），再乘勢以右腳踹擊乙胸腹部，將其踹擊後退跟蹌三步（圖6-403），然後兩人迅速以移動警戒式相互對峙準備再戰（6-404）。

圖6-396　　　　　　　　　　圖6-397

圖6-398　　　　圖6-399　　　　圖6-400

圖6-401　　　　圖6-402　　　　圖6-403

圖6-404

第五回合

乙：快速上步橫掃甲頭部。
甲：兩手臂迅速護頭縮身躲過（圖6-405）。

乙：在橫掃棍慣性運行中，左手要快速握住棍中間，兩手再迅速向左滑動使棍右邊延長利於向右轉棍進攻，然後快速向右連進三步，同時以棍端逆時針急轉三周進攻對方（圖6-406、6-407）。為了不重複畫線，圖片中只表明了轉棍路線一次，在對練比賽或表演時，需配合右進步連續轉棍三次。

甲：被乙轉棍追趕逼退三步。

乙：突然變招，迅速以後搗棍搗擊甲頸面部。

甲：快速側身右閃躲過乙後搗棍，同時手疾眼快兩手迅速抓住來棍（圖6-408），再疾速以左腳踹擊乙右腰肋上部，將其踹出趔趄後退三步（圖6-409），然後兩人稍一對峙（圖6-410）再快速上步追擊逼近對方，迅猛舉棍劈擊乙頭部。

乙：疾速運氣於右臂護頭，將來棍阻截斷為兩節（圖6-411），再乘機以右腳踹擊甲胸腹部，將其踹出凌空跌地向後滾翻（圖6-412、6-413）。

甲：迅速站起與乙對峙兩秒鐘（圖6-414）。

【收勢】然後兩人同時轉身立正站立，精神抖擻，目視前方（圖6-415）。

圖6-405

圖6-406

圖6-407

圖6-408

圖6-409

圖6-410

圖6-411

圖6-412

圖6-413

圖 6-414

圖 6-415

第七節　警拳道三人徒手對練

　　三人徒手對練，是警拳道獨具風格的訓練套路。其特點是：招法快速聯貫、剛勁凶猛，打、摔並用，技術變化靈活。對練中，甲、乙、丙三方，分別以拳、腳、膝為武器；以騰空、地趟、步下三種打法進行激烈搏鬥；以快速打法、快速摔法展示散手交戰威力，其技術非常豐富、實用，具有極高的觀賞價值和實戰搏擊價值，特別鍛鍊眼觀六路、耳聽八方應急交戰能力，對全面提高散手交戰耐力、增強進攻與反擊能力、鍛鍊全身靈活性具有特殊效果。

　　【註】上場時，甲在前乙在中丙在後，三人之間相隔 2 米同時向前走（圖6-416）。

　　在對打發力時，三人要自然發出「呀、呔」聲，整個對打套路以 45 秒為標準。

　　乙：突然助跑「呀」的一聲兩腿騰空躍起，左腿蹬擊前邊甲後背，右腿向後蹬擊丙胸部（圖 6-417），甲被蹬擊向前前滾翻，丙被蹬擊向後跟蹌後退三至五步（圖6-418），然後乙迅速後轉應對甲。

圖 6-416

圖 6-417

圖 6-418

　　丙乙相搏：丙快速搶步逼近乙，同時先右後左以兩擺拳進攻乙左右太陽穴，乙迅速以右臂連環阻截丙兩擺拳（圖 6-419、6-420），再快速變招以右腳踹擊丙胸腰部，將其踹出凌空後倒跌地（圖 6-421），然後再快速後轉應對甲（圖 6-422）。

圖 6-419

圖 6-420

圖 6-421

圖 6-422

　　甲乙相搏：甲快速搶步逼近乙，同時先以左直拳攻擊乙面部再以後鞭拳連環進攻乙頭部，乙迅速後撤躲閃，同時以兩臂阻截甲後鞭拳（圖 6-423、6-424），再快速變招以右膝撞擊甲腰部，將其撞擊跟蹌後退三步跌地（圖 6-425），然後再迅速轉身應對丙進攻。

圖 6-423

圖 6-424

圖 6-425

　　丙乙相搏：丙快速以轉身後擺腿踢擊乙頭部，乙兩臂護頭縮身躲過（圖 6-426），乙再乘丙右腿落地之機，迅速上步抱住丙雙腿將其摔倒（圖 6-427、6-428），再以右鞭腿追蹤踢擊胯部，丙疾速向右翻滾躲避（圖 6-429），乙再迅速後轉應對甲（圖 6-430）。

　　甲乙相搏：甲快速上步以扶地後掃腿掃擊乙小腿，乙疾速騰空躍起躲過（圖 6-431），甲再疾速以左腳踹擊乙胸腰處，乙迅速以左臂阻截踹腿（圖 6-432），再快速以右鞭腿踢擊甲後背，將其踢出向前跟蹌一步前滾（圖 6-433、6-434），然後再快速轉身應對丙。

圖 6-426　　　　　　　圖 6-427　　　　　　　圖 6-428

圖 6-429　　　　　　　　　　圖 6-430

圖 6-431　　　　　　　　　　圖 6-432

圖 6-433　　　　　　　　　　圖 6-434

　　丙乙相搏：丙快速以左腳踹擊乙腰部，乙迅速以左臂阻截來腿（圖 6-435），再快速以右鞭腿反擊踢擊丙左大腿（圖 6-436），再緊跟以右臂封夾住頸部將其摔倒（圖 6-437、6-438），再以右鞭腿跟蹤踢擊胯部，丙快速向左翻滾躲避（圖6-439），乙再機智應對對甲。

圖 6-435

圖 6-436

圖 6-437

圖 6-438

圖 6-439

甲乙丙相搏：甲飛快以左腳蹬擊乙腰部，乙迅速將來腿接住將其摔倒（圖6-440、6-441、6-442），甲乘機以右腳猛力蹬擊乙胸部後退三步，乙順勢以後蹬將丙蹬出踉蹌後退三步跌地（圖6-443、6-444），再快速後轉應對甲進攻（圖6-445）。

圖 6-440

圖 6-441

圖 6-442

圖 6-443

圖 6-444

圖 6-445

甲乙相搏：甲快速上步以左擺拳進攻乙頭部，乙迅速以右臂阻截（圖6-446），甲疾速變招抱住乙右腿，乙迅速抱住甲腰部抵抗，兩人開始較力順時針旋轉180度（圖6-447、6-448），然後乙突然「呀」的一聲後倒以地趟摔將甲摔出（圖6-449、6-450）。

圖 6-446

圖 6-447

圖 6-448

圖 6-449

圖 6-450

甲乙丙相搏：丙快速上步剛想提右腿踹擊乙，乙疾速向右翻滾以地趟滾拳、地趟左鞭腿將丙打出踉蹌後退五步（圖 6-451、6-452），再疾速向左翻滾以地趟右鞭腿將甲打退踉蹌後撤三到五步（圖 6-453），然後快速站起應對丙（圖 6-454）。

圖 6-451

圖 6-452

圖 6-453

圖 6-454

　　甲乙丙相搏：丙快速以右腳裡合腿踢擊乙頭部，乙縮身躲過，再疾速以右腳蹬擊丙後背，將其蹬出向前騰空撲地（圖 6-455、6-456），甲迅速從後偷襲，迅速以右臂封鎖乙頸部將其拉倒在地，乙兩手緊抓甲右臂，乘倒地之機，疾速以右腳向後踢擊甲頭部，將其踢出踉蹌後退跌地（圖 6-457、6-458、6-459），然後迅速站起應對丙（圖 6-460）。

圖 6-455　　　　　　　　　圖 6-456

圖 6-457　　　　　　　　　圖 6-458

圖 6-459　　　　　　　　　圖 6-460

　　乙丙相搏：丙快速以右鞭腿踢擊乙左腰肋，乙迅速提左膝阻截（圖 6-461），再以右腳踢擊丙下頜，丙後仰躲過（圖 6-462），乙右腳迅速向前落地，同時右手抓住丙左肩（圖 6-463），然後右腿迅速後撤一步突然向後猛拉倒地，以左腳猛力蹬踢丙腹部，將其從頭上摔出，再快速站起應對兩人（圖 6-464、6-465、6-466）。

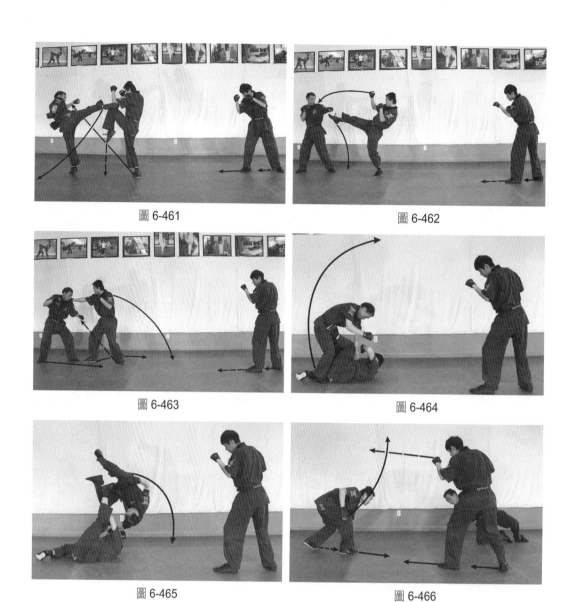

圖 6-461

圖 6-462

圖 6-463

圖 6-464

圖 6-465

圖 6-466

　　甲乙相搏：甲快速搶進一步逼近乙，同時以左直拳進攻其頭部，乙迅速以右臂阻截來拳，再變招以右鞭腿踢擊甲左胯，將其打退三步（圖 6-467、6-468）。

圖 6-467

圖 6-468

甲乙丙相搏：丙快速上步準備進攻乙，乙快速反應迅速以左鞭腿踢擊丙右大腿，將其打退後撤三步（圖6-469），然後甲快速助跑騰空跳起「呀」的一聲，兩腳同時踢擊兩人胸部，將其蹬出踉蹌後退三步倒跌地（圖6-470、6-471、6-472）。

　　【收勢】甲乙丙三人快速站起，迅速以警戒式相互對峙兩秒鐘（圖6-473），然後三人排成一線立正站好，精神抖擻，目視前方（圖6-474)。

圖 6-469

圖 6-470

圖 6-471

圖 6-472

圖 6-473

圖 6-474

第七章

警拳道第六步訓練
——武術氣功

第一節　透視揭秘氣功

　　華夏神州，歷史淵源，文明五千年，孕育出博大精深的燦爛文化，深不可測的「氣功」就是燦爛文化中的獨一奇葩，成為華夏文明之精髓。要縱深解密氣功，不能脫離歷史的背景，需以歷史為依據，正確認識氣功。

　　氣功，真實原意是修練；是一種史前文化；是老子、釋迦牟尼等大覺者，為本次人類文明留下的修練方法。氣功一詞，誕生在七十年代初期，是在「文化大革命」這個特殊的時代背景下產生的名詞，在中國修練古書中沒有氣功一詞，只有「氣」和「功」記載，是當時為符合人們的思想意識，從修練古書中斷章取義的拿出「氣」和「功」兩個字組成的新名詞。

　　氣功，分修練氣功和武術氣功，即文氣功和武氣功。修練「氣功」，嚴肅至極，是佛家、道家等不同法門的修練展現，不修到一定高層境界，不能隨意創編氣功功法。底層人不知氣功的深奧及嚴肅，所編出的氣功，是對氣功的最大不敬。當今很多練武術、練氣功的人，不知氣功的來龍去脈，對其真實內涵、終極目的已悟偏，從根本認識上已誤入歧途。

　　修練氣功，有佛家、道家、奇門等功派，有性命雙修功法、單修功法，同時各家各派修練形式不同，各有千秋，之間差距非常之大，但終極目標一致，修練中都要通化宇宙特性，最終返本歸真。同時各自都存在著高、中、低層次的功法，修練層次及功能也有巨大差別。修練氣功有嚴格的心性要求，以同化宇宙特性為標準，能修練出震驚世人的各種超常功能，其法理深奧淵源、妙不可言。

　　如古人：孫思邈、華佗、張三丰、李淳風、劉伯溫、邵雍及達摩到六祖慧能等，在中國歷史上，他們都是佛家或道家的氣功修練者，各自都身懷不可思議的超常功能。華佗以修練出的透視功能，能清楚的看到曹操腦子長瘤子；孫思邈以修練出的透視功能，能準確看到人體十二經脈是五種顏色、奇經八脈是綠色；劉伯溫、李淳風、邵雍以修練出的宿命通功能，在時間、地點、人物上，能準確預言到當今在中國按部就班發生的事情，其準確性、真實性，不得不使現代人口服心服，這些超常功能被現代人稱為「特異功能」，可見古人的智慧、氣功的偉大。

所以，博大精深的氣功，是古人留給我們國人的寶貴文化遺產；是開啟研究人體微觀奧秘、宇宙宏觀奧妙的唯一鑰匙，值得我們後人傳承弘揚。

《山海經》、《易經》、《黃帝內經》，堪稱為中國上古三大奇書，太極、河圖、洛書、八卦，這些內涵深奧的古文化真實內涵，在當今宇宙飛船遨遊太空的時代，科學家仍束手無策破解其中之終極奧秘。這些奇書，內涵著宇宙、星系、地球、人體不同層次的法理與奧秘，可是我們的古人，在幾千年以前，在沒有飛機、艦船時代，就能清楚的描繪出世界各地的山海位置；清楚知道今天用數學二進制原理研究發明的數碼科技，還有當今天文學探測到的宇宙奧秘，我們的古人經過氣功修練，從微觀到宏觀早就一清二楚了，並且還有眾多沒探索到的更微觀、更宏觀的宇宙奧秘也早就知道了。不管佛家還是道家，眾多人體微觀奧秘到宇宙宏觀奧秘都含在其中了，其智慧早就超越今天的科學。從當今科學的新發現、新發明的實例中，都足以改變我們今天的教科書。

氣功修練出的特異現象，不是外行人能夠認識清楚的，唯有按照宇宙特性標準、重心性、身臨其境修練，才能領略其中之奧秘，其精深的玄機，若單憑以科學手段取證，不管怎樣艱難探索，都是束手無策、無法達到的。因為科學與宇宙的歷史相比簡直是微不足道的、實在太短太短了，並且科學是研究物質的，發現一點，承認一點，沒發現的就不承認，這與我們古人研究宇宙的方法相差甚遠，況且，在人類居住的地球上，還有許多謎團都束手無策解答，更不用說地球以外乃至浩瀚宇宙大穹了。但我們古人就可以用氣功修練的方法，有能力說清這一切、解決這一切，這一點是誰也否定、顛覆不了，誰否定，就是在抹殺中華神傳文化；誰顛覆，就是在破壞華夏五千年文明。

中國俗語道：不入虎穴，焉得虎子。人們若不相信，就身臨其境進入正法氣功修練體驗感覺一下吧，當你的思想昇華到一個高境界時，就會非常震驚的發現其中的一切奧秘；就會承認從微觀到宏觀的真實奧秘存在。

修練氣功不屬於武術氣功，但它卻是邁入高層武林的必經之路，二者所練出的物質不同，功效不同，威力相差甚遠。如：張三丰的高層武功，非重心法、修心性否能煉成。從醫學角度講，經過氣功修練，可淨身、通脈，促使體內微觀粒子進行轉化、變化調整，繼而生成各種高能量微觀粒子，這些高能量粒子是從宇宙另外空間採集來的，帶有不同的強大能量，在主元神的指揮下，它運行在另外空間，能瞬間產生各種超常的功能，簡單來說，這就是特異功能的生成過程。

從當今科學檢測證實，修練氣功所煉出的物質包括：超聲波、次聲波、原子、電子、紅外線、紫外線、伽馬射線、夸克、中微子等等，其實還不只這些，還有更多、更微觀、更有巨大威力的高能量物質等待科學發現。如：高層武功的百步穿楊、五雷掌、飛簷走壁功夫等等，都是經由重心性修練、同化了宇宙特性標準，由體內煉出的高能量物質演化而成的，這些功能中所含的物質，比現在發現的夸克、中微小萬倍、億倍都有可能。因此，就能成功產生出不同的高層武功，這是當之無

愧的高層武林秘籍。還有宿命通、遙視功能、透視功能、搬運功等等，也是透過氣功修練出的這些微觀高能量粒子促成的。但功能有正、邪兩種存在。如：同樣都是透視功能，一是佛家或道家正法修練出的功能；二是動物附體練邪法練出的功能，二者都具透視功能，可是二者的功能卻有良性和惡性兩種物質之分，常人對其難以辨別。又例如：白色和彩色的舍利子，就是正法煉出的正能量物質；黑色舍利子，就是邪法練出的惡性物質，二者差距非常之大。

氣功修練煉出的物質，越微觀密度就越大，正能量就越強，功力就越大，就能煉出更加不可思議的神通。對於祛百病健身、延年益壽來說，也是體內煉出的這些高能量物質所起的作用。這些高能量物質，會不停地尋找追殺體內的病菌，然後將它們滅掉銷毀，同時這些高能量物質，會全面滋養著人體細胞、細胞核及更微觀下的生命粒子，從而導致細胞減緩分裂。

人體只要細胞減緩分裂，細胞生命力就會延長；就會直接反映到人這個有機生命整體，最終解決了祛除百病的根本問題，達到延年益壽之目的。所以，氣功修練是根除百病、延年益壽的唯一方法，別無它路。

因為我們的古人在幾千年以前早就說過：藥補不如食補，食補不如氣補。氣補就是氣功修練，古人得出的答案不可違背。生命要昇華、人體要純淨、無病，只有氣功修練才能達到。如果人們要找到宇宙、人體和超常功能之迷，依賴現代科學是非常難以實現的，因為不足二百年的科學無法解釋這些，只能從我們五千年文明聖賢古人留下的精髓文化中找答案。

當今經氣功修練出的超常功能，在古今中外都大有人在，這些人，只是嚴格重心性、嚴守氣功修練戒律不隨意展示罷了，若打破、違犯了這些修練心性戒律，一切將毀於一旦。所以，這些人都深深地懂得其中之法理。可是這些功能，若不得正法、不經高人指點，歷經一生徒勞都難以煉成。因此，在「煉」和「練」時，要準確區別功法、功理差異在哪裡。

「煉」具有嚴守心性、超越常人的內涵；「練」不需重心性，只有方式方法，其內涵是常人的層次，二者具有天地之別，務必釐清。

由此可見，修練氣功博大精深、嚴肅之極，一般人是沒有威德隨便創編氣功修練功法的，隨便創編功法，害人害己，人們要特別引以為戒。但武術氣功可以創編，因為是常人這一層次的。在此，對氣功修練的真實內涵，只簡單概括而述。

◎ 解讀武術氣功

武術氣功，是中華傳統武術的重要組成部分；是針對提高人身十拳武器摧毀殺傷力、阻截力及鐵布衫抵抗力而訓練的一種功法；是硬度和功力的體現；是邁向高級武林的必練內容，現在叫武術氣功，嚴格來說不叫武術氣功，傳統武術中叫「功力」。武術氣功，是警拳道第六步訓練，從內氣練習到外功練習以及到中藥幫助練

習，有一套嚴格、完整的練習方法，一切都是為練到最佳「一口氣」而練。

「內練一口氣，外練筋骨皮」這句武術諺語就是針對練武術氣功講的，其內含意義非常現實。

武術氣功，有內氣和外功組成，內氣與外功各存在著文火與武火練法，二者在有目的特殊意念下、在運動中一剛一柔、一陰一陽練習。文火主柔，即陰，武火主剛，即陽，也就是內氣、外功練習具備了陰陽結合的條件，符合了宇宙相生相剋的規律，人體就會促使生理變化，並一直提升到物理生化調整變化狀態，體內就會逐漸生成、積累新的物質，這就是「元氣」，經現代科學檢測證實，這種物質就是高能粒子，也叫「一氧化氮」、「生命分子」。

這些高能粒子儲存在人體細胞之中，促使著全身細胞更加健康、更有生命活力。體內細胞健壯，整個全身就會強壯，在集中精力散手搏擊或打擊物體時，這些高能粒子，在大腦指揮下會瞬間轉換成帶電粒子，有的運行在另外空間，隨拳腳打出，這些帶電粒子也同時到達力達部位，從而產生強大的摧毀撞擊力和抵抗力。帶電粒子密度越大；骨骼就越硬；速度就越快；衝擊力就越強；功力就越高；撞擊力也就越大，從而為散手搏擊以硬打軟、以剛克剛製造出先決條件。

武術功力肩負的任務是：經過內氣練習，不斷刺激、強壯五臟六腑，全面激發體內氣道擴張、加強血液循環，猶如鐵導體轉換成銅導體，從而加大流量，氣血更加暢通，再由外功練習，經中藥固功、固氣幫助，會不斷增加骨骼及肌肉分子密度，從而增強各部位硬度、提高皮肉彈性。二者均為陰陽並練，一內一外，內外結合，會促使體內不斷聚集、儲存高能粒子，最終達到內強外壯、開發體力、增強爆發力、增加耐力、加大肺活量、提升膽量之目的。膽量得到開發，在膽量的帶動下，人體潛在的這些優勢就會爆發出來，練膽起到了催化劑的作用。氣從膽出，力從膽發，就是這個道理。

武術功力扮演的角色，如似導彈彈頭，散手，如似瞄準、制導系統。氣功功力武裝到十拳中去，就等於在導彈上安裝了高爆彈頭，在散手指揮下，衝鋒陷陣只管撞擊，以彈頭的使命完成著摧毀任務。防禦時，可隨心所欲運氣全身、封穴閉氣，如似金盾可抵抗拳腳、棍棒來襲，同是可達到以阻截來直接損傷對方之目的。散手搏擊以剛克剛、以剛克柔、以硬打軟之理就在其中。

武林中的絕命鐵腿、奪命金剛拳、鐵指點穴功、五毒亡命掌、鐵布衫等，具有一招制敵及防禦之神效，就是武術氣功注入到散手中爆發出的驚人威力，氣功功力以攻防兼備為效應，使散手技擊如虎添翼、迅速提升，這就是練武術氣功的真正價值和終極目的。但這些奇功妙術，需要堅強的毅力、百倍的信心在正確的方法指導下，經持之以恆苦練才能大功告成。為此，武術氣功的訓練秘法，堪稱為武林秘籍其中之一。

武術功力，就是由內氣和外功練習練成的，缺一都不能練出最佳功力。內氣以假想克服、摧毀物體方式練習；外功以真實擊打實物練習，內氣練習以激發擴張氣

道、強壯五臟六腑為目的；外功練習以強壯骨骼、皮肉為目的，練內氣屬陰；練外功屬陽，功力就是由內因和外因練習而產生，萬事萬物只要具備了陰陽，就能生成新物質。功力的產生，就是內氣加外功練習生成的新物質，這是宇宙相生相剋的理在練習武術氣功中的具體體現。內氣練習與外功練習及用功時，在氣法上有一定區別，不同的氣法產生著不同的效果。功成後，再經點血固氣，所練出的高能粒子你就會儲存在全身細胞之中，就會延長功力長久在身，在使用時，它們在大腦的指揮下，就會齊心協力共同奔向一個目標，這就是力達部位。

武術功力不是修練氣功，與修練氣功有根本的區別，二者練法有別、功效不同，所練出的物質不同，功夫層次差別非常巨大。雖然練武術講究武德，可是先進高效的制敵絕招和高級鐵腿功、二指禪倒立、鐵指鷹爪功、鐵布衫等功夫，不重德、不修心性照樣能練成。因為，武術氣功畢竟是常人這一層次的功夫，不屬於超常功夫，不屬於修練氣功，其境界就是常人這一層的功夫，只要常人經過刻苦努力就能練成。所以，練武術氣功沒有心性標準要求。如果按武術氣功的方法想達到高層武林超常的功夫，無論怎樣努力都是白費時間、一生徒勞，永遠不可能。要想達到，唯有按正宗修練氣功的標準去煉才能大功告成。

第二節　武術氣功內氣五種氣法

練內氣，除自然呼吸外，以下五種氣法對增強內氣特別重要。

一、吸氣

吸氣有三種之分，一是快速吸氣，主剛，全身動作要突出爆發力，有摧毀物體之意，每次吸氣從牙縫大約用 0.3 秒鐘吸入，通常與快速噴氣配合練習；二是中速吸氣，主柔，全身動作突出中速而柔和，氣從牙縫大約用 3 秒鐘吸入；三是慢速吸氣，主柔，全身動作突出慢而柔和，氣從牙縫大約用 5 秒鐘吸入，吸氣過程不可中斷，無需加意念。

【吸氣的作用】透過納入新空氣，為閉氣、吞氣、呼氣提供新能源，達到製造新物質之目的。

二、閉氣

閉氣，有剛閉氣和柔閉氣之分。剛閉氣，就是吸氣後突然關閉器官，將吸入肺部的氣暫時儲存，同時閉嘴、咬齒、五官內收、全身繃緊、提肛、兩腳十趾抓地、丹田用力收縮，集中意念一個或兩個部位無比堅硬、有力，把假想物摧毀或克服；柔閉氣，就是在慢速吸氣後，暫時閉氣，動作緩慢柔和，運行中無需意念，二者閉氣時間均為大約 5 秒鐘。

【剛閉氣的作用】透過刺激按摩五臟六腑，達到激發攻開全身氣道及增加耐力之目的；柔閉氣則是為體內氣化反應延長時間。

三、噴氣

噴氣為內氣柔中之剛，主快，需加重武火意念。噴氣，就是在閉氣結束後，丹田突然收縮，同時打開鼻根氣管、五官向內收縮，將肺部三分之二的氣從鼻內爆發噴出。噴氣時鼻根氣管要暢通無阻，外部動作也要突然爆發，同時要集中意念，瞬間將假想物摧毀或克服。噴氣要短促有力，大約用 0.1 秒鐘完成，同時伴隨噴氣要發出爆發響聲，然後全身放鬆。

【噴氣的作用】透過噴氣，達到震開全身氣道、增加爆發力及排泄肺部髒物之目的。

四、呼氣

呼氣有剛柔之分，一是快速呼氣，主剛，每次大約用 0.2 秒鐘從鼻孔呼出，全身動作要突出爆發力，同時有摧毀物體意念；二是慢速呼氣，主柔，是與吞氣同步進行的一種氣法，在全身放鬆狀態下，把肺部的從氣從鼻內大約用 5 秒鐘均勻呼出，同時有具體的輕微文火意念方式，呼氣過程不可中斷。

【呼氣的作用】把氣化後的二氧化碳排除，保持肺部清潔乾淨。

五、吞氣

吞氣為內氣柔中之柔，屬文火意念，具體意念方式越輕越好。吞氣，就是在全身放鬆狀態下，涮一口唾液隨意念吞下送入丹田的一種氣法，通常在吸氣完成後進行，需大約用 5 秒鐘時間完成，呼出要自然，中途不可中斷。

【吞氣的作用】透過吞氣存入丹田，促使體內物理生理生化調整，達到儲存練功能量之目的。

第三節　內氣九式練法

練內氣之要

內氣每式，各自有具體的意念方式，練習時，要排除一切雜念，配合不同的氣法，全身在一剛一柔交替中練習，集中精力意念把假想物用爆發力或內勁將其摧毀或克服。

【目的】刺激按摩強壯五臟六腑，激發、震通全身氣道、儲存體內能量。

練內氣，在早晨空氣新鮮、環境好的地方練最佳，同時在炎熱夏天要避開午時

練，高血壓及腦疾患者禁止練；練外功，任何時間練均可，不受時間制約。

預備勢

全身放鬆，兩腿微曲，兩腳略寬於肩，嘴與兩眼微閉，舌抵上齶，鼻吸鼻呼，雙手交叉按於丹田（男左手在外，女右手在外），消除一切雜念，高度入靜，集中意念丹田內有一個火球照亮了五臟六腑，意念時間 2 分鐘（圖 7-1）。

第一式：頭頂泰山（主練鐵頭功內氣）

兩臂置於兩側，兩掌心朝外（圖 7-2），然後慢速吸氣，同時兩手慢慢升起至置頭上方（圖 7-3），然後輕柔的一開一合做三次後突然全身繃緊蹲成低勢馬步，同時閉氣、閉嘴、咬齒、五官內收、提肛、丹田用力收縮（圖 7-4、7-5），然後兩腿緩緩用力蹬地站起，同時意念頭頂無比堅硬、有力將一座大山緩緩頂起，在兩腿將要伸直時突然爆發噴氣，同時兩腿猛力蹬地挺直，再次意念將一座大山爆發頂出離開頭頂（圖 7-6），然後全身放鬆，兩臂落下還原兩側（圖 7-7）。

按照此要求連做十遍。

圖 7-1　　　　　　　　圖 7-2

圖 7-3　　　　　　　　圖 7-4

圖 7-5 　　　　　　圖 7-6 　　　　　　圖 7-7

【要領與目地】此式採用了速吸氣、慢呼氣、閉氣、噴氣四種氣法，目的是激發、震通頭部氣道。閉氣與噴氣時五官要內收，兩腮不可外凸，噴氣要短促爆發有力。

第二式：野馬分鬃（主練鐵拳功、鐵臂功內氣）

兩腿微曲站立，略寬於肩，兩臂置於兩側，全身放鬆，兩眼微閉，舌抵上齶，鼻吸鼻呼（圖7-8），然後快速吸氣，同時兩臂升至與肩同高（圖7-9），再下落至腹前兩臂交叉，左手在前右手在後（圖7-10），兩手不停舉至於頭上方，右手在前左手在後（圖7-11），再下落至胸前突然變雙拳在胸前用力握緊，同時閉氣、閉嘴、咬齒、五官內收、提肛、丹田用力收縮蹲成高勢馬步（圖7-12），然後兩臂用力慢慢向兩側拉開，意念將兩匹相鬥的野馬抓住緩緩拉開，在兩臂將要伸直時突然噴氣，再次意念用爆發力將兩匹野馬分開摔出（圖7-13），然後全身放鬆自然呼吸站起，兩臂置於兩側（見圖7-7）。按照此要求連做十遍。

【要領與目地】吸氣時全身要鬆，兩手臂要柔和中速運動，閉氣與噴氣時要加重武火意念，並且馬步要站穩、五官內收、兩腮不可外凸，噴氣要短促爆發有力，鼻根氣管不可阻塞。此氣法主要激發、震通兩臂、兩拳氣道及聚集內氣能量。

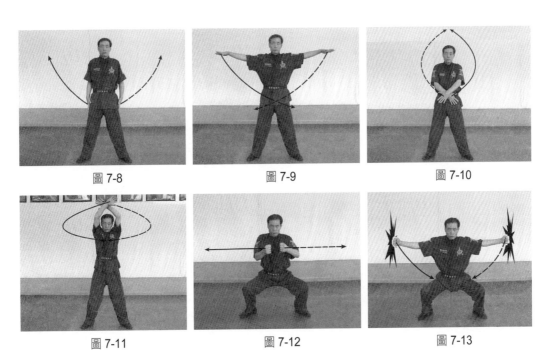

圖7-8　　　　　　　　圖7-9　　　　　　　　圖7-10

圖7-11　　　　　　　　圖7-12　　　　　　　　圖7-13

第三式：雙龍出海（主練鐵拳功、鐵臂功內氣）

兩腿站立，略寬於肩，兩手臂自然置於兩側，全身放鬆，兩眼微閉，舌抵上齶，鼻吸鼻呼（圖7-14），然後中速吸氣，同時兩臂放鬆、兩掌心朝下升至與肩同高（圖7-15），再下落至腹前兩臂交叉，左手在前右手在後（圖7-16），兩手不停

舉至於頭上方，右手在前左手在後（圖 7-17），再下落至腹前突然下蹲成低勢馬步，同時變兩拳握緊在胸前，拳面朝上，兩拳心相對（圖 7-18），然後閉嘴、咬齒、五官內收、提肛、丹田用力收縮，同時兩腿慢慢站起、兩拳用力緩緩向上頂起，意念兩拳臂無比有力，將一塊大石板緩緩頂起，在兩腿、兩臂將要伸直時，突然噴氣伸直，再次意念用爆發力將大石板頂起擊碎（圖 7-19），然後全身放鬆自然呼吸站起（圖 7-19）。按照此法要求連做十遍。

【要領與目地】吸氣時全身要鬆，兩手臂要柔和、中速運動，閉氣與噴氣時武火意念越重越好，並且五官要內收、兩腮不可外凸，噴氣要短促爆發有力、鼻根氣管不可阻塞。此氣法主要激發、震通兩臂、兩拳氣道及聚集內氣能量。

圖 7-14　　　　　　圖 7-15　　　　　　圖 7-16

圖 7-17　　　　　　圖 7-18　　　　　　圖 7-19

第四式：雄鷹展翅（主練鐵指鷹爪功內氣）

兩腿站立，略寬於肩，兩手臂自然置於兩側，全身放鬆，兩眼微閉，舌抵上齶，鼻吸鼻呼（圖 7-20），然後慢速吸氣，同時兩腿微曲、兩臂放鬆掌心朝下輕柔緩緩升至與肩同高（圖 7-21），然後再下落，此時為一遍，按此方法連做三次後突然蹲成低勢馬步，同時全身繃緊、閉嘴、咬齒、五官內收、提肛、丹田用力收縮、兩手變成鷹爪（圖 7-22），然後兩腿緩緩站起，集中意念兩手堅硬有力，如似鋼構各抓住一根深埋在地下的木樁將其緩緩拔出，在兩腿將要伸直時，突然爆發噴氣，同時兩腿伸直、兩鷹爪猛力上提與肩同高，並二次意念迅速將木樁從地下猛力提出（圖 7-23），然後全身放鬆自然呼吸，兩腿站起，兩臂還原置於兩側（見圖 7-7）。按照此要求連做十遍。

【要領與目地】吸氣時全身要鬆而不懈，兩手臂升降要慢而柔和，整個三次起

圖 7-20

圖 7-21

圖 7-22

圖 7-23

落如斯雄鷹展翅飛翔狀態。閉氣與噴氣時要加重武火意念，並且五官內收、兩腮不可外凸，噴氣要短促爆發有力，鼻根氣管不可阻塞。此氣法主要激發、震通十指氣道及聚集內氣能量。

第五式：金剛鑽地（主練鐵腿功、鐵腳功內氣）

兩腿成高式左弓步，左拳置於左耳處，右拳置於右胯前，舌抵上齶，鼻吸鼻呼，目視右方（圖 7-24），然後以兩前腳掌為軸快速順時針用力旋轉擰地 90 度，同時快速吸氣、右拳置於右耳處、左拳置於左胯前變成右弓步（圖 7-25），動作不停，再快速呼氣，同時兩腳再快速逆時針旋轉擰地 90 度還原成左弓步（圖 7-26），每吸氣、呼氣旋轉一次，同時意念兩腳如似金剛鑽迅速鑽入地下。

一吸一呼為一遍，按此要求連續做 30 遍。

圖 7-24

圖 7-25

圖 7-26

【要領與目地】在兩腳旋轉撐地時，十趾要用力抓地突然爆發完成。此式採用了快吸快呼兩種氣法，主要激發打通兩腿和兩腳氣道及聚集內氣能量。

第六式：金鳳拍翅（主練鐵布衫內氣）

兩腿彎曲站立，兩臂微曲抬起與肩同高，兩掌心朝下，兩眼微閉，舌抵上齶，全身放鬆，鼻吸鼻呼（圖 7-27），然後中速吸氣，再迅速噴氣，同時全身繃緊、閉嘴、咬齒、五官內收、提肛、丹田用力收縮、十趾抓地、兩拳緊握，用兩大臂肱骨端猛力撞擊兩肋，意念內氣炸到全身、衝向各個部位、全身無比堅硬有力，將外來撞擊力力頂彈回去（圖 7-28）。按此要求連做 50 遍。

【要領與目地】此式採用了中速吸氣和噴氣兩種氣法，主要激發震通全身氣道、聚集鐵布衫內氣能量。兩臂撞擊時一定放開膽量，加重意念兩肋堅硬如鐵，能將外來打擊物體抵抗粉粹，同時噴氣要從鼻內發出爆發響聲。練習時要逐漸加大兩臂撞擊力，至到用最大撞擊力撞擊毫無感覺為準。

圖 7-27　　　　　　　　　　　　圖 7-28

第七式：金錘搗地（主練二指禪、鐵拳功內氣）

左臂伸直，左拳面頂地，全身挺直側臥，兩腿交叉，右腿在前，左腿在後，右臂朝上伸直，右掌心朝上，目視右手，意念左拳堅硬有力，然後慢速吸氣，同時右手輕柔順時針旋轉三周（圖 7-29），然後全身突然繃緊噴氣，同時右手變成二指禪對準左拳方向爆發插擊，目視左拳（圖 7-30、7-31）。意念左拳和右劍指無比堅硬有力同時插入地下，連做 20 次，然後再交換成右拳頂地練習，動作及意念要求相同，唯有左掌改為逆時針旋轉，連做 20 次（圖 7-32、7-33、7-34）。

圖 7-29　　　　　　　　　圖 7-30　　　　　　　　　圖 7-31

圖 7-32　　　　　　　圖 7-33　　　　　　　圖 7-34

【要領與目地】此式採用了慢速吸氣和噴氣兩種氣法，主要激發震通鐵拳功和二指禪內氣氣道、聚集儲存內氣能量。初連時，可在膠墊上練習，並逐漸增加次數，待功力增長後再轉入到木板或水泥地上練習，並且要循序漸進增加插擊次數，至到左、右拳連續輕鬆做 20 次為準。

第八式：蛟龍出洞（主練鐵指功、鐵拳功內氣）

兩腿下蹲成高勢馬步，兩拳抱於腰間，拳心朝上，上身挺直，精力集中，目視前方（圖 7-35），然後連續快速吸氣兩次，同時先右直拳後插指伴隨吸氣疾速向前爆發打出，然後再改為快速呼氣兩次，同樣先右直拳後插指伴隨呼氣氣疾速向前爆發打出，同時意念右拳和四指無比堅硬有力，迅速將前面一塊石板擊碎穿透（圖 7-36、7-37），然後再按此標準要求換成左直拳、左手指練習，氣法與意念相同（圖 7-38、7-39、7-40）。兩吸兩呼為一遍，每次練習 50 遍為準。

圖 7-35　　　　　　　圖 7-36　　　　　　　圖 7-37

圖 7-38　　　　　　　圖 7-39　　　　　　　圖 7-40

【要領與目地】此式採用了快速吸氣和快速呼氣兩種氣法，其目的是：激發打通鐵拳功和鐵指功內氣氣道，聚集儲存全身內氣能量，增強出拳和插指的空勁力度和爆發速度。

第九式：羅漢打坐（主練一指禪、二指禪內氣）

兩腿盤坐，（雙盤最佳，散盤男左腿在前，女右腿在前；單盤男左腿在上，女右腿在上；雙盤男右腿在前，女左腿在前），兩手重疊置於丹田處，掌心朝上（男左手在上，女右手在上），上身正直，全身放鬆，嘴與兩眼微閉，舌抵上顎，鼻吸鼻呼，消除一切雜念（圖 7-41），然後慢速吸氣，同時右掌向右緩緩畫一個橢圓回到胸前突然閉氣，同時右手迅速在胸前變成二指禪、全身繃緊、閉嘴、咬齒、五官內收、提肛、丹田用力收縮（圖 7-42、7-43），然後右手劍指緩緩向上用力頂起，意念二指無比堅硬有力，將一塊大石板頂起，在劍指升至與眉同高時，突然噴氣，以最大爆發力向上頂起，再次意念二指禪將石板穿透（圖 7-44），然後放鬆與左手疊扣丹田（7-45），然後改為左手練習，整個氣法要求、意念與右手相同（圖 7-46、7-47、7-48、7-49）。每隻手連做 20 遍為準。

圖 7-41　　　　　　　圖 7-42　　　　　　　圖 7-43

圖 7-44　　　　　　　圖 7-45　　　　　　　圖 7-46

圖 7-47　　　　　　　圖 7-48　　　　　　　圖 7-49

【要領與目地】此式，採用了盤坐慢速吸氣、閉氣、噴氣三種氣法。盤坐，可促使全身氣血更加暢通，再加閉氣與噴氣配合，更易激發打通二指禪氣道、儲存內氣能量及爆發速度。閉氣與噴氣時，五官一點內收，兩腮絕對不可外凸，意念越重越好。

收勢：金猴抱月（收功儲氣）

全身放鬆站立，兩腳略寬於肩，舌抵上齶，兩眼微閉（圖 7-50），然後慢速吸氣，同時兩臂升至與肩同高，再下落至腹前兩臂交叉（圖 7-51、7-52），兩手不停舉至於頭上方，再下落蹲成低勢馬步放鬆閉住呼吸，兩臂抱圓，兩掌心對準神闕穴，慢慢靠近接觸肚臍後兩掌心再朝上緩緩向上升至下頜下（圖 7-53、7-54、7-55、7-56），然後兩手掌心突然反轉朝下（7-57），同時全身繃緊閉嘴、閉氣瞬間，然後全身放鬆涮一口唾液嚥下，同時氣從鼻內慢慢均勻呼出、兩手緩緩下落至丹田（圖 7-58），意念將唾液送入丹田，此過程為一遍。

按此要求連做 20 遍後兩手疊扣置於丹田，全身放鬆，意念丹田內火球照亮了五臟六腑 2 分鐘為宜（圖 7-59）。

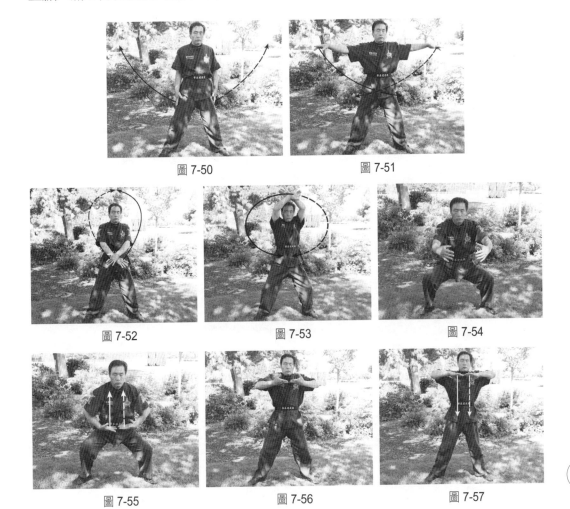

圖 7-50　　　　　　　　　　　　圖 7-51

圖 7-52　　　　　　圖 7-53　　　　　　圖 7-54

圖 7-55　　　　　　圖 7-56　　　　　　圖 7-57

圖 7-58　　　　　　　　　　圖 7-59

【要領與目的】此式，採用了慢速吸氣、放鬆閉氣、慢速呼氣、吞氣四種氣法，其作用是：經前邊九式耕作練習，將糧歸倉儲存。整個動作除翻掌瞬間繃緊停一下外，其他動作不可停止中斷、用力，要保持慢而柔和練習。

◎ 外功密要

外功，加強筋骨皮硬度、摧毀打擊力的方法。在練內氣的基礎上，需再以練外功的方式集中精力增加各部位的肌肉、筋皮、骨骼分子密度，從而加強硬度、韌性、提高打擊摧毀力。

外功，有明勁和暗勁兩種方法練習，爆發衝擊力，就是明勁，如拳腳打擊砂袋、摧石斷磚等；抓握、封鎖、支撐則是暗勁，如鐵指鷹爪擰樹、掐斷鋼絲、二指禪倒立、擒拿卸骨等。

【外功的作用】將人身十拳武器和身軀磨練的堅硬如鐵，如似有「矛」有「盾」，只要攻，就能摧，只要守，就能擋，在散手搏擊時可占據攻防兼備之優勢。在練習外功時，還需中藥浸泡幫助下練習，目的是：消毒、消腫、固氣、保證練功質量、不受傷、預防死皮老繭出現、保持筋皮氣血正常流通。經內氣、外功練習，功力達到一定境界時，還需按時辰點穴固氣，以保持功力持久儲存，這是練內氣和外功的最終目的。

第四節　第一拳鐵腿功外功練法

按以下練法，可增加所有腿法硬度、爆發力。

一、鞭腿練法

把裝滿的綠豆砂袋掛在牆上或樹上，以左、右鞭腿交換踢擊練習，力達腳背、腳腕前面、小腿脛骨前端，每踢擊一次，需伴隨發出「呔」聲，同時意念右腿、腳堅硬有力，將砂袋踢擊粉粹。

根據功力增長，踢擊次數由少逐漸增多，力度由小逐漸到大，速度由慢逐漸加快，專職練習每天每腳要連續踢擊 100 次為準（圖 7-60）。

【要領與打擊威力】練習時，要精力集中、自信，踢擊部位要準確，並且要用綠豆砂袋，因綠豆有消毒、殺菌作用，踢擊後的陷凹很快會恢復，力達接觸部位均勻，有利於練功效果。

此練法，屬鐵腿功剛勁硬度練法，主要增加腳背、腳腕、脛骨的表皮、肌筋、骨骼分子密度，從而加強硬度、韌性、爆發速度。

功成後可鞭腿踢斷木棍、磚塊，在散手搏擊中，對提高鞭腿爆發殺傷力、練就一招制敵之絕招有特出效益（圖 7-61、7-62、7-63）。

圖 7-60

圖 7-61

圖 7-62

圖 7-63

二、劈腿練法

把盛滿的綠豆袋放在桌子上，以左、右劈腿交換劈擊練習，力達腳腕後部，每劈擊一次需發出「呋」聲，同時意念右腳堅硬有力將砂袋劈擊粉碎。

根據功力增長，劈擊次數逐漸增多，力度逐漸加大，專職練習每天每腳要連續劈擊 100 次為準（圖 7-64、7-65）。

【要領與打擊威力】起腿要高，下劈要垂直。此練法，主要增加腳腕後部骨骼分子密度。功成後，可劈斷耐火磚，對提高劈腿爆發力、增強散手打擊威力特別有效（圖 7-66、7-67）。

圖 7-64   圖 7-65

圖 7-66   圖 7-67

三、後擺腿練法

把盛滿的綠豆袋固定在樹上或牆上，以後擺腿踢擊練習，力達腳腕後部或腳底，每踢擊一次，需意念右腳堅硬有力，將砂袋踢擊粉粹。專職練習每天每腳要連續踢擊 60 次為宜（圖 7-68、7-69）。

【要領與打擊威力】根據功力增長，踢擊次數要逐漸增多，力度逐漸加大，腳腕與腳底骨骼分子會不斷增加密度。

功成後，可赤腳後擺腿踢斷耐火磚、斷木棍、踢碎酒瓶、扶地後掃腿斷磚，在散手搏擊時可對頭部、腰部章門、腰笑、巨闕、命門、京門、神闕、丹田要穴及襠部進行致命打擊，對增強散手打擊威力、一招制敵特別有效（圖 7-70、7-71、7-72、7-73、7-74、7-75）。

圖 7-68   圖 7-69   圖 7-70

圖 7-71

圖 7-72

圖 7-73

圖 7-74

圖 7-75

四、側踹腳、正蹬腿練法

把綠豆袋固定在牆上或樹上，以赤腳側踹腳和正蹬腳交換踢擊練習（圖7-76），根據功力增長再轉移到踹擊木板練習（圖 7-77），每踢擊一次，要意念腳底堅硬有力將砂袋或木板踹擊粉粹。

專職練習，每天每腳連續踢擊砂袋和木板各 50 次為宜。

【要領與打擊威力】此練法，屬鐵腿功剛勁硬度練習，根據功力增長，踢擊次數由少逐漸增多，踢擊力度逐漸由小到大，不斷練習會逐漸增加腳底骨骼分子密度，從而加強硬度。

功成後可赤腳踹斷石碑，對增強散手打擊威力特別有效（圖 7-78、7-79、7-80、7-81）。

圖 7-76

圖 7-77

圖 7-78

圖 7-79　　　　　　　　　圖 7-80　　　　　　　　　圖 7-81

五、彈踢腳練法

把綠豆袋吊起，以彈踢腳踢擊砂袋底部，力達腳背，兩腳交換練習，然後再將砂袋降低靠牆吊起，同樣赤腳進行左、右踢擊練習，力達腳尖，兩種踢法每踢擊一次，需伴隨發出「呿」聲，同時意念腳背和腳尖堅硬有力將砂袋踢擊粉粹。兩種踢法，每天每腳連續踢擊沙袋 100 次為準（圖 7-82、7-83）。

【要領與打擊威力】練習第二種踢砂袋時，五腳趾要稍微上翹，不可挺直。此腿法，屬鐵腳功剛勁硬度練法，主要增加腳背和腳尖骨骼分子密度，加強硬度及皮肉堅韌度。根據功力增長，踢擊次數由少逐漸增多，踢擊力度也逐漸由小到大。

功成後，可用彈踢腳踢斷磚、斷木棍（圖 7-84、7-85），在散手搏擊時，特別對襠部致命踢擊有巨大殺傷力（圖 7-86）。

圖 7-82　　　　　　　　　圖 7-83　　　　　　　　　圖 7-84

圖 7-85　　　　　　　　　　圖 7-86

六、單腿負重下蹲練法

先做單腿蹲起練習，再逐漸增加綁腿砂袋重量、蹲起次數，至到一腿負重 3 公

斤連做 10 次為宜（圖 7-87、7-88），最後換成左、右仆步蹲、起練習（圖 7-89、7-90）。

【要領與目的】練習時，每做一次要集中意念支撐腿特別有力。此練法，屬鐵腿功內勁練法，經常練習，對加大兩腿內勁力度、增強彈跳力、提高各種腿法打擊威力有特殊效果。

圖 7-87

圖 7-88

圖 7-89

圖 7-90

七、負重蹦跳練法

兩手各握 2 公斤啞鈴，兩腿各綁 1 公斤砂袋，初練先在平地上蛙跳練習，再肩扛 30 公斤沙袋練習（圖 7-91、7-92），根據功力增長再提升到跳台階練習，並逐漸增加啞鈴和綁腿袋重量，蹦跳次數及高度也要逐漸增加。蹦跳時意念兩腿輕飄、無比有力。專職訓練，每腿需負重 5 公斤砂袋在台階上自由上下蹦跳為宜（圖 7-93、7-94、7-95、7-96）。

圖 7-91

圖 7-92

圖 7-93

圖 7-94　　　　　　　　圖 7-95　　　　　　　　圖 7-96

【要領與目的】上跳與下跳時要吸氣，兩腳落地時要呼氣。此練法，屬鐵腿功外功內勁練法，對增加兩腿內勁力度、增強彈跳力、提高各種腿法打擊威力有特殊效果。

八、雙腿拍打練法

手握綠豆袋，用嘴吸滿氣，然後用鼻子均勻噴氣 5 次，同時對準左大腿兩側從上到下連續拍打到膝部，每拍打一次噴氣一次，5 次噴氣要均勻，並意念大腿堅硬有力將砂袋頂撞回去，再按同樣方法拍打小腿兩側和大、小腿前後部位。

根據功力增長，要逐漸加大擊打力度、次數，兩腿交換練習（圖 7-97、7-98、7-99、7-100、7-101、7-102、7-103、7-104）。專職訓練，每天每腿需連續拍打 10 分鐘。

【要領與目的】拍打前，一定要將肺部吸滿氣，噴氣過程不可吸氣。此練法，屬鐵腿功阻截、硬度抵抗練法，主要增加兩腿骨骼、肌肉分子密度，加強硬度及皮肉堅韌性。

功成後，可腿斷木棍、抵抗外力打擊，在散手搏擊時，可提膝阻截對方左右鞭腿、阻擋正蹬腿、側踹腿，達到以剛克剛之目的（圖 7-105）。

圖 7-97　　　　　　　　圖 7-98　　　　　　　　圖 7-99

圖 7-100

圖 7-101

圖 7-102

圖 7-103

圖 7-104

圖 7-105

九、換步竄牆術練法

離高牆大約 5 米遠，然後兩腿助跑騰空，先起右腿躍起踩蹬牆壁，再快速換左腿上踩，在緊跟換右腿上踩，兩腿需快速踩牆換步 3 至 4 次上竄，同時兩手配合疾速抓住牆簷，借身體上竄慣性迅速竄躍。

根據功夫增長，再換成腿綁砂袋練習，並逐漸增加砂袋重量和牆壁高度，至到去掉綁腿砂袋，經助跑迅速蹬牆換 3 到 4 步一躍竄上 3.5 米高牆為宜（圖 7-106、7-107、7-108、7-109）。

【要領與目的】右腿騰空上竄第一步非常關鍵，上竄時一定要把氣提升到胸部，這樣會促使身體輕飄，如果第一步發揮不佳，會影響後兩步換腿效果。因此，第一步上竄要高，同時要很好藉助身體慣性，把第一步發揮好，做到兩腿換步快速、靈活、身輕如燕。此練法，不是輕功，是古代武林竄牆術。

功成後，在散手交戰時，無論進攻、躲閃，兩腿特別靈活，同時在遭遇眾敵圍堵死角時，利用此法可機智越牆突圍逃脫。

圖 7-106

圖 7-107

圖 7-108

圖 7-109

第五節　第二拳鐵拳功外功練法

一、直拳擊打練法

將裝滿鐵砂的帆布袋固定在牆上（鐵砂裝的越滿越好），然後用嘴從牙縫連吸兩口氣，同時配合吸氣快速打出兩直拳，然後再用鼻子呼氣兩次，再同時配合呼氣快速打出兩直拳，並意念兩拳堅硬如鐵將砂袋擊粹。

根據功力增長，再將 4 公分厚的木板固定在牆上（木板需用練氣功洗手中藥浸泡 24 小時後再用），轉換成打擊木板練習，木板與牆之間留 2 公分空間，然後用同樣呼吸方法配合直拳擊打練習。兩吸兩呼為一遍。

根據功力增長，需逐漸增加打擊力度和次數，每天連續擊打砂帶和木板各 100 次為宜（圖 7-110）。

【要領與目的】此練法，屬鐵拳功外功剛勁硬度及爆發力練法，主要增加兩拳面骨骼分子密度，加強硬度及皮肉堅韌度。

功成後，可寸勁連擊斷磚、重拳擊斷耐火磚，在散手搏擊時，可發揮以硬打軟之優勢，全面提升直拳打擊威力（圖 7-111、7-112）。

圖 7-110

圖 7-111

圖 7-112

二、拳背打砂袋練法

初期練習，將裝滿的綠豆袋吊掛在牆上，然後以左、右兩拳交換擊打砂袋練習，力達拳背，每打一次，同時用鼻子呼氣一次，發力擊打時，意念拳背堅硬如鐵瞬間將砂袋擊粹。

根據功力增長，再換成裝滿鐵砂的帆布袋，並逐漸增加力度和次數，專職練習，每天每拳需連續擊打 5 分鐘為宜（圖 7-113）。

【要領與目的】打砂最後一分鐘，需意念高度集中用爆發力擊打。此練法，屬鐵拳功剛勁硬度及爆發力練法，主要增加拳背骨骼分子密度、加強硬度及皮肉堅韌度。功成後，可用拳背擊斷磚（7-114），在散手搏擊時，可提高後鞭拳、後撩拳及崩拳打擊威力（圖 7-115）。

圖 7-113　　　　　　　圖 7-114　　　　　　　圖 7-115

三、負重做俯地挺身練法

意念兩拳堅硬有力，先在膠墊上負重做俯地挺身，隨著功力增長，再到木板上練習，並逐漸增加到背部負重 30 公斤砂袋連做 30 個為止（圖 7-116、7-117）。隨著功力增長，再用單臂負重在木板上練習，並且次數和重量要逐漸增加，至到單拳連做 20 個為止，左、右兩拳交換練習（圖 7-118、7-119），根據功力再增長，單拳直接在木板上連續做 20 個俯地挺身為止（圖 7-120、7-121）。

【目的】此練法，屬鐵拳功外功內勁練法，主要鍛鍊臂力、加強拳面骨骼硬度為目的，在散手搏擊時，對提高出拳衝擊穿透力有特殊效果。

圖 7-116　　　　　　　圖 7-117　　　　　　　圖 7-118

圖 7-119　　　　　　　　圖 7-120　　　　　　　　圖 7-121

四、拳倒立練習

意念兩拳堅硬有力，初期先在膠墊上雙拳倒立練習（7-122），根據功力增長，再轉換成單拳倒立練習，並開始在木板上練習，至到單拳倒立 1 分鐘為止（圖 7-123）。

【目的】此練法，屬鐵拳功外功內勁練法，是提高臂力、加強拳面骨骼硬度的高效練習方法。

圖 7-122　　　　　　　　　　　圖 7-123

五、兩拳蹦跳練法

意念兩拳堅硬有力，然後以兩拳面著地向前蹦跳，先在膠墊上練習，根據功力增長，再轉換到水泥地上練習，每天蹦跳 3 分鐘。

【目的】此練法，屬鐵拳功外功內勁練法，主要鍛鍊兩臂力量、增加拳面骨骼硬度，對提高出拳衝擊穿透力有特出效果（圖 7-124、7-125）。

圖 7-124

圖 7-125

第六節　第三拳鐵指功、一指禪外功練法

一、做俯地挺身、指撐地移走練法

意念十指堅硬有力，初期先以雙臂十指做俯地挺身練習，根據功力增長，再逐漸改用三指、二指做（圖7-126），功力再增長，再用雙臂各一指、單臂二指做（圖7-127、7-128、7-129），並且次數逐漸增加，最後用單臂二指、雙臂各一指連做10個俯地挺身為止。

也可以雙手十指撐地在膠墊上移走練習，根據功力增長，再逐漸改用三指、二指練習，功力再增長，需改換到在水泥地上行走練習，至到每手二指撐地行走20米為止（圖7-130、7-131）。

圖 7-126

圖 7-127

圖 7-128

圖 7-129

圖 7-130

圖 7-131

【要領與目的】此練法，屬鐵指鷹爪功、一指禪外功內勁練法，需持之以恆、

循序漸進增加練習次數。經常練習，會促使指部內氣暢通旺盛、不斷聚集、增加指骨分子密度，從而增加硬度、支撐壓力和抓握力度，為高級散手點穴、插擊摧毀物體打下堅實基礎。

二、一指頂磚練法

意念右手食指堅硬有力，初期先用食指將 6 塊磚頂在牆上練習，根據功力增長，需逐漸增加磚塊數量和定磚時間，至到用食指將 10 個耐火磚或 12 塊紅磚定住 20 秒為止（圖 7-132、7-133）。

【目的】此練法，屬一指禪內勁練法，經常練習，指部內氣會不斷增加、逐漸增加指骨分子密度、增強硬度和內勁頂壓力。

圖 7-132

圖 7-133

三、指倒立、支撐盤坐練法

意念十指堅硬有力，先以雙手十指撐地、身體與地面平行練習（圖 7-134），根據功力增長，兩腳再逐漸加高練習，並且逐漸改用三指、二指倒立練習（圖 7-135）。

也可雙腿盤坐，先以左、右手五指支撐身體練習，再逐漸用三指練習，至到左、右手各二指支撐起身體為止（圖 7-137）。至到單臂二指和雙臂各一指倒立 10 秒鐘為止（圖 7-136、7-138），

圖 7-134

圖 7-135

圖 7-136

圖 7-137

圖 7-138

【要領與目的】練習時，一定要集中精力、排除雜念，加重意念手指堅硬有力。初期可先在膠墊上倒立練習，雙腳要逐漸加高、時間逐漸延長。

此練法，屬一指禪、二指禪外功內勁練法，經常練習，會促使指部內氣暢通旺盛，不斷產生高能粒子、聚集指部能量、加強指骨分子密度，從而增加硬度和支撐壓力，為高級散手精確點穴、插擊摧毀物體打下堅實基礎。

四、鷹爪擰樹練法

選擇一棵與小臂一般粗的小樹，然後用右手抓住順時針擰轉，同時氣從牙縫慢吸進，再順時針擰轉，同時用鼻子將氣呼出，每擰轉一次，要加重意念將樹擰斷，一吸一呼為一遍，兩手交換練習，每天每手連續擰攪 30 遍為宜（圖 7-139）。

【要領與目的】練習時，擰轉不可太快，一定要配合呼吸用內勁慢慢擰，每擰轉一遍全身要放鬆，以保持手臂血液正常流通。

此練法，屬鐵指鷹爪功內勁練法，經常練習，十指抓握力會不斷增強，功成後，可運氣於十指，以鐵指鷹爪功將直徑 5 毫米鋼絲掐斷（7-140），在散手搏擊時，可快速完成封穴、卸骨、拿筋絕招（圖 7-141）。

圖 7-139

圖 7-140

圖 7-141

五、指插鐵砂、插砂袋練法

意念十指堅硬有力，然後先左、後右兩手指插擊桶內綠豆，同時從牙縫快速吸氣兩次，然後再插擊兩次，同時氣從鼻子快速呼出兩次，根據功力增長，再換成插擊鐵砂練習，吸氣與插擊和呼氣與插擊要同步，兩吸兩呼為一遍（圖 7-142、7-143），根據功力再增長，需改成插擊鐵砂帶練習，氣法與插擊要求與上相同。每插擊一次，意念手指將砂袋插擊穿透（圖 7-144），每天連續插鐵砂、插砂袋各 10 分鐘為宜。

【要領與目的】初期練習，一定先插擊綠豆練習，前 9 分鐘練習，兩手要放鬆插擊，後 1 分鐘要用爆發力插擊，插擊鐵砂練習，同樣後 1 分鐘要用爆發力插擊。

此練法，屬鐵指鷹爪功、一指禪外功爆發力練法，主要加強十指骨骼分子密度、硬度、指尖皮肉韌性及插指爆發速度，功成後，可插擊碎酒瓶，一指擊碎酒瓶（圖 7-145、7-146），在散手搏擊時，具有致命點擊要穴絕招（圖 7-147）。

圖 7-142　　　　　　　圖 7-143　　　　　　　圖 7-144

圖 7-145　　　　　　　圖 7-146　　　　　　　圖 7-147

六、空中抓鐵砂球練法

意念十指堅硬有力，然後左手將砂球拋向空中，在砂球下落到與胸部同高時，右手疾速將其抓住，然後右手再將砂球拋向空中，在砂球下落到雄部時，左手再疾速抓住，力達五指尖，每次抓球時，意念鷹爪五指將球抓出五個洞。按此法兩手反覆交換練習，每天練習 30 分鐘為宜（圖 7-148、7-149）。

【要領與目的】初期練習，球內可裝綠豆練習，根據功力增長，球內需裝滿鐵砂練習，同時重量也需逐漸增加，至到球內裝 7-8 公斤鐵砂準確、牢固抓住為準。

圖 7-148

圖 7-149

圖 7-150

此練法，屬鐵指鷹爪功內勁抓握練法，主要加強十指抓握力度為目的，功成後，對致命招穴、鎖筋、擒拿卸骨有特殊效果（圖 7-150）。

第七節　第四拳鐵砂掌、五毒掌外功練法

一、鐵砂掌練法

【練法一】意念兩掌堅硬有力，然後從牙縫連吸三次氣，同時先掌心、後掌背、再掌刀配合吸氣擊打砂袋，再將吸滿的氣平均分三次從鼻子呼出，同時先掌心、後掌背、再掌刀配合呼氣拍打砂袋，按此要求每天每掌連續拍打 20 分鐘為宜。

根據功力增長，需改換成拍擊鐵砂袋練習，綠豆袋和鐵砂袋裝的越慢越好（圖 7-151、7-152、7-153、7-154)。

【要領與目的】每吸一次氣和每呼一次氣一定與掌每次拍打砂帶同時完成，呼吸與掌拍打節奏不可混亂，並且每一次拍打都要集中意念：一掌將砂袋拍擊粉碎。同時注意：在掌拍打前 18 分鐘要放鬆拍打練習，後 2 分鐘要用爆發力拍打練習，不論放鬆或爆發力拍打，都要逐漸加大拍擊力度。此練法，屬鐵砂掌剛勁爆發力練法，經常練習，可增加全掌骨骼及皮肉分子密度、提高硬度與韌性，對散手搏擊有巨大威力。

圖 7-151

圖 7-152

圖 7-153

圖 7-154

【練法二】以散手警戒式面對吊掛的綠豆砂袋，然後先以嘴吸氣，同時用右掌砍擊砂袋，再用鼻子將氣呼出，同時再用掌心扇擊砂袋，意念一掌將砂袋擊打粉碎，按同樣的練法，兩掌交換練習，根據功力增長，需改換成用鐵砂袋練習，並且逐漸加大打擊力度，每天每手需連續擊打 10 分鐘為宜（圖 7-155、7-156）。

【要領與目的】每次出掌發力，一定與吸氣或呼氣氣法配合好，這樣才會產生最佳效益。此練法，屬鐵砂掌剛勁爆發力練法，主要以增加兩掌骨骼分子密度、硬度、皮肉堅韌性及散手掌法爆發速度。

圖 7-155

圖 7-156

二、五毒掌練法

在清明節取井底泥 20 斤，放入砂缸儲存，再到端午節，取赤蛇、壁虎、癩蛤蟆、蜘蛛、蜈蚣各一條，用木槌搗爛，越爛越好，再與 10 斤鐵砂、5 斤青銅砂、10 斤白醋、5 斤燒酒共同放入泥中拌勻，使其自然烘乾，然後裝入布袋，按以上兩種鐵砂掌練法拍打練習。

【要領與目的】因布袋內泥砂有巨毒，兩手皮肉損傷或出血時易被吸收中毒，因此禁止練習。鐵砂掌練完功後，一定用鐵砂掌中藥秘方浸泡洗手，以保證消毒、消腫、長功（見本章第八節洗手秘方）；五毒掌練完功後，一定用五毒掌中藥秘方浸泡洗手，以保證消毒、消腫、長功（見本章第八節洗手秘方）。用五毒掌砂袋練功，功力增長會更快；摧毀力會更大，但有中毒風險，需嚴密謹慎。

不論練鐵砂掌或五毒掌，只要按要求苦練，均能練成，功成後，可掌扇斷磚、掌拍斷磚、氣壓斷磚、掌背斷磚、拍釘入木等，在散手搏擊時，具有致命打擊威力（圖 7-157、7-158、7-159）。

圖 7-157

圖 7-158

圖 7-159

第八節 第五拳鐵肘功外功練法

一、兩肘移走練法

意念兩肘堅硬有力，先以兩肘撐地原地不動練習，然後再向前移走練習，再翻身面朝上向前、後移走練習，初期先在膠墊上練習。根據功力增長，需轉移到水泥地上練習，三種方式交換練習，每天每種練法各練 5 分鐘為宜（圖 7-160、7-161、7-162）。

【要領與目的】移走時，要信心充足、集中意念兩肘特別堅硬有力。俯走或仰走，大約在 10 米距離往返運行為宜。

此練法，屬鐵肘功外功內勁練法，主要透過壓肘、移走方式，增加兩肘骨骼分子密度、表皮堅韌性，從而提高硬度，對發揮各種肘法打擊特別有益。

圖 7-160

圖 7-161

圖 7-162

二、砸肘、盤肘練法

把鐵砂袋放在桌子上，然後用嘴吸氣兩次，同時先左、後右肘砸擊砂袋，然後

再將氣從鼻子分兩次呼出，同時再先左、後右肘砸擊砂袋，念意兩肘堅硬有力將砂袋擊碎，每天左、右兩肘各砸擊 5 分鐘（圖 7-163、7-164）。

再把鐵砂袋固定在牆上或樹上，先用嘴吸氣兩次，同時配合每一次吸氣以盤肘先左、後右撞擊砂袋，然後再用鼻子分兩次將氣呼氣，同樣再配合盤肘撞擊砂袋兩次，力達肘部尺骨端，意念兩肘堅硬有力，迅速將砂袋撞擊粉碎，每天連續盤擊 10 分鐘為宜（圖 7-165）。

【要領與目的】吸氣和呼氣，定要與每次砸肘、盤肘發力同步進行，氣法與盤肘發力不可混亂。

此練法，屬鐵肘功外功剛勁練法，經常練習，會不斷增加肘部骨骼分子密度、硬度和表皮堅韌性，從而提高各種肘法撞擊力度。

圖 7-163

圖 7-164

圖 7-165

三、後搗肘擊砂袋練法

把鐵砂袋固定在牆上或樹上，背對砂袋，然後以散手後搗肘猛力搗肘擊砂袋，同時氣從鼻子呼出，意念肘堅尖堅硬有力瞬間將砂袋擊碎，左、右兩肘交換練習，每天每肘連續搗擊 10 分鐘為宜（圖 7-166）。

【要領與目的】每搗擊一肘，要轉腰看肘，並且與呼氣同時完成。此練法，屬鐵肘功外功剛勁爆發力練法，主要以增加肘骨硬度和表皮堅韌性為主。

按以上四種肘法嚴格練習，功成後可達：後搗肘斷耐火磚、盤肘撞擊斷木棍、砸肘斷磚，在散手搏擊時，不論使用何種肘法，都具有致命打擊威力（圖 7-167、7-168、7-169、7-170）。

圖 7-166

圖 7-167

圖 7-168

圖 7-169

圖 7-170

第九節　第六拳鐵膝功外功練法

　　以散手側撞膝撞擊砂袋，每撞擊一次與氣從鼻子呼出同時完成，並意念一膝將砂袋撞碎。左、右兩膝交換練習，每天每膝連續撞擊 5 分鐘為宜（圖 7-171、7-172）。

　　【要領與目的】一定按散手側撞膝技術撞擊。此練法，屬鐵膝功爆發力練法，主要以增加膝部硬度、表皮堅韌性及撞膝爆發速度為主。

　　功成後可正撞膝、側撞膝撞擊斷木棍、斷耐火磚，在散手搏擊時，具有致命打擊威力（圖 7-173、7-174、7-175）。

圖 7-171

圖 7-172

圖 7-173

圖 7-174

圖 7-175

第十節　第七拳鐵臂功外功練法

一、臂擊鐵砂袋練習

把鐵砂袋固定在牆上，分別以小臂內側、外側、尺骨三個部位擊打砂袋練習，每擊打一次，同時將氣從鼻子呼出，意念小臂堅硬有力將砂袋擊碎，左、右兩臂交換練習，每天每部位連續擊打 5 分鐘為宜（圖 7-176、7-177、7-178）。

【要領與目的】每次擊打與呼氣定要同時完成。此練法，主要增加小臂硬度、爆發了為主。

圖 7-176

圖 7-177

圖 7-178

二、臂擊樹木練習

意念兩小臂堅硬有力，然後用嘴連吸兩口氣，同時先左後右擊打樹木，再將氣從鼻子兩次呼出，同樣先左後右擊，每擊打一次意念將樹木瞬間擊斷。兩吸兩呼循環練習，每天連續擊打 10 分鐘為宜（圖 7-179、7-180）。根據功力增長，要逐漸加大擊打力度。

【要領與目的】一定要循序漸進用力練習，不可蠻練。

此練法，屬鐵臂功爆發力練法，主要以增加小臂骨骼分子密度、硬度、表皮堅韌性及爆發力為主。

圖 7-179

圖 7-180

三、兩人碰臂練習

兩人各用嘴連吸兩口氣，同時先左後右以小臂內側碰臂練習，再將氣從鼻子分兩次呼出，再先左後右碰臂兩次，兩吸兩呼循環練習，然後再按同樣要求改換成用小臂外側碰擊練習，每天內、外側各碰擊 10 分鐘為宜（圖 7-181、7-182、7-183、7-184）。

【要領與目的】發力與氣法一定配合好，按以上三種臂法嚴格練習，功成後可達：臂截斷木棍、臂擊斷木棍、斷鋼棍，在交戰時，可迅速阻對方臂或腿，達到以剛克剛之目的，同時在擒拿、摔法中對鎖臂、鎖腿、鎖頸都有特殊效果（圖 7-185、7-186、7-187、7-188、7-189）。

圖 7-181

圖 7-182

圖 7-183

圖 7-184

圖 7-185

圖 7-186

圖 7-187

圖 7-188

圖 7-189

第十一節　第八拳鐵頭功外功練法

一、頭倒立負重練法

意念頭頂如似鋼球一般堅硬，然後先兩手扶地頭頂地在膠墊上倒立練習，倒立時，必須閉嘴、舌抵上齶，鼻吸鼻呼，隨功力增長再鬆開兩手練習，根據功力再增長，兩手再握啞鈴練習，至到每手各握一個 15 公斤啞鈴堅持倒立 30 秒鐘為止，每天可反覆練習幾次，根據功力再增長，可轉移木板或水泥地上練習，最後可在直徑 5 公分鐵柱上倒立練習，然後再逐漸縮小鐵柱直徑，至到兩手各握一個 10 公斤啞鈴，在直徑 2 公分鐵柱上倒立 10 秒鐘為止，高級鐵頭功內勁則大功告成（圖 7-190、7-191）。

【要領與目的】練習時，要逐漸加重練習。此練法，屬鐵頭功內勁練法，主要以增加頭蓋骨分子密度、厚度、硬度和皮肉堅韌性為目的，同時對提高加強頸部支撐力有特殊效果。

圖 7-190

圖 7-191

二、砂袋、木板擊頭練法

意念頭頂堅硬有力，然後右手握綠豆袋對準頭頂砸擊，每砸擊一次，同時用鼻子噴氣一次，根據功力增長，再兩手拿木板擊打頭頂練習，每砸擊一次，集中意念頭頂堅硬無比，將木板頂撞粉碎，兩種方式每天各練習 5 分鐘為宜。

根據功力增長，需逐漸加大擊打力度，至到用木板連續砸擊 1 分鐘毫無疼痛為宜（圖 7-192、7-193）。

【要領與目的】綠豆袋裝的越滿越好，尺寸為 15 公分乘 15 公分，木板用長 40 乘 20 乘 4 公分白松木最佳，並用鐵砂掌洗手中藥浸泡 24 小時後再用。

圖 7-192

圖 7-193

此練法，屬鐵頭功剛勁練法，經常練習，可增加頭蓋骨分子密度、厚度、硬度、皮肉堅韌性及抵抗外力擊打。

三、頭撞木板練法

將長 50 公分、寬 30 公分、厚 5 公分白松木板，用鐵砂掌洗手中藥藥浸泡 24 小時後固定在牆上，木板與牆之間留 2 公分空隙，然後用頭頂撞擊木板，每撞擊一次，同時用鼻子噴氣一次，並加重意念一頭將木板撞擊粉碎（圖 7-194）。

根據功力增長，需逐漸加大撞擊力度和次數，每天需連續撞擊 5 分鐘。

此練法，屬鐵頭功外功剛勁練法，主要以加強頭蓋骨分子密度、厚度、硬度和皮肉彈性為目的。

【要領與目的】撞擊時，要閉嘴、咬齒、舌抵上齶、五官內收、提肛、十趾抓地，噴氣要有爆發響聲。經常練習，可加強大腦防震效果，提高爆發撞擊力和抵禦力。

按以上三種方法苦練，功成後可達：頭撞擊斷石碑，撞擊斷木棍，頭斷木棍，騰空頭開磚等功夫（圖 7-195、7-196、7-197、7-198），在散手搏擊時有致命打擊威力（圖 7-199）。

圖 7-194

圖 7-195

圖 7-196

圖 7-197

圖 7-198

圖 7-199

第十二節　第九拳鐵肩功外功練法

　　將綠豆袋吊起，然後助跑騰空以肩撞擊砂袋，同時用鼻子發出「哼」聲，意念肩部堅硬有力將砂袋撞擊粉碎，然後再轉移到撞牆練習，氣法相同，兩種方法兩肩交換練習。

　　根據功力增長，需逐漸加大撞擊力度，每天每肩需連續撞牆、撞砂袋各 10 分鐘（圖 7-200）。

　　【要領與目的】撞擊整個肩、臂都要繃緊，發聲噴務必與撞肩發力同時完成。此練法，屬鐵肩功外功剛勁練法，主要以加強肩部硬度和爆發撞擊力為目的

　　按以上方法嚴格練習，功成後可達：肩撞斷木棍、騰空撞擊斷石碑，在擒拿卸骨、貼身近戰時有獨特明撞暗擊作用；在地趟摔時有意想不到的暗擊效果（圖 7-201、7-202）。

圖 7-200

圖 7-201

圖 7-202

第十三節　第十拳鐵胯功外功練法

一、撞牆練法

　　兩腿微曲站立，背對牆壁，兩腳離牆約 30 公分，意念後胯堅硬有力，然後撞擊牆壁（也可以撞擊木板和砂袋），同時氣從鼻子噴出發出「哼」聲，意念將牆壁撞進一個洞，根據功力增長，要逐漸加大撞擊力度，每天需連續撞擊 15-20 分鐘（圖 7-203、7-204）。

　　【要領與目的】撞擊時，要閉嘴、咬齒、舌抵上齶、提肛、十趾抓地、全身繃緊，集中意念後胯堅硬有力。

　　此練法，屬鐵胯功外功剛勁練法，經常練習，可增加胯部肌肉分子密度、提高寸勁爆發撞擊力。

　　功成後可達：鐵胯向後撞擊斷石碑、斷木棍，在貼身近戰時有獨特暗擊作用；在地趟摔倒後時，有意想不到的致命坐襠絕招（圖 7-205）。

圖 7-203

圖 7-204

圖 7-205

第十四節　金鐘罩、鐵布衫外功練法

一、砂袋擊打、撞樹練法

　　意念胸部堅硬有力，然後左、右胸交換撞樹練習，每撞擊一次，意念將樹撞擊倒地，同時用鼻子將氣噴出，根據功力增長，需逐漸加大撞擊力度和次數（圖 7-206、7-207）。

　　兩腿高勢馬步站立，兩手各握一個綠豆袋做準備（圖 7-208），綠豆袋 15 乘 15 公分，綠豆裝的越滿越好，意念上身堅硬有力，然後用嘴將氣吸滿，再用鼻子將氣噴出，同時右手砂袋擊打左腋下（圖 7-209），然後再吸氣，再噴氣，再用左手砂袋擊打右腋下（圖 7-210）。

按此氣法要求和順序再從胸兩側上面左、右鷹窗穴向下沿直線擊打各 5 次，最後再從胸部上面華蓋穴開始向下沿任脈擊打 5 次到關元穴為止，每擊打一次，都要集中意念被擊打部位堅硬有力。

按照上述要求順序，有規律的反覆循環擊打上軀表明的白色點（參看圖 7-211），至到每天連續擊打 20 分鐘毫無疼痛為宜。

【要領與目的】每擊打一次，一定要閉嘴、咬齒、舌抵上鰐、提肛、十趾抓地、爆發噴氣大膽頂撞砂袋，絕不能懼怕畏縮，因為懼怕氣力不足、不通。

這兩種練法，屬金鐘罩、鐵布衫練外功擊打練法，經過撞擊刺激身軀，內氣會更加充盈，外部會更加強壯，在散手搏擊時，會更加有效的抵禦對方拳腳打擊。

圖 7-206　　　　　　　　圖 7-207　　　　　　　　圖 7-208

圖 7-209　　　　　　　　圖 7-210　　　　　　　　圖 7-211

二、後背撞牆練法

兩腿微曲站立背對牆，兩腳離牆 20 公分，然後用嘴吸氣，同時兩手臂升至與肩同高，再下落經腹前向上舉至於頭上方，再下落至胸前突然下蹲成低勢馬步，兩臂在胸前交叉，兩拳緊握，拳心朝下，同時閉嘴、閉氣（圖 7-212、7-213、7-214、7-215）。

然後用脊背向後撞擊牆壁，同時氣從鼻子噴出，意念脊背堅硬有力將牆壁撞擊粉碎（7-216），並藉助撞擊反彈力迅速將身體頂彈回位，然後全身放鬆。

根據功力增長，需逐漸加大撞擊力度、逐漸加大兩腳與牆壁的距離，至到兩腳與牆壁相距半米連續撞擊毫無疼痛為止。

【要領與目的】每次撞擊要低頭、頸部繃緊、兩肩前扣，盡量使背部成圓形，從而減少與牆撞擊面積，噴氣與撞擊一定同時完成。按此法經常練習，會震動刺

激、按摩五臟六腑，內氣會更加充盈，外部會更加強壯，對增加背部骨骼硬度、提高肌肉彈性有特殊效果。

以上是金鐘罩、鐵布衫外功三種練法，功成可經多人拳打腳踢（圖 7-217）、身軀前後左右斷木棍，在散手搏擊時會更加有效的抵禦拳腳打擊，從而達到保護自己為目的。

圖 7-212

圖 7-213

圖 7-214

圖 7-215

圖 7-216

圖 7-217

警拳道十拳武器及一指禪、金鐘罩、鐵布衫內氣與外功練法，其內含深奧，不易用文字全部表達清楚，因內在的武道拳理層層遞進，膽量、意志、信心環環相扣，不深入高級難以理解清楚。所以，在實踐練習時需深度體悟，逐漸從生找到熟；從熟找到巧；再從巧找到其中之妙，歷經身臨其境練習過程，就能逐漸精通掌握。如果思維達到一定境界、身體素質達到一定層次，自 16 歲開始練習，按這些方法經過三、五年苦練，就能大功告成，若其中之一素質欠佳，則一生徒勞都難以成功，但只要練，身體就會強壯、功力就會提高。

第十五節　拍打散火練法

【註】外功練完需用鐵砂掌洗手中藥浸泡頭、手、臂、腳，若練五毒掌，需用五毒掌洗手中藥浸泡，每個部位需浸泡 20 分鐘，浸泡方法見本章第十七節《中藥消毒及固氣秘方》。

一、拍打脊背散火

兩腿微屈彎腰 90 度，全身放鬆，讓另一人用雙手，先從兩肩後部外側開始向下分 5 次拍打至後胯，然後再從兩肩後部正中開始向下分 5 次拍打至後胯，最後用一隻手從大椎穴向下沿陽經（脊柱）向下分 5 次拍打至尾骨。

二、拍打前驅散火

兩腿微屈站立，全身放鬆，然後用右手從左腋開始向下連續拍打 5 次，再從左胸部上邊開始向下分 5 次拍打，然後再用左手從右腋下向下連續拍打 5 次，再從右胸部上邊向下分 5 次拍打，最後兩掌從陰經（督脈）華蓋穴開始，向下連續拍打 5 次至小腹關元穴為止。

三、拍打兩臂散火

全身放鬆站立，右臂伸直與肩同高，然後左手從大臂上端開始向下分 5 次拍打至掌背，右臂四個面，都要從上到下拍打，然後再換右手，按同樣方法拍打左臂。

四、拍打兩腿散火

全身放鬆彎腰站立，然後用雙手從左大腿上端兩側向下拍打 5 次至膝部，再向下拍打小腿兩側 5 次至腳腕，然後再從大腿上端前後開始向下拍打 5 次至膝部，再向下拍打小腿前後 5 次至腳腕，最後一掌拍打腳背。

五、拍打要領

每次練完功外功，按以上方法，連續拍打全身三遍為佳，拍打感覺有點疼痛、表皮發紅效果最佳，若輕輕拍打則無效果，需準確把握拍打力度。

六、練外功後的症狀

出現局部肌肉酸脹、關節僵硬不靈等現象，這是功力增長、生理反應必然出現的過程，隨著內氣和外功的增長，以後會逐漸轉變到物理生化調整變化狀態。為儘快解除這些現象，就需要最快、最方便的拍打散火方式來解決。

經過全身拍打，全面刺激各穴位及經脈、淋巴系統，會促使人體氣血更加暢通，從而解除身體局部撞擊後的肌肉腫脹、痠痛，達到儘快恢復體力和減輕疲勞的效果，同時經過拍打刺激震動，會促使各關節內產生新的潤滑液，達到關節保持靈活之效果，其良性效益非常明顯，這是物理震撞和刺激穴位帶來的特殊效果。因此，練完外功後，必須進行拍打散火。

還有如發現小便淡紅，需暫時停止練功，這是練功動作不準確的後果，不會有什麼大問題，到中藥店買金針菜（黃花菜）泡水喝，幾天後會一切正常。

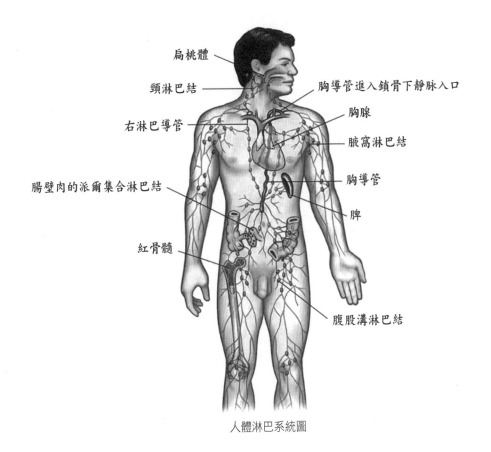

扁桃體

頸淋巴結

右淋巴導管

腸壁肉的派爾集合淋巴結

紅骨髓

胸導管進入鎖骨下靜脉入口

胸腺

腋窩淋巴結

胸導管

脾

腹股溝淋巴結

人體淋巴系統圖

第十六節　時辰點穴封穴固氣手法

> 苦練數載把功換
> 功久在身靠穴點
> 全身儲功隨時用
> 練功不存終遺憾

　　點穴固氣，是中華千古武術之魂寶，乃至武林一絕，堪稱武林秘籍之一。武術氣功，不論哪一種功夫練到爐火純青高境界時，為了長久保持一定的功力，需要在不同時辰對不同穴位進行不同程度點壓刺激。經過點穴固氣，會促使體內進行各種反應，氣血會更加旺盛，體內所練出的高能粒子會更加活躍，生命力會更強，同時會不斷反映體現到人的體外來，人這個有機生命體，內、外就特別強健，就會大大加強爆發摧毀力和抵抗防禦力。

　　點穴固氣，等於為這些高能粒子進行維護保養、注入了永久食量，從而保持健康、長久儲存在每個細胞之中，時刻準備待命去完成它的任務。

　　點血固氣，是古代武林一大絕密，分文點和武點兩種。在行使手法時，不但要

精確把準時辰，而且輕重力度要恰到好處，其點穴過程嚴肅之極。文火點穴，要輕柔，對方感覺舒適為宜；武火點穴，需用內勁壓力和爆發力點擊，對方雖有巨疼感，但需能忍受為宜，力度要精確把準。如果力度過輕，則不會有效果；如果力度過重，輕者則會造成經脈損傷，重者易致殘或致命。因此，點穴固氣，利弊並存，適宜，則益身、固氣、救命；重點，則損經、破氣、致命，宇宙相生相剋的理，在對人體點穴中也會體現出來。所以，精準把握時辰、巧妙行使手法，才能達到點穴固氣之目的。

點穴固氣，猶如把糧食入倉、水進水庫、輪胎充氣一樣，等灌滿後，把開關、倉門一關就保存起來了，何時用，隨便一開就來，大概就這個意思。但還是有區別，對點穴固氣來說，不是永久，而是長久，二者概念不同。也就是說，如果在一定時間內不練功或少練功，功力還會有，能保持很長時間，但不是永久不練功就能保持功力的，這一點作為練武之人一定要搞清楚。

點穴時間

中國按北京時間，國際按所在國當地時間計算，從早上辰時 7 點鐘開始，到次日早上卯時 7 點鐘結束。

點穴前準備

在點穴前，被點者先做內氣收勢「金猴抱月」50 次。

一、辰時點穴：7-9 點（主穴：百會穴，附穴：聽宮穴）

【文火點穴手法】被點穴者，盤腿打坐在地上，先用兩手中指同時輕揉左右聽宮穴九次。

【武火點穴手法】運氣於兩手拇指，同時用兩指尖用力點住百會穴約二分鐘，然後放鬆，再用力連續下點壓九次結束。整個武火點穴時，對方會有疼痛感覺，至到能忍受為宜。

二、巳時點穴：9-11（主穴：啞門穴，附穴：聽宮穴）

【文火點穴手法】被點穴者，盤腿打坐在地上，先用兩手中指同時輕揉左右聽宮穴九次。

【武火點穴手法】運氣於兩手拇指，同時用兩指尖用力點住啞門穴約二分鐘結束，對方感覺疼痛、能忍受為宜。

三、午時點穴：11-13 點（主穴：睛明穴，附穴：太陽穴）

【文火點穴手法】被點穴者，放鬆坐在椅子上，先用兩手中指同時輕揉左右太陽穴九次。

【武火點穴手法】運氣於右手拇指、食指，然後兩指尖同時點住左右睛明穴約二分鐘結束。整個點穴過程，對方會感覺疼痛、頭脹、兩眼流淚，至到能忍受為宜。

四、未時點穴：13-15 點（取主穴：譩譆穴）

【武火點穴手法】被點穴者，全身放鬆站立，然後運氣於右手五指，以五指撮攏指尖為力點，先用力速點左譩譆穴（在後背第七和第八肋骨之間，脊柱外開 3 吋）九次，再用力速點右譩譆穴九次，對方感覺疼痛為宜。

五、申時 15-17 點（取主穴：肩井穴）

【武火點穴手法】被點穴者，盤腿打坐在地上，運氣於兩手拇指，同時用力各點住左、右肩井穴一分鐘，然後再連續猛點九次，此點穴過程，對方感覺疼痛、能忍受為宜。

六、酉時 17-19 點（取主穴：湧泉穴）

【武火點穴手法】被點穴者，跪臥在床上，運氣於兩手拇指，同時用力點壓左、右湧泉穴一分鐘，然後再連續猛點九次，對方感覺疼痛、能忍受為宜。

七、戌時 19-21 點（取主穴：左右陰、陽陵泉穴）

【武火點穴手法】被點穴者，坐在椅子上，運氣於左、右手拇指和食指，然後同時用力掐住左、右陽陵泉和陰陵泉穴一分鐘，再猛力同時掐點九次，對方感覺疼痛、能忍受為宜。

八、亥時 21-23 點（取主穴：會陰穴）

【武火點穴手法】被點穴者，俯臥在床上（若女生需有第三者在場），運氣於右手食指，然後用力點住會陰穴約一分鐘，再練習猛點九次，對方感覺疼痛、能忍受為宜。

九、子時 23-25 點（取主穴：左、右鷹窗穴）

【武火點穴手法】被點穴者，放鬆站立，運氣於右手五指，以五指撮攏指尖為力點，先用力速點左鷹窗穴九次，再速點右鷹窗穴九次，對方感覺疼痛、能忍受為宜。

十、丑時 1-3 點（取主穴：左、右乳根穴）

【武火點穴手法】被點穴者，放鬆站立，運氣於右手五指，以五指撮攏指尖為力點，先用力速點左乳根穴九次，再速點右乳根穴九次，對方感覺疼痛、能忍受為

宜。

十一、寅時 3-5 點（取主穴：左、右環跳穴）

【武火點穴手法】被點穴者，放鬆俯臥在床上，運氣於左、右手拇指，同時用力點住左、右環跳穴一分鐘，然後再同時速點九次，對方感覺疼痛、能忍受為宜。

十二、卯時 5-7 點（取主穴：中庭、丹田穴，附穴：天突）

【文火點穴手法】被點穴者，仰躺在床上，先用食指輕揉天突穴九次，再用食、中指連續輕點九次。

【武火點穴手法】運氣於右手五指，以五指撮攏指尖為力點，先用爆發力速點中庭穴（在膻中穴下一寸處）九次，再速點丹田穴九次，對方感覺疼痛、能忍受為宜，最後雙掌重疊，稍用力先順時針揉壓丹田穴九次，再逆時針揉壓九次結束。

第十七節　中藥消毒及固氣秘方

一、鐵砂掌洗手消毒秘方

生草烏、生川烏、狼毒、細辛、青皮、大黃、皂角各 50 克，穿山甲、三七各 15 克，川椒 20 克，紅花 55 克，以上比例為一付藥。

【洗燙方法說明】將一付藥碾壓粉碎成黃豆粒一般大小，然後拌勻，初期前一個月練功，可將一付藥分成五份使用為最好，以後可平均分成七到十份使用。練完功後，將一份放入五斤水中煎熬大約五分鐘，待溫度適應後浸泡頭頂、手臂、肘、小腿、腳部位，每個部位需浸泡二十分鐘為佳。

浸洗途中藥水變涼，要重新煎熱再洗。每份可連續用三天，然後再換新藥，功成點穴固氣後，可停止用藥。此藥有劇毒，但對浸泡身體大有益處，對跌打損傷有治療作用。

在練功中，如果手、腳有輕微的破皮，繼續用藥浸洗不會有問題，十一位中藥是專門用來幫助練功的，其功能與作用是：經過燙洗汗毛孔擴張，藥物成分會滲入體內，起到固功、固氣、消腫、消毒、加強氣血流通、幫助骨骼堅硬、增強肌肉表皮彈性、快速增長功力之作用，同時維護練功部位不會造成出現老繭、死皮之後果，因為老繭不通氣血，對強身健體、散手打擊及摧毀物體非常不利。所以，練外功後一定要用中藥浸泡。

【特別注意】以上十一味中藥，其中有五味內含巨毒，嚴禁入口，一旦入口喝

下會有生命危險，因此，一定要嚴密保管儲存。

二、五毒掌洗手消毒秘方

側柏、華水蟲、乾薑、防風、白蒺藜、白細辛、荊芥、白鮮皮各 15 克，歸尾、銀華、黑芝麻、陽起石、小牙皂、白朮各 10 克，斑蝥 250 克，川連、元參、各 4 克，石灰、指天椒各 400 克，鐵砂 20 克，以上比例為一付藥。

【洗燙方法說明】將以上各藥碾壓粉碎成黃豆粒一般大小，再拌勻分成十五等份，使用時，將一份放入五斤水中煎熬大約五分鐘，然後再將鐵砂和石灰共同炒熱放入藥水中，待溫度適應後，浸泡兩手二十分鐘。

浸洗途中藥水變涼，要重新煎熱再洗。每份可連續用三天，然後再換新藥，功成點穴固氣後，可停止用藥。

此藥具有固功、固氣、消腫、消毒、加強氣血流通、增強肌肉表皮彈性、快速增長功力之作用，同時維護練功部位不會造成出現老繭、死皮之後果。所以，練完外功後，要用此藥浸泡兩手。

三、固氣秘方

【秘方一】山萸肉、山藥各 20 克，黨參、五味子、熟地黃各 15 克，茯苓、澤瀉各 10 克，丹參、伸筋草各 12 克，叩青皮 6 克。

【用法】將 10 味中藥，用水煎服，每天內服一次，常服歸經補氣、固氣。也可將 10 味中藥研成細末，用蜂蜜調成蜜丸，每個 10 克，每天早飯前服 3 粒，常服歸經補氣、固氣。

【秘方二】酒泉歸、酒川膝、魚膠、虎骨、兔絲餅、枸杞、斷續、補骨脂各 700 克，炒蒺藜 50 克，炒蟹黃 400 克。

【用法】將以上 10 味藥研成細末做成小蜜丸，每個 15 克，練功前黃酒沖服一個，可強筋壯骨、增力、固氣。

第十八節 實戰運氣用功奧秘

何為運氣？運氣就是用功；就是把體內積蓄的能量，集中調動到一個部位進行撞擊摧毀或抵擋防禦。功，是何物？功，就是由內氣、外功練習，體內聚集成的一種能量，這種能量成份就是一種高能量物質，在物理學上稱為高能粒子，它在另外空間產生形成、運行，儲存在體內每個細胞之中，它如似一兵一卒，時刻準備待命出征迎戰。

在散手進攻、打擊物體或抵抗外力時，受命於大腦指揮，以不同氣法為引子；以全身經脈、經絡為通道，經過血液輸送傳遞，在另外空間運行，速度特快，與意念速度同步，一旦迎戰，瞬間會轉換成帶電粒子，毫不猶豫衝鋒陷陣奔向力達部位，以全面充實加強這個部位的硬度。

只要攻，就撞擊摧毀；只要阻截防禦，就封穴閉氣抵抗外力打擊，在散手搏擊中時刻扮演矛和盾去完成摧毀撞擊、抵抗使命。這就是「功」這個帶電粒子產生的強大威力。體內練出的高能粒子密度越大，用功時放出的帶電粒子就越強；功力就越高；撞擊力就越大。

武術氣功運氣，自古就帶有神秘感。運氣用功時，有一個先決條件，就是首先要意識清楚、高度集中、自信特強、放開膽量加合理的氣法，五者缺一不可。特別是要放膽，膽量越大，體內微觀粒子越興奮、越勇，都會爭先恐後跟隨意念疾速奔向一個目標，因為氣從膽裡出，力從膽裡發，沒有足夠的膽量，功這些高能粒子就會畏縮不動，即使動，也是微弱稀少的，並且功的運行通道也會嚴重堵塞，迫使這些高能粒子難以正常通行，在數量及質量上會嚴重降低，從而直接影響功力大小、阻礙拳腳爆發力和抵禦能力，其弊病帶來的後果等於是功力死亡。可見，在運氣用功時，膽量是多麼至關重要。

現實運氣用功，既簡單又複雜，所謂簡單，就是如果功力達到高級爐火純青時，可隨心所欲就來；複雜的是，對一個功力淺薄者來說，意念、視覺、氣法、動作、發力要同時完成，確實是一件複雜的事情。

例如：對一個功力訓練有素者來說，在以鞭腿強攻踢擊對方時，帶電粒子會同時到達整個小腿和腳部，以此扮演著鋒矛利箭的角色，會產生強大的撞擊力，損傷或致命對方；

又如：若遭對方出其不意的攻擊章門要穴，在躲閃或阻截不能迅速完成的情況下，可疾速以內氣封穴閉竅，帶電粒子會隨意念同時到達章門穴，在體表迅速形成保護網，以此充當盾牌的角色，從而達到金鐘罩鐵布衫抵抗防禦之目的，可迅速保護內臟器官安全。

對上述兩例來說，無論進攻或是抵擋防禦，對一個訓練有素者來說，運氣用功就是這麼簡單，隨意念同步完成。但這個簡單，卻是來自於背後艱苦紮實的苦練，是膽、意、眼、聲、氣、力、動作整體發揮、妙用的結果。相反，不能同步完成這些內、外因素，帶電粒子就無法同時到達力達部位，攻防效果就會欠佳，威力就會減少，甚至直接失敗，運氣用功就沒有那麼簡單。

再者，通常運氣強攻時，需從牙縫發出「呔」聲，或閉嘴從鼻子發出「哼」聲，在運氣抵擋防禦時，需瞬間同時閉嘴、咬齒、提肛、收縮丹田，氣從鼻子噴出，二者需嚴格遵守正確氣法，運氣用功才能達到最佳效果。

在此需要講明的是：在散手搏擊時，不需要做一些手、腳舞動動作，此舉沒有任何用途。因為，在激烈的散手搏擊時，隨著拳腳打出，功會在另外空間隨拳腳打

出而同步到達，若去手舞足蹈去運氣，等於自殘。因為，在激烈的散手交戰時，雙方出招都非常快，在出其不意、聲東擊西、指上打下、前虛後實等打法中，變化無常，意想不到，對方千方百計恨不得一招解決問題，怎能有時間去手舞足蹈運氣？這不是有意在給對方製造進攻時機嗎？豈不是自殘？

所謂的運氣動作，只是在功力比賽或表演時，為吸引別人的好奇心和注意力而採取的一種藝術手段，此舉，對運氣毫無關係。所以，只要訓練有素，功力過硬，功就會自然充滿全身，只要用，隨心所欲就來，與意念同步發出。運氣之秒、用功之理，就在於此。

第八章

警拳道第七步訓練
——模擬交手

高效技術千百驗
身臨其境絕招選
戰前模擬必過關
捕捉精髓益實戰

　　散手模擬練習，是警拳道第七步訓練，是實戰前的最後一步練習，其形式已接近實戰，如似軍事演習一樣，從中尋找最先進、最有實戰效益的戰術戰法及各種武器巧妙配合使用，以此達到以最強火力來制勝對方，為未來實戰積累豐富的經驗。

　　散手交戰一樣，同樣需要靈活機動的戰術戰法、技術，來指導人身十拳武器在長、中、短距離及各種打法、摔法、擒拿卸骨、反擊刀槍時的巧妙配合使用，在不斷模擬交手中，從中找到最佳發揮時機，以驗證出最快、最直接、最有殺傷力的具體制勝招法。所以，反覆模擬練習，就成了唯一挖掘、捕捉這些技擊精髓的辦法。

　　警拳道具體模擬交手訓練分：徒手技術模擬練習、綜合自由搏擊模擬練習、擂台對抗模擬練習、一人對多人模擬練習、反擊凶器模擬練習、器械擊法模擬練習、點穴模擬練習。

　　搏擊，是一項保存自己打擊對方的強力技術；是經過戰術、戰法、具體技術在人與人反覆交手練習中研究挖掘出來的一些制敵絕招，其招法豐富、千變萬化，具有一招制敵之神效。

　　散手實戰經驗告訴我們：只有人與人反覆模擬交手練習，交戰本能才能得到開發；威力高效的制敵絕招才能從中驗出；才能捕捉到真正的散手交戰秘籍。為此，模擬反應練習，成了練散手技擊不可缺少的關鍵一課。

　　其實，不管任何拳術、器械套路內含有多少招法，都必須把每招單獨拿出來進行反覆模擬練習，同時還要把每招的力達部位練上功力，只有這樣，才能達到最佳打擊效果。否則，單憑拿套路中的招法進行交戰，這只能在底層散手交戰時有效，絕不會達到高境界制敵效果。

　　因此，警拳道套路內含招法及所有散手技術，都要經過模擬交手這一關，在各種打法、摔法、擒拿卸骨、點穴中毫無保留的大膽發揮，這是集中優勢精力精煉一

招、對每項技術千錘百煉、純鋼鍛打、嚴格把關、精心篩選、反覆驗證的強化訓練手段，從而證實某項技術是否可行、是否有真正的打擊威力、是否有快速制敵的效果，可從中淘汰劣術、保留精髓，為將來實戰驗證出真正的克敵制勝絕招。

　　警拳道散手技術豐富眾多，因篇幅問題，在本章訓練解讀中不能一一展現，只選擇部分實例解釋，讓習練者明白訓練方法為目的。在真正具體練習時，需把警拳道所有散手技術、器械擊法，全部進行模擬練習。更需注意的是：雙方在散手模擬時，要嚴格把握拳腳打出的力度，做到：打得出，收得住，表面看似拳腳爆發有力，其實在接觸到身體的一剎那，要疾速停止，像急剎車一樣，果斷不出危險，放到對方身上的力度在百分之三十左右，絕不能傷害對方。

第一節　徒手技術模擬練習

　　訓練分十人一組，然後集中一人練習，其餘九人逐個輪換以不同的拳法、腿法摔法、擒拿法進攻練習者，練習者可採取：打空間差反擊、躲閃反擊、阻截反擊、擒拿後跟蹤追打反擊、快摔後跟蹤追打不同招法進行反擊。現舉幾例解讀。

一、強攻打法：側踹腿踹擊巨闕穴

　　雙方以警戒式相對，練習者左腳迅速墊進一步，以右腳迅猛踹擊對方襠部或神闕、巨闕要穴，然後再踹擊下一個，至到踹擊完第九人為一循環（圖8-1、8-2）。

圖 8-1

圖 8-2

二、強攻打法：後鞭拳擊頭

　　雙方以警戒式相對，練習者左腳快速向前搶進一步，同時全身右轉270度、右腿向後倒插一步、右拳疾速向後鞭擊對方右側太陽穴，然後再進攻下一個，至到進攻完第九人為一循環（圖8-3、8-4）。

圖 8-3　　　　　　　　　　　　　　　　　圖 8-4

三、打空間差反擊:正蹬腿反擊直拳進攻

雙方以警戒式相對，然後逐個輪換以直拳或擺拳進攻練習者頭部，練習者快速反應，把準空間差，迅速以正蹬腿反擊對方襠部或神闕、巨闕穴，至到反擊完第九人為一循環（圖 8-5、8-6）。

圖 8-5　　　　　　　　　　　　　　　　　圖 8-6

四、阻截反擊：臂截後鞭拳，側撞膝反擊

雙方以警戒式相對，然後逐個輪換以後鞭拳進攻練習者頭部，練習者快速反應，迅速以左臂阻截來拳，再迅速以右膝反擊對方襠部或右側期門穴，至到練習、反擊完第九人為一循環（圖 8-7、8-8、8-9）。

圖 8-7　　　　　　　　　　　　　　　　　圖 8-8

圖 8-9

五、阻截反擊：腿截鞭腿，側端腿反擊

雙方以警戒式相對，然後逐個輪換以右鞭腿踢擊練習者左腰肋，練習者快速反應，迅速提右膝阻截來腿，再迅速以右端腳反擊對方襠部或曲骨、神闕、巨闕要穴，至到阻截反擊完第九人為一循環（圖 8-10、8-11、8-12）。

圖 8-10

圖 8-11

圖 8-12

六、反擊摔法：接鞭腿摔法

雙方以警戒式相對，然後逐個輪換以右鞭腿踢擊練習者左腰肋，練習者快速反應，兩手臂迅速將來腿接住，再迅速上右腿別住對方左腿將其摔倒，至到反擊摔完第九人為一循環（圖 8-13、8-14）。

圖 8-13 圖 8-14

七、反擒拿：反擊抓臂卸腕骨

雙方以警戒式相對，然後逐個輪換以雙手抓拿練習者右臂，練習者快速反應，左手迅速將對方右手抓住鎖緊，再迅速上右腿靠近對方，同時抬肘猛力滾壓其右臂，將對方拿倒跪地，至到反擊拿完第九人為一循環（圖 8-15、8-16、8-17）。

圖 8-15 圖 8-16

圖 8-17

第二節　反刀槍技術模擬練習

訓練分十人一組，然後集中一人練習，其餘九人以不同的刺法、近身威脅法逐個輪換進攻威逼練習者，練習者可採取：打空間差反擊、躲閃反擊、阻截反擊、擒

拿後跟蹤追打反擊、快摔後跟蹤追打不同招法進行反擊。現舉幾例解讀。

一、打空間差反擊：側踹腿反擊直刺

雙方以警戒式相對，對方快速搶步直刺練習者胸部，練習者迅速反應，疾速出右腳踹擊對方襠部或神闕、巨闕要穴，至到踹擊完第九人為一循環（圖 8-18、8-19）。

圖 8-18

圖 8-19

二、擊臂反擊：擊臂鞭腿反擊匕首逼喉

對方突然逼近持匕首威脅頸部，練習者快速反應，迅速以左臂猛力向上打掉右臂，右鞭腿疾速踢擊左章門穴，至到第九人練習完為一循環（圖 8-20、8-21、8-22）。

圖 8-20

圖 8-21

圖 8-22

三、控制手腕追打反擊：抓腕膝擊襠反擊匕首逼喉

持匕首者從前以匕首威逼練習者頸部，練習者迅速反應，疾速以雙手鎖住持刀手腕猛力上舉，迅速乘機以右膝撞擊襠部，至到第九人練習完為一循環（圖 8-23、8-24）。

圖 8-23　　　　　　　　　　　　　　　　　圖 8-24

四、擒拿追打反擊：拿腕肘擊太陽穴反擊持槍對頭

持槍者從前對準練習者頭部，練習者迅速反應，疾速以雙手鎖住持槍手腕，同時上右腿、右轉 180 度靠近對方，將對方右手腕控制拿住，再乘機以右肘搗擊右太陽穴，至到第九人練習完為一循環（圖 8-25、8-26、8-27）。

圖 8-25　　　　　　　　　　　　　　　　　圖 8-26

圖 8-27

第三節　自由搏擊與擂台對抗競賽模擬練習

綜合自由搏擊模擬練習

綜合自由搏擊模擬練習，是一項無規則、使用技術無限制的訓練模式；是真正實戰前的練習。雙方可在擂台上或擂台下練習，在 5 分鐘內，要大膽使用打、摔、拿三大技術，機智採用強攻打法、打空間差反擊、躲閃反擊、阻截反擊技術，巧妙發揮十拳武器交戰的威力，從中鍛鍊打中跟摔、摔中跟打、拿中追打的立體交戰技術，同時錘煉以剛克剛、以剛克柔、以柔化剛、以剛克柔的交戰技能，為隊員製造一個發揮各種技術的機會，以此鍛鍊遠戰、中戰、近戰搏擊能力。練習時特別強調：一切技術不能以實戰威力出現，做到發招快速、準確、點到為止，雖是模擬交手，但也存在著不可避免的碰撞，所以必須嚴謹把握發招力度（例圖 8-28）。

5 分鐘綜合模擬練習例圖 8-28

散打競賽模擬練習

此項模擬練習，是戴護具、有規則、針對散打比賽的一種訓練方式，因受護具限制，其技術發揮有一定侷限性。模擬中主要突出拳、腳打法和快摔技術。這些技術比較單一，但，打擊力特強，大多屬於正面交戰技術，主要適應散打擂台對抗賽需要。

5 分鐘競賽模擬練習，在不犯規的前提下，鼓勵雙方大膽使用一切技術，可從中捕捉擂台對抗絕招、找到制勝秘訣，為將來在散打競賽中，練就快速反應、隨心所欲實戰技術。

不打無準備之仗，不打無把握之仗。任何散手技術不能盲目的使用擂台賽場，模擬交手就是對實戰前的一項精心準備、精心訓練，包括戰術、戰法、技術的實踐驗證，為確保發招有效，做好充分準備（例圖 8-29）。

5 分鐘擂台對抗模擬練習例圖 8-29

第四節　對付多人模擬練習

　　此項練習，主要鍛鍊在遭遇多人圍攻時機智靈活的打法。練習可採取：一人對付多人、兩人對付多人、雙節棍對付多人不同方式練習。

　　具體招法通常採用：以側踹腿、正蹬腿、鞭腿、彈踢腳四大遠戰腿法為主；以組合直拳、縮身抱腿摔為輔，機智把握快速致命打擊招法，盡力避免抓拉糾纏。同時提倡鏗鏘有力發聲、出其不意、突然襲擊、速戰速決戰術打法。

　　由於訓練中有許多打法、摔法、雙節棍擊法，在此不能一一圖解、說明，只選擇有代表性的招法進行解讀。雙截棍練習時，一定要用軟塑膠雙截棍。

一、一人對付多人

　　多人共同將練習者圍堵，練習者可背靠牆應對，若有一人搶先進攻，可迅速以左踹腿或鞭腿、正蹬腿、彈踢腳反擊對方襠部或中極、神闕、巨闕、章門要穴，將對方迅速打出，然後迅速抓緊時機，衝出包圍。每人每招循環練習十遍為準（圖8-30、8-31）。

圖 8-30

圖 8-31

二、兩人對付多人

　　若遭多人圍攻，兩人可背對背各應對左右和前方，不管任何一方發起搶先進攻，兩人都要機智以左踹腿或鞭腿、正蹬腿、彈踢腳遠戰腿法進行反擊對方襠部或中極、神闕、巨闕要穴，給其致命打擊。兩人一組循環練習，每人需連續練習十遍為準（圖8-32、8-33）。

圖 8-32

圖 8-33

三、連環蓋棍對付多人

以右腋夾棍、右手握一棍警戒式應對多人，當前邊有人進攻時，可迅速向前發出蓋棍打擊來襲之人。多人逐個交換練習，每人連續練習十遍為宜（8-34、8-35）。

圖 8-34　　　　　　　　　　　　　　圖 8-35

四、右掃棍對付多人

以右腋夾棍、右手握一棍警戒式應對多人，當多人同時進攻時，可迅速向右橫掃 180 度打擊前後、右邊來人。多人逐個交換練習，每人連續練習十遍為宜（8-36、8-37）。

圖 8-36　　　　　　　　　　　　　　圖 8-37

第九章

警拳道第八步訓練
──實戰與實戰技術

第一節　擂台對抗實戰

養兵千日，用兵一時，百練不如一戰，一戰勝過練千遍，實戰是武術的最高境界。擂台對抗實戰是警拳道第八步訓練，前面七步的千錘百煉，一切均為實戰練習、為實戰打基礎、為實戰而準備。最先進的搏擊技術來自於實戰，武術的核心價值就是實戰，練武不能實戰搏擊，就不成為武術，這是從實戰中得出的答案。因此，不斷實戰，成了警拳道精益求精捕捉最先進、最有效散手絕招的最終手段，別無它選。

散手搏擊制勝的訣竅：就是膽量、速度、技術、硬度、反應、耐力、長度、空間這八大要素的機智發揮；是鬥智鬥勇、綜合較量、快速制勝的秘訣；是實踐《警拳道技擊八大差》的真正試金石，真正的制敵絕招就是從實戰中打出、挖掘出來的。為了打出實戰成績、鞏固高效快速克敵制勝的散手絕招，警拳道隊員實戰訓練採取：擂台自由搏擊對抗、散手擂台對抗兩種形式。前者，是在開放一定規則、開放使用肘膝、只戴露指手套和護襠簡單護具下進行，雙方儘可能使用一切打法、摔法、擒拿技術制勝對方，開放的規則、技術、使用擊打部位，能給隊員製造施展各種招法的機會，這樣會更能鍛鍊實戰技能；後者在實戰對抗中，按散打競賽規則全戴護具進行，只用拳腳打法、摔法技術（見例圖 9-1）。

實戰對抗訓練採取兩週一次，以這兩種擂台對抗形式進行針鋒相對練習。為了更好的發揮使用一切技術、減少雙方不必要的受傷，在擂台對抗中，兩人實力、重量、年齡要相當，不可有差距，這樣雙方才沒有心理壓力；才能大膽使用各種技術。清楚了實戰訓練目的，就以此形式不斷刻苦實戰練習，擂台對抗就會有經驗，絕招就會從中捕捉。

除兩種擂台實戰對抗形式練習外，警拳道還有獨立的實戰技術：有打穴（包括時辰精確打穴）、拿筋、卸骨、器械擊法。由於很多技術打法，是針對戰場、劫匪研究用的，是一種不講規則、專求打擊效果的自由搏擊無限制打法，其招法變化多端，具有致殘、致命後果。因此，為避免傷害，只能在教學中示範、解讀這些招法原理及打擊後果，不能在比賽中使用。

自由搏擊與散打擂台對抗賽（圖 9-1）

　　具體招法有：強攻打法、打空間差反擊、躲閃反擊、阻截反擊、誘惑反擊、搶先快摔法、反擊快摔法、主動擒拿卸骨、反擒拿卸骨、鎖拿經筋、時辰斬穴術、反刀槍招法、雙節棍實戰擊法、手銬擊法與銬法。

　　這些徒手與器械擊法，具有陰陽虛實、明打暗擊、以剛克剛、以剛克柔、以柔化剛、以柔化柔打近擊遠交戰之能力，在實戰搏擊時，不但有靈活的單擊招法，而且能隨機應變變換出許多潛伏追蹤打擊招法，能在不同環境散手交戰中發揮出不同威力。其中有很多是古代鏢局制敵絕招，能給對方意想不到的致命打擊，具有一招制敵之神效，其制敵效果會使人感到非常震驚，這就是「警拳道立體打擊技術」，堪稱為武林技擊精髓，是當之無愧的武林秘籍之一。

　　警拳道拳經講：有武窮德為惡奸，有德貧武非好漢。為此，學練警拳道實戰技術，要崇尚武德、把握正義，嚴禁以武欺壓善良，不遇劫匪惡人、不在萬不得已情況下不可使用。由於警拳道還有特殊實戰方式不能普及教學，如：匕首刺法、防暴槍擊法，這些都是特殊人員使用，不能在學員中教學傳授。所以，在本章中不能出

現，只選擇一些能普及的招法進行圖文解讀。

第二節　強攻技術打法

散手交戰，警拳道講究「七分快打，三分摔拿，千摔萬拿，不如閃電一打」，這是警拳道在實戰搏擊時特別強調的使用技術交戰秘訣。打，速度最快，變化最靈活，拳、腳、肘、膝、掌、指均可從不同角度、不同距離隨意明打暗擊。因此，不論在擂台對抗還是在防身自衛時，警拳道把「打」，視為第一首選。

強攻打法，就是在散手交戰時，可憑藉自身優勢，先鎖定打擊目標，然後抓住時機、果斷、勇猛搶先發起進攻的一種閃電戰術打法。在與對方交戰時，可先以直拳或插指、鷹爪抓擊、梗手點擊打前鋒，或虛刺探，或真實進攻對方面部，不論擊中與否，潛伏的重拳、重掌、重膝、重腿都要果斷追蹤打出，不給對方喘息機會，一鼓作氣打對方個措手不及，特殊招法打出後，還潛伏著快摔或擒拿卸骨跟蹤技術。這些連環招法，出其不意，速度之快，陰陽虛實，能明打暗擊，有以剛克剛、以剛克柔之妙法，能在中、長、短距離交戰中發揮出各自的優勢，可迫使對方難以招架被擊中，達到制勝目的。

警拳道有許多打法速度驚人、發招快如離弦之箭，最快連擊招法能在 0.3 秒鐘眨眼功夫打出，能迅速打亂對方陣腳、占居絕對優勢，其威力效果大大超越先摔或擒拿制勝比例。

在散手搏擊時，若把準時機，採取先發制人的戰術打法，確有一招制敵之神效，其防不勝防的一些閃電打法，可稱得起真正的散手技擊之秘籍。強攻打法，技術非常豐富，既有固定招法，又有機智變化打法，若能徹底精通散手、達到如火純清散手高境界，可隨機應變打出無數招法。

第一招：左拳擊面，右腳踢襠

兩人在散手搏擊時，左腳要快速向前衝刺搶進一步逼近對方，同時左直拳迅速打擊眼睛或人中、巨闕要穴（也可左、右連環直拳打擊），右腳再疾速追蹤踢擊襠部要處（圖 9-2、9-3、9-4）。

圖 9-2　　　　　　　　圖 9-3　　　　　　　　圖 9-4

》 技術解讀與要領

使用此招交戰，可採取左直拳真打或假打兩種方式。假打，以刺探迷惑、吸引對方注意力為主，可迫使對方露出破綻暴露薄弱部位；真打，可直接擊傷對方、搶先打亂其陣腳，二者均可進行後續跟蹤打擊。

不論真打假打、擊中對方與否，此刻，都要果斷、疾速以右腳跟蹤追踢襠部，打對方個措手不及，以閃電般的速度給其致命一腳。

【要求】一拳一腳在 0.5 秒鐘之內打出。本招，雖以左直拳打先鋒，但在散手搏擊時，可隨意變換成以左手插指或鷹爪抓擊、梗手點擊為衝鋒陷陣第一武器（圖9-5、9-6、9-7）。

| 圖 9-5 | 圖 9-6 | 圖 9-7 |

》 潛伏技術解讀

在左直拳擊面打出之後，不但有右腳追蹤踢擊襠部致命腿法，而且背後還潛藏著拳、腳、掌、膝十二招不同的跟蹤追打技術。這些招法，出其不意，靈活機動，有明打暗擊、見縫插針、乘虛而入打擊要穴之妙，除左直拳加後擺腿在 0.5 秒鐘之內連環打出外，其餘連擊可在 0.3 秒鐘秒鐘之內就能打出，其速度之快，防不勝防，對方易被強攻連擊打亂陣腳、遭受致命打擊。

》 潛伏技術十五招追蹤打擊

（1）若對方被左拳擊中或被阻截，可疾速以右膝追打襠部或丹田、神闕穴（圖9-8、9-9）。

（2）也可以右擺拳追蹤打擊左太陽穴或左頜骨（圖9-10）。

（3）也可以右直拳追打鳩尾穴或左期門穴、左中府穴（圖9-11）。

（4）也可以右勾拳追打下頜骨或巨闕穴、左期門穴（圖9-12）。

（5）也可以右掌追蹤扇擊左側太陽穴、聽宮穴、左頜骨或者以砍掌砍擊人迎穴（圖9-13）。

（6）也可疾速以轉身後蹬腿追蹤踢擊襠部或曲骨、關元、神闕、巨闕穴（圖9-14、9-15）。

（7）也可疾速以左腳追蹤踹擊襠部或曲骨、中極、關元、神闕、巨闕穴（圖9-16）。

（8）對方被左拳擊退或後撤躲閃，可疾速以右鞭腿追踢左章門或太陽穴（圖

9-17）。

（9）可疾速以右腳追蹤蹬擊襠部或中極、關元、關元、神闕、巨闕穴（圖 9-18）。

（10）也可疾速以後擺腿追蹤踢擊右太陽穴或章門、腰笑穴（圖 9-19）。

（11）也可疾速以右腿追蹤劈擊巨闕穴或右鎖骨（圖 9-20）。

（12）也可疾速以轉身後鞭拳或後削掌追蹤打擊右側太陽穴或章門穴、腰笑穴（圖 9-21）。

圖 9-8

圖 9-9

圖 9-10

圖 9-11

圖 9-12

圖 9-13

圖 9-14

圖 9-15

圖 9-16

圖 9-17

圖 9-18

圖 9-19

圖 9-20　　　　　　　　　圖 9-21

第二招：右膝撞襠，右盤肘擊頭

兩人交戰，左腳快速搶進一步，右膝迅速撞擊襠部或曲骨穴、神闕、巨闕穴，若右腿被對方保住，右腳要果斷猛力下踩，疾速以右盤肘打擊左太陽穴（圖 9-22、9-23、9-24），若把準時機，也可以騰空撞膝直接撞擊鳩尾穴或下頜骨（圖 9-25、9-26）。

圖 9-22　　　　　　圖 9-23　　　　　　圖 9-24

圖 9-25　　　　　　　　　圖 9-26

》 技術解讀與要領

此招，是以右膝撞擊打先鋒為第一武器。使用此招強攻對方，左腿衝刺要快，右膝撞擊要迅猛、放長擊遠，同時兩手臂要防護好臉面，做到攻中有防。

若右膝撞出被對方抱住左腿時，右腳要果斷猛力下踩，當對方突然受到重力下踩時，必迫使彎腰低頭，此刻，頭部正處在右肘打擊之內，右盤肘要疾速打擊左側太陽穴，給其致命一肘。

此招，屬重膝強攻、重肘追蹤補打招法，若單獨右膝撞出，需在 0.2 秒鐘之內完成。

》 潛伏技術解讀

在右膝撞出被對方抱住時，不但有右盤肘追打絕招，而且背後還潛藏著拳、掌追打法和一種跟蹤地趟摔法。若對方被右膝撞出，為乘勝追擊，背後還潛藏著四種遠戰重型腿法跟蹤追踢。

這七種招法，有對付抱腿或被撞出後遠戰追蹤打擊之妙，內含長擊短打、打擊要穴、地趟快摔之絕招。實戰時，應急反應、果斷發招，易瞬間制勝對方。

》 潛伏技術八招追蹤打擊

（1）右膝撞擊後，若被對方保住右腿，也可以右擺拳打擊左太陽穴（圖9-27、9-28）。

（2）也可以右掌扇擊左側太陽穴、聽宮穴，或以右掌砍擊左頸人迎穴（圖9-29、9-30）。

（3）也可以左手控制住對方左腿阻止前進，以右手臂封鎖住頸部，迅速倒地將對方摔出（圖9-31、9-32、9-33）。

（4）若對方被右膝撞出，也可以左鞭腿追踢右側章門穴或太陽穴（圖9-34、9-35）。

（5）也可以左蹬腿跟蹤追踢襠部或曲骨、關元、神闕、巨闕穴（圖9-36）。

（6）也可以左腳跟蹤追踢襠部（圖9-37）。

（7）也可以右踹腿跟蹤踹擊襠部或曲骨、關元、神闕、巨闕穴（圖9-38）。

圖 9-27

圖 9-28

圖 9-29

圖 9-30

圖 9-31

圖 9-32

圖 9-33　　　　　　　圖 9-34　　　　　　　圖 9-35

圖 9-36　　　　　　　圖 9-37　　　　　　　圖 9-38

第三招：左腳踢巨闕，右鞭腿踢章門

　　兩人在交戰時，右腳快速向前搶進一步，左腳迅速蹬擊襠部或丹田、神闕、巨闕要穴，右鞭腿再疾速跟蹤追踢左側太陽穴或章門穴（圖 9-39、9-40、9-41）。

圖 9-39　　　　　　　圖 9-40　　　　　　　圖 9-41

》 技術解讀與要領

　　此招，屬正面強攻打法，以遠戰連環兩腿為武器。在散手搏擊時，右腿搶步要突然、快速，左腿要放長擊遠，右鞭腿要迅猛跟蹤追踢。如果第一腿強攻，不論踢中與否，第二腿都要果斷、疾速跟蹤踢出，不給對方以喘息機會，以快速、連環踢擊制勝對方。並且兩種腿法，根據當時交戰環境，可隨意單腿踢擊，可連環踢擊。

　　【要求】使用單腿強攻，需用 0.2 秒鐘踢出；使用兩腿連環踢擊需用 0.5 秒鐘踢出。

》 潛伏技術解讀

　　在左腿第一武器踢出後，除右鞭腿追蹤踢擊外，其背後還潛藏著不同的六種陰

陽遠戰腿法可追蹤打擊。這些腿法，能明踢暗擊；有以剛克剛、以剛克柔之妙，不但能強攻踢擊，而且還有打空間差反擊、阻截反擊、躲閃反擊、誘惑反擊之絕招，其實戰價值、殺傷威力非常高效。

》潛伏六種腿法追蹤踢擊

（1）左蹬腿踢出後，也可以轉身後蹬腿蹬擊襠部或神闕、巨闕穴（圖9-42、9-43）。

（2）也可以右蹬腿追蹤蹬擊襠部或曲骨、關元、神闕、巨闕穴（圖9-44）。

（3）也可以右踢腳追蹤踢擊襠部（圖9-45）。

（4）也可以左踹腿追蹤踹擊襠部或曲骨、關元、神闕、巨闕穴（圖9-46）。

（5）也可以後擺腿追蹤踢擊右側太陽穴或章門穴（圖9-47）。

（6）也可以地趟剪腿將對方剪倒在地（圖9-48）。

圖 9-42

圖 9-43

圖 9-44

圖 9-45

圖 9-46

圖 9-47

圖 9-48

第四招：後擺腿踢頭，右鞭腿踢肋

兩人交戰，左腳快速搶進一步，迅速以右後擺腿踢擊對方右章門穴或太陽穴，

圖 9-49　　　　　　　　圖 9-50　　　　　　　　圖 9-51

若對方縮身躲過，右鞭腿要疾速跟蹤追踢左側太陽穴或章門穴（圖 9-49、9-50、9-51）。

» 技術解讀與要領：

若衝刺搶步以後擺腿直接踢中對方為最佳，若被躲過，右鞭腿要果斷、迅猛跟蹤追踢。兩種腿法，一陰一陽，同屬遠戰重型腿法，交戰可任意使用一腿搶先主動進攻。

【要求】單獨使用一腿進攻，需在 0.2 秒之內踢出，以速度制勝。

» 潛伏技術解讀

後擺腿被躲過後，還潛藏著右踢腳、右蹬腿兩種腿法可追蹤打擊，這兩種腿法靈活機動，追踢速度之快，以踢擊襠部、丹田、神闕、巨闕穴為打擊目標。

» 潛伏兩種腿法追蹤踢擊

（1）若對方躲過後擺腿，也可出右腳蹬擊襠部或神闕、巨闕穴（圖 9-52）。
（2）也可出右腳踢擊襠部（圖 9-53）。

圖 9-52　　　　　　　　　　圖 9-53

第五招：右腿劈肩，右腳踹襠

兩人對峙，左腳快速衝刺搶進一步，右腿迅速劈擊對方右肩或巨闕穴（圖 9-54、9-55），若對方後撤躲過，右腳要疾速追蹤踹擊襠部或神闕、巨闕穴（圖 9-56）。

| 圖 9-54 | 圖 9-55 | 圖 9-56 |

》 技術解讀與要領

右腿要高起猛力下劈，力達腳後跟或腳底，以劈擊右肩鎖骨或巨闕穴為主。若劈腿被躲過，左腿要快速向右墊進一步，疾速以右腳追蹤踹擊襠部或神闕要穴，給其致命一腳。兩種腿法，可隨意單踢，可配合連踢。

【要求】單用劈腿進攻，需在 0.3 秒鐘之內踢出，兩腿連環踢擊需在 0.5 秒鐘之內踢出。

》 潛伏技術解讀

在右劈腿被對方躲過後，除右踹腳追踢外，背後還潛藏著左鞭腿、左蹬腿和左踢腳三種遠戰腿法可追蹤打擊。這三種腿法，可追打對方正面和側面弱穴部位，具有放長擊遠跟蹤追踢之優勢。

》 潛伏三種腿法追蹤打擊

（1）若對方躲過右劈腿，也可快速以左鞭腿踢擊右側章門穴或腰笑穴、太陽穴（圖 9-57）。

（2）也可以左蹬腿蹬擊襠部或曲骨穴、關元、神闕、巨闕要穴（圖 9-58）。

（3）也可以左踢腳踢擊襠部（圖 9-59）。

| 圖 9-57 | 圖 9-58 | 圖 9-59 |

第六招：雙手抓髮，肘膝擊面

兩人散手交戰，左腳可突然衝刺搶進一步逼近對方，兩手鷹爪快速抓住頭髮猛力下拉，同時右膝撞擊面部或襠部、巨闕要穴，然後右腳向前落地，同時右肘再跟蹤挑擊面部（圖 9-60、9-61、9-62）。

圖 9-60

圖 9-61

圖 9-62

》技術解讀與要領

此招，為遠距離突然強攻近戰連環打法。在散手交戰時，左腳搶步要突然、快速，出手要果斷、勇敢，兩手抓髮要準確、牢固，抓住頭髮後，要突然猛力下拉，以迫使對方劇疼低頭、彎腰，給右膝撞擊面部製造條件。在右膝撞擊面部後，不論對方抱住右腿與否，右腿都要逼近兩腿之間猛力下落，以迅速破壞對方重心而失去反抗能力，同時右肘要疾速挑擊面部，給對方意想不到的致命連環打擊。

【要求】一膝一肘連環快速、爆發有力，需在 0.5 秒鐘之內打出。

》潛伏技術解讀

在右膝撞擊面部後，除右挑肘跟蹤追打外，其背後還潛藏著拳、掌、肘、頭五種武器短打及一種拿頸、一種地趟快摔絕招。這些招法，速度特快，防不勝防，對方易遭受意想不到的致命打擊，是近戰克敵制勝的強力有效絕招。

》潛伏六種招法追蹤打擊

（1）抓髮膝擊面後，也可以右盤肘打擊左側太陽穴或左下頜骨（圖 9-63）。

（2）也可以右擺拳打擊左側太陽穴或左下頜骨（圖 9-64）。

（3）也可以兩掌疾速夾擊左、右太陽穴或以右砍掌砍擊左頸部人迎穴（圖 9-65）。

（4）也可兩手突然上提頭髮迫使面部超前，疾速以頭撞擊臉面（圖 9-66）。

（5）也可用左手抓住右青龍角、右手推轉右下頜兩手同時猛力逆時針擰轉，將頸椎卸下（圖 9-67、9-68）。

（6）也可雙手抓住頭髮迅速倒地將摔出，再疾速以左膝追蹤撞擊神闕穴（圖 9-69、9-70）。

圖 9-63

圖 9-64

圖 9-65

圖 9-67

圖 9-68

圖 9-69

圖 9-70

第七招：左手鎖人迎穴，右勾拳擊下頜

兩人在散手交戰時，左腿快速向前衝刺搶進一步逼近對方，左手鷹爪迅速鎖掐住頸右側人迎穴，右勾拳疾速追打下頜骨或者巨闕要穴（圖 9-71、9-72）。

圖 9-71

圖 9-72

》 技術解讀與要領

此招，內含鎖筋封穴、擊打兩種技術，是近戰制敵的重要絕招。在散手搏擊時，可從遠距離突然搶步逼近對方發招，也可在近戰被對方抓握時打反擊。使用此招，關鍵在於左手速度要快、鎖掐人迎穴要準確，一旦鎖住，不論對方如何反抗，左手絕不能鬆手。因為，此穴是通向大腦的供血總動脈，在被牢固封鎖住後，對方大腦很快就會缺氧、缺血，定迫使頭暈無力、失去反抗能力，即使右勾拳不追蹤打擊，在一定時間內對方也會導致斃命。所以，左手鷹爪鎖掐要狠。

【要求】左手鎖頸、右勾拳擊下頜，需在 0.3 秒鐘之內完成。

» 潛伏技術解讀

在左手封鎖住人迎穴後，除右勾拳能快速追蹤打擊下頜外，其背後還暗藏著其他拳打、掌擊、膝撞、快摔六種招法。這些招法，在近戰時，都有快速、高效打擊要穴之妙法，能在最短時間內，防不勝防給對方致命一擊。

» 潛伏六種招法追蹤打擊

（1）左手鎖住人迎穴後，也可以右直拳打擊面部或鳩尾、左期門穴（圖9-73）。
（2）也可以右擺拳追蹤打擊左側太陽穴或左下頜骨（圖9-74）。
（3）也可以右掌追蹤扇擊左側太陽穴或聽宮穴（圖9-75）。
（4）也可以右砍掌追蹤砍擊左頸部人迎穴（圖9-76）。
（5）也可以右膝追蹤撞擊襠部或曲骨、關元、神闕要穴（圖9-77）。
（6）也可以跳襠過頭摔將其摔出（圖9-78、9-79、9-80）。

圖 9-73

圖 9-74

圖 9-75

圖 9-76

圖 9-77

圖 9-78

圖 9-79

圖 9-80

第八招：左踹、後蹬連環踢襠

兩人在散手交戰時，右腿可快速向前墊進一步，左腳迅速踹擊對方襠部，左腿再快速向前落地，同時全身右轉 180 度、右腳再疾速追踢襠部（圖 9-81、9-82、9-83）。

圖 9-81

圖 9-82

圖 9-83

≫ 技術解讀與要領

此招，屬遠戰重型陰陽連環腿法，交戰可隨意使用任何一種腿法發起強攻或打空間差反擊、躲閃反擊、阻截反擊、誘惑反擊，同時有對付反擊凶器的絕密招法。在散手搏擊時，不論踢出第一腿踢中對方與否，第二腿都要果斷疾速跟蹤追踢，兩腿一陰一陽，速度之快，以攻打中盤要穴為目標，難以招架防守，對方易遭受連環致命打擊。

【要求】不論發起強攻還是打反擊，單用一腿，需在 0.2 秒鐘之內完成；使用兩腿連踢，需在 0.5 秒鐘之內完成。

≫ 潛伏技術解讀

在左腿踹出後，除轉身後蹬腿追蹤踢擊襠外，其背後還暗藏著右鞭腿、右蹬腿、右踢腳、跟蹤左踹腿四種重型遠戰腿法可追蹤踢擊。這四種腿法，追踢速度特快、特遠，以踢擊襠部、曲骨、神闕、巨闕穴、期門、章門、腰笑、太陽穴為打擊目標，同樣都有單踢或連踢、強攻或打反擊絕招，最易致命或癱瘓對方，是散手搏擊的重要腿法威力體現。

≫ 潛伏四種腿法追蹤打擊

（1）左踹腿後也可以右鞭腿追蹤踢擊左側太陽穴或章門穴（圖 9-84）。
（2）也可以右蹬腿追蹤踢擊襠部或曲骨、關元、神闕、巨闕穴（圖 9-85）。
（3）也可以連環左踹腿追蹤踹擊襠部或曲骨、關元、神闕、巨闕穴（圖 9-86）。
（4）也可以右腳追蹤踢擊襠部（圖 9-87）。

圖 9-84

圖 9-85

圖 9-86

圖 9-87

第九招：左鞭腿踢肋，右鞭腿踢頭

兩人交戰，右腿快速向前衝刺搶進一步，左鞭腿迅速踢擊對方右側章門穴，右鞭腿再疾速追踢左側太陽穴，力達兩腳背或小腿脛骨（圖 9-88、9-89、9-90）。

圖 9-88

圖 9-89

圖 9-90

》 技術解讀與要領

此招，屬重型遠戰連環腿法，交戰可隨意使用任何一腿發起強攻或打各種反擊。在散手搏擊時，兩鞭腿主要以打擊兩側太陽穴、兩肋章門穴、兩膝關節為主，也可從不同角度踢擊面部或巨闕、神闕、丹田、襠部、命門、京門要穴。使用連環兩腿打擊，在第一腿踢出後，第二腿要果斷迅猛跟蹤踢出，對方易遭受追蹤致命打擊。

【要求】不論發起強攻還是打反擊，單用一腿，需在 0.2 秒鐘之內完成；使用

兩腿連踢，需在 0.5 秒鐘之內完成。

》潛伏技術解讀

　　在左鞭腿踢出後，除右鞭腿追蹤踢擊外，其背後還暗藏著後擺腿、右蹬腿、右踢腳、左踹腿四種遠戰腿法可追蹤踢擊。這四種腿法，追踢速度特快、特遠，可從不同角度、不同高度踢擊襠部、曲骨、神闕、巨闕穴、期門、章門、腰笑、太陽穴為打擊目標，若把準時機機智反應，都可以隨心所欲單踢或連踢進行強攻或打反擊。

》潛伏四種腿法追蹤打擊

（1）左鞭腿踢肋後，也可以轉身後擺腿踢擊右太陽穴或章門穴（圖 9-91）。

（2）也可以右蹬腿追蹤踢擊襠部或神闕、巨闕穴（圖 9-92）。

（3）也可以右腳追蹤踢擊襠部或曲骨（圖 9-93）。

（4）也可再用左踹腿追蹤踹擊頸部咽喉或襠部、神闕、巨闕要穴（圖 9-94）。

圖 9-91

圖 9-92

圖 9-93

圖 9-94

第十招：右腳蹬巨闕，左鞭腿踢章門

　　兩人相對峙，左腿突然向前衝刺搶進一步，右腳迅速蹬擊對方襠部或神闕、巨闕穴，左鞭腿再疾速追踢左側太陽穴或章門穴（圖 9-95、9-96、9-97）。

圖 9-95　　　　　　　　圖 9-96　　　　　　　　圖 9-97

》技術解讀與要領

此招，屬重型遠戰連環腿法，交戰可隨意使用任何一腿發起強攻或打各種反擊。在散手搏擊時，左腿衝刺搶步要突然、快速逼近地方，右蹬腿要疾速放長擊遠蹬出，左鞭腿再果斷追蹤踢出，兩腿追蹤踢擊要快速、聯貫、爆發有力，不給對方喘息機會，迅速以遠戰連環腿癱瘓或致命對方。

【要求】不論發起強攻還是打反擊，單用一腿，需在 0.2 秒鐘之內完成；使用兩腿連踢，需在 0.5 秒鐘之內完成。

》潛伏技術解讀

在右腳蹬出後，除左鞭腿追蹤踢擊外，其背後還潛藏著左蹬腿、左踢腳、右踹腿三種遠戰腿法和地趟剪腿、前滾劈腿兩種地趟打法可追蹤打擊。這五種腿法，有獨特、防不勝防追打要穴之絕招。

前四種腿法，都可強攻或打反擊使用，或單獨使用或追蹤連環使用；後一種腿法不可打反擊使用，主要以主動強攻和追蹤打擊發揮威力，因此，在激烈交戰時，使用此腿法要機制靈活準確發揮。

》潛伏五種招法追蹤打擊

（1）右腳蹬胸後，也可左蹬腿追蹤踢擊襠部或神闕、巨闕要穴（圖 9-98）。

（2）也可以左腳追蹤踢擊襠部（圖 9-99）。

（3）也可以右踹腳追蹤踢擊襠部或神闕、巨闕穴（圖 9-100）。

（4）也可以地趟剪腿將對方剪倒在地（圖 9-101、9-102）。

（5）也可以前滾劈腿劈擊胸部巨闕穴（圖 9-103、9-104、9-105）。

圖 9-98　　　　　　　　圖 9-99　　　　　　　　圖 9-100

圖 9-101

圖 9-102

圖 9-103

圖 9-104

圖 9-105

第十一招：連環後蹬腿踢襠

　　兩人交戰以警戒式對峙，左腿突然向前衝刺搶進一步，隨即全身右轉 180 度，同時右腿疾速連環向後蹬擊對方襠部或神闕、巨闕要穴（圖 9-106、9-107）。

圖 9-106

圖 9-107

》 技術解讀與要領

　　此腿，屬重型遠戰腿法，出腿隱蔽快速，難以防守，可隨意強攻或打各種反擊。在散手交戰時，以突然蹬擊襠部、關元、巨闕穴為打擊目標。為快速打擊對方，在突然蹬出第一腿之後，不論踢中與否，第二腿都要疾速追蹤踢出，不給對方以喘息機會。

【要求】右轉快速、穩定，出腿放長擊遠、爆發有力，主動強攻蹬出一腿，需在 0.3 秒鐘之內完成；打空間差反擊最狠、最有效，蹬出一腿需在 0.2 秒鐘完成。

第十二招：左鞭腿踢膝，右直拳擊面

兩人交戰，右腿快速向前墊進一步，左小鞭腿迅速踢擊對方右膝關節，左腳再快速落地，右直拳緊跟打擊面部或巨闕、期門穴，或以右手插擊兩眼（圖 9-108、9-109、9-110）。

圖 9-108

圖 9-109

圖 9-110

》 技術解讀與要領

此招，是以左小鞭腿打先鋒為第一武器，以重直拳追蹤打擊要穴為第二武器，只因打擊效果突出，是因為左腿離對方右腿最近，左鞭腿能迅速踢中對方右膝關節外部伸筋，可瞬間迫使右腿劇疼、失去靈活性，從而導致戰鬥力下降，再加右直拳跟蹤打擊人中、巨闕穴條件最佳，最易瞬間被擊中導致重傷或癱瘓。所以，此招是強攻連環追蹤打擊之絕招。

使用此招，左鞭腿踢擊右膝關節伸筋定要準確、爆發有力，右直拳追蹤打擊要果斷、緊跟而上，打擊要穴要準確、爆發有力。

【要求】拳、腳連環打擊，需在 0.5 秒鐘之內打出。

》 潛伏技術解讀

在左鞭腿強攻踢擊對方右膝關節後，除右直拳追蹤打擊外，其背後還潛藏著右鞭腿、右蹬腿、右踢腳和右撞膝追蹤打擊。

這三種腿法和正撞膝都屬人身重型武器，追蹤反擊速度快、力量大，根據當時交戰環境，可靈活機動從不同角度、不同方位出其不意突然發招，有防不勝防追打要穴之絕招，不論打出任何一招，都能迅速致命或癱瘓對方。因此，在散手交戰時，機智變換使用這些招法，能快速制勝對方。

》 潛伏五種招法追蹤打擊

（1）左鞭腿踢膝後，也可以右鞭腿追蹤踢擊左側章門穴或太陽穴（圖 9-111）。

（2）也可以右腳追蹤蹬擊襠部或曲骨、關元、神闕、巨闕穴（圖 9-112）。

（3）也可以右彈踢腳追蹤踢擊襠部要處（圖 9-113）。

（4）也可以右膝追蹤撞擊襠部或曲骨、中極、關元、神闕穴（圖 9-114）。

圖 9-111

圖 9-112

圖 9-113

圖 9-114

第三節　阻截反擊技術打法

> 腿臂開關如鐵門
> 阻截拳腿打頭陣
> 臂護胸面腿護襠
> 先截再攻絕招準

阻截反擊，是防守反擊的一項重要技術。阻截，包括阻擋，並且有剛、柔阻截之分，具體有肘、臂、腿、膝看家護門四大防禦武器巧妙組成。臂，有以剛克剛、以柔化剛阻截之妙法；腿，以突出以剛克剛阻截發揮威力。以柔阻截，只能化解拳腳和改變拳腳進攻方向，而不能損傷克制對方；以剛阻截，能同時達到損傷克制、改變對方拳腳進攻方向雙重目的，剛、柔阻截差別就在於此，二者均需精準掌握。兩肘臂，以阻截直拳、擺拳、後鞭拳、和中高式鞭腿、正蹬腿、側踹腿、後擺腿保護胸、腰、頸、頭為主；膝與小腿，以阻截中式鞭腿、正蹬腿、後蹬腿、側踹腿保護襠和腰為主，二者各負其責，共同承擔阻截外來各種武器進攻的重任。

如果鐵臂功、鐵腿功功力過硬，往往單用以剛克剛阻截法就能導致對方骨斷筋折而受制於我。特別是提膝阻截鞭腿，對方踢擊力度越大越猛，則受傷會更嚴重，能迅速截斷小腿脛骨癱瘓對方，製造不戰而勝的結果，所以說，防守是最好的進

攻。先進的技術加過硬的功夫，二者巧妙配合可謂如虎添翼，如果阻截後再奮起反擊，有許多潛藏的招法能瞬間致命對方。

在散手搏擊時，如果功力過硬，提倡以剛克剛阻截再反擊比較見效；如果功力欠佳，則提倡以柔化剛阻截再反擊比較安全有利，二者要因各人功力深淺制宜而靈活運用，禁忌蠻用。警拳道阻截反擊，以快速打法反擊為主，以少部分摔法、擒拿卸骨術為輔，這些招法，變化多端，速度之快，能在不同環境下，出其不意從多角度瞬間發招制勝對方。

第一招：右臂阻截右蹬腿，右腳踹襠反擊

兩人以警戒式相對峙，對方突然以右蹬腿進攻胸窩處，我則快速以右臂阻截對方右小腿，再疾速以右腳踹擊襠部或左膝關節（圖9-115、9-116、9-117、9-118）。

圖 9-115

圖 9-116

圖 9-117

圖 9-118

》技術解讀與要領

此招，為以剛克剛阻截、陰腿側踹反擊招法。在以右肘臂阻截對方右腿時，全身要快速稍微左轉躲閃，同時左腿迅速向右撤一小步，並且要以靠近肘部右小臂上端尺骨的堅硬部位準確阻截三陰交穴，因小腿內側及三陰交穴特別脆弱，如果準確阻截，不但能迅速改變右蹬腿方向、保證自身安全，同時能迫使對方劇疼迅速減少戰鬥力。然後，再果斷、疾速出右腳踹擊襠部，給其致命一腳。

此招，右踹腳扮演的是陰腿暗箭反擊角色，對方不易發覺，易被迅速擊中致

命。使用此招，要把握打擊後果，如果要癱瘓致命對方，首選反擊目標就是踹擊襠部；如果只是損傷對方，可迅速踹擊左膝關節，使其脫臼癱瘓倒地，迫使對方完全失去再戰能力，達到自衛之目的。

【要求】整個阻截反擊過程，要快速、聯貫、爆發有力，需在 0.5 秒鐘之內完成。

第二招：右臂砸撥左蹬腿，左鞭腿踢肋反擊

兩人交戰相對峙，對方突然以左蹬腳進攻腰部，我則快速以右臂猛力向右砸撥對方右小腿內側，再疾速以左鞭腿踢擊左腰肋章門穴（圖 9-119、9-120）。

圖 9-119

圖 9-120

》技術解讀與要領

此招，有剛柔阻截兩種方式。以手臂內側向右撥動來腿為柔截，不需用很大力，以改變蹬腿方向為主；以右臂尺骨砸擊小腿內側為以剛阻截，可直接擊傷和改變左蹬腿進攻方向。

二者均以橫勁破豎勁巧妙阻截，再疾速以左鞭腿踢擊左右太陽穴或膝關節、章門穴，以迅雷不及、掩耳之勢瞬間制勝對方。

【要領】在右臂阻截左蹬腿時，要同時向後抽腰，以化解對方蹬腿穿透力，並準確砸擊來腿三陰交穴最見效。

【要求】阻截快，左鞭腿反擊需在 0.2 秒鐘之內踢出。

》潛伏腿法反擊解讀

右臂阻截後，除以左鞭腿快速反擊外，其背後還潛藏著右踹腳、左蹬腿、左踢腳三種重型腿法反擊對方。這三種腿法，可對右膝、章門、襠部、曲骨、關元、中極、神闕、巨闕要穴構成嚴重威脅，能進行瞬間致命打擊。

》潛伏三種腿法反擊

（1）右臂截腿後，也可以右腳踹擊襠部或右膝、神闕、巨闕要穴（圖 9-121）。

圖 9-121　　　　　　　圖 9-122　　　　　　　圖 9-123

（2）也可以左蹬腿蹬踢襠部或曲骨、神闕、巨闕要穴（圖 9-122）。

（3）也可以左腳踢擊襠部（圖 9-123）。

第三招：左臂砸壓右踹腿，右鞭腿反擊

兩人交戰相對峙，對方突然以右腳踹擊腰部，我則快速以左臂猛力向下砸壓對方右小腿，再疾速以右鞭腿反擊左章門穴或左太陽穴、曲骨穴、襠部、左膝關節（圖 9-124、9-125、9-126）。

圖 9-124　　　　　　　圖 9-125　　　　　　　圖 9-126

》技術解讀與要領

使用左臂向下阻截，只能採取以剛阻截方式。阻截不可早，更不可晚，並且要準確把準對方出腿時間和距離，迅速以左臂尺骨猛力砸擊小腿，同時腰部需後抽躲閃，能瞬間以橫勁化解踹腿豎勁衝擊力，迫使對方踹腿失效。然後，再疾速以右鞭腿迅猛踢擊左側章門穴或太陽穴、曲骨穴、襠部、膝關節，以閃電般的速度給對方致命一腿。

【要求】左臂阻截有力，右鞭腿反擊要果斷、迅速，一截一擊需在 0.5 秒鐘之內完成。

》潛伏腿法反擊解讀

左臂阻截右踹腿後，除以右鞭腿反擊外，其背後還潛藏著左踹腳、右蹬腿兩種重型腿法追蹤反擊，可對右側章門穴、腰笑穴進行致命打擊（圖 9-127、9-128）。

圖 9-127

圖 9-128

第四招：左臂阻截後擺腿，左腳踹膝反擊

兩人交戰相對峙，對方突然以後擺腿踢擊頭部，我則快速上一步，迅速以左肘臂猛力阻截來腿右膝關節或右小腿肚，再疾速出左腳踹擊左膝關節，將其踹倒在地，也可以左膝猛力向上頂擊襠部（圖 9-129、9-130、9-131、9-132）。

圖 9-129

圖 9-130

圖 9-131

圖 9-132

》 技術解讀與要領

在阻截時，要準確把準對方出腿時間，左腿進步同時，右腿要緊跟向後挪動一步，以右轉來化解後擺腿的慣性，並且要用靠近左肘最堅硬部位來阻截小腿肚，不可阻截後腳腕部位，因為這裡是後擺腿最堅硬、踢擊力度最大的部位，所以要準確阻截才能產生最佳效果。然後，右腿快速向左墊進一步，以左腳猛力踹擊左膝關

節，或以左膝向上撞擊襠部要出，輕則會巨疼癱瘓倒地，重則會休克斃命，兩種反擊招法都非常有效。

第五招：右臂阻截右撞膝，右崩拳擊面反擊

兩人交戰以警戒式相對峙，對方突然搶步以右膝撞擊腰部，我則迅速以右肘臂猛力下截其大腿，再疾速以右崩拳反擊對方面部，力達拳棱（圖 9-133、9-134、9-135）。

圖 9-133　　　　　　　　　圖 9-134　　　　　　　　　圖 9-135

》 技術解讀與要領

此招，只能用爆發力以剛克剛阻截。在右臂阻截同時，左腿要快速向後挪動一小步，同時腰部後抽、全身迅速左轉，用躲閃以柔化剛化解對方撞膝衝擊力，並且要以右臂尺骨猛力向下阻截大腿上面，不可阻截膝部，只有把準阻截部位，才能產生阻截效果；才能導致對方大腿疼痛而減少戰鬥力。然後再疾速以右崩拳反擊面部，力達拳棱，迅速擊傷對方，將其打出。

【要求】右臂阻截要準確，右崩拳反擊要快速、爆發有力，整個阻截、反擊過程需在 0.3 秒鐘之內完成。

》 潛伏技術反擊解讀

右臂阻截後，除以右崩拳反擊面部外，其背後還潛藏著右掌、右肘、右膝、右腳、右肩追蹤反擊招法。這些招法，能明打暗擊，反擊路線短，速度特快，防不勝防，可瞬間對襠部、面部、巨闕穴、左膝關節進行突然打擊。

》 潛伏五種招法反擊

（1）右臂阻截後，除右崩拳反擊外，也可以右掌背疾速甩擊雙眼（圖 9-136）。

（2）也可以右肘疾速頂擊巨闕穴，將其打出（圖 9-137）。

（3）也可以右膝猛力向上頂擊襠部，給其致命打擊（圖 9-138）。

（4）也可以右腳迅速將左膝關節踹擊脫臼（圖 9-139）。

（5）也可迅速以右腳蹩住對方左腿，用右肩撞擊胸部，將其撞倒（圖 9-140）。

圖 9-136

圖 9-137

圖 9-138

圖 9-139

圖 9-140

第六招：提左膝阻截左鞭腿，後蹬腿踹襠反擊

對方以左鞭腿踢擊右腰，我則快速提左膝阻截來腿，再迅速右轉以右腳後蹬襠、腰處，或以左腳踹擊關元穴、襠部、右膝關節（圖 9-141、9-142、9-143、9-144、9-145）。

圖 9-141

圖 9-142

圖 9-143

圖 9-144

圖 9-145

》技術解讀與要領

此招，只能以剛克剛阻截。在提左膝阻截時，要把準對方左鞭腿進攻時間，全身快速稍微右轉，同時左膝繃緊高提過腰向右凸出阻截，並且要以左膝和左小腿脛骨上端為阻截力點，因為這裡最強壯、最堅硬。

如果對方踢擊力度越大則受傷會越嚴重，若準確阻截腳背或脛骨，當自身感覺左膝有點疼痛時，對方一定會很劇疼；當自身感覺挺疼時，對方腳背或脛骨一定是被阻截折斷，會立即失去再戰能力而受制於我。阻截後，可疾速出雙陰腿後蹬腿或者左踹腳踢擊襠部或者關元穴，如似暗箭一般立刻致命對方，如果要損傷制服對方，可出左腳將右膝關節踹擊脫臼。其打擊後果，根據當時交戰環境自己把握。

第七招：提左膝阻截右鞭腿，右鞭腿踢頭反擊

兩人交戰相對峙，對方突然搶步以右鞭腿踢擊左腰肋，我則迅速提右膝阻截，再疾速以右鞭腿踢擊左側太陽穴或左腰肋、襠部、左膝關節（圖9-146、9-147、9-148）。

圖 9-146

圖 9-147

圖 9-148

》技術解讀與要領

此招，屬以剛克剛阻截法。在提左膝阻截時，全身要快速稍微左轉，同時左膝繃緊高提過腰向左凸出阻截，並且要以左膝和左小腿脛骨上端阻截對方腳腕背或脛骨效果最佳。如果能準確阻截，對方踢擊力度越大、越猛，其受傷程度會越嚴重，能當場將腳背或脛骨阻截骨折，瞬間癱瘓對方，從而失去再戰能力而受制於我。如果阻截後要致命打擊對方，可疾速出右鞭腿踢擊左側太陽穴或以右蹬腿踢擊襠部要處；如果要重傷或癱瘓對方，可踢擊左側章門穴或將左膝關節踢擊脫臼，或以左直拳疾速打擊面部。阻截後，其反擊後果輕重，要根據當時交戰情況自己把握。

【要求】左膝上提阻截要快速、準確，奮起反擊要爆發有力，一截一攻需在0.5秒鐘之內完成。

》潛伏技術反擊解讀

左膝阻截後，除以右鞭腿反擊外，其背後還潛藏著左直拳、右蹬腿、右踢腳追蹤反擊技術。

　　這些招法，反擊速度特快，打擊力特強，有防不勝防、突然反擊之妙，可對面部、襠部、曲骨、關元、神闕、巨闕穴及左膝關節進行致命或癱瘓打擊。

》潛伏三種招法反擊

（1）左膝阻截後，除右鞭腿反擊外，也可以左直拳打擊面部，或以左鷹爪抓擊兩眼。在左手反擊面部前，右腿要首先向前猛力蹬跳一小步送勁，目的是增加左拳打擊長度和衝擊爆發力，然後左腳迅速向前落地，同時左拳疾速打出（圖9-149）。

（2）也可以右蹬腳反擊襠部或曲骨、關元、神闕、巨闕要穴（圖9-150）。

（3）也可以右腳踢擊襠部（圖9-151）。

圖9-149　　　　　　　圖9-150　　　　　　　圖9-151

第八招：提左膝阻擋右蹬腿，右腳蹬腰反擊

　　兩人交戰相對峙，對方突然搶步以右腳蹬踢襠或腰處，我則迅速提左膝堵截，再疾速以右蹬腿反擊襠部或曲骨、關元、神闕、巨闕穴（圖9-152、9-153、9-154）。

圖9-152　　　　　　　圖9-153　　　　　　　圖9-154

》技術解讀與要領

　　此招，屬硬阻擋法，可對中勢左蹬腿、側踹腿、後蹬腿進行阻擋攔截。在提膝阻擋時，右腿要微曲用力站穩，同時意念左膝堅硬有力，以膝尖為力點向前凸出阻擋。如果對方前腳掌蹬擊到左膝上，會像是踢擊到木樁一樣，能立刻導致腳腕關節受損，從而減少戰鬥力。阻截後要致命打擊對方，可疾速以右腳蹬踢襠部或巨闕要

穴，如果要重傷或癱瘓對方，可蹬踢曲骨、中極、關元、神闕穴，其反擊後果輕重，要根據當時交戰情況自己把握。

【要求】左膝上提阻擋要快速、準確，右腿反擊要爆發有力，整個阻擋反擊過程需在 0.5 秒鐘之內完成。

» 潛伏技術反擊解讀

提左膝阻擋後，除以右蹬腿反擊外，其背後還潛藏著右鞭腿、右踢腳兩種遠戰重型腿法追蹤反擊。這兩種腿法，反擊速度特快，打擊力特強，可對襠部及左側太陽穴、曲骨、關元、神闕、巨闕要穴進行致命或癱瘓打擊。

» 潛伏兩種腿法反擊

（1）左膝阻擋後，除右蹬腿反擊外，也可以右腳踢擊襠部致命要處（圖 9-155）。

（2）也可以右鞭腿追踢左太陽穴或章門穴（圖 9-156）。

圖 9-155

圖 9-156

第九招：左臂阻截後鞭拳，右膝撞腰反擊

兩人交戰以警戒式相對峙，對方突然搶步以轉身後鞭拳進攻面部，我則迅速以左臂阻截對方右臂，再疾速以右膝撞擊右側章門穴（圖 9-157、9-158、9-159）。

圖 9-157

圖 9-158

圖 9-159

» 技術解讀與要領

此招，屬鐵臂功以剛克剛硬阻截法，可對左直拳、左擺拳及中、高式正蹬腿、

側踹腿、左鞭腿、後擺腿進行阻截防禦。在阻截後鞭拳進攻時，全身要稍微右轉，同時意念左臂堅硬有力、以尺骨為力點向右凸出阻截。

如果鐵臂功功力過硬，並且能準確阻截對方右肘關節，對方右臂如似打到木樁一樣，能立刻導致肘關節骨折脫臼。然後，再乘機以右膝疾速追蹤撞擊對方右側章門要穴，將其癱瘓而受制於我。

【要求】左臂阻截要快速、準確，右膝暗擊要爆發有力，一截一攻需在 0.3 秒鐘之內完成。

》潛伏技術反擊解讀

在左臂阻截後，除以右膝撞擊反擊外，其背後還潛藏著右直拳、轉身後搗肘、左踹腳及掌擊頸面甏腿摔妙法。

這些招法，能明打暗擊，出其不意，防不勝防，以貼身近戰發揮效益，可對章門、腰笑、命門、玉枕穴、咽喉、右膝關節進行致命或癱瘓打擊，其制敵效果非常快速有效。

》潛伏四種招法反擊

（1）左臂阻截後，除右膝反擊外，也可出右直拳打擊右側章門穴（圖 9-160）。

（2）也可以左踹腳將右關節踹擊脫臼（圖 9-161）。

（3）也可左腿甏住右腿，同時以左掌削擊咽喉或臉面將其擊倒（圖 9-162）。

（4）也可快速右轉 180 度，同時右腿倒插一步、右肘疾速搗擊命門穴，再疾速以後崩拳追打玉枕穴，力達拳棱（圖 9-163、9-164、9-165）。

圖 9-160

圖 9-161

圖 9-162

圖 9-163

圖 9-164

圖 9-165

第十招：雙臂阻擋直拳，右腳蹬襠反擊

兩人交戰相對峙，對方突然搶步以右直拳進攻面部，我則迅速以雙臂阻擋對方來拳，再疾速以右腳蹬踢襠部或曲骨、關元、神闕穴（圖9-166、9-167）。

圖 9-166

圖 9-167

》 技術解讀與要領

此招，屬鐵臂功硬阻擋法，主要針對直拳、插指、鷹爪抓擊、梗手點擊進行阻擋防禦。在阻擋對方進攻時，兩拳要突然握緊，同時意念雙臂堅硬有力，如似兩扇鐵門一般突然關閉，將對方來拳阻擋在外，然後，再乘機以右腳迅猛蹬踢襠部或神闕、巨闕要穴，給對方山其不意突然打擊。如果要致命對方，可踢擊襠部或巨闕要穴；如果要重傷或癱瘓對方，可踢擊小腹或腰部，想達何種目的自己把握。

》 潛伏技術反擊解讀

雙臂阻擋後，還潛藏著右踢腳、右鞭腿、右偷腿和右撞膝反擊，可對襠部、左章門穴、左膝關節進行致命或癱瘓打擊，其速度非常快，制勝對方非常有效。

》 潛伏四種招法反擊

（1）雙臂阻截後，除右蹬腿反擊外，也可以右踢腳踢擊襠部要處（圖9-168）。
（2）也可出右鞭腿踢擊左膝關節或左章門穴（圖9-169）。
（3）也可以右偷腿踢擊左膝關節（圖9-170）。
（4）也可以右膝撞擊襠部或曲骨、關元、神闕穴（圖9-171）.

圖 9-168

圖 9-169

圖 9-170

圖 9-171

第十一招：左臂阻截左直拳，後削掌擊頸反擊

兩人交戰以警戒式相對峙，對方突然衝刺搶步以左直拳進攻面部，我則快速以左臂阻截對方左臂，再迅速右轉 180 度，同時右腿倒插一步、右掌疾速削擊右側太陽穴或人迎穴、章門穴，也可變換成後鞭拳打擊（圖 9-172、9-173、9-174）。

圖 9-172

圖 9-173

圖 9-174

》技術解讀與要領

此招，剛、柔阻截隨意，陰掌反擊隱蔽、高效。在採取以剛阻截時，要以左臂尺骨阻截緊鄰手腕上部的橈骨最有效，因為這裡是小臂最薄弱的地方，若能準確阻截，可立刻導致橈骨劇疼，同時改變直拳進攻方向，從而迫使對方減少戰鬥力；若採用以柔化剛阻截，可用左手為力點，輕輕以橫勁破豎勁來改變直拳進攻方向，但此阻截不能傷及對方。兩種阻截法，可根據自己擅長和功力大小自由選擇。

不論何種阻截後，全身要快速右轉 180 度，同時右腿迅速倒插一大步、右掌疾速削擊對方右頸人迎穴，若遇高個搏鬥，可削擊右側章門穴，並且也可變換成後鞭拳打擊兩個要穴。如果要致命對方，可直接打擊右太陽穴；如果要癱瘓對方，可打擊右章門穴，制敵後果自己把握。

》潛伏技術反擊解讀

在左臂阻截後，除用後削掌、後鞭拳反擊外，其背後還潛藏著後蹬腿、右蹬腿、右踢腳、右鞭腿、左崩拳、左反背掌、轉身後撩拳、轉身後搗肘、左削掌、左鷹爪明打暗擊妙法。這些隱藏招法，發招速度特快，如似明槍暗箭，在防不勝防的

情況下，可從不同角度出其不意的突然對面部、頸部、襠部、雙眼、膝關節及太陽穴、章門穴、期門穴、命門穴、京門穴、巨闕穴、神闕穴、關元穴、中極穴、曲骨穴進行致命或癱瘓打擊，對快速反擊制勝對方非常有效。

》 潛伏十招反擊打法

（1）左臂阻截後，除後削掌反擊外，也可以轉身後蹬腿蹬擊襠部（圖9-175）。

（2）也可以左腳踹擊襠部或將左膝關節踹擊脫臼（圖9-176）。

（3）也可以右腳蹬踢襠部或中極、關元、神闕穴（圖9-177）。

（4）也可以右鞭腿踢擊左章門穴或左膝關節（圖9-178）。

（5）也可以右彈踢腳踢擊襠部（圖9-179）。

（6）也可以轉身後撩拳打擊襠部（圖9-180）。

（7）也可以轉身後搗肘打擊右側太陽穴、期門要穴或鳩尾穴（圖9-181）。

（8）也可以左崩拳打擊面部或以左鷹爪擊雙眼（圖9-182）。

（9）也可以左掌背打擊面部（圖9-183）。

（10）也可以左掌削擊左頸人迎穴（圖9-184）。

圖 9-175

圖 9-176

圖 9-177

圖 9-178

圖 9-179

圖 9-180

圖 9-181

圖 9-182

圖 9-183　　　　　　　　　　　　圖 9-184

第十二招：左臂阻截右擺拳，右撞膝反擊

兩人交戰相，對方突然以左右擺拳攻打左下頜，我則迅速以左臂阻截對方右臂，再疾速出右膝或右側撞膝撞擊襠部或曲骨、神闕、巨闕要穴（圖 9-185、9-186）。

圖 9-185　　　　　　　　　　　　圖 9-186

》技術解讀與要領

此招，只能以剛克剛阻截才能有效。在阻截時，兩腿要突然彎曲、縮身下蹲，同時左臂繃緊以尺骨為力點阻截。如果對方右擺拳速度越快、用力越猛則受傷會越大。若能準確阻截對方右手腕上部的橈骨，可立刻導致劇疼減少戰鬥力，同時達到阻截保護頭部的目的。阻截後，右撞膝要疾速反擊追打襠部或曲骨、關元、神闕、巨闕要穴，定迅速致命或癱瘓對方。

【要求】阻截快速、準確，右膝撞擊要爆發有力，從阻截到反擊，需在 0.5 秒鐘之內完成。

》潛伏技術反擊解讀

在左臂阻截後，除用右撞膝反擊外，其背後還潛藏著各種陰陽拳法、掌法、膝法、腿法及地趟、步下快摔妙法。這些追蹤打、摔招法，發招速度特快，難以預料，能出其不意從不同角度突然對面部、頸部、襠部、雙眼、膝關節及太陽穴、聽宮穴、章門穴、期門穴、巨闕穴、神闕穴、關元穴、中極穴、曲骨穴進行致命或癱瘓打擊，在防不勝防的情況下，可快速反擊制勝對方。

≫ 潛伏十九招反擊

（1）左臂阻截後，除右膝反擊外，也可疾速出左腳踹擊襠部（圖9-187）。

（2）也可疾速出右鞭腿踢擊左膝關節（圖9-188）。

（3）也可疾速出右腳踢擊襠部（圖9-189）。

（4）也可疾速出右偷腿踢擊左膝關節（圖9-190）。

（5）也可疾速出右鷹爪抓擊雙眼（圖9-191）。

（6）也可以右直拳疾速打擊面部或鳩尾穴、左期門穴（圖9-192）。

（7）也可以右勾拳疾速打擊下頜骨或巨闕穴、左期門穴（圖9-193）。

（8）也可以右擺拳疾速打擊左側太陽穴或左下頜，或以右掌扇擊聽宮穴，或以砍掌砍擊左側人迎穴（圖9-194）。

（9）也可以右側撞膝撞擊左章門穴或腰笑穴（圖9-195）。

圖9-187　　　　　圖9-188　　　　　圖9-189

圖9-190　　　　　圖9-191　　　　　圖9-192

圖9-193　　　　　圖9-194　　　　　圖9-195

（10）也可以右膝疾速撞擊襠部或神闕、巨闕要穴（圖9-196）。

（11）也可兩手快速抱住左腿，迅速將對方摔倒（圖9-197、9-198）。

（12）也可上右腿，兩手臂疾速抱住腰部地趟摔（圖9-199）。

（13）也可上右腿，兩手臂疾速抱住腰部，以過橋摔將其摔出（圖9-200）。

（14）也可上右腿，兩手疾速封夾左臂以滾撞摔將對方摔砸在地（圖9-201、9-202）

（15）也可上右腿，兩手疾速封夾左臂以滾肩摔將對方摔倒在地（圖9-203、9-204）。

圖9-196　　　　圖9-197　　　　圖9-198

圖9-199　　　　圖9-200　　　　圖9-201

圖9-202　　　　圖9-203　　　　圖9-204

（16）也可快速下蹲，以右手挑襠將對方從頭上摔出（圖9-205、9-206）。

（17）也可上右腿左轉，迅速以右臂鎖住頸部將其滾摔砸倒（圖9-207、9-208）。

（18）也可以右手抓住頭髮，迅速以地趟蹬襠摔將對方摔出（圖9-209、9-210）。

（19）也可上右腿左轉180度，迅速後倒用右腳踢擊頭部將其踢出（圖9-211、9-212、9-213）。

圖 9-205

圖 9-206

圖 9-207

圖 9-208

圖 9-209

圖 9-210

圖 9-211

圖 9-212

圖 9-213

第十三招：左蹬腿阻止直拳，右鞭腿反擊

兩人交戰相對峙，對方以左或右直拳進攻面部，我則迅速抬左腿阻止腰部前進，再疾速出右鞭腿踢擊頭部或左章門穴（圖 9-214、9-215）。

圖 9-214

圖 9-215

≫ 技術解讀與要領

在阻止對方前，要把準對方出拳的時間和距離，在對方剛要上步出拳時，先快速以左腳阻止腰部防止靠近、排除危險為目的，出腿不要用力過大，一般情況下，是應急反應做出的自然動作。因為左腿在前，比較靈活，本能反應容易出腿，可為右鞭腿追蹤致命打擊開創條件。阻止後，右鞭腿要果斷、快速反擊，可迅速致命或重傷癱瘓對方而受制於我。

≫ 潛伏技術反擊解讀

在左腿阻止後，除用右鞭腿反擊外，其背後還潛藏著右蹬腿、彈踢腳、轉身後蹬腿踢擊妙法。這三種隱藏的腿法，反擊速度快、打擊效果好，能出其不意對襠部或曲骨、關元、神闕、巨闕穴進行致命或癱瘓打擊。

≫ 潛伏三種腿法反擊

（1）左腿阻止後，除右鞭腿反擊外，也可疾速出右腳踢擊襠部（圖 9-216）。

（2）也可疾速出右蹬腿蹬踢襠部或曲骨、關元、神闕、巨闕要穴（圖 9-217）。

（3）也可疾速右轉迅速以右腿後蹬襠部（圖 9-218）。

| 圖 9-216 | 圖 9-217 | 圖 9-218 |

第四節 打空間差反擊

打空間差反擊，就是把準對方發招距離和時間，快速反應避開進攻武器，借對方來勢凶猛之力，出其不意突然見縫插針、專打破綻空白薄弱部位，其反擊速度之快，打擊效果特強，這是以剛克剛、迅猛反擊的一種戰術打法，並且主要是以站立遠戰腿法反擊為主；以直拳、撞膝、地趟腿法反擊為輔。

在打空間差反擊時，要機智觀察、把準對方動向，時刻做到：你不打，我不打；你若打，我乘機打；你打上，我打下；你打下，我打上，只要對方進攻，不論拳腳功力多強、多猛，把住乘虛而入之機，只要拳腳一動，在 0.2 秒鐘之內就要疾速打出，其速度特快，如閃電一般，眨眼工夫就能給其致命一擊。

打空間差反擊，是反擊對方最狠毒、最有效的戰術打法，特別對從遠距離氣勢洶洶逼近者最有效益，同時對持凶器進攻者都有致命絕招反擊。

這些招法，只因為反擊最凶狠、最強力有效，是因為對方擊空所產生的衝擊慣性與打出的反擊部位相碰撞導致的後果，雙方同時發力逆向碰撞，必然會增加撞擊力度，並且是在對方意想不到的情況下針對要穴突然打擊，其威力必然加倍，要穴必然遭受致命一擊。但技術要求之高、空間差把握要準。

一、五種遠戰腿法反擊直拳進攻

》技術解讀與技擊要領

以下五種遠戰腿法，是最好的打空間差反擊武器，是反擊制勝對方直拳、擺拳、鷹爪抓擊、插指梗手點擊及凶器攻擊胸部以上部位的第一選項。在出腿反擊時，需機智把準對方出拳的時間、距離，在對方發力出拳進攻頭部短暫途中，快速避開來拳或凶器，迅速反應以見縫插針的不同腿法對中盤襠部、曲骨、關元、神闕、巨闕、章門穴、期門、腰笑、命門、京門要穴給其致命或致殘打擊。因為對方出拳進攻會產生衝擊慣性，再加出腿反擊迎頭而上，二者逆向碰撞會加倍產生撞擊力，所以，殺傷力巨大，同時有躲避、攻中帶防之奧妙。

》第 1 腿，側踹腿反擊

在對方搶步以直拳進攻面部時，疾速出左腳踹擊襠部或關元、神闕、巨闕要穴（圖 9-219、9-220）。

圖 9-219 圖 9-220

》第 2 腿，轉身後蹬腿反擊

轉身後蹬腿，屬陰性重型遠戰腿法，是打空間差反擊最隱蔽、最難防守、打擊最凶狠的腿法。在對方以直拳進攻面部時，可疾速左轉 180 度，同時出右腳後蹬對方襠部或關元、神闕、巨闕要穴（圖 9-221、9-222）。

》第 3 腿，正蹬腿反擊

在對方搶步以直拳進攻面部，可疾速以右蹬腿蹬擊襠部或曲骨、中級、關元、神闕、巨闕要穴（圖 9-223、9-224）。

》第 4 腿，彈踢腳反擊

在對方搶步以直拳進攻面部時，可疾速以彈踢腳踢擊襠部，給對方致命一腳

（圖 9-225、9-226）。

》第 5 腿，鞭腿反擊直拳

在對方搶步以右直拳進攻面部時，可疾速以右鞭腿踢擊左側章門穴（圖 9-227、9-228）。

圖 9-221　　　　　　　　　圖 9-222　　　　　　　　　圖 9-223

圖 9-224　　　　　　　　　圖 9-225　　　　　　　　　圖 9-226

圖 9-227　　　　　　　　　圖 9-228

二、扶地後掃、倒地後掃腿反擊高踢

》技術解讀與技擊要領

扶地後掃、倒地後掃屬陰性地趟打法，出腿隱蔽，以腳後腕為力點，在散手搏擊時，所扮演的角色相同，主要以鎖定攻擊三陰交穴和小腿部位為目的，在打空間差反擊時對高勢腿法進攻會產生巨大威脅。對方打上，我打下，不與對方碰撞，避開來腿，乘虛而入，只要迅速縮身避開進攻一腿，突然倒地掃擊支撐一腿，就能瞬間破壞對方根基失去平衡跌地，可產生被掃倒跌地二次損傷。

在反擊時，只要把準對方出腿時間和距離，就能完成打空間差反擊。因對方在高踢進攻時，下部必空白，又是一腿支撐，迅速倒地後掃就能成功。若能以爆發力

準確掃擊三陰交穴，定將小腿脛骨擊斷癱地而受制於我，其制敵效果非常明顯、非常高效，在實戰搏擊和擂台競賽中都會產生巨大威力，這是地趟打法最常用的腿法。

此招，雖是克制高勢腿法進攻的絕招，但在散手交戰時，需特別謹慎把準對方來腿高度，若對方以中式腿法進攻腰肋，一旦誤判，危險就相當大。因此，反應敏捷、判斷準確非常重要。

【要求】倒地突然，後掃爆發有力。

1、**扶地後掃或倒地後掃反擊高蹬腿**（圖 9-229、9-230）。

2、**扶地後掃或倒地後掃反擊高踹腿**（圖 9-231、9-232）。

3、**扶地後掃或倒地後掃反擊高鞭腿**（圖 9-233、9-234）。

4、**扶地後掃或倒地後掃反擊後擺腿**（圖 9-235、9-236）。

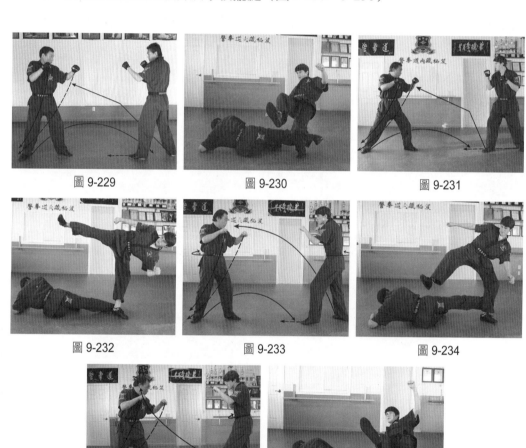

圖 9-229　　　　圖 9-230　　　　圖 9-231

圖 9-232　　　　圖 9-233　　　　圖 9-234

圖 9-235　　　　圖 9-236

三、右直拳、右撞膝反擊直拳

» 技術解讀與技擊要領

直拳，在拳法中號稱頭號重拳；正撞膝，為重型一拳。在散手搏擊中，二者可

明打、暗擊，均屬重型武器、陰陽一拳，二者在本招打空間差反擊中扮演的是陰拳暗箭角色。在對方以直拳進攻面部時，需機智反應、嚴謹把準對方出拳的時間、距離，頭部可疾速向左躲閃避開來拳，同時右拳直拳如似暗箭疾速打擊胸窩巨闕穴和或右邊期門穴（圖 9-237、9-238），若出右膝反擊，可直接撞擊襠部或曲骨、中級、神闕要穴（圖 9-239），給其出其不意突然一擊，定一招制敵。

【要領】向左躲閃要迅速，右直拳或右撞膝要快速、爆發有力、放長擊遠。

圖 9-237　　　　　圖 9-238　　　　　圖 9-239

四、側踹腿反擊高側踹、高蹬腿

在對方以高側踹或正蹬腿進攻時，可以側踹腿反擊襠部一招制敵（圖 9-240、9-241）。

≫ 技術解讀與技擊要領

此招，屬以腿還腿反擊招法，在把準對方踢出高勢側踹腿或正蹬腿進攻胸部以上部位時，需機智果斷以中、低側踹腿見縫插針踢擊襠部或大腿，如果準確踢中襠部，很容易一腿制敵。因為當對方集中發力在高踢腿的時候，襠部以下比空白無防禦能力，再加雙方逆向發力踢腿，必然會產生很大的撞擊力。此時，如襠部被踢中最容易被破壞平衡倒地，輕則癱瘓倒地，重則致命。所以，如果精確把握對方出腿時間和距離，果斷以側踹腿打空間差反擊是非常高效的。

【要領】踢出側踹腿時，上身一定要盡量向右側倒，這樣不但避開對方來腿、攻中有防，並且側踹腿會踢的更遠、更有爆發力。

圖 9-240　　　　　　　圖 9-241

第五節　躲閃反擊

躲閃反擊，是先以柔化剛再反擊的戰術打法。在遭受對方攻擊時，為了保存實力不跟對方硬碰硬正面交戰，可以機智靈敏的身法躲閃、化解拳腳進攻後，再迅速反擊制勝對方。躲閃，分左、右躲閃、後躲閃和縮身下躲四種。

在散手交戰時，若遇強勢對手，可採取躲閃反擊戰術打法應對。如果對方拳腳進攻迅猛，可機智靈活一閃，先把避開對方進攻、排除危險放在第一位，然後再迅速反擊或伺機反擊。

躲閃反擊的優勢：就是在對方攻擊鎖定的目標擊空時，可迫使對方失去平衡、暴露破綻、消耗氣力，只要破壞了對方鎖定的打擊部位和距離，擊空後的衝擊慣性會導致臂、腿關節拉長受傷，對方用力越大，衝擊慣性就越大，導致受傷的程度就越大，不戰而傷的機率就越高，再根據當時交戰現狀，可機智以拳或腿、膝、掌、指為武器，疾速反擊將其克制。

整個躲閃反擊過程，就如似打游擊，以機智巧妙的打法達到以弱勝強、以小勝大之目的，其效果非常好，是散手搏擊的一種上乘戰術打法。躲閃反擊招法非常多，在此只選擇部分招法解讀說明。

第一招：後躲直、擺拳，右蹬腿反擊

對方以右直拳或右擺拳進攻頭部，我則兩腿快速向後急撤一步，同時上身後仰躲閃來拳，再疾速以右腳蹬擊襠部或曲骨、巨闕要穴，給其致命一腳（圖 9-242、9-243、9-244）。

》種潛伏腿法反擊

（1）躲閃後，除以正蹬腿反擊外，也可以右彈踢腳踢擊襠部。

（2）也可以右鞭腿踢擊左側章要門穴。

（3）也可以左腳踹擊襠部或曲骨、中極、關元、神闕、巨闕要穴。

（4）也可迅速左轉 180 度以右腳後蹬襠部或曲骨、中極、關元、神闕、巨闕要穴。

圖 9-242

圖 9-243

圖 9-244

第二招：後躲右蹬腿，左踹腿腿反擊

對方搶步以右蹬腿進攻襠或腰、胸部，我則快速向後撤步躲閃，再疾速以左踹腿踹擊襠部或曲骨、巨闕要穴（圖9-245、9-46、9-247）。

》 潛伏腿法反擊

（1）躲閃後，除左腳踹擊襠部外，也可以右鞭腿踢擊左側章門穴或腰笑穴。

（2）也可以右彈踢腳踢擊襠部。

（3）也可以右腳蹬擊襠部或曲骨、關元、神闕、巨闕穴。

圖9-245　　　　　　圖9-246　　　　　　圖9-247

第三招：後躲鞭腿、側踹腿，鞭腿反擊

對方以右鞭腿或右踹腿進攻頭、胸、腰部，我則快速後撤躲閃來腿，再疾速以右鞭腿踢擊左章門穴或襠部（圖9-248、9-249）。

》 潛伏腿法反擊

躲閃後，除右鞭腿反擊外，也可疾速以右腳蹬擊右側章門穴；也可以左踹腿踹擊右側章門穴；也可以右彈踢腳踢擊襠部。

圖9-248　　　　　　　　　　圖9-249

第四招：左躲右蹬腿，挑臂架腿反擊

對方衝刺搶步以右蹬腿進攻胸或腰部時，我則快速向左躲閃，同時以左小臂迅猛向上猛挑右小腿，可迫使來腿踢空迅速失控被挑擊倒地（圖9-250、9-251）。

≫ 潛伏技術反擊

除用左臂上挑反擊外，在對方踢空失去平衡腿落地瞬間，可疾速以右膝撞擊右章門穴或襠部（圖 9-252、9-253）；也可以右直拳或擺拳打擊頭部或右章門穴（圖 9-254、9-255）。

圖 9-250　　　　　　圖 9-251　　　　　　圖 9-252

圖 9-253　　　　　　圖 9-254　　　　　　圖 9-255

第五招：縮身下躲直、擺拳，右擺拳反擊

對方搶步以右直拳或右擺拳進攻頭部，我則快速下蹲躲閃，同時兩臂護頭，再疾速以右擺拳打擊左下頜骨或左章門穴（圖 9-256、9-257），或以右掌砍擊左章門穴（圖（9-258）。

≫ 潛伏技術反擊

躲閃後，除右擺拳反擊外，也可以右直拳打擊巨闕或期門穴（圖 9-258）；也可以右膝撞擊襠部或曲骨、中極、關元、神闕穴（圖 9-259）；也可以右勾拳打擊下頜骨（圖 9-260、9-261）。

圖 9-256　　　　　　圖 9-257　　　　　　圖 9-258

圖 9-259　　　　　　　圖 9-260　　　　　　　圖 9-261

第六招：提腿躲後掃腿，右鞭腿反擊

兩人交戰相對峙，對方突然以扶地後掃腿掃擊小腿，我則快速反應提左腿躲避，然後左腿再迅速向前落地，疾速以右鞭腿踢擊頭部（圖 9-262、9-263）。

圖 9-262　　　　　　　　圖 9-263

第七招：提腿牽引鞭腿，鞭腿反擊

在對方搶步以右小鞭腿踢擊左膝關節時，我則快速提左腿向右牽引，左腿再迅速向前落地快速以右鞭腿踢擊左側章門穴或太陽穴、襠部要出（圖 9-264、9-265）。

圖 9-264　　　　　　　　圖 9-265

≫ 技術解讀與要領

此招，屬牽引躲閃化勁法，是根據對方右鞭腿踢擊衝擊慣性而採取的一種以柔化剛手段，不論對方右鞭腿踢擊力度有多大，只要迅速提腿向右牽引，就會改變對方鎖定的踢擊目標和距離；就能迫使對方踢空或減小踢擊力度，即使衝擊慣性踢中左腿，其力度已被大大化解，被重踢之危已完全排除，不足以構成損傷。然後再疾速以右鞭腿反擊，會有一腿制敵之高效。

【要領】不論用哪一種腿法反擊，都要果斷、迅速、毫不猶豫踢出，以最快、最猛的腿法打亂對方陣腳，給其致命一腿。

≫ 潛伏腿法反擊

（1）提左腿化解後，除右鞭腿反擊外，也可以右蹬腿踢擊襠部或曲骨、神闕、巨闕要穴。

（2）也可出右踢腳踢擊襠部。

（3）也可出左踹腿踹擊右側章門穴。

（4）也可以右劈掛腿劈擊巨闕穴或右鎖骨。

（5）也可快速右轉180度疾速出右後蹬腿蹬擊襠部或曲骨、神闕、巨闕要穴。

第六節 誘惑反擊

誘惑反擊，是警拳道散手獨特打法，在遭遇對方靠近威逼時可採取使用。誘惑反擊打法，通常有：站立誘惑反擊、下蹲誘惑反擊、佯裝倒地誘惑反擊、假裝疼痛誘惑反擊。使用武器以快速遠戰腿法打法為主；以少量拳法和撞肩法及追蹤暗肘擊法為輔助，也可透過誘敵深入以隱藏的器械進行反擊，這樣可拓寬防身自衛制敵招法、豐富立體打擊技術。

誘惑反擊，就是用虛招引誘在前，真招反擊在後，是一種前虛後實戰術打法。在採取誘惑反擊時，兩眼要密切觀察暗瞅對方動向，為了更狠、更有效的致命打擊對方，其眼神、手腿及全身都要表現出畏縮懼怕、哆嗦狀態，以暴露出的懼怕假象，矇騙對方相信不會進行反抗，從而導致誤判放鬆警惕、敢於靠近進入圈套，為伺機發招反擊製造出先決條件。

在誘惑對方進攻時，需事先鎖定要反擊的薄弱部位，並以出其不意專打致命要穴為目標，一旦決定反擊，命中率會特高，可以說是彈無虛發、百發百中，對方會遭受意想不到的突然打擊，眨眼工夫就能一招制敵。同時在誘惑反擊前，要冷靜沉著，首先要清楚明辨對方是什麼人物，實力有多強，有沒有暗藏凶器，這一切都需高度警惕、觀察清楚。

採用誘惑反擊打法，不是對所有環境、所有人都見效的，若對方實力特強或明顯帶有凶器，還是以撤退為上策，除非在無法逃脫之機時機智採用，若能把握用

好，關鍵時刻也能脫離危險、創造制勝奇蹟。

誘惑反擊打法，不但能在複雜的社會中可以防身自衛使用，同時在散手擂台對抗賽中也可靈機一動，以假象騙取對方進攻靠近，我則把準時機突然反擊打他個措手不及，以智慧發招制勝對方，何時採用此打法，需根據當時交戰環境、因人制宜而決定。機智、巧妙的誘惑反擊制勝招法，在古代武林中被堪稱為暗招制敵秘籍。

第一招：站立假裝害怕，鞭腿突然反擊

對方從遠處向我靠近威逼，我則兩手抱頭假裝害怕或假裝右臂疼痛來誘惑對方靠近，同時暗瞅觀察對方待機反擊，在對方進入最有效打擊範圍之內時，突然出右鞭腿迅猛踢擊頭部或巨闕穴、期門穴、神闕穴及襠部要處（圖9-266、9-267）。

圖 9-266　　　　　　　　　　　圖 9-267

》潛伏技術反擊

（1）除右鞭腿反擊外，也可以左腳踹擊襠部或神闕、巨闕要穴。

（2）也可以右彈踢腳直接踢擊襠部。

（3）也可以轉身後蹬腿踢擊襠部或關元、神闕、巨闕要穴。

（4）也可以右蹬腿反擊襠部或關元、神闕、巨闕穴。

（5）也可以後擺腿踢擊頭部或右側腰肋章門要穴。

（6）也可以轉身後鞭拳打擊後腦或命門、京門穴。

第二招：下蹲假裝害怕，側踹腿突然反擊

對方從遠處向我靠近威逼，我則下蹲兩手抱頭假裝害怕，並暗瞅對方動向，在進入有效打擊範圍時，迅猛以左腳踹擊襠部或曲骨要穴（圖9-268、9-269）。

》潛伏技術反擊

（1）除左踹腳反擊外，也可以右鞭腿踢擊襠部或左側章門穴。

（2）也可以右蹬腿踢擊襠部或曲骨、關元、神闕要穴。

（3）也可以轉身後蹬腿踢擊襠部或關元、神闕穴。

（4）也可以右彈踢腳直接踢擊襠部。

（5）也可以扶地後掃腿或倒地後掃腿掃擊小腿，將其掃倒。

（6）也可迅猛以左肩撞擊膝關節將其撞倒，再疾速向右翻滾，以右肘猛力搗擊頭部（圖 9-270、9-271、9-272）。

圖 9-268

圖 9-269

圖 9-270

圖 9-271

圖 9-272

第三招：假裝腿疼，側踹腿突然反擊

在散手擂台對抗賽或平時散手交戰時，經過雙方對抗一段時間後，也可靈機一動，突然洋裝彎腰以右手扶摸右腿假裝疼痛來誘惑對方進攻，此時，對方必錯判抓住機遇乘機靠近追打，當對方進入最有效打擊範圍之內時，把準時機突然以左踹腿踹擊襠部或曲骨、中極、關元、神闕、巨闕要穴，定能創造制勝奇蹟（圖 9-273、9-274）。

【註】潛伏技術反擊與上面第二招相同

圖 9-273

圖 9-274

第四招：躺地假裝害怕，鉤踹腿反擊

在特出情況遭遇威逼時，可躺地抱頭假裝害怕，並暗瞅對方動向待機反擊，在對方進入有效打擊範圍之內時，突然以左腳鉤住對方右腳腕，疾速以右腳踹擊右膝，重則關節易脫臼失去戰鬥力，輕則被踹倒跌地（圖 9-275、9-276）。

圖 9-275　　　　　　　　　　　　圖 9-276

第五招：躺地假裝害怕，地趟鞭腿反擊

在特出情況遭遇威逼時，可躺地兩手抱頭假裝害怕，並以兩眼暗瞅對方待機反擊，在對方從前邊進入有效打擊範圍之內時，突然以右鞭腿踢擊襠部或神闕要穴，給對方意想不到的致命一腳（圖 9-277、9-278）。

圖 9-277　　　　　　　　　　　　圖 9-278

第六招：躺地假裝害怕，翻身拳腳反擊

在特出情況遭遇威逼時，可躺地兩手抱頭假裝害怕，並暗瞅對方動靜待機反擊，在判斷對方從後邊進入打擊範圍之內時，突然右翻身以右拳猛力打擊襠部，再疾速以左鞭腿踢擊右側章門要穴，可迅速制勝對方（圖 9-279、9-280、9-281）。

圖 9-279　　　　圖 9-280　　　　圖 9-281

第七節　反擊抓握、抱攔打法

防抓握、抱攔反擊打法，是近身自衛反擊最有效的首選技術；是人身十拳發揮近戰威力的最佳時機。

這些短打招法，速度之快，命中率之高，可明打暗擊、陰陽妙用，特殊招法，能在對方意想不到的情況下突然倒地反擊，可在極短時間內，迅速對抓臂、抓髮、抓肩、擰臂、抱腰、抱腿、封喉鎖頸者給其出其不意的突然致命一擊，從而達到反制對方、保護自己之目的。

如果熟練掌握這些招法，在突然遭遇對方抓握、抱攔威脅襲擊時，能加大應對膽量、增強反制信心，在關鍵時刻，可以不同的短打妙招迅速擺脫糾纏反敗為勝，對迅速破解硬抓、死抱有特殊效益。

這些貼身近戰招法，是學練武術、防身自衛不可缺少的重要散手技術；是制勝對方的高效絕招，屬散手秘籍一部分。

第一招：反擊從前抓髮打法

在對方以右手抓髮時，首先要冷靜趁著，暗暗將左腿調節在前，然後突然以左拳拳棱猛力打擊右肘內側少海麻穴，對方整個右臂會如似觸電一般，必導致疼麻無力鬆手，再迅速乘機以右膝撞擊襠部或曲骨、關元要穴，給其致命一擊（圖9-282、9-283、9-284）。

圖 9-282　　　　圖 9-283　　　　圖 9-284

≫ 潛伏技術打法

（1）左拳擊打少海麻穴後，也可以右直拳打擊人中或期門、巨闕要穴。

（2）也可以右掌扇擊左太陽穴或聽宮穴，或以右擺拳打擊左下頜、左太陽穴。

（3）也可快速以左腳踹擊右膝將關節或襠部、曲骨穴。

（4）也可出右踢腳或右蹬腿踢擊襠部或以右鞭腿踢擊左章門穴、腰笑穴。

第二招：反擊抓肩打法

不論對方從前或從左側抓肩，左肩要突然下沉逆時針旋轉，同時右轉右腿迅速倒插一步、右後鞭拳疾速打擊後腦或命門要穴，或以右肘搗擊命門、京門穴（圖9-285、9-286、9-287）。

| 圖 9-285 | 圖 9-286 | 圖 9-287 |

≫ 潛伏技術打法

（1）除右鞭拳反擊外，也可直接出右鞭腿踢擊襠部，或以左踹腳踹擊右章門穴。

（2）也可疾速右轉出右腿猛力後蹬襠部。

（3）也可右腿突然上步左轉180度，同時兩手用力封鎖住右手腕猛力下拉後倒，再乘對方彎腰之機迅速以右腳踢擊面部，然後再疾速向右連續翻滾，如似鱷魚在水中捕到獵物後的翻滾動作一樣，可迅速將對方右腕或肘關節、肩關節卸骨拿下（圖9-288、9-289、9-290、9-291）。

（4）若對方左腿在前以右手抓左肩，可快速以右腳猛力踢擊左膝關節，再迅速以右勾拳打擊下頜骨（圖9-292、9-293）。

| 圖 9-288 | 圖 9-289 | 圖 9-290 |

圖 9-291

圖 9-292

圖 9-293

第三招：反擊雙手抓胸，頭撞面膝擊襠

如果對方以兩手同時抓住胸部衣領，此時要冷靜沉著，需暗暗運氣於兩臂，然後突然以兩大臂猛力下下壓兩小臂，對方兩小臂必定加大彎曲下落，此時，面部會靠近我頭部，我則乘機以頭頂撞擊面部，再疾速以右膝撞擊襠部，必立刻制勝對方（圖 9-294、9-295、9-296）。

【要領】對方必須是以兩拳心朝上抓胸時才能採取雙臂下砸法破解。頭撞面部和右膝擊襠，要快速、聯貫、準確、爆發有力追蹤打擊。

圖 9-294

圖 9-295

圖 9-296

第四招：反擊從前抓雙肩打法

在對方以兩手抓住兩肩時，要暗暗將左腿調換在前，然後兩腿突然下蹲，同時用兩手從下面各抓住左右手腕猛力上舉，可迅速迫使對方鬆手，再疾速以右膝撞擊襠部或曲骨、巨闕要穴，對方必遭受致命打擊而受制於我（圖 9-297、9-298、9-299）。

圖 9-297

圖 9-298

圖 9-299

第五招：反擊抓肩撞膝打法

在對方用兩手從前抓住兩肩時，可暗暗先把右腿調換在前，若對方再用右膝撞擊襠、腰處，可快速以右小臂猛力向下阻截大腿，再疾速以右勾拳打擊下頜骨，或用右崩拳打擊面部，可迅速制勝對方（圖 9-300、9-301）。

【要領】右臂阻截，要用靠近肘部的右小臂尺骨上端為力點，並且要準確、迅猛，可直接損傷對方大腿從而減少戰鬥力，右勾拳追蹤打擊下頜骨要果斷、爆發有力。

圖 9-300　　　　　　　　　　　　圖 9-301

第六招：反擊從後抓肩，拳擊章門腳踹襠

在遇對方從後用兩手或一手抓住肩時，可暗暗運氣於右拳，然後右腿快速向後倒插一步，同時以右拳猛力打擊對方右側章門穴，力達拳棱或拳背，再出右腳跟蹤後蹬襠部要出，給對方出其不意的陰拳暗腳致命連擊（圖 9-302、9-303、9-304）。

圖 9-302　　　　　　　圖 9-303　　　　　　　圖 9-304

第七招：反擊從前鎖喉，右拳擊巨闕穴

若對方從前用兩手封鎖咽喉，全身可突然左轉 90 度，同時以右肩猛力旋壓左手腕，對方兩手必被迫鬆開，再快速乘機出右拳打擊左側期門穴或巨闕穴，再緊跟出右腳踹擊襠部或左膝關節，給對方一陰拳、暗腿雙擊（圖 9-305、9-306、9-307、9-308）。

圖 9-305

圖 9-306

圖 9-307

圖 9-308

第八招：反擊從後鎖頸打法

在遭遇對方從後用臂鎖夾頸部時，此刻要快速反應低頭向前彎腰，用胯部緊頂襠部，同時用雙手抓住右臂猛力下拉後倒，再疾速以右腳迅猛踢擊面部，再緊跟以右拳打擊巨闕穴或襠部，給對方意想不到的雙重打擊（圖 9-309、9-310、9-311）。

》 技術解讀與要領

在頸部被封鎖處於被動時，首先要快速反應運氣於咽喉抵抗，同時閉氣、咬齒、低頭以下頜骨用力下壓對方右臂，這樣可減小下頜與咽喉之間的空間，並用胯部緊頂襠部阻止用力後拉，再加兩手猛力下拉，這樣能迅速阻止右臂封鎖頸部的力度，定能排除危險，為快速反擊製造條件。

後倒要突然，後踢面部要快速、爆發有力，根據當時交戰條件，可機智反應快出左拳打擊巨闕穴或襠部，不給對方喘息機會，只要精確掌握這些要領迅猛發招，就能化險為夷、克敵制勝、轉敗為勝。

圖 9-309

圖 9-310

圖 9-311

》潛伏技術打法

除用以上招法反擊外，也可突然以左肘或右肘迅猛搗擊左右章門穴或期門穴，再急速以後崩拳打擊面部。陰肘、崩拳連擊可迅速制勝對方（圖 9-312、9-313、9-314）。

圖 9-312

圖 9-313

圖 9-314

第九招：反擊抓右臂，崩拳擊面腳踹襠

在對方從前抓右臂時，先將右腿調換在前，並曲肘成 90 度，然後右小臂猛力回拉並疾速以崩拳打擊面部，再迅速以右腳跟蹤踹擊襠部（圖 9-315、9-316、9-317）。

圖 9-315

圖 9-316

圖 9-317

》技術解讀與要領

右小臂回拉要順時針突然爆發自轉，並成 U 形疾速回轉以拳棱奔擊面部。右腿在前，有利於防守反擊，右臂曲肘，是為了阻止對方擒拿增加難度。整個回拉與反擊要一氣呵成，中途絕不可停頓。右踹腳追蹤打擊要果斷、爆發有力，不給對方以喘息機會，如似暗箭突射，隱蔽、凶狠、難以防守，使對方遭受二次重擊。

第十招：反擊後擰右臂打法

在右臂被對方抓住向後擒擰時，左腿要快速後撤一步，同時彎腰左轉 180 度、順勢以左後鞭拳打擊對方左太陽穴，立達拳背。意想不到的後鞭拳突然打擊，定能迅速制勝對方（圖 9-318、9-319）。

圖 9-318

圖 9-319

圖 9-320

圖 9-321

圖 9-322

圖 9-323

》技術解讀和要領

彎腰、左轉要快速，目的是順對方擰臂旋轉之勢，能迅速以柔化解對方之擰力，迫使擒拿失效，若不能快速化解其擰力，反擊就會受阻、失敗。

》潛伏技術

也可左腿快速後撤一步彎腰左轉 180 度，再迅速左手扶地前滾順勢以右腳暗蹬襠或巨闕穴、下頜，也能轉敗為勝制勝對方（圖 9-320、9-321、9-322、9-323）。

》技術解讀和要領

在對方剛要發力擰臂時，一定要迅速左轉大幅度彎腰前滾，只有大幅度向前彎腰、前滾才能破解對方擰臂之力，右臂關節才不會疼痛，同時會迫使對方向前彎腰失去發力或被迫鬆手，為右腳反擊製造條件。

使用此招，對方會有不確定性的變化因素，有時對方很快鬆手；有時不會鬆手，此時，需要機智反應，根據當時交戰情況，可蹬擊最佳打擊部位。

第十一招：反擊從後抱腰摔、打法

在對方突然從後抱住腰時，首先要快速下蹲降低重心、穩定身體，然後疾速以左、右肘搗擊對方兩側太陽穴，給對方致命連環兩肘（圖 9-324、9-325、9-326）。

》技術解讀和要領

下蹲要猛，並要向前彎腰，兩肘後搗要連環、快速、爆發有力。也可先左肘虛晃一招假打，對方必本能反應向右躲閃，右肘再疾速向後搗擊右側太陽穴，兩股逆向力量相撞打擊非常凶狠，這是前虛後實、聲東擊西打法，定能立刻致命對方。

圖 9-324　　　　　　　　圖 9-325　　　　　　　　圖 9-326

》潛伏技術打法

（1）對方若從後連兩臂一起抱住，同樣要快速下蹲降低重心、穩定身體，並
　　　且兩臂用力外撐抵抗，以迫使減輕對方抱攔力，然後再突然以頭猛力向
　　　後撞擊面部，會立刻將對方打出（圖 9-327、9-328）。

圖 9-327　　　　　　　　　　　　圖 9-328

（2）此招，同樣先快速下蹲降低重心，兩手疾速用力抓握兩膝，兩臂用力外
　　　撐，以暫時穩定身體待機反擊，然後突然鬆手縮身，右拳用力攥緊快速
　　　撐地、右膝跪地，全身疾速向左翻滾倒地，並乘機以左肘猛力搗擊左期
　　　門穴。此刻，對方如似用力抱著個氣球被突然放氣一般，再加突然旋轉
　　　翻滾倒地，必迫使失去重心右倒被砸在身下，若能準確擊中左側期門
　　　穴，必當場重傷或休克（圖 9-329、9-330、9-331）。

圖 9-329　　　　　　　　圖 9-330　　　　　　　　圖 9-331

第十二招：反擊從前抱腰，暗膝擊襠

如果遭對方從前將兩臂抱住，要迅速用一拳緊頂胸口巨闕穴，同時一腿疾速後撤穩定身體，這樣可阻止對方近身摟抱，然後以頭猛力撞擊左側太陽穴，再緊跟右膝追蹤暗撞襠部或左章門穴，定立刻破解抱攔將其打出（圖 9-332、9-333、9-334）。

》技術解讀與要領

先以一拳頂住巨闕穴非常重要，如果快速完成危險就能排除。此時，對方左太陽穴正處在頭部左青龍角打擊之內，可迅速以寸勁爆發撞擊太陽穴，只要撞擊準確，對方必鬆手無疑，若想給對方致命打擊，再疾速以右膝撞擊襠部或左側章門穴。輕則巨疼癱瘓休克，重則致命，是迅速破解抱攔、快速反擊制勝的強力絕招。

圖 9-332

圖 9-333

圖 9-334

第十三招：反擊從前抱單腿，肘擊後腦

如果遭對方從前抱住左腿，首先右腿要快速後撤一步穩定身體，並迅速用左鷹爪緊緊鎖掐住對方右側人迎穴，然後再用右肘猛力砸擊命門穴或左側京門穴、心俞穴、肺俞要穴。快速反應、機智發招能迅速制勝對方（圖 9-335、9-336）。

圖 9-335

圖 9-336

》技術解讀與要領

在被對方抱住左腿處於不利時，快速反應後撤右腿穩定身體要非常重要，在不

利情況下，快速製造反擊機會是反敗為勝的關鍵。只要右腿迅速後撤、左手用力封鎖住右頸部人迎穴，就能阻止對方實施抱腿摔。

特別是左手鎖掐人迎穴，一定要用力、凶狠、絕不能鬆手，此穴一旦被封鎖，就能迅速導致巨疼，同時截斷大腦供血、供氧，定迫使對方發暈無力、減少續戰能力，對右肘砸擊背部重要穴位、快速重傷制勝就製造出先決條件。右肘砸擊任何一個穴位須以肘尖為力點，並且要爆發有力。

第八節　搶先快摔法

摔法，是警拳道散手第二技術。摔法，有搶先快摔、反擊快摔兩種，兩種摔法中，又有步下摔和地趟摔兩種。搶先快摔，就是兩人在散手交戰時採取快速逼近先發制人的一種戰術摔法；反擊快摔法，就是在躲閃或阻截對方拳腳進攻後及對方抓握、抱攔時進行反擊的一種摔法。特別是防不勝防的地趟摔法，最易產生意想不到的奇效。

精湛的高級摔法中，還暗藏著許多出乎意料的追蹤暗擊和擒拿卸骨法，這些招法，有摔後跟蹤擒拿卸骨術；有摔後追打之妙法，通常是在摔倒後一剎那發揮見效，速度特快，非常隱蔽，不易發覺，防不勝防，很多技術看似明摔，豈不知暗擊、擒拿已在弦上待發，瞬間會巧妙用上。為此，有些招法非常陰險，對快速制勝對方存有奇妙絕招，實為摔法秘籍。

第一招：抱單腿摔跟蹤踹襠

兩人散手交戰，可把準時機突然以兩臂抱住左腿上提，再迅速右轉以左肩猛力旋壓大腿將其摔倒，再乘倒地之機疾速以左腳踹擊襠部（圖9-337、9-338、9-339）。

圖 9-337　　　　　　圖 9-338　　　　　　圖 9-339

》技術解讀與要領

此招，屬先摔後跟蹤踹襠連環打擊招法，內藏打、摔兩種技術。使用時，不論

搶先快摔還是反擊摔，在抱住左腿時首先要先猛力上提，這樣會迫使對方另一腿不穩，再緊急右轉以螺旋力破壞重心將其摔倒。若要致命對方，可以左腳踹擊襠部。

第二招：抱雙腿摔肩撞胸窩

兩人散手交戰，可突然搶步以兩臂抱住雙腿猛力後拉，同時以右肩撞擊胸腰部，在對方跌地之機再順勢以右肩暗撞巨闕要穴（圖9-340、9-341）。

≫ 技術解讀與要領

此招，內含先摔、後撞擊兩種技術，可主動搶摔，也可在對方以各種手型進攻頭部時反擊摔，特別是在倒地瞬間，要迅猛以右肩跟蹤撞擊胸窩巨闕要穴。

圖9-340

圖9-341

第三招：過橋摔背砸頭

兩人交戰，可突然搶步抱住雙腿以過橋摔與對方同時倒地將其摔出（圖9-342、9-343）。

圖9-342

圖9-343

【要領】在兩人跌地瞬間要有意以脊背砸擊對方面部。此招為抱腿明摔、後背暗擊招法，可主動搶摔，也可反擊摔，或者借對方慣性直接抱住雙腿從頭上摔出（圖9-344、9-345）

圖 9-344

圖 9-345

第四招：抱腰地趟摔肘擊襠

兩人交戰，可把準時機突然搶步將對方腰部抱住迫使兩腿離地，再快速向右旋轉與其同時倒地，再乘機以左肘猛力砸擊襠部或氣海、期門要穴（圖 9-346、9-347）。此招是先摔、後跟蹤肘擊妙招，可主動搶摔，也可迅速縮身躲閃來拳抱腰反擊摔。

》技術解讀與要領

此摔法首先要將對方兩腳抱離地面再旋轉摔，在與對方同時倒地瞬間要有意砸壓對方，左肘跟蹤砸擊襠部要準確、爆發有力，關鍵致命一肘就在於此。

圖 9-346

圖 9-347

第五招：抱腰頂頜摔腳踹襠

兩人在散手交戰時，可把準時機突然搶步逼近對方，迅速以雙臂抱緊腰部猛力後拉，同時以頭猛力頂撞下頜骨，再快速鬆手迫使對方後倒重跌在地，並乘對方跌地之機，迅速以右腳踹跺襠部（圖 9-348、9-349）。

此招暗藏著先摔跌後打擊兩種招法。在散手交戰時，可主動發起搶先快摔，也可在對方以各種手型攻打頭部時縮身抱腰反擊摔。

》技術解讀與要領

搶步抱腰要快、要緊，抱腰要猛力上提、後拉，頭頂撞下頜要有爆發滲透力，這樣以上頂、下拉兩股逆向力，定迅速破壞對方身體重心迫使後倒重跌。如果要給

圖 9-348

圖 9-349

對方雙重打擊，可抓住跌地時機，果斷以右腳跟蹤踹擊襠部。

第六招：抓肩掃腿摔

兩人交戰，可突然搶步以右手抓住對方左肩猛力後拉，同時以右腳疾速掃踢左小腿將其摔倒，也可下蹲順時針旋轉突然出右腿將對方掃倒（圖 9-350、9-351）。

》技術解讀與要領

右手回拉與右腳掃踢要爆發有力，若對方抵抗不能一次摔出，可迅速以左腳為軸、右腿連續後撤順時針旋轉，只要旋轉一小步，對方在外圍必跟蹤轉幾大步失去平衡，再急出右腳掃踢左小腿必倒無疑。

此招，主要以跌地撞擊地面為打擊目的。

圖 9-350

圖 9-351

第七招：鎖頸地趟摔

兩人格鬥，可把準時機，突然衝刺搶步逼近對方，快速以兩手臂鎖夾住頸部，再猛力下坐後倒與對方同時倒地，在將要倒地瞬間，疾速變招右轉翻身將對方摔倒在地，再乘對方不備之機，疾速以左肘砸擊巨闕穴，或以左拳打擊面部（圖 9-352、9-353）。

此招，隱藏封穴、地趟摔、拳肘追打三種技術。主動強攻，能防不勝防迅速重傷制勝對方。

圖 9-352

圖 9-353

》技術解讀與要領

兩臂鎖頸要緊，目的是迅速阻斷大腦供血、供養導致昏暈。下坐倒地要突然爆發，這樣可迫使對方迅速彎腰，一旦彎腰，對方就無力支撐、失去反抗力，對突然翻身變招、將對方置於身下遭受重跌特別有利。此時，要特別注意，絕不能讓對方無法控制的倒地慣性砸在自己身上。左肘或左拳要乘對方跌地之機疾速跟蹤打擊。

第八招：抓髮蹬襠地趟摔

兩人散手交戰相對峙，可把準時機，突然衝刺搶步以右手抓住頭髮，然後快速猛力下坐後倒下拉，在將要倒地瞬間，迅速變招右轉 180 度，疾速以左腳迅猛向上蹬擊襠部，將其從頭上向後摔出跌地（圖 9-354、9-355、9-356）。

此招，主要以頭部撞擊地面或脊背跌地為打擊目的。在散手交戰時，可機智主動搶先快摔，也可在對方抓拉胸、臂時反擊摔，能出其不意發招制勝對方。

》技術解讀與要領

衝刺搶步要快，抓髮要有力、要緊，絕不能鬆手，下坐時要突然爆發，對方必劇疼迫使彎腰，再加左腳踹擊襠部助力配合，兩股力定將對方從頭上向後摔出跌地。此時，要特別注意，一定要在倒地瞬間快速右轉身 180 度，使身體保持右側臥，並以左臂保護頭部，預防一旦用招失手或對方砸在自己身上，對保護自身特別有益。還有在散手交戰時，可根據交戰當時狀況，也可抓住頸部人迎穴或衣領，用同樣摔法將對方摔出。

圖 9-354

圖 9-355

圖 9-356

第九招：鎖臂摔，肘擊命門

此招，主要在出其不意主動擒獲罪犯時發揮效益。當鎖定被擒目標時，可佯裝無事自然靠近對方右側，然後把準時機，右手臂突然插進右腋下快速曲臂將其封鎖夾住，左手再迅速握住右拳助力反擰，然後突然發力右轉倒地反摔，對方右臂必劇疼無力反抗迫使前倒跌地，若要給對方雙重打擊，可乘跌地之機，疾速以左肘跟蹤砸擊命門穴，或以左拳打擊後腦勺，定迅速擒獲制勝對方（圖 9-357、9-358、9-359、9-360）。

》 技術解讀與要領

右手臂首先要快速、準確插進纏鎖住對方右臂，左手握右拳助力封鎖右臂非常關鍵，只要封鎖右臂成功，再加突然爆發右轉地趟摔，肘、肩關節定被迫脫臼卸下。在對方被摔倒後，右臂仍要持續緊緊控制住對方右臂，拳或肘追打要快速、爆發有力。

此招，內含擒拿卸骨術、快摔法、打法三種技術，在特殊情況下，對機智擒獲罪犯非常獨特、效果之大，一旦實施成功，對方可遭受肘肩關節被強制卸下、面部遭受地面撞擊、後腦或命門穴損傷，輕則重傷致殘癱瘓，重則致命。

圖 9-357

圖 9-358

圖 9-359

圖 9-360

第九節　反擊摔法

第一招：防後抱腰反擊摔

》第 1 技術，反擊後抱腰瞥腿摔

對方從後抱腰時，要快速下蹲前俯穩定身體，同時迅速觀察兩腿位置，若對方左腿在前，右腿要迅速繞到左腿後面將其瞥住，再猛力右轉，同時以右肘搗擊胸部將其摔倒（圖 9-389、9-390、9-391）。若對方兩腿高式馬步抱腰，可採取指左打右摔法，先以左手假裝抓擊左小腿，對方必錯判向右移步躲閃，此時正中我計，右腿可迅速瞥住左腿將其摔倒。

》技術解讀與要領

下蹲右瞥腿要快速、靈活、有力，第一步瞥腿非常關鍵，只要瞥腿成功即可大功告成；使用第二種摔法時，左手拍擊左腿，假裝要真實，目的是引誘對方向右移步，為右瞥腿製造條件，此摔法屬聲東擊西戰術摔法。

此招，具有地趟摔、暗砸、暗擊妙法，防不勝防，根據實際情況，可機智靈活採用站立摔或地趟摔反擊。

圖 9-361　　　　　　　　圖 9-362　　　　　　　　圖 9-363

》第 2 技術，反擊後抱腰撤步旋摔

若對方從後抱腰，右腿要迅速後撤一大步，同時兩手扶地穩定身體，左手再迅速鎖夾住左腿，然後突然左轉翻身後倒，同時右肘猛力向後搗擊，以旋轉壓力和肘擊將其砸壓在地，再乘倒地之機，迅速順勢以右肘搗擊右期門穴（圖 9-364、9-365、9-366、9-367）。

》技術解讀與要領

反應要快速，下蹲後撤步要突然，兩手扶地要穩定、有力。此摔法，可快摔，也可鎮靜待機摔。若對方奮起抵抗繼續抱腰摔，可兩手扶地不動，先消耗對方氣力。因在此情況下，對方很難占優先將其摔倒，越摔氣力消耗越大，然後把準時機，迅速以左手封鎖住左腿迫使無法移動化力，再遭受翻身旋轉和肘擊兩種力的突

圖 9-364

圖 9-365

圖 9-366

圖 9-367 反面圓

然爆發，必定失控向左側倒地。在對方被摔壓在身下後，左手臂仍要持續封鎖緊左腿不動，右肘可連續跟蹤搗擊右側期門穴。

此招，暗藏地趟摔法、肘擊兩種技術，以跟蹤肘擊重傷對方為主要打擊目的。

》第 3 技術，反擊後抱腰跌地摔

遇對方從後將兩臂抱住，要快速反應下蹲先穩定身體，然後右腿突然上提，同時右肩猛力向上、向右旋擰，以快速爆發螺旋力向後倒地，將對方砸倒在地，再乘倒地之機，疾速以頭後面撞擊面部（圖 9-368、9-369、9-370）。

》技術解讀與要領

兩腿下蹲要快速、有力，右腿上提與右肩上挑右轉要同時完成，並且要將全身整體力集中在肩背部，然後突然爆發出旋轉力跌倒，這樣對方如似緊抱著一根旋轉倒地的木柱子，定防不勝防被迫旋擰跌地。

在使用此招反擊時，如果對方越用力抱緊會越被動吃虧，相反，兩臂立刻鬆手或抱腰不緊，使用此招就會失效。在與對方同時倒地時，要有意以脊背、胯部砸壓胸腹或襠部，使對方遭受更大撞擊力。

此招，屬反擊地趟摔法，同時暗藏著頭、脊背、胯部暗擊法，可以身體旋轉慣性砸擊震撞心、肝、肺等臟腑；以頭撞擊鼻面為跟蹤重傷目的，是意想不到的制勝奇妙絕招。

圖 9-368

圖 9-369

圖 9-370

》 第 4 技術，反擊抱腰鉤腿摔

若遇對方突然從後抱腰，右腿可快速後撤一步，再迅速右轉成馬步，並用右大腿強制將對方右腿頂起離地，右手再快速抓住右腳腕猛力上舉，然後左腳再迅速鉤住左小腿突然向前鉤起與對方同時後倒跌地，並有意以胯坐壓其襠部，再乘倒地之機迅速以左肘搗擊面部（圖 9-371、9-372、9-373、9-374）。

》 技術解讀與要領

右腿後撤要迅速曲腿成馬步，這樣會迫使對方右腳離地，一旦右腳離地，整個身體就會不穩，反抗機會就會失去，再加右手抓右腳腕上舉與左腳向前鉤左腿巧妙配合，對方必後倒無疑，此時兩人後跌的全部重量會同時落在對方襠部，其慣性撞擊力之大，對方抱的越緊會遭受打擊越重；左肘搗擊屬追打妙招，防不勝防，是重傷對方的強力暗擊武器。

此招，內藏地趟摔、胯坐、肘擊暗擊妙招，需機智發揮。

圖 9-371

圖 9-372

圖 9-373

圖 9-374

》第5技術，反擊抱後腰坐襠摔

如果對方一腿在前一腿在後從後抱腰，首先要快速蹲成馬步先穩定身體，然後兩手迅速抓住右小腿迅猛上提，同時猛力後坐右大腿兩人同時後倒，並有意以胯部坐擊襠部來制勝對方（圖9-375、9-376）。

》技術解讀與要領

抓右腿上提一定與後坐同時完成，這樣才能發揮出兩種力配合的威力。

此招，似看是地趟摔，但真正傷害對方的是瞬間坐胯這一招，對方抱的越緊受傷會越大。

圖 9-375

圖 9-376

第二招：反擊後抓肩鎖臂摔

》第1技術，防後抓肩鎖臂摔

遇對方從後抓肩，可把準時機突然右轉180度，同時左腿上步以右臂將其右臂封鎖住，左手再迅速握住右拳助力，右腿再快速瞥住右腿突然左轉將其摔倒，右膝再乘機跪擊右期門穴（圖9-377、9-4-378、9-379、9-380）。

》技術解讀與要領

先以右臂準確鎖住對方右臂非常重要，再突然改變旋轉方向是產生效益的關鍵。此招，內含摔、拿、打三種技術，真正重傷對方的是乘機跪膝這一絕招。

圖 9-377

圖 9-378

圖 9-379

圖 9-380

》第 2 技術，反擊後抓肩鎖臂地趟摔

若遇對方從後抓肩時，也可同樣右轉180度鎖住右臂，但只上左步，然後突然右旋與對方同時倒地，在倒地瞬間，疾速以左拳或左肘追蹤打擊命後腦或命門穴（圖 9-381、9-382、9-383、9-384）。

圖 9-381

圖 9-382

圖 9-383

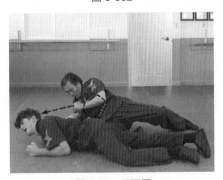

圖 9-383 反面圖

》技術解讀與要領

遇此情況一定要冷靜反擊，不可急於亂動。因為對方既然從後抓肩，就不是用快打方式攻擊，所以，就有充足時間準備應對。如果採取此招反擊，可暗暗運氣於右臂先將其右臂纏繞封鎖，並與左手配合突然發力向外別擰，絕不可鬆動給對方有化力之機，並大膽與對方同時倒地，以突然前倒慣性迫使對方面部撞地，在跌倒後

再要猛力鎖臂，就在這一瞬間對方肘、肩關節會強制被卸下脫臼，再加左拳跟蹤追打後腦勺，對方必遭受致命打擊。

此招，在瞬間能發揮出地趟摔法、擒拿卸骨法、跟蹤追打三種技術，是反擊從後抓肩的獨有絕招，但如果對方抓肩之手立刻鬆開，使用此招就會失效。

第三招：反擊前抓肩地趟摔

》第 1 技術，防抓肩蹬襠地趟摔

不論對方兩手或單手從前抓肩，首先要快速反應先變成左弓步穩定身體，同時兩手抓住對方兩肩或兩臂準備發招，然後突然下坐後倒，同時兩手猛力下拉，左腳再緊跟向上蹬踢襠部，可迅速將其從頭上向後摔出跌地（圖 9-384、9-385、9-386）。

》技術解讀與要領

採用此招，可先假裝推擁試探對方，如果對方用力前推抵抗，已進入圈套、正中我計。此時，可把準時機突然下坐猛拉，借前推之力迫使對方彎腰前俯失去平衡，再加左腳蹬襠助力，三股力緊密配合，對方很容易從頭上被摔出。

在倒地時，為防萬一對方砸在身上，兩臂需用力挺緊，這樣可控制對方身體撞擊胸面保護自己。使用此招，如果對方後拉抵抗，要暫停發招，因為此時很難借力摔出，需再抓機會。

此招，為前虛後實、以假亂真地趟摔法，在實戰時，有可能出現頭部撞擊地面；有可能被摔出前翻跌地跌傷督脈脊椎上的要穴。

圖 9-384

圖 9-385

圖 9-386

》第 2 技術，反擊從前抓肩鎖臂地趟摔

在遇對方從前用雙手或一手抓右肩時，先暗暗運氣於右臂，然後突然以右臂將對方左臂封鎖纏繞住，左手再緊跟握住右拳助力，然後猛力下坐再迅速右轉倒地，將對方摔倒跌地（圖 9-387、9-388、9-389、9-390）。

》要領

與第二招第二技術相同，只是對方背部著地、跟蹤打擊部位不同。

圖 9-387

圖 9-388

圖 9-389

圖 9-390 反面圖

第四招：反擊鎖喉地趟摔

在對方突然雙手鎖掐吼部時，首先要快速低頭運氣於喉部來減少鎖掐力，兩手再迅速抓住右手腕突然下蹲後倒，在即將倒地瞬間，全身疾速右轉、兩手用力擰轉右手，將對方擒拿旋摔在地，再乘機以左拳打擊面部（圖 9-391、9-392、9-393）。

圖 9-391

圖 9-392

圖 9-393

》技術解讀與要領

在遭鎖喉不利情況下，最有效的辦法就是迅速低頭、咬齒抵抗。因為低頭運氣可使氣管、人迎穴擴張，供血、通氣正常，再加下頜骨下壓對方兩手，能迅速緩解鎖掐力，然後兩手緊抓右手腕突然下坐後倒，定迫使對方向前彎腰失去平衡，此時，再突然右轉翻身以身右側著地，同時兩手再猛力旋擰擒拿手腕，對方必劇疼被迫改變方向向右翻身跌地，如果拿腕卸骨發揮好，對方右手腕定被強制卸下脫臼，

這一暗勁卸骨法非常關鍵，能瞬間制勝對方。如果要重傷對方，左拳要猛力追打面部。此招，內含地趟摔法、擒拿卸骨法、跟蹤追打三種技術，是對付鎖掐咽喉的強力有效絕招。

第五招：反擊抱腿地趟摔

在對方抱住右腿時，首先左腿要急撤一步穩定身體，同時快出右臂封夾住頸部，左手再迅速抓住右腿後邊，然後左腿上步突然下坐後倒，同時右臂用力下拉、左手向後猛掀將其摔出，左拳再乘機追打面部（圖 9-394、9-395、9-396）。

》技術解讀與要領

右臂封鎖頸部一定要用力，目的是封夾左側人迎穴，這樣能導致對方頸部左側動脈關閉，可迫使頭暈無力、減少戰鬥力。

使用此招，要果斷後倒，也可伺機借力摔。在兩人抱攔較力時，可先試探對方發力時機，如果試探出對方抱腿後拉、右肩前頂時，可迅速後倒借力將其摔出，並且在後倒時要有意讓頭撞擊地面，同時與左手後掀右腿要配合好，兩股順向力會強迫對方前栽撞地摔出。

此招，內含地趟摔、鎖臂封穴、追打妙法，可遭受頭撞地面、摔跌脊椎、拳擊面部三種打擊。

圖 9-394

圖 9-395

圖 9-396

第六招：接正蹬腿掃踢摔

在兩人散手交戰時，如果對方以右蹬腿強攻蹬踢胸腰部，要快速反應，左腳迅速向左前方上進一小步，同時全身右轉躲閃、兩手臂迅速將來腿鉤接住，然後右腿疾速向前墊進一步，左腳迅猛掃踢左小腿，將其摔跌在地（圖 9-397、9-398、9-399）。

》技術解讀與要領

接腿要把準時機，並避開對方右蹬腿進攻才能有效捕捉。兩臂抱腿要鎖緊、上提，絕不能給對方有緩衝化力之機，只有嚴密控制住右腿上提，就能破壞對方下盤不穩失去平衡，再以左腳掃踢左小腿，經過兩股力巧妙配合，對方會從空中垂直下跌，這樣能加大與地面的撞擊力，對加重損傷、快速制勝對方特別有益。

圖 9-397　　　　　　　　圖 9-398　　　　　　　　圖 9-399

第七招：接正蹬腿瞥腿摔

在接住對方左蹬腿時，右腿要快速向前墊進一步，左腳再疾速插進一步瞥住右腿將其摔倒，再乘機以左腳踹擊襠部（圖 9-400、9-401、9-402）。

》技術解讀與要領

接住腿後一定要抱緊上提，左瞥腿要快速插進，右轉發力要突然，並且要同時以左肩猛力下壓左大腿，這樣會將對方右腿牢固控制住，使其難以移動化勁抵抗，再加突然旋轉下壓大腿，對方根本無力穩定重心，定被摔倒無疑。此招，內含打、摔兩種技術，致命一招，關鍵在於左腳踹襠。

圖 9-400　　　　　　　　圖 9-401　　　　　　　　圖 9-402

第八招：接正蹬腿拿腳腕摔

兩人散手交戰，如果對方以右蹬腿強攻胸腰部，我則快速向後急撤、後抽腰化解來腿，同時兩手迅速接住右腳，然後右腿快速上步，同時兩手用爆發力逆時針旋擰右腳、右肘猛力下壓三陰交穴將腳腕卸下脫臼，對方腳腕必劇疼被迫右倒跌地，再乘倒地之機，迅猛以右腳補踹襠部（圖 9-403、9-404、9-405）。

》技術解讀與要領

為避免被對方右腳踢中，接腿時一定要後抽腰躲閃，先以柔化剛化解正蹬腿的衝擊慣性、解除危險。此時，即使對方踢中腰部，其接觸的力度已大大減少、不足以構成危險。接住右腳後，左手一定用力抓緊腳後跟，右手用力握緊腳尖，然後右腿上步逼近對方，同時兩手順時針爆發旋擰、右肘猛力壓準三陰交穴，整個發力需集中在兩手和右肘，經二者巧妙配合，對方右腳腕會劇疼當場被卸下脫臼，從而受

圖 9-403

圖 9-404

圖 9-405

制於我。如果要繼續重傷癱瘓對方，再果斷以右腳追蹤踹擊襠部。

此招，內含擒拿卸骨術和致命追打妙法，對接正蹬腿快速制勝對方有獨特效益。

第九招：接正蹬腿鎖腿地趟摔

在接住對方左蹬腿時，右臂要快速將左腳腕封鎖夾於右腋下，左手再緊急握住右拳加固助力，然後突然下坐右轉旋擰側倒，同時兩臂猛力反別小腿將其摔倒在地（圖 9-406、9-407、9-408）。

》 技術解讀與要領

接住來腿後，一定要快速將腳腕封鎖夾於右腋下，左手再緊握右拳加固封鎖左小腿，對方小腿一旦被抱住封鎖，就如似被鐵鉗夾住，然後突然用右小臂橈骨反別左小腿三陰交穴，再加全身重量迅猛下坐，定迫使對方劇疼難忍、導致右腿支撐不穩被迫向右倒地。若鐵臂功過硬，當場就能將腳腕強制卸下脫臼。如果要重傷癱瘓對方，兩手臂要繼續鎖緊反別小腿，再疾速以左腳蹬擊襠部，使對方遭受腳腕、襠部雙重打擊。

此招，內含地趟摔法、暗勁封穴、卸骨、追蹤打法，是接腿制勝對方的強力有效妙法。

圖 9-406

圖 9-407

圖 9-408

第十招：接側踹腿踹腿摔

兩人在散手交戰時，如果對方突然以右側踹腿進攻胸腰部，我則快速反應，同

圖 9-409　　　　　　　　圖 9-410　　　　　　　　圖 9-411

樣向左前方進一步，同時右轉躲避、將右腿接住，然後右腿迅速向左墊進一步，疾速出左腳踹擊左膝關節將其踹倒在地（圖 9-409、9-410、9-411）。

》技術解讀與要領

接住對方右腿後，一定要抱緊上提，這樣就會破壞左腿根基、迫使站立不穩，一旦抱腿不緊，就會給對方反擊機會，接腿摔就會失敗。因此，接腿抱緊上提非常關鍵，絕不能鬆手給對方化力之機。將來腿接住後，左腳要迅速踹膝反擊，並且要準確、有跟蹤穿透力，對方必倒無疑。

第十一招：接正蹬腿涮腿摔

在接住對方左蹬腿後，首先要猛力向後下方直拉，再疾速向左上方旋轉涮腿將其摔倒（圖 9-412、9-413）。

圖 9-412　　　　　　　　　　圖 9-413

》技術解讀與要領

接腿時一定要向後抽腰，首先以躲閃來化解對方左蹬腿的衝擊慣力，同時左手要從下向上勾繞住左腳腳後跟、右手從上向下握住左腳，這樣才能準確、牢固接住左腳；才能有利於涮腿摔。

然後先猛力向後下方直拉破壞其右腿穩定性，再突然改變方向向左上方旋擰涮腿，這樣經過一拉一旋兩種力的緊密配合，定迫使對方右腿迅速失去重心被旋擰涮倒。

整個接腿涮摔產生的效果，就是螺旋爆發力展現出的威力。使用此招，涮腿速度要快，不可停頓。

第十二招：接鞭腿反擊摔

》第 1 技術，接鞭腿蹩腿摔

在接住對方右鞭腿時，首先右腿要迅速插進一步蹩住左腿控制移動，再迅速左轉將其摔倒，右腳再猛力跟蹤踹擊襠部，給其致命一腳（圖 9-414、9-415、9-416）。

》技術解讀與要領

在捕捉右鞭腿時，首先要大膽上步靠近對方，並同時以左轉躲閃來化解踢擊慣力。兩手接腿後不可停頓，右腿插步準確蹩住左腿非常關鍵，只要蹩住左腿突然左轉，對方就沒有移動反抗之力，必被摔倒在地。

右腿跟蹤踹襠，要果斷、迅速，這是致命癱瘓對方的關鍵一腳，根據交戰情況，損傷輕重程度自己把握。

圖 9-414

圖 9-415

圖 9-416

》第 2 技術，接鞭腿掃踢摔

如果對方以右鞭腿強攻踢擊左腰肋，我則把準時機快速搶進一步靠近對方，同時左手臂從下接住右腿、右手迅速抓攔住頸部，然後右腳迅猛掃踢左腳腕，同時右手猛力向右向後拉帶、左臂猛力上提掀右腿，將其旋轉摔倒在地（圖 9-417、9-418、9-419、9-420）。

圖 9-417

圖 9-418

圖 9-419　　　　　　　　　　　圖 9-420

》 技術解讀與要領

兩腿上步一定要快速，並迅速左轉躲閃來腿，這樣能快速改變對方鎖定的踢擊目標位置、避開右鞭腿最堅硬的力達部位、化解踢擊衝擊慣力。在此情況下，即使被鞭腿衝擊慣力踢中，也不會有任何危險。用招發力旋摔時，右腳掃踢要爆發有力，同時與右手旋轉下拉和左臂上提掀腿要配合同時發力，這樣能形成以自身為軸，迫使對方從外圍順時針突然螺旋翻身跌地。

此招，主要以脊椎、後腦撞擊地面為打擊目的，是接鞭腿快摔的強力招法。

第十三招：反擊劈腿摔

在對方以右腿強攻劈擊我右肩或胸部，要快速反應，迅速兩臂護頭縮身進步前鑽，以兩手臂準確將對方右腿抱住扛於右肩上，然後右腿迅速上步瞥住左腿，同時右肩猛力前頂、兩手猛力下壓將對方重摔在地，再疾速以右腳踹擊襠部（圖9-421、9-422、9-423、9-424）。

》 技術解讀與要領

採用此招，需把握準時機、大膽敢於靠近對方。縮身前鑽一定要兩臂護頭、把準空間差乘虛而入，迅速將右腿捕捉扛於右肩上。因劈腿的殺傷力點在腳底、腳後跟，只要避開這兩個部位，劈腿就會失去威力，小腿後部沒有殺傷力。所以，只要機智大膽靠近以肩部扛住小腿就沒有危險，並且有可能導致對方小腿疼痛，因為劈擊到右肩上，等於劈到石牆上，小腿肚必疼無疑。但確實要把握好、技術熟練。因此，只要抗住右腿猛力前頂與瞥腿配合，對方定會馬上被摔跌在地。

根據交戰需要，若要致命重傷對方，可迅速以右腳跟蹤踹擊襠部。此招，內含摔、追打兩種技術，是反擊劈腿的高效招法。

第十四招：反擊正蹬腿挑腿摔

兩人在散手交戰時，如果對方以右蹬腿強攻蹬擊胸或腰部，首先要快速右轉躲閃來腿，同時以左小臂從小猛力上挑右小腿將其挑倒在地（圖9-425、9-426）。

》 技術解讀與要領

此招，屬躲閃與反擊同步進行的招法，其動作簡單、速度快、效果好，在躲閃

| 圖 9-421 | 圖 9-422 | 圖 9-423 |

| 圖 9-424 | 圖 9-425 | 圖 9-426 |

的同時，能出乎對方意料，有迅雷不及掩耳之勢迅速制勝對方的妙法。因對方採取的是直線正蹬腿進攻，力為豎勁，並且鎖定蹬擊的目標是受距離限制的，一旦躲閃破壞這個距離，正蹬腿定踢空產生前衝慣性，此時，只要反應靈敏、把準時機，在躲閃的同時，迅速插進左小臂猛力上挑右小腿，根據橫勁破豎勁原理，對方踢擊力度越猛、越大，左腿越容易失去平衡，越容易倒地，如果右蹬腿突然遭遇橫勁這種外力猛力上挑必倒無疑。

此招，雖然不是摔法技術，但卻是以橫勁破豎勁的原理將對方逼迫倒地，是反擊正蹬腿的強力招法。採用此招，需要躲閃快、出手快、上挑猛。

第十五招：頸部被封鎖反擊摔

兩人在散手交戰時，如果頸部被對方右臂夾住實施夾頸摔，我則首先右腿後撤一步穩定身體，同時左臂抱住對方左腰、右手猛壓右膝後部抵抗，當感覺對方發力摔時，右手迅速抓住右膝向上舉起將其從空中摔跌在地（圖 9-427、9-428）。

》 技術解讀與要領

在對方實施夾頸摔時，只要右腿快速後撤一步、右手用力向下按壓對方右膝就能迅速阻止。因為夾頸摔，是靠胯部向上頂襠、右臂下拉這兩股力配合來完成的，任何一種力被破壞夾頸摔都會失敗。

在現實中，右手按壓右膝後部是最快、最佳有效的阻止方法。因右膝後部一旦被外力下壓，對方胯部就無法作為支點將我兩腿頂起離地，第一危機就被解除，胯部這一支點暗器就被迫失去用武之地，然後，再待機反擊。

當試探出對方夾頸發力摔時，胯部會用力向上頂我襠部，目的是配合鎖頸下拉

圖 9-427

圖 9-428

以槓桿原理來完成。此時，對方右腿已空虛，力量會向上轉移，如果抓住時機巧妙借此之力，右手突然變力向上舉起右腿，可迅速將對方從空中摔下，並以頭撞擊地面為主要打擊目的。

第十六招：鞭腿被接住反擊摔

兩人散手交戰，如果出右鞭腿被對方接住，在被動時刻要快速反應，右手疾速抓攔住對方頸部，同時左手按壓住右膝阻止對方右腿上步蹩腿摔，然後突然下坐後倒，同時右手猛力下拉頸部、左手抓住右膝向後猛掀，可迅速將其摔倒（圖9-429、9-430、9-431）。

》 技術解讀與要領

一旦右鞭腿被接住，在一般情況下，對方第一反應採取的就是上右腿蹩腿摔。此時，需快速反應，左腿迅速後撤一步穩定身體，並疾速以右手抓住頸部，同時左手抓壓住右膝用力推壓就能阻止對方上步，蹩腿摔就會失敗。因為左臂如似一根木棍頂住了對方右腿，無論對方怎樣進步都非常困難。

此法，不但能有效阻止蹩腿摔，同時有待機反擊摔的機會。如果對方不斷試圖進右腿蹩腿摔，全身之力必定會向前移，一旦試探出對方前走之力，可迅速抓住時機，借此之力突然下坐後倒，同時右手猛力後拉、左手用力向上、向後掀右腿，就能迫使對方以頭撞地，並以頭為支點向後翻轉跌出。採用此招，可迅速倒地實施快摔，也可待機反擊摔，兩種摔法關鍵在於突然倒地產生威力。

圖 9-429

圖 9-430

圖 9-431

第十七招：阻截擺拳或直拳反擊摔

》 第 1 技術，阻截擺拳夾頸摔

在阻截對方右擺拳後，右腿要迅速上步以右臂夾住頸部猛力下拉，同時以右胯為支點上頂襠部將其摔出（圖 9-432、9-433），若對方下坐抵抗造成摔法受阻，可迅速變招兩腿突然伸直前跳，同時右臂猛力鎖頸後折，對方頸椎必劇疼跪地就擒，再乘機以左拳打擊面部（9-434、9-435）。

》 技術解讀與要領

左小臂阻截來拳要爆發有力，如果能準確阻截小臂橈骨脆弱之處，對方右臂當場會劇疼、麻木失去戰鬥力，這裡有以剛克剛之效益；具有「防守是最好的進攻」之妙法。

阻截後，右腿上步一定要快速左轉 180 度，迅速以右臂鎖住頸部猛力彎腰下拉，同時緊密配合右胯上頂襠部，會迅速將其從頭上摔出。

如果對方反應快速下坐抵抗就很難摔出，此時，可快速變招，借下坐之力兩腿突然伸直前跳，將全身力量調動到右臂，在左拳握右拳助力下，以兩臂鎖夾暗勁猛力向後折壓頸椎，對方會劇疼被迫跪地就擒。

若技術發揮的好，當場就能導致頸椎錯位脫臼。左拳追打面部，是配合拿頸後防不勝防的短打招法。

此招，具有從摔受阻轉變到拿頸、擊面之妙法，有出奇制勝之效果。

圖 9-432

圖 9-433

圖 9-434

圖 9-435

▶ 第 2 技術，阻截擺拳夾頸地趟摔

阻截擺拳夾住對方頸部後，也可突然向左旋轉迅猛與對方同時倒地，以自身將其砸在身下，再乘機以左拳打擊面部（圖 9-436、9-437、9-438）。

▶ 技術解讀與要領

使用此招，右臂鎖頸要猛力下拉，同時右胯上頂襠部，迫使對方全身上升、兩腿空虛無力不穩，再突然左轉翻身將其砸在身下。整個過程，如似一個人頸部被繩子緊綁在一根大木柱子上，如果這根木柱突然旋轉倒地，此時已無任何破解招法，定被旋倒砸在地下，道理大概就是這樣。

採用此招，左轉翻身全身要突然繃緊，倒地要突然爆發，並借兩人跌地慣性，有意砸壓對方胸、腹、襠部，這樣可加大砸壓力度、增加打擊效果。根據交戰需要，若想繼續打擊對方，可乘倒地之機出左拳跟蹤追打面部。這一追打，更是防不勝防，速度之快、打擊最狠，是迅速制勝對方的強力絕招。

此招，內含地趟摔、暗勁封穴及暗砸、追打妙法，對制對方特別有效。

圖 9-436　　　　　圖 9-437　　　　　圖 9-438

▶ 第 3 技術，阻截擺拳鎖臂滾撞地趟摔

阻截擺拳後，也可迅速上右腿以兩手封鎖住右臂，同時左轉 180 度以右肩迅猛撞擊胸部將其砸到在地，再乘倒地之機，以左肘搗擊左期門穴，以頭後撞面部（圖 9-439、9-440、9-441）。

圖 9-439　　　　　圖 9-440　　　　　圖 9-441

» 技術解讀與要領

兩手封右臂要緊，上步撞肩要快速、爆發有力，並且在發力撞肩時，左腿要迅速上提左轉，形成以自身右腿為軸迅猛旋轉之力，同時以全身整體力集中在右肩加大撞擊力，整個過程需一氣呵成，可瞬間將對方撞擊旋摔倒地。其原理如似右臂被捆綁在木柱上，被木柱突然螺旋逼迫在外圍疾速旋轉，從而導致兩腿亂步、空虛無力被迫倒地。此時，如果對方抱的越緊，會遭受撞擊力越大。從鎖臂到撞肩倒地，兩臂要始終鎖緊右臂，這樣會阻止對方無緩衝化解之力，必倒無疑。倒地後，再乘機以左肘搗擊左期門穴，以頭撞擊面部，這兩招追打路線短，速度快，出乎意料，防不勝防，能瞬間重傷癱瘓對方。

此招，表面看是單一的摔法，其實是使用了撞肩法、暗肘擊法、頭撞法、地趟摔法四大技術，是阻截制勝對方的強力絕招。

» 第 4 技術，阻截擺拳鎖臂滾摔

也可快速上右腿兩手封住右臂猛力左轉下拉，同時以右肩滾撞對方右肩前面迅速將其摔倒。採用此招原理與上式相同，只是不與對方同時倒地，但要求速度特快，瞬間完成（圖 9-442、9-443）。

圖 9-442　　　　　　　　　圖 9-443

【註】阻截右擺拳後其實還有眾多摔法，參考前面講到的抱雙腿過橋摔、抱腰地趟摔、抱單腿摔、抓髮地趟摔、鎖臂過肩摔、挑襠過頭摔、倒地蹬襠摔等。

第十節　擒拿卸骨

擒拿，為散手制敵技術之一，高級擒拿背後還潛藏著卸骨、拿穴、拿筋招法。擒拿，分主動擒拿和反擒拿兩大類，其技術主要在近身搏擊時發揮效益。主動擒拿，就是要出其不意、乘其不備突然逼近對方，以巧妙的技術強制將對方關節卸下；反擒拿，就是在被對方抓摔、抱攔時，機智以反擒拿技術反擊制勝對方，二者技術招法各有千秋，均以迫使對方關節脫臼、肌筋撕傷移位、神經受損為目的，從而導致劇疼、癱瘓無反抗能力而受制於我。通常反擒拿要比主動擒拿效果好，主動

擒拿更需精湛的技術和過硬的功力才能見效。

警拳道擒拿術，有很多招法背後潛藏著跟蹤打擊法，這些追打妙法，可明打暗擊，防不勝防，對方易遭受意想不到的致命連環打擊，其威力之大，遠遠超出單純擒拿制敵效果。

擒拿手法有：擰、掰、搓、推擊、踢打、鎖招等，每種方法都有獨特的卸骨絕招。實施擒拿術，需熟悉掌握人體關節生理結構，每個關節都有固定的運轉和彎曲角度，若違背生理結構強行逆轉或掰折，一旦超出本關節活動角度勢必被卸、經筋撕裂。如：頸椎左右轉動最大 180 度，前後擺動最大 135 度，若突然用爆發力強行擰轉或壓迫超過這些角度，就會迫使頸椎骨折脫位、斷損督脈，造成全身癱瘓之後果；又如膝關節，除能向後最大彎曲 180 度外，左、右、前三面，只能直立不能彎曲，如果在交戰時對方兩腿直立，可把準時機，突然以鞭腿或踹腳爆發踢擊，能迅速將其踢擊脫臼。

在前面已有部分踢打卸骨法和摔中跟蹤卸骨法解讀。人身關節之多，每個關節都有不同的招法來針對克制。但在散手交戰中，真正得心應手、產生效益的只有：擒拿頸椎、下頜、肩關節、肘關節、腕關節、指關節、膝關節、腳腕這八大關節。這些關節，在交戰時，先機容易捕捉，相對容易被擒、被卸。因此，在採取擒拿時，把準時機鎖定準確部位極為重要。

散手交戰，選擇擒拿，貴在預謀，以智取勝，不可盲目。若遇強者，禁忌主動擒拿，若遭強行纏身，可機智靈活，借力反擒用之；若遇弱者，應以生擒猛卸、速戰速決為上策。

在學練擒拿時，有些技術發力隱蔽、不明顯，特別是內勁的走向不易看見，並且需要與外力巧妙配合才能產生效益。因此，要清楚這些潛藏技術之奧秘，還需心靈體會、細心琢磨才能得知。

擒拿這項技術，只因為能卸骨，主要是靠螺旋力及槓桿原理加過硬的指力巧妙運用而產生效果。在實施時，雖然有技術指導能以四兩撥千斤，但有些分筋錯骨招法，仍需要很強的指力才能完成，一旦功力不夠，在擒拿時就會受阻、暴露出缺陷，就不能迅速有效制勝對方。因此，練就真正的經典擒拿卸骨術，對指力要求極嚴，鐵指鷹爪功這一關必須突破。

擒拿、卸骨，是武術散手體系中的另一分支，其技術要求特嚴，有捕捉擒敵之妙法，所以，是當之無愧的散手武林秘籍。

◎ 一、主動搶先擒拿

第一招：抓髮卸頸椎

強行卸頸，需突然搶步以左手抓住對方右側青龍角頭髮猛力後拉，右手再緊急

以掌根推擊右下頜，二者迅猛逆時針旋擰可將頸椎和下頜骨卸下脫臼（圖 9-444、9-445），若對方順勢左轉化力，可用右手封住咽喉，再以右膝猛力撞擊命門穴（圖9-446）。

» 技術解讀與要領

使用此招，需把準對方有張嘴鬆口之機。此時，對方頸椎與下頜關節處於鬆動狀態，然後先以左手抓住右青龍角頭髮猛拉後帶，再疾速以右手推擊右下頜並產生跟蹤螺旋力，經二者緊密配合才能強制將對方頸椎、下頜骨一同卸下脫臼。如果對方早有防備閉嘴咬齒抵抗，頸椎和下頜關節就會處於繃緊收縮狀態，就會形成整體力，對擒拿卸骨就不利。因此，捕捉機會、乘其不備突然發招非常關鍵。頸椎一旦被擰斷，督脈就會嚴重損傷，其後果會遭成以下部位終身癱瘓。

在拿頸時，如果被對方順勢左轉化力，擒拿就會失效，此時，可機智變招，迅速以右手封鎖掐住咽喉，再疾速以右膝跟蹤撞擊命門穴或尾閭骨。若尾閭、命門穴被撞擊重傷斷裂，其以下部位同樣會終身殘疾。此招，內含卸骨與打穴毒招，不可輕易採取，只能在關鍵時刻防身自衛使用。

圖 9-444　　　　　　　　圖 9-445　　　　　　　　圖 9-446

第二招：抓臂卸肘、腕關節

強制拿腕卸肘，要出其不意突然兩手抓住對方右手腕猛力前推，同時疾速順時針旋擰將其拿倒在地，右膝再緊跟跪擊襠部（圖 9-447、9-448、9-449）。

» 技術解讀與要領

兩手抓腕要求速度極快，只有快，才能乘其不備導致對方措手不及無力抵抗；肘、腕關節才能鬆弛容易被卸。抓臂部位務必要準確，兩手一定抓住對方腕關節，然後兩腿快速上步前頂，一邊推頂一邊猛力順時針旋擰手腕，只有按這個要求做，才能迫使對方兩腿不穩，同時右臂才容易被迫彎曲貼於胸部，只要右臂貼於胸部，對方就會大大減少反抗力，這一步非常關鍵，如果發揮的好，當場肘、腕關節就會被卸下脫臼。若不能一次卸骨成功，兩腿要繼續上步一邊推一邊擰，肘、腕關節必巨疼難忍被迫後仰倒地，然後再乘倒地放鬆之機，繼續用力擰轉手腕，此時橈骨和尺骨必強制跟著轉動與掌骨、大臂肱骨分離脫臼，肘、腕關節會同時被卸下。根據當時交戰環境需要，若要重傷或致命對方，右膝可乘機跪擊襠部。

<table>
<tr><td>圖 9-447</td><td>圖 9-448</td><td>圖 9-449</td></tr>
</table>

此招，內含卸肘拿腕、暗膝跪擊妙招。因是強制卸骨，要求速度快、技術熟練、指力過硬。

第三招：抓腕卸腕關節

強制拿腕卸骨，需把準時機，先快速以左手抓住對方右手腕，右腿再迅速上步靠近對方，同時右手猛力推擊掌背並產生逆時針螺旋力將其拿倒在地，再乘機以右膝跪擊襠部（圖 9-450、9-451、9-452）。

》 技術解讀與要領

抓腕要快速、準確、有力，並用鷹爪中指摳掐尺骨上的二白穴，這個穴一旦受到鎖掐，整個右臂會痠疼無力，再加右手出其不意的突然推擊掌背產生的逆時針跟蹤旋擰力，對方腕關節定被迫向後彎曲劇疼，對方再想抵抗就非常困難。如果招法用的好，就這爆發一推一擰之力，就能當場將腕關節卸下脫臼，即使關節不能被卸，也會劇疼導致後仰倒地，然後再乘機以右膝要猛力跪擊襠部，同時右手再跟蹤以逆時針猛擰右手腕，對方在遭受暗膝撞擊、持續拿腕後，整個右臂定鬆弛無力，腕關節會被迫卸下，難逃二次卸骨的打擊。

此招，擒拿卸骨、暗擊招法並存，有跟蹤連環制敵之妙，在實施生擒猛卸時，需技術熟練、鷹爪功力過硬，二者緊密配合才能產生卸骨奇蹟。

<table>
<tr><td>圖 9-450</td><td>圖 9-451</td><td>圖 9-452</td></tr>
</table>

第四招：鎖臂卸肘、肩關節

強制拿肩卸骨，要出其不意、乘其不備突然逼近對方，同時右臂疾速插進右臂

內側，然後左手迅速握住右拳助力突然右轉旋擰將其摔倒在地，左掌再乘機砍擊肱骨上端將肩關節卸下脫臼（圖 9-453、9-454、9-455、9-456）。

》 技術解讀與要領

快速、準確鎖臂是第一步，不可漏出破綻。右臂鎖住對方右臂後，左手一定要快速握住右拳助力右旋別擰，同時右腋要用力鎖緊右手腕，這樣對方右臂就被螺旋別擰之力緊緊封鎖控制住，這一步非常重要。然後調動全身之力集中在兩手臂突然右轉別擰與其同時向右倒地，此時，對方右臂必劇疼被迫失去重心一同倒地。如果技術發揮的好，能當場將肘、肩關節卸下脫臼；如果不能卸下，對方在被擒拿摔倒時，右臂也會劇疼，肘、肩關節會處於鬆動狀態，再迅速以左掌掌刀猛力砍擊肱骨上端，右肩關節會強制被打掉卸下。

此招，採用了先擒、後摔、再追打三種技術。要求發招快速、聯貫，特別在強制捕捉罪犯時有獨特效果。如果鐵砂掌和鐵臂功過硬，卸骨效果會更佳。

圖 9-453

圖 9-454

圖 9-455

圖 9-455 反面圖

圖 9-456

第五招：拿腕蹩摔卸肩、腕關節

兩人散手交戰，可把準時機突然搶步靠近對方，同時兩手準確抓住右手腕順時針旋擰、左腿蹩住對方右腿，然後左腿猛力向後猛力踢擊右小腿，同時兩手再旋擰右手腕將其拿倒在地，左腳再迅猛踹擊右肩關節，同時兩手再跟蹤猛擰手腕，可將肩、腕兩關節同時卸下（圖 9-456、9-4857、9-458）。

圖 9-457

圖 9-458

» 技術解讀與要領

雙手抓腕時，兩手一定要重迭準確握住右手腕，並鎖緊順時針用力旋擰，同時左肘要用力下壓右肘關節，並以左腿蹩住對方右腿阻止前移，以迫使腿、臂無法移動化力，只有這樣旋擰手腕，對方才會劇疼難以反抗。然後左腿再緊跟猛力向後踢擊右小腿，同時配合兩手向右前方突然牽拉旋擰手腕，二者同時發力，對方肩、腕會更劇疼被迫重心前移、前栽趴地。

如果技術發揮的好，此時肩、腕兩關節會同時被卸下。如果要繼續重傷對方，左腳可乘倒地之機猛力踹擊右大臂肱骨上端，同時兩手再一次爆發旋擰、牽拉手腕，即使前招不能將其卸下，跟蹤這一招定會完成卸骨的使命。

此招，是先拿、後摔、再追打連環招法，內含三種技術，是強制卸肩、腕關節的強力絕招。

第六招：抓腕蹩摔卸肘、肩、腕關節

實施主動拿腕卸骨，可把準時機突然搶步抓住對方左手腕順時針用力旋擰，同時左腿緊緊封蹩住左腿阻止移動化勁將其拿倒，然後兩手再猛力上提旋擰手腕，同時左腳再迅猛踹擊左肩，將肩、肘、腕關節一塊卸下（圖 9-459、9-460、9-461）。

圖 9-459

圖 9-460

圖 9-461

» 技術解讀與要領

雙手一定要重迭準確抓住左手腕關節，並鎖緊順時針用力旋擰，同時要以左腿蹩住對方左腿，目的是阻止兩腿後移化力反抗，只有以此方法才能導致手腕劇疼、

被迫上身翻滾後跌。如果技術運用的好，立刻就能將手腕卸下脫臼。因對方劇疼被拿倒，整個左臂會處於鬆動狀態，肘、肩、腕三關節間隙會加大，對卸骨最有利。此時左腿可乘機猛力踹擊左大臂肱骨上端，同時兩手向上猛提旋擰手腕，經一踹、一提、一擰三者配合同時發力，對方肩、肘、腕三關節定被同時卸下。如果鷹爪功過硬，卸骨效果會更佳。

此招，內含打、摔、拿三種技術，使用時要出其不意、快速、聯貫，對捕捉對方、強制卸骨有高效作用。

第七招：抱腿摔，卸膝、腳腕關節

實施主動卸膝、卸腳腕，可把準時機快速搶步抱住左腿右轉滾身，同時以脊背撞擊腰腹將其砸壓倒地，左手再乘倒地之機快速握住左腳尖、右手握住腳後跟猛力逆時針旋擰，可迅速將膝和腳腕關節一塊卸下脫臼（9-462、9-463、9-464）。

》 技術解讀與要領

衝刺搶步要突然逼近對方，兩手臂抱左腿要快、要緊，並且要迅猛右轉滾身，並有意以脊背撞擊腰腹處。在對方左腿被緊緊封鎖抱住時，如果再突然遭受螺旋撞擊，必立刻失去重心被砸壓倒地。因對方遭受意想不到的脊背撞擊，腰腹會疼痛減少戰鬥力，腿部也會鬆軟無力。此時，兩手再乘機擒住左腳，並以突然爆發力猛力逆時針旋擰，膝、腳腕關節會同時被卸下脫臼。如果遭對方抓握反抗，兩手要繼續緊握旋擰左腳，只要緊緊擒拿住左腳，對方就會劇疼難以起身換招反抗，可再次猛力旋擰左腳，至到卸下為止。此時，也可乘機以右拳出其不意打擊面部。

此招，以搶先快摔打衝鋒，摔中暗藏著肩背撞擊，然後再快速換招拿腳卸骨，最後以拳擊面部完成連環打擊、制勝對方。

圖 9-462　　　　　　　圖 9-463　　　　　　　圖 9-464

◆ 二、反擒拿

第一招：破前抓髮卸手腕

若遭對方右手從前抓髮，可快速以兩手將其封住，然後向後猛拉下壓，力達左

手掌刀，可迅速將對方手腕卸下脫臼，從而被迫跪倒就擒受制於我（圖 9-465、9-466）。

》 技術解讀與要領

在此情況下，首先將左腿暗暗調換在前，這樣最有利於發招、發力反擊。封夾抓髮之手時兩肘要盡力靠近，同時用力向自己頭部按壓，並以左手掌刀為力點，突然猛壓靠近腕關節小指一側的右手掌骨，並有逆時針螺旋之力，準確猛壓這個部位，手腕會劇疼難忍，能立刻將腕骨卸下，對方定被迫前趴跪倒束手就擒。

為了持續重傷對方，兩手不可鬆開，需二次用爆發力猛壓右手，對方會牢牢被控制難以動彈。

圖 9-465　　　　　　　　　　圖 9-466

第二招：防後抓髮卸手腕

在遭遇對方從後抓髮時，要快速將右手封住向前彎腰，再迅速右轉 180 度猛力上提右手（若對方以左手抓髮需向左轉），將腕關節卸下脫臼（圖 9-467、9-468）。

圖 9-467　　　　　　　　　　圖 9-468

》 技術解讀與要領

遇此情況，兩手要快速封住對方右手向前彎腰，這樣可減少疼痛防止被拉倒。封夾右手需十指相扣、兩臂內夾，並以兩掌下部為力點用力向自己頭部按壓。然後快速右轉，這時對方右手會跟隨轉動，在旋轉到 180 度時，對方掌心會自然朝上，

此時是卸腕骨最佳時機，可突然起身挺腰，以靠近拇指一側的左手食指為力點猛力上頂掌背，同時以頭頂緊緊頂住四指第二關節、兩拇指用力掰壓掌心，三者緊密配合施行逆向頂壓，就能迫使腕關節巨疼、被卸脫臼。

此招，有內勁發力之妙，需認真領悟技術之原理，並且對技術、功力有嚴格要求，一旦精確掌握，對反擊從後抓髮非常有效。

第三招：破抓腕卸手腕

若遇對方雙手抓右臂試圖擒臂時，首先快速將右腿調換在前，再迅速以左手將對方右手封住，右手再緊跟纏繞抓住右手腕猛力下壓腕背上邊外關穴，可迅速將腕關節卸下脫臼，再乘對方被擒之機，迅猛以頭或左膝撞擊面部（圖 9-469、9-470、9-471）。

》技術解讀與要領

在對方剛一抓臂時，首先要快速將右腿調換在前，右臂再猛力回拉曲成 90 度，目的是加大、阻止對方擒臂難度，更有利於實施反擒拿招法。在進行反擒拿時，不管對方右手還是雙手抓臂，左手都要快速抓住右手封緊固定，並且左手拇指一定在從下邊連自己的手腕一同和對方的右手牢固封鎖在一起，這樣會更加牢固的控制住對方右手不讓其逃脫，為拿腕卸骨製造條件，此時，不管對方左手如何抓握都不用管它。

然後右手突然順時針纏繞抓住右手腕，無論對方做任何反抗改變角度，右手都要從腕背垂直向掌心一面猛壓外關穴，只有準確猛壓此穴，腕關節才容易被卸脫臼，對方才會劇疼被迫跪地不敢動彈，從而受制於我。

此時，對方面部正處在頭部最佳打擊角度，可迅猛以頭撞擊面部，若鐵頭功過硬，能當場致命對方。

圖 9-469　　　　　　圖 9-470　　　　　　圖 9-471

第四招：破抓腕卸手腕

在遇對方兩手或一手抓住右臂時，同樣要以左手快速抓住對方右手，再迅速抬右肘猛力下壓右肘關節處，在對方劇疼被迫跪地時，能同時將兩手腕一塊卸下脫臼，然後再迅速乘機以右肘搗擊面部（圖 9-472、9-473、9-474）。

圖 9-472　　　　　　　　　圖 9-473　　　　　　　　　圖 9-474

》 技術解讀與要領

左手抓握對方右手時，拇指一定在下一塊將自己右手腕抓住，目的是更加牢固的把對方右手封鎖固定在右手碗上不讓其掙脫，因為封鎖越緊卸骨效果會越好。此時，更希望對方用力抓握，只有對方抓的緊，再加左手封鎖固定，對方右手才無緩衝餘地，然後再突然提肘猛力下壓，腕關節就容易被卸下。

抬肘壓臂時，一定上提右肩，同時右腿抬起前落靠近對方，並且要先以螺旋力破解抓握，途中再瞬間變力爆發垂直下壓，如果對方抓的很緊，再加左手有意協助加強封鎖右手，對方左、右手腕會同時被卸下脫臼，但如果對方右手掙脫鬆開，此招就會失效。

對方被拿跪地後，面部正處在右肘最佳打擊之範圍內，根據制敵需要，可迅猛以右肘頂擊面部，也可再出右腿跟蹤踹擊咽喉或巨闕要穴。

此招，具有先擒、跟蹤追打之妙，真正致命對方的就在於跟蹤追打這一肘和右踹腳，如果鐵肘功、鐵腳功過硬，對方會當場癱瘓斃命。

第五招：破抓臂卸右手腕

若遭對方雙手抓右臂擒拿，首先右臂要快速回拉曲成 90 度，左手再疾速插進對方兩臂之間與右手相扣封鎖住右手腕，然後兩臂突然猛力逆時針旋轉，可迅速將對方右手腕卸下脫臼，再乘倒地之機猛力跪擊右側期門穴（圖 9-475、9-476、9-477、9-478、9-479）。

》 技術解讀與要領

兩手十指相扣要用力，兩臂鎖夾對方右手要緊，並且要用靠近右小拇指一側的尺骨猛力逆時針推轉右手掌心，同時以靠近左大拇指一側的橈骨猛力逆時針後拉右手腕背部外關穴，經過兩手臂密切配合突然爆發發力推轉旋擰。

根據槓桿原理，對方右掌、腕必遭受內外夾擊被嚴密封鎖控制，在強制控制下，因是以自身為軸心轉內圈，對方是被動轉外圈，只要兩臂突然一小轉，對方就難以同步跟隨旋轉，定導致跟蹌亂步無力掙脫被拿倒，因此，右手腕必被迫向後掰折脫臼被卸下。

此招，運氣發力要集中在兩手臂，發招做到：快、準、狠、突然爆發。

圖 9-475　　　　　　　圖 9-476　　　　　　　圖 9-477

圖 9-478　　　　　　　圖 9-479

第六招：破抓碗卸拇指

　　在對方以左手抓握右臂時，右臂要快速回拉曲成 90 度，左手再緊跟將對方左手連同自己右手腕抓住，然後右腿抬起前落，同時右肘猛力下壓左肘關節處將抓握破解，此時，左手暗握左大拇指突然向後掰折，可迅速將拇指卸下脫臼（圖 9-480、9-481、9-482）。

圖 9-480　　　　　　　圖 9-481　　　　　　　圖 9-482

》 技術解讀與要領

　　在左手抓握對方左手時，自己左手大拇指一定在下邊一同連自己右手腕抓住，目的是鎖緊對方左手不讓其掙脫，同時左手有意準備擒拿拇指。發招、發力時，左腿要突然抬起靠近對方，同時右肘快速抬起猛力垂直下壓左肘關節處，此時，無論對方左手抓的再緊，都不能抵抗螺旋加垂直爆發力的破解。

　　破解後，對方左大拇指會自然鬆開被左手暗暗抓住，然後左手突然向後猛掰，對方必劇疼自然被迫跪地，拇指會立刻被卸下脫臼。對方拇指被擒之後，由於受控

無法動彈，此時，面部正好處在右肘最佳打擊之內，如果要給對方二次打擊，可迅速以右頂肘搗擊面部，給其意想不到的追蹤打擊。

第七招：破雙手抓臂卸右腕

若遇對方以雙手抓右臂試圖擒拿，同樣右臂要快速回拉曲成 90 度阻止，左手再快速將自己右拳握住助力，然後兩拳同時猛力順時針旋轉，在轉到 180 度時，以右拳輪為力點垂直猛力下壓對方右手腕，可迅速破解兩手抓握，同時將右手腕卸下脫臼導致跪地，再乘機以頭撞擊面部（圖 9-483、9-484、9-485、9-486）。

》技術解讀與要領

此招，雖是反擒拿，不必用手抓握封鎖對方，但須以自己左手抓握右拳助力來巧妙完成。如果對方抓握越緊，此刻對反擒拿越有利，因為在發力時，是兩手同時以爆發來達到卸骨目的，對方抓握越緊，就會與我右臂形成一體，二者之間沒有間隙，自然就沒有化力餘地，在右拳拳輪突然旋壓下，定迫使腕骨受壓脫臼、劇疼跪地。

採用此招，最重要的一點就是：運氣於兩手要突然爆發，否則難以成功。準確把握此招技巧，能立刻將腕骨強制卸下或損傷。但如果對方迅速鬆手，反制就會失效。同時在對方被壓腕跪地時，其面部正處在頭部打擊之內，如果要致命或重傷對方，可迅速以頭撞擊鼻子，如果鐵頭功過硬，能當場將其斃命。

圖 9-483

圖 9-484

圖 9-485

圖 9-486

第八招：破抓肩卸手腕

若遇對方左手抓右肩，首先右腿要暗暗調換在前，然後左手快速抓住對方左手用力固定在自己右肩上，同時右臂迅速上舉以大臂猛力下壓手腕背部外關穴，可當場將右腕卸下脫臼，再疾速以右崩拳追打面部（圖9-487、9-488、9-489）。

》技術解讀與要領

遇此情況首先將右腿調換在前，這樣最有利於發招反擊。然後左手快速將對方左手牢固的固定在自己右肩上不讓其掙脫，為擒拿卸腕骨製造條件。因為使用此招，不但希望對方用力抓緊，而且還需以外力加強固定，用左手封鎖固定，右大臂要快速上抬迅猛垂直下壓腕背外關穴，對方右手腕定立刻被卸下脫臼，必劇疼跪地束手就擒。此時，對方面部正處在右崩拳最佳打擊之內，可疾速以右崩拳追打將其擊倒。此招，內含先拿後打妙法，主要發力集中在左手和右大臂。

【要求】發招速度快、突然爆發。

圖9-487　　　　　　　圖9-488　　　　　　　圖9-489

第九招：破抓胸卸肘、腕

遇對方右手抓胸、肩時，首先兩手要用力封鎖住右手，然後右腿快速上步將右臂封鎖控制在右腋下，同時左轉270度以脊背撞擊胸部將其砸倒在身下，並猛力逆時針旋擰右腕將肘、腕卸下，再乘機以左肘猛力搗擊巨闕或左期門穴（圖9-490、9-491、9-492）。

》技術解讀與要領

兩手封鎖對方右手要緊，上步左轉要快速先將右臂夾在右腋下，同時猛力逆時針旋擰右手，並有意以脊背撞擊胸窩。在旋轉撞擊過程中，由於對方右手臂被封鎖控制，再加旋轉撞擊，對方定會措手不及，必劇疼被迫倒地，有可能在瞬間就將右腕拿下。當對方被砸在身下時，兩手要乘機再猛力旋擰，經過二次旋擰會更有把握將其卸下脫臼。如果要重傷癱瘓對方，可乘倒地之機以左肘搗擊巨闕或左期門要穴。從撞擊到被撞擊倒地整個過程中，要一氣呵成，中途絕不可停止，同時兩手時刻要封緊右手。

此招，是擒拿摔、暗肘追打連環招法，對快速反制抓胸、抓肩非常高效。

圖 9-490

圖 9-491

圖 9-492

第十招：破抓肩卸手腕

若遭對方左手抓右肩，要先用左手封鎖住其手，右肩再快速猛力逆時針旋壓左腕背部外關穴，可迅速將左腕卸下，再迅速以頭撞擊鼻子將其擊出（圖 9-493、9-494、9-495）。

》技術解讀與要領

左手鎖抓對方左手一定要將自己衣服一同抓住，這樣可更加牢固的將左手固定在肩部防止掙脫，這樣才有利發招卸骨。發招時，右肩要先上提再以爆發力旋壓，並且要準確下壓左手腕背部外關穴，只有準確旋壓外關穴，才能以最佳外力迫使腕關節後折脫臼（腕關節最大後曲 90 度），就能當場將其卸下，達到最佳卸骨目的，否則效果不好。

對方左手腕被拿、被卸，勢必劇疼自然跪地就擒，此時，頭部是追打面部的最佳時機，可迅速乘機撞擊鼻子薄弱部位，若鐵頭功過硬，能當場癱瘓或致命對方。

圖 9-493

圖 9-494

圖 9-495

第十一招：反制從前鎖喉卸腕骨

若遭遇對方從前兩手鎖喉，首先要快速低頭運氣於咽喉繃緊，左手再緊急抓住對方左手封緊，右肩再猛力逆時針旋壓腕背，可迅速將手腕卸下導致巨疼跪地，再乘機以右拳打擊左期門穴將其擊出（圖 9-496、9-497、9-498）。

》技術解讀與要領

遇兩手鎖喉，第一反應就是快速低頭運氣咽喉繃緊，同時要閉嘴咬齒、以下頜骨用力壓迫兩手，這樣可縮小頸前空間，同時咽喉氣管可收縮內藏，對保護咽喉、

封堵鎖招特別有利。然後左手快速抓住對方左手將其固定在自己頸下部位，再突然以右肩猛力逆時針旋壓左腕背部，可迅速將其卸下脫臼，對方必劇疼被迫跪地。此時，對方左期門穴正處在右拳暗擊最佳位置，可迅速乘機以爆發力對其打擊，力達拳棱。

此招，為先拿後追打招法，對破解、反制雙手鎖喉有獨特效果。

圖 9-496　　　　　　圖 9-497　　　　　　圖 9-498

第十二招：破抓胸肩卸肩、肘、腕

遇對方左手抓胸或肩時，兩手要快速封住其手，再突然左轉 270 度，同時左腿快速向後倒插一步將左臂封鎖在右腋下，並以腰背為力點砸壓左臂將其砸倒，可迅速將肩、肘、腕關節一同卸下，再乘機以左肘猛力搗擊右側京門穴（圖 9-499、9-500、9-501）。

» 技術解讀與要領

兩手封鎖左手要緊，左轉要突然爆發，同時要快速先將對方左臂封夾在右腋下，左轉要有意以腰背砸壓左臂。此招，由於對方左臂被封鎖旋擰，再加全身外力旋轉集中砸壓，左臂會難以承受兩種力的攻擊，如果技術發揮的好，可迅速將肩、肘、腕三關節一同卸下。倒地後，不要給對方喘息機會，兩手要快速再次用力旋擰左手，即使旋轉過程中不能將其卸下，此刻也必定被卸無疑。若要繼續重傷對方，可乘倒地之機迅猛出左肘搗擊右京門穴，對方必重傷癱地受制於我。

使用此招，在整個左轉到砸倒對方過程中，要快速、大膽與對方同時倒地，其效果非常顯著。

圖 9-499　　　　　　圖 9-500　　　　　　圖 9-501

第十三招：破抓肩卸肘骨

在對方右手抓左肩時，可迅速上右腿左轉 180 度，同時兩手快速抓住右手腕將右臂置於右肩上，再猛力下拉、右肩上頂，右肘關節會立刻被卸脫臼，再迅速以左肘猛力搗擊巨闕穴或左側期門穴（圖 9-502、9-503、9-504）。

≫ 技術解讀與要領

右腿上步左轉要突然，同時要快速用右肩頂住對方右肘關節，並緊鎖右腕迫使對方右拳心朝上，這一步極為關鍵。因為肘關節不能向後彎曲，一旦發招被控制，根據槓桿原理，可以右肩為支點突然上頂，兩手猛力下拉，所產生的兩股逆向力肘關節必斷無疑。

因此，兩手抓右手腕一定要緊，絕不能讓對方右臂有旋轉化解之力，一旦右臂轉動拳心朝下，實行此招卸骨就會失效。但也有應對絕招，就是快速反應直接出左肘搗擊巨闕穴或左期門穴，對方必重傷休克。

此招，技術性特強，需準確發揮。

圖 9-502　　　　　　　圖 9-503　　　　　　　圖 9-504

第十四招：破抓胸肩卸肘、腕

遇對方右手抓左肩，可迅速上右腿左轉 180 度，同時兩手快速封鎖抓住右手腕，再迅速下坐後倒向右不停翻滾，可迅速將右肘、腕卸下脫臼（圖 9-505、9-506、9-507、9-508）。

≫ 技術解讀與要領

右腿上步左轉要出其不意，雙手鎖腕後，要乘其不備迅速下蹲後倒，這樣會迫使對方措手不向前彎腰，只要一彎腰，右臂就會大大減少抵抗力，就會為旋擰卸骨創造出機會。然後突然變招，全身迅猛向右不停翻滾，同時運氣於兩手用力旋擰手腕，如似鱷魚在水中捕捉到獵物後連續翻滾動作一樣，此時，對方右臂已無法與兩手之力抗衡，只要右臂被迫旋擰超過一定角度，就再也無力掙脫抵抗了，至到對方右肘、腕被旋擰卸下脫臼倒地為止。

使用此招，需要過硬的鐵指鷹爪功和熟練的技術，並且要連環、快速、一氣呵成，中間不可停頓。一旦精確掌握，對快速反制抓肩者非常獨特有效。

圖 9-505

圖 9-506

圖 9-507

圖 9-508

第十五招：接腿摔卸腳腕

在接住對方右蹬腿或右踹腿時，要快速以左腿瞥住左腿將其摔倒，然後，乘倒地之機，迅速以左膝猛力跪壓住對方右膝後部，兩手再迅速拿住右腳以爆發力順時針旋擰，可將膝和腳腕兩關節同時卸下脫臼（圖 9-509、9-510、9-511）。

圖 9-509

圖 9-510

圖 9-511

》技術解讀與要領

使用此招卸腳腕，首先接腿摔要成功。在對方被摔倒時，左膝要果斷、快速、準確跪壓住對方右膝後部委中穴，右手再緊跟抓住右腳尖，左手抓握住腳後跟，先快速將腳背掰直盡力與脛骨成一條直線，然後兩手再緊跟以爆發力順時針猛力旋擰，這樣最容易將腳腕卸下。此時，如果對方向右翻滾化力抵抗，左膝和兩手一定要嚴密配合控制不讓其翻身，如果對方一旦向右翻身，就會化去兩手擰力，對卸骨

就不利。因此，兩手拿腳快、準、狠、爆發旋擰就成了關鍵，絕不能給對方喘息機會。如果技術熟練、兩手功力過硬，膝、腳腕兩關節有可能同時被卸下脫臼。

第十一節　鎖拿經筋

鎖拿經筋，又有拿穴之意，屬擒拿範疇之內，是一項獨立的散手技術。經筋，不僅僅是單純所指的肌腱概念，其內涵更加廣泛，它是動脈、靜脈、神經、肌腱、韌帶、等系統的總稱。人體經筋，如似電網，粗細有別，深淺不一，佈滿全身，每種經筋分工不同，各負其責，各有使命，不管損傷哪一種，都會帶來嚴重的後果。

經筋，賴氣血供給產生正常功能。氣，生命之精髓；血，靠氣帶動而行；力，靠血傳遞而通達。武功拿筋，就是以強制的外力手法將這些經筋移位、損傷、斷裂，從而導致經筋氣血中斷失去營養，經筋所處馬上就會失靈，輕則致傷、致殘，重則危及生命。骨，屬剛，筋，屬柔，骨硬易摧，筋柔難斷。

特別是關節區域的肌腱、韌帶、幹線神經，彈性極強，它起著約束骨骼、連接關節的作用，在散手發出爆發力時，它充當著彈簧的角色，它是人體運動動力的來源、產生力量的源泉，在散手搏擊中，就是要想方設法封鎖損壞這些經筋，使其失去再戰能力而受制於我。但沒有過硬的指力，想斷損這些彈性極強的經筋就不太容易。因此，練就過硬的指力就擺在了首位，對指力功夫要求就特別嚴格，不但需要巧妙的技術，而且更需要過硬的鐵指鷹爪功才能達到以剛克柔目的。

如果這些經筋一旦被鎖拿損傷或撕斷，將意味著很長時間的痛苦，治療修復過程非常複雜，非常困難，無論如何治療都無法恢復到損傷前的狀態。骨折易治，筋斷難療，因此，武林中有「寧可骨折，不可斷筋」之說，說明了傷筋比損骨危害性更大。

人體經筋錯綜複雜，鎖拿經筋，需明各筋生理結構、分佈位置。人體致命動脈均分佈在頸兩側（人迎穴），一旦封鎖損傷，大腦立刻缺氧、斷血昏暈，重則危及生命；人體屈筋、伸筋，分佈在四肢關節，在大腦支配下，關節受這些經筋牽引而產生屈、伸、轉多角度運動。

屈筋主管關節彎曲，伸筋主管四肢伸張，二者各負其責，分工明確，功能相反。屈筋位置均分佈在四肢關節內側，屈筋伸張，四肢即直，此筋收縮，四肢即曲。屈筋突然被鎖招斷裂，必劇疼失去彎曲能力；伸筋位置均分佈在四肢關節外側，此筋伸張，四肢即曲，此筋收縮，四肢即直。伸筋突然被鎖招斷損，必劇疼猛力收縮無法伸張，從而失去活動能力。

在散手交戰拿筋時，不但要清楚這些經筋的分佈位置，同時對胖瘦、高矮不同者不可採取同一技術、鎖拿同一經筋。要因人制宜、隨機應變。如：與肥胖者交戰，不可鎖抓腰側筋，因經筋潛藏太深，有脂肪、腰肌保護不易鎖取，當然就不會

有效果。

散手交戰拿筋，主要對七大經筋進行鎖定捕捉，即：頸前咽喉、頸側筋（人迎穴）、肩前筋、肘內筋（少海穴）、腰側筋（腰笑穴）、膝內側筋、膝外側筋這七條大筋。其中頸前筋、頸側筋最易鎖取，所以為首選目標。雖然有很多要筋能致命或癱瘓對方，但由於隱蔽不易捕捉，對制勝對方就不利。因此，不提倡擴大攻擊目標，只有精確把準容易鎖取的經筋才是關鍵。同時在戰術、戰法上，有主動搶拿、反擊鎖拿兩種，並且以貼身近戰產生威力，通常以反擊鎖筋為最佳。在力達部位上，需集中在鷹爪拇指、食指、中指，其手法以抓、掐、摳為主。

還要特別注意：就是一旦鎖拿住經筋，手指是不能輕易鬆動的，就像老虎捕獵咬住動物頸部氣管一樣，只要咬住，不管獵物如何奔跑、掙脫，老虎始終都不會鬆口。因為老虎知道，只有咬死不鬆口，獵物的氣管就會慢慢被封閉，最終導致斷氣斃命。鎖筋一術同樣如此，不管鎖掐住任何一條經筋，三指要如似鋼鉗一般緊鎖不動，並持續用力內摳，最終會迫使對方失去反抗能力、束手就擒。

可能有人認為：交戰制敵何必採取拿筋法？拿筋，一是速度慢，二是需要很強的功力和技術，三是具有危險性，為何不用拳腳打穴來得快？此疑問不無道理。但警拳道在散手交戰中早就清楚點明：打，為散手搏擊之首選；摔，為次選；拿，為第三選擇。但也不是絕對的，在真正的散手搏擊中，要視交戰環境而機智選用技術。因為單用「打」，是不適應立體交戰需要的，在特殊纏身交戰中是受侷限的，有時不能滿足複雜環境的交戰需要。

任何一項技術都要辯證的對待，各有所長、各有其短，優勢、長處用盡，背後帶來的就是空白、虛弱。

如：在與拳擊隊員交戰時，首選是以遠戰腿法和摔法之優勢就能戰勝對方，因避開了對方的拳擊優勢發揮了自身的特長，單一的拳擊拳法根本就無法應對這些散手技術，對方必被壓制、被動挨打，絕不能先採用拿筋法來應對。

又如：在與摔跤運動員交戰時，一旦腰、腿、臂、頸部被抱攔控制時，可機智以肘、膝、頭短打撞擊，或乘虛而入快速以鷹爪鎖筋制勝對方。因為這些散手武器隱蔽、速度極快，防不勝防，不易發現，可明打暗擊、陰手鎖抓，招法出乎意料，對迅速攻擊薄弱部位、破解制勝對方會立竿見影，能製造意想不到的奇蹟。

如果不具備這些武器、招法，單憑摔法技術應對就會費力，可能就難以取勝，會帶來另一種後果。因此，快打、速摔、拿筋、卸骨、點穴技術，對真正的實戰來說都有必要練。鎖拿經筋，在散手搏擊中有其獨特的巧妙用法，多以暗抓、陰掐產生奇效，因此，屬於當之無愧的散手武林秘籍之一。實戰答案告訴我們：只有技術全面，才能增加交戰取勝係數。

在散手交戰中，拿筋技術可隨環境變化而變化使用，其技術豐富多變，在此不能逐項展現，只選擇部分常用的拿筋招法進行解讀。為了便於瞭解對拿筋的準確度，本節配備了人體經筋解剖圖，對在實戰搏擊中精確取筋有極大幫助作用。

第一招：鎖喉封氣管

》 位置

在頸前喉結，周圍有甲狀腺上動脈、頸前靜脈、頸外動脈、喉上動脈和神經等。

》 搶先鎖拿

兩人散手交戰，可搶先或反擊鎖拿經筋。如果主動搶先鎖筋，左腳要快速向前衝刺一步逼近對方，同時左手快速抓住右肩，右手再疾速鎖掐住咽喉（圖 9-512、9-513）。

圖 9-512　　　　　　　　圖 9-513

》 反擊鎖拿

若對方以右擺拳、直拳、扇掌攻打頭部，或以鷹爪、插指抓擊面部，可先以左臂阻截保護頭面，再緊急下落抓住右肩，右手再迅速乘機鎖掐住咽喉，迫使對方就擒。

》 技術解讀與要領

不論搶先鎖喉還是反擊鎖喉，左手一定要抓緊右肩穩定對方，目的是迫使對方進退兩難有利於牢固鎖喉，同時以右手拇指、食指、中指指尖為力點，如似鷹爪一般用力內摳鎖緊，並配合左手後拉有前頂之力，這樣對鎖喉會更加有效。

因咽喉氣管沒有骨架支撐，只有圓形軟骨組成，並有一定彈性，單憑右手鎖拿會有緩衝餘地被化解。

如果沒有左手配合固定對方，對方會本能的後仰防守，從而會掙脫右手的封鎖。因此，使用此招必須左右手緊密配合才能達到最佳鎖喉目的。

在對方喉部一旦被鎖住時，不論用何招掙脫抵抗，只要鎖住右手就不能鬆開，絕不能給對方喘息機會，對方氣管很快就會被強制關閉束手就擒。如果指力過硬、鎖掐準確，能同時損傷封堵甲狀腺上動脈、頸前靜脈、頸外動脈、喉上動脈和神經（見圖 9-514、9-515），可迅速導致咽喉氣管劇烈疼痛、氣管關閉，能瞬間窒息斃命。因此，不在萬不得已情況下，不可使用鎖喉招法。

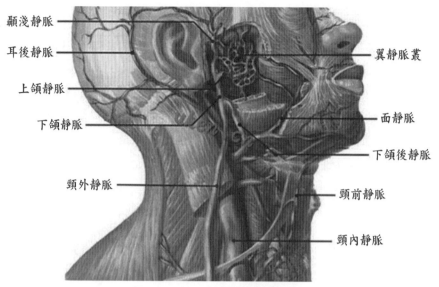

顳淺靜脈

耳後靜脈

上頜靜脈

下頜靜脈

頸外靜脈

翼靜脈叢

面靜脈

下頜後靜脈

頸前靜脈

頸內靜脈

圖 9-514（頸、頭部靜脈解剖圖）

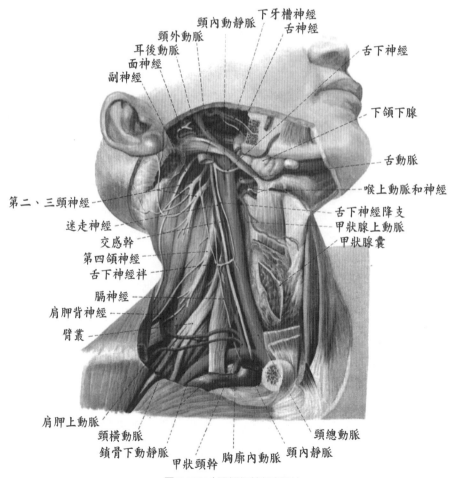

下牙槽神經
舌神經
頸內動靜脈
頸外動脈
耳後動脈
面神經
副神經

舌下神經

下頜下腺

舌動脈

喉上動脈和神經

第二、三頸神經

迷走神經

交感幹

第四頸神經

舌下神經袢

膈神經

肩胛背神經

臂叢

舌下神經降支
甲狀腺上動脈
甲狀腺囊

肩胛上動脈

頸橫動脈

鎖骨下動靜脈

甲狀頸幹

胸廓內動脈

頸內靜脈

頸總動脈

圖 9-515（頸部經筋解剖圖）

第二招：鎖拿人迎穴

》位置

為耳部垂斜接胸前鎖乳突肌，在咽喉氣管軟骨外邊，肌皮裡邊有頸總動脈，頸內靜脈、迷走神經等。

》搶先鎖拿

在兩人散手交戰時，若要主動鎖拿頸側筋（人迎穴、頸總動脈），右腳可快速向前衝刺搶進一步逼近對方，同時以右手快速抓住右肩，左手再疾速鎖掐住右側頸總動脈或咽喉（圖 9-516）。

》反擊鎖拿

如果對方以左蹬腿踢擊胸腰部，左腿要快速向左前方上一小步，同時稍微左轉避開來腿，右手臂迅速將左腿接住抱緊，左手再疾速鎖掐住右側人迎穴或喉部，可迅速制勝對方（圖 9-517）。

》技術解讀與要領

頸總動脈，左右兩側各布有一條，是人體最薄弱、最易鎖取之筋，此招，就是以封鎖頸總動脈為主。

強取鎖拿人迎穴，首先右腿衝刺要快、要突然，右手抓肩、左手鎖筋要以快取勝；反擊鎖筋，右手臂首先要接住左蹬腿抱緊穩定住對方，不可讓其腿掙脫、有緩衝之力，這樣才能有利於左手準確鎖拿。不論主動鎖拿還是阻截反擊鎖拿，要求左手速度快、鎖筋準確、有力。

但由於此穴周圍不單純是有頸總動脈，同時還布有頸內靜脈、迷走神經（見上圖 9-514、9-515），是多筋必經區域，因鎖筋手法是鷹爪抓拿，不是單一的點擊，所以抓拿面積會增大，只要三指一抓，有可能將多筋一塊鎖住。

此時，不管對方如何抗爭亂動，絕不可鬆手，並要持續用力鎖掐，各筋會慢慢被封堵，輕則氣滯血瘀、神經入腦劇疼、頭暈昏迷；如果鐵指鷹爪功過硬，能一塊將多筋摳出撕裂，能當場制敵於性命，這得需要相當的鷹爪功功力，不是一般的鐵指功就能做得到的。所以，練就過硬的鐵指鷹爪功極為重要。

圖 9-516

圖 9-517

第三招：鎖拿肩前筋

» 位置

在兩肩腋窩正前方，胸大肌肌腱與肱骨連接處，肌腱後布有腋動脈、尺神經、正中神經、前臂內側皮神經等。

» 阻截反擊鎖筋

對方以右擺拳進攻我頭部，首先要快速出左臂阻截來拳，右手再疾速插進封鎖掐住右肩前筋或左側人迎穴（圖9-518）。

» 技術解讀與要領

鎖拿肩前筋，主要以反擊鎖拿產生效益，禁忌主動鎖拿，只有在對方出拳進攻或抓肩時，此筋才會空虛暴露破綻，才能有機可乘鎖取。當對方右擺拳被我左臂阻截後，左手要快速下落抓住右肩穩定住對方，這樣對牢固鎖筋才有利，右手再緊跟乘虛而入直奔右腋取筋，並且拇指在上掐住肩前穴，食、中指在下，用力摳鎖住胸大肌肌腱裡面之筋。

由於此部位是多筋必經之路，再加上對方出拳時腋窩會空虛易抓，有時會連同腋動脈、正中神經、尺神經、前臂內側皮神經（見圖9-519）一塊被鎖住。一旦鎖住此筋，要運氣三指指尖，而不是手指肚，並集中力量如似鋼鉗一般持續內摳外拉。

此時，會感覺有彈性條狀物被抓，如果功力過硬，能將多筋同時損傷，並將筋撕傷斷裂，整個右臂會失去反抗能力，可造成右臂直而不曲，導致整臂殘疾。

圖9-518

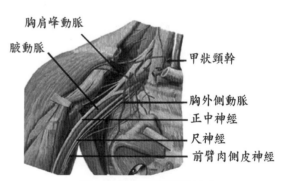

胸肩峰動脈

腋動脈

甲狀頸幹

胸外側動脈

正中神經

尺神經

前臂內側皮神經

圖9-519　肩部經筋解剖圖

第四招：鎖拿肘麻筋

» 位置

緊鄰少海，在少海穴上邊。皮內布有尺神經、貴要靜脈、前臂內側皮神經。

» 反擊鎖筋

在對方以右手抓左肩時，首先以左手快速抓住對方右臂後拉，右手再疾速封鎖掐住右肘內側尺神經，將其緊緊鎖住，力達拇、食、中三指指尖指（圖9-520、9-521）。

圖 9-520　　　　　　　　　　　　圖 9-521

》 技術解讀與要領

　　鎖拿肘筋，不可主動鎖取，以反擊鎖拿最佳。當對方右手抓左肩時，首先左手要抓住右肩猛力後拉，這樣可迫使右肘關節彎曲，只有彎曲，才能製造最佳角度有利右手鎖抓。肘內側少海穴區域，布有尺神經、貴要神經、前臂內側皮神經（見圖9-522），但以抓拿尺神經為主，一旦鎖住，整個右臂從右腋下至小拇指會劇麻、劇疼，如似過電一般立刻失去反抗能力。如果指力過硬，能將此筋摳出撕斷，會像繃直的皮筋被割斷一樣迅速向兩頭收縮，雖不能致命，但會造成整個右臂終身殘疾。當然，這需要超強的鐵指鷹爪功才能做得到的。

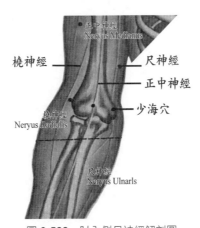

圖 9-522　肘內側尺神經解剖圖

第五招：鎖拿腰筋

》 位置

　　在腰兩側肋骨尾端軟腰處（笑腰穴），左脾、右肝下緣。筋頭為腹外斜肌，肌皮內布有肋下神經。

》 反擊抱攔鎖筋

　　當對方從前以兩臂將雙臂抱住時，右腿要快速後撤一步先穩定身體，同時兩臂猛力外撐，然後快出右手用力鎖掐左側腰筋（圖9-523），可迅速破解對方抱攔。

》 技術解讀與要領

鎖拿腰筋，禁忌主動鎖拿。鎖抓腰筋時，感覺皮內有發滑的彈性條狀物為準，這就是腹外斜肌，其肋下神經就在其中（見圖 9-524、9-525）。抓握時，左手要用力固定好對方身體，右手要向左緊頂鎖抓，只有牢固抓住腹外斜肌持續鎖摳，肋下神經才能有效得到刺激。如果指力過硬，準確將二者鎖掐損傷，可導致哭笑不止、腰部發軟無力、半身活動受阻。又因此神經處在左脾、右肝下緣，同時也會影響肝、脾正常功能。武林中被點穴後大哭大笑之症狀，就是腹外斜肌和肋下神經被抓拿損傷所致。因此，此處稱為腰笑穴。鎖拿腰筋，不怕對方高，就怕對方胖，遇肥胖者禁用，對瘦者才能見效。若遇肥胖者抱攔，可迅速以陰手抓襠或陰膝撞擊襠部或以頭撞擊面部來破解。

圖 9-523

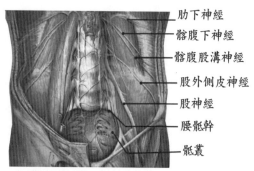

圖 9-524　腰部前、兩側神經解剖圖

肋下神經
髂腹下神經
髂腹股溝神經
股外側皮神經
股神經
腰骶幹
骶叢

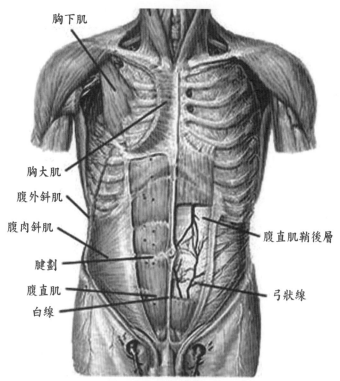

胸下肌

胸大肌

腹外斜肌

腹肉斜肌

腱劃

腹直肌

白線

腹直肌鞘後層

弓狀線

圖 9-525　胸腹肌肉解剖圖

第六招：鎖拿膝內側筋

》位置

在陰谷穴和曲泉穴區域：位於膕窩後內側，曲膝時，半腱肌肌腱、股薄肌和縫匠肌明顯暴露，大隱靜脈、隱神經伴隨其中。

》接腿反擊鎖筋

在對方出左蹬腿踢擊腰部時，左腿可快速向左前方上一步，同時全身稍左轉兩手將右腿接住，然後左手迅速變成鷹爪，用拇、食、中三指鎖掐住左膝內側半腱肌肌腱，迫使對方巨疼失去反抗力，而受制於我（圖9-526）。

》技術解讀與要領

右臂抱左腿一定牢固，不能讓其掙脫，同時右小臂要用力上挑膕窩來迫使膝關節彎曲，只有膝關節彎曲，內側經筋才會暴露破綻，左手才有機會準確鎖取，絕不能讓左腿伸直，一旦伸直，此處就會光滑發硬不易鎖抓，左手就會脫離，鎖拿其筋就會失效。因此，右臂抱腿配合非常關鍵。鎖抓此處肌筋，要以拇、食、中指指尖為力點，如似鋼鉗持續用力內摳。由於此處為半腱肌肌腱、縫匠肌、股薄肌、半膜肌、大隱靜脈、隱神經必經之處（見圖9-527、9-528），在抓拿時，有時會同時將這些經筋一塊抓住，一旦抓住，不論對方如何掙脫，左手絕不能鬆開，要集中三指力量持續鎖抓，並且始終將左腿控制在彎曲狀態。

此處肌筋柔韌性極強，一般指力鎖拿比較困難，需過硬的鐵指鷹爪功才能見效。如果指力過硬，能同時將陰谷穴和曲泉穴鎖掐封住，以超強的鐵指鷹爪功以剛克柔，可使多筋損傷或撕裂，輕則會影響膝關節轉動、曲伸，從而減少戰鬥力，重則會導致左腿癱瘓、永久殘疾。

圖9-526

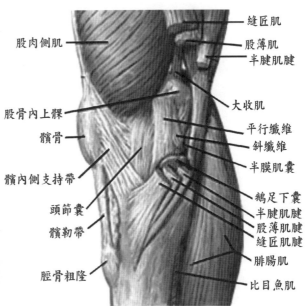

圖9-527　膝內側後部肌腱、韌帶解剖圖

縫匠肌
股薄肌
半腱肌腱
大收肌
平行纖維
斜纖維
半膜肌囊
鵝足下囊
半腱肌腱
股薄肌腱
縫匠肌腱
腓腸肌
比目魚肌
股內側肌
股骨內上髁
髕骨
髕內側支持帶
頭節囊
髕韌帶
脛骨粗隆

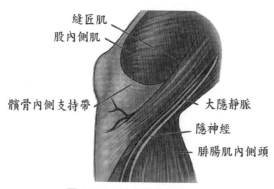

圖 9-528　膝內側後部神經分佈圖

第七招：鎖拿膝外側筋

》位置

在膕窩後外側，緊鄰膝陽關穴，曲膝時，股二頭肌明顯暴露，腓總神經伴隨其中。

》反擊鎖筋

在對方以右蹬腿踢擊腰部時，其接腿技術和要領與上式第六招相同，唯一不同的是鎖拿膝外側筋（圖 9-529）。如果在對方以右臂鎖夾住頸部時，右腿要快速向後撤一大步穩定身體，同時左手臂緊攔住左腰，再緊跟以右手猛壓右膝膕窩，在右膝被壓彎曲時，迅速以右手鎖掐住膝外側股二頭肌（圖 9-530）。

圖 9-529

圖 9-530

》技術解讀與要領

在遭遇對方以右臂鎖頸摔時，後撤右腿與右手下壓右膝膕窩這一步非常關鍵，只要將對方右膝關節下壓彎曲，右腿發力就會大大減弱，就能有效阻止住對方夾頸摔，同時會造成良好的角度使股二頭肌明顯暴露出來（見圖 9-531、9-532），對右手鎖抓經筋就製造出了有力條件，否則鎖拿其筋就非常困難。由於股二頭肌粗壯、彈性極強，腓總神經隱藏在後邊受到保護，鎖拿時，拇指要在外邊用力掐點住陽關穴，食指、中指在裡邊以指尖為力點，如似鋼構一般持續內摳、外拉，損傷腓總神

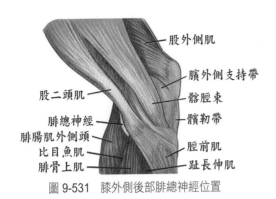

圖 9-531　膝外側後部腓總神經位置

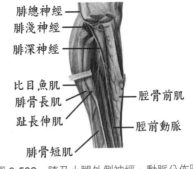

圖 9-532　膝及小腿外側神經、動脈分佈圖

經就靠食指和中指來完成。

　　如果指力過硬，能同時將二者鎖抓損傷，發力根基就會被破壞，就不能支撐身體，輕則神經入裡右膝關節會劇疼無力自然彎曲，從而失去戰鬥力；若將其筋撕傷斷裂，會導致右腿曲而不伸永久殘疾，這就是武林中所說的分筋錯骨其中之一。但要達到這種最佳拿筋效果，還是必須靠過硬的指力才能完成。

第十二節　反擊刀、槍技術

　　反擊刀、槍，是警拳道一項高級自衛技術，是針對反制持凶器研究、實驗出來的一些快速、高效制敵絕招。這些招法，以快、準、狠打擊致命要穴為主，其招法簡單、實用，但對發招速度及功力要求非常嚴格，因為是與持刀、槍者針鋒相對，其潛在的危險巨大，這與散打賽場、徒手搏擊不同，如果不具備巧妙的技術、閃電般的速度和過硬的功力，就很難快速有效的制勝對方。因此，在遭遇對方持刀、槍威脅時，要保持冷靜、沉著、不懼怕心理，發招要果斷、絕不留情，在關鍵時刻必須出奇制勝、一招制敵，這就是警拳道在戰場中的最高境界體現。

　　遇此情況，可機智採取機智奪凶器、打空間差反擊、躲閃反擊或誘惑反擊來應對，這些技術，不但有反制近身威脅的妙法，同時有制勝從遠逼近時的絕招。雖然這些招法能排除危險、致命癱瘓對方，但其中的技術要求非常熟練、速度極快，功力要求非常嚴格、過硬，否則，不要亂動激怒對方，需謹慎把握。

◆ 奪槍反擊技術

第一招，拿碗奪槍，反擊從前威脅

　　當對方以手槍從前近身威脅時，首先要冷靜沉著、假裝害怕迷惑對方，使對方警惕放鬆，並暗暗將左腿調節在前利於奪槍（圖 9-533），然後右手突然抓住槍筒

疾速上舉前推、下壓、後拉，同時左手快速抓住右手腕猛力後拉，對方右手腕必巨疼無力握槍，能瞬間改變槍射路線排除危險、迫使槍口回轉 180 度對準持槍者，可創造反敗為勝奪槍之奇蹟（圖 9-534、9-535、9-536）。

》 技術解讀與要領

此招，根據槓桿原理，屬藉助槍體硬度、長度而採取的一種擒拿奪槍絕招。要求，發招出手要突然、快速、準確，在 0.1 秒極速下突然發招完成，因奪槍危險之大，絕不能失誤。在右手握住槍筒前端（絕不能握槍口）疾速上舉前推、下壓、回拉時，左手配合快速回拉右手腕非常重要，需一氣呵成，不可停頓，只要技術熟練，非常容易快速將搶奪下。這是根據槓桿原理巧妙技術的發揮，對方根本無力握槍抵抗。因為當對方眼睛看到動手，再傳給大腦，大腦再指揮右手食指扣動扳機這一過程，反應再快也得需要 0.2～0.3 秒鐘，所以在沒扣動扳機之前，就以閃電般的速度完成了擒拿招法，同時迫使槍口反而對準了持槍者自己，即使扣動扳機，子彈會強制射向天空或射向其本人。

這是用氣手槍裝入塑料彈驗證的結果，其效果特強，非常有說服力，不論對方握槍多緊，都會被突然發招將搶奪下。

圖 9-533

圖 9-534

圖 9-535

圖 9-536

第二招，鎖抓槍筒，踢襠奪槍

在對方從前近身用槍威脅時，要把握動手時機，可突然兩手抓住槍筒迅猛上舉，先強制改變槍口方向排除危險（圖 9-537、9-538），再急出右蹬腿或右踢腳猛

力踢擊襠部，對方必巨疼失去握槍能力，可迅速將槍奪下，達到反制對方之目的（圖9-539）。不論對方雙手或單手握槍，兩手抓住槍筒後，也可右腿疾速上步，同時兩手猛力前推下壓槍筒，強制將槍口對準持槍者，此時，左手食指很容易扣動扳機射中對方（圖9-540、9-541），若不想扣動扳機，兩手可迅猛向後拉帶將搶奪下而受制於我（圖9-542）。

» 技術解讀與要領

此招，為快速致命打法和硬拿奪槍法，要求鎖抓槍筒結實，踢襠快速、準確、爆發有力，有一腳定乾坤之威力，需在0.1秒極速下兩手快速鎖抓槍筒上舉排除危險，破使槍射失效。此奪槍法，因對方臂長不占優勢，只要兩手緊握槍筒上舉靠近對方，時刻讓槍口朝上或朝向安全方向，就不會有危險，不論對方臂力再大，都難以抵抗兩手上舉之力；都能迅速改變槍射方向，要想掙脫、使用槍枝都非常困難。當然踢擊襠部要緊跟而上，因為面對的是極其危險的持槍者，所以不要給其喘息機會，絕不留情，勢必做到一腿癱瘓或致命對方，若鐵腳功過硬效果最佳。

如果採取奪槍法，右腿要大膽上步逼近對方，同時兩手抓緊槍筒猛力前推下壓，越是貼近對方，對方右臂彎曲越大，就越無力抵抗，就越安全。因為在藉助槍體硬度、長度猛力下壓時，對方手腕必巨疼握槍失效，這也是準確使用槓桿原理產生的巨大威力。此時，對方已處於被動劣勢，槍口已對準持槍者自己，根據當時環境，可做出是否開槍的決定。如果開槍，左手食指很容易扣動扳機。

圖9-537

圖9-538

圖9-539

圖9-540

圖9-541

圖9-542

第三招，拿碗奪槍，反擊槍頂腹部威脅

當遇對方在飛機、車、船、商店等狹窄地方超近距離以槍頂腹部威脅時，可暗

將左腿調節在前，再瞅機用左手突然抓住槍筒右推、右手疾速從下抓住槍筒，同時右腿向左撤一步左轉 90 度避開槍口（圖 9-543、9-544），兩手不停再猛力向前推壓，強制將槍口對準持槍者（圖 9-545），再向後猛拉將搶奪下，可迅速制勝對方（圖 9-546）。

》技術解讀與要領

此招，要求左手抓槍筒右推和右手從下抓槍筒與右轉、右腿左撤步必須在 0.1 秒鐘之內同時完成，在第一時間先排除危險、迫使槍射失效最關鍵。在突然兩手抓握槍筒右轉時，對方持槍右手很容易逆時針旋轉 90 度手背朝上，這對擒拿右手腕製造了先決條件，只要兩手緊跟前推下壓，持槍手腕就會被迫向後彎曲，並且食指容易被扳機護體別住，越下壓槍筒，手腕就越疼，就越無力掙脫反抗，只要兩手帶弧度猛力爆發後拉，右手食指最容易被扳機護體別斷，這是此招奪槍暗藏的傷指絕招。但此時，持槍食指在反別作用下，也最容易別動扳機射向空中或持槍者，只要熟練這一招，是絕對安全。

如果右腿在前，需右手抓槍筒向左急推，與左轉 90 度和左腿向右撤步同時完成，此時，對方持槍右手會順時針旋轉 90 度手心朝上，這樣更容易將槍奪下，但不容易造成擒拿條件，因為在兩手疾速前推下壓時，持槍右手最容易鬆手脫離槍體，但會給奪槍者左手食指製造最快速、最方便扣動扳機的條件，如果關鍵時刻決定射擊，會瞬間完成。

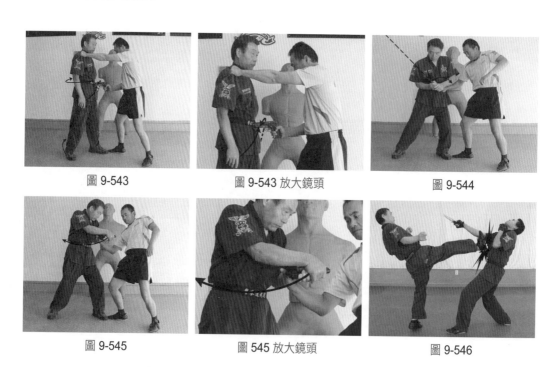

圖 9-543 　　　　　圖 9-543 放大鏡頭 　　　　　圖 9-544

圖 9-545 　　　　　圖 545 放大鏡頭 　　　　　圖 9-546

第四招，舉手誘惑奪槍，反擊從遠逼近威脅

當遇對方持槍從遠逼近讓其舉手威脅時，可假裝害怕舉起雙手，以此假相誘惑

對方讓其放鬆警惕靠近，並有預謀調節左腿或右腿在前做好奪槍準備。待對方持槍靠近威逼時，左手突然從上下落抓住槍筒右推，同時右手疾速下落從下抓住槍筒、右腿快速向左撤一步左轉90度避開槍口（圖9-547、9-548），兩手再迅猛向前推壓槍筒，強制將槍口回轉對準持槍者（圖9-549），兩手再猛力後拉將搶奪下，若有必要，左腳再迅速踹擊襠部，給其致命一腳，可瞬間制勝對方（圖9-550、9-551）。

》技術解讀與要領

此招，屬誘惑反擊奪槍招法。當遭遇對方，在一定距離有遠而近以手槍威脅、讓其舉起雙手時，因手無寸鐵面對持槍者非常危險，為預防對方開槍造成悲劇，必須機智應對，不可盲目亂動。因通常對方持手槍多在十米左右內採取威脅（若離較遠，可考慮逃離），逃離雖為上策，但在一定距離之內選擇逃離就非常危險，可能會激怒對方開槍。因此，為智取反制對方，可順從舉起雙手，先以佯裝恐懼誘惑讓對方靠近，只有對方靠近，才能發揮出奪槍招法來反制。

此招，不論左腿在前還是右腿在前，整個技術發招要領與第三招完全相同，區別在於兩手是從上下落奪槍。槍被奪過後，根據當時交戰環境需要，也可以左腳迅猛踹擊襠部，這也是相當有效的癱瘓、致命對方絕招。

圖 9-547

圖 9-548

圖 9-549

圖 9-550

圖 9-551

第五招，抓槍拿腕，反擊從側威脅

當遇對方持槍從左側進行威脅時，兩眼要用餘光暗瞅持槍右手（圖9-552），然後左手突然從下抓住槍筒上舉，同時頭快速下躲閃（圖9-553），右腿再疾速上步逼近對方，同時右手緊跟抓住槍身（圖9-554），然後左手緊握槍筒猛力向上、

向前推壓，對方右手腕會巨疼被迫向內彎曲自動鬆槍，兩手再緊跟迅猛後拉將槍奪下（圖 9-555、9-556）。

》 技術解讀與要領

此招，要求左手上舉槍筒和頭下躲閃同時完成，速度要快、要突然，絕不可漏出破綻，目的是在極短時間內，迅速避開對方萬一開槍造成的危險，從而迫使槍射失效。在遇此情況下，需要冷靜、假裝懼怕，兩眼不可直盯持槍右手，避免引起對方注意力，對發招奪槍不利。此時，必須用餘光觀測對方動向。當左手突然抓住槍筒上舉時，右腿要大膽、快速上步靠近對方，越靠近對方，對方就越難持槍抵抗，並且右手要迅速抓緊槍身下壓，左手緊抓槍筒猛力向上、向前推壓，以槍筒長度、硬度優勢，對持槍手腕實施生擒硬拿，握槍手腕必被迫向內彎曲，對方越用力握槍手腕會越巨疼，必鬆手無疑。此時，槍已完全失效，槍口也準確朝向了持槍者自己，當以迅雷不及掩耳之勢迅速控制住槍後，左手食指也處於最快、最佳扣動扳機之機，對方已完全被動而受制於我。

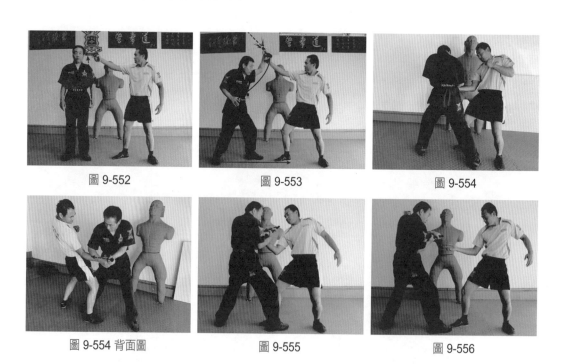

圖 9-552　　　　　　圖 9-553　　　　　　圖 9-554

圖 9-554 背面圖　　　　圖 9-555　　　　　　圖 9-556

◆ 反擊匕首技術

第一招，臂打手腕踢章門，反擊匕首從前威脅

在遇對方以匕首從前威脅時，可將左腿調節在前，同時暗暗運氣於運氣於左臂和右腳，然後左臂突然向左猛力打擊持凶器右手腕，先將右臂打偏改變刀刺路線排除危險，再疾速以右邊腿踢擊左章門穴，或以右膝疾速撞擊襠部，可迅速癱瘓或致

圖 9-557   圖 9-558   圖 9-559

命對方（圖9-557、9-558、9-559）。

【要領】臂、腿連擊，要快速爆發有力，踢擊章門穴和撞擊襠部要準確，要果斷發招，絕不給對方喘息機會，勢必做到一腳定乾坤。

第二招，鎖腕踢襠，反擊匕首從前威脅

遇對方從前以匕首威脅，也可突然兩手抓住對方右手腕猛力上舉，再疾速以右腳或右膝猛力撞擊襠部，可迅速重傷睾丸神經，輕則癱瘓倒地，重則當場致命（圖9-560、9-561、9-562）。

【要領】兩手鎖右腕一定要緊，絕不可鬆手，並始終將凶器高舉控制在頭上方，讓其永遠偏離刀刺目標，右腳或右膝擊襠要準確、快速、爆發有力，做到一招制敵。

圖 9-560   圖 9-561   圖 9-562

第三招，拿腕打太陽，反擊匕首從前威脅

遇對方從前以匕首威脅，也可突然以兩手抓住右手腕猛力逆時針旋擰，同時疾速上右步瞥住對方右腿阻止移動抵抗，並以右臂猛壓持刀右臂，牢固將其鎖擒於右腋下，迫使凶器失效。此時，對方頭部正處在右拳最佳打擊範圍之內，根據當時交戰環境需要，可迅速以右拳猛力打擊右太陽穴，給其致命一拳（圖9-563、9-564、9-565）。

【要領】兩手封鎖持刀手腕要牢固，不管對方如何掙扎抵抗絕不能鬆手，右拳打擊太陽穴，要快、準、狠、爆發有力。

圖 9-563　　　　　　　　圖 9-564　　　　　　　　圖 9-565

第四招，臂打手腕踹襠，反擊匕首從左威脅

在遭遇對方持刀從右威脅時，同樣可暗暗運氣於右小臂，然後突然向上猛力打擊持刀手腕，同時兩腿下蹲、頭下縮，迫使凶器高起、偏離刀刺路線，再疾速以右腳踹擊襠部或右章門、期門穴，使襠部睾丸神經或肝、脾、肋間動脈、神經遭受撞擊損傷，從而導致癱瘓無力再戰（圖 9-566、9-567、9-568）。

【要領】右臂打擊對方右手腕要快、猛，一出手就要讓對方右手腕受傷失去握凶器能力，左踹腿要緊跟而上、爆發有力，做到一腿癱瘓對方。

圖 9-566　　　　　　　　圖 9-567　　　　　　　　圖 9-568

第五招，臂打手腕踢章門，反擊匕首從右威脅

若遇對方持刀從左威脅，要暗暗運氣於左小臂和右腳，然後突然以左臂猛力向左打擊持刀右手腕，再緊跟以右鞭腿踢擊左章門穴，可迅速癱瘓對方（圖 9-569、9-570、9-571）。

圖 9-569　　　　　　　　圖 9-570　　　　　　　　圖 9-571

【要領】左臂打擊要爆發有力，右鞭腿要果斷、準確踢擊左章門穴，臂、腿連環打擊要快速，只要章門穴被踢中，對方必定當場癱瘓倒地。

第六招，臂打手腕踢巨闕，反擊匕首從後威脅

若遇對方從後以匕首頂住腰部時，此時，要特別保持冷靜，首先要假裝懼怕、做出一些哆嗦舉動來迷惑對方，同時要暗暗運氣於左小臂，並準確判斷好對方所站的距離，然後左腿快速向後撤一小步，同時借左轉之勢以左臂橫打對方右小臂，先快速將持刀右臂打偏離開腰部解除危險，並緊跟右蹬腿踢擊褲部或氣海、巨闕要穴（圖9-572、9-573、9-574）。

» 技術解讀與要領

在左轉以左臂後打對方右臂時，一定要果斷、突然爆發，並要準確判斷對方匕首的長度，不可打在匕首上，一定打在右臂上，這一步非常關鍵，只要打臂準確，匕首就會立刻偏離攻擊目標解除危險。右腿踢擊要迅猛緊跟、爆發有力。

圖 9-572

圖 9-573

圖 9-571

第七招：地趟腳後踢面，反擊匕首架脖子上

若遇對方從後以臂鎖頸、以匕首橫架在脖子上威脅時，此時，要冷靜沉著應對，然後兩手突然抓住對方右臂猛力下拉，同時猛力下蹲後倒以右腳踢擊面部，再疾速向右連續翻滾將右手腕擰斷卸下（圖9-575、9-576、9-577、9-578）。

» 技術解讀與要領

身處危險時刻，首先要以懼怕的假象來迷惑對方，使其對方大意、放鬆警惕，並暗暗觀察其動向。然後把準時機，兩手突然抓住右臂猛力下拉，同時猛力下蹲後倒，對方必定被迫向前彎腰，只要對方一彎腰就沒有力量反抗，並且為右腳踢擊頭面製造出了先決條件。此時，右腳一定要借後倒慣性，果斷迅猛踢擊頭面，若踢中眼睛或人中穴，對方會立刻失明、休克癱瘓倒地，凶器自然就會失效。如果對方還有反抗之力，兩手要握緊右腕疾速向右連續翻滾，至到將手腕卸下脫臼為止。

此招，技術性很強，兩手一定要始終鎖緊右手腕，絕不能放鬆。只要把準時機決定反擊，整個動作要快速、聯貫，一氣呵成，絕不猶豫，不給對方喘息機會，可以突然爆發的招法迅速制勝對方。

圖 9-575

圖 9-576

圖 9-577

圖 9-578

第八招，躲閃宰刺，四種遠戰腿法反擊

在遇對方從遠逼近朝胸、面宰刺時，要快速反應，兩腿急撤一步，同時上身後仰躲閃來刀，然後果斷、機智以以下任何一種腿法可迅速反擊。

【要領】反應要敏捷，出腿反擊要果斷、快速、爆發有力。

第1腿：可疾速以右鞭腿踢擊左章門要穴（圖 9-579、9-580）。

第2腿：可快速出左踹腿踹擊襠部或關元穴、氣海穴、神闕要穴（圖 9-581）。

第3腿：可迅速以右蹬腿踢擊襠部或關元穴、氣海穴、神闕要穴（圖 9-582）。

第4腿：可疾速以右腳踢擊襠部要出（圖 9-583）。

圖 9-579

圖 9-580

圖 9-581

圖 9-582

圖 9-583

第九招，五種遠戰腿法打空間差反擊直刺

若遇對方氣勢洶洶有遠而近持匕首奔胸部直刺時，要準確判斷對方衝刺的距離，待對方進入有效打擊距離時，可採取不同的五種遠戰腿法打空間差反擊。因直刺與出腿反擊兩股逆向力相撞，會產生強大的撞擊力，只要踢中任何一個要穴都可致命或重傷癱瘓對方。

【要領】出腿不可早，更不可晚，並且要快速、準確、爆發有力，確保一腳制敵。

第 1 腿：可疾速以轉身後蹬腿踢擊襠部或關元穴、氣海穴、神闕要穴（圖9-584、9-585）。

第 2 腿：也可快速出左踹腿踹擊襠部或關元穴、氣海穴、神闕要穴。

第 3 腿：也可疾速以右鞭腿踢擊左章門要穴。

第 4 腿：也可迅速以右蹬腿踢擊襠部或關元穴、氣海穴、神闕要穴。

第 5 腿：也可疾速以右腳踢擊襠部要出。

圖 9-584　　　　　　圖 9-585

第七招，七種遠戰腿法打誘惑反擊

在遇對方持凶器有遠逼近威脅時，可機智採取下蹲或站立假裝懼怕方式誘惑反擊，待對方大意、放鬆警惕被誘惑進入最佳打擊距離時，可疾速以七種遠戰腿法進行反擊。

【要領】假裝懼怕要逼真，不可暴露破綻引起對方懷疑，同時在兩手臂護頭掩蔽下，兩眼要暗暗觀察對方，一定要把準最佳時機突然爆發，使對方防不勝防遭受突然致命打擊。

第 1 腿：可疾速以轉身後蹬腿踢擊襠部或關元穴、氣海穴、神闕要穴（圖9-586、9-587）。

第 2 腿：也可疾速以右鞭腿踢擊左章門要穴（圖9-588）。

第 3 腿：也可迅速以右蹬腿踢擊襠部或關元穴、氣海穴、神闕要穴（圖9-589）。

第 4 腿：也可迅速以後擺腿踢擊右腰笑穴、章門穴（圖 9-590）。

第 5 腿：也可迅速以扶地後掃腿將其掃倒跌地（圖 9-591）。

第 6 腿：也可快速出左踹腿踹擊襠部或關元穴、氣海穴、神闕要穴。

第 7 腿：也可疾速以右彈踢腳踢擊襠部要穴。

圖 9-586

圖 9-587

圖 9-588

圖 9-589

圖 9-590

圖 9-591

第十章

警拳道器械擊法

　　器械擊法，是警拳道的重要組成部分。警拳道共有：雙節棍、手銬、匕首三種器械擊法。這三種器械，小巧玲瓏，易藏身攜帶，非常方便，擊法各有千秋，特別是雙截棍，能打遠擊近，能適應不同環境的交戰需要，是現代社會形勢下自衛器械的最佳選擇。

　　器械擊法，在古代冷兵器時代是練武的核心內容。特別是長兵器，更是為戰場需要而必練的項目。由於社會演變，在防身自衛中長兵器越來越暴露出不易攜帶之弊端，已不適應現代社會隨身攜帶自衛需要，散手和易隱藏攜帶的器械成為了首選。武術器械，在古代多種多樣，不只是十八般兵器，其實長、短、軟、硬器械綜合起來非常繁多，要全面學會使用這些器械，在時間上恐怕是不能滿足，同時並不是把所有器械都學了以後才能使用，而是根據散手技術攻防原理、技擊路線，就可演化出許多器械攻防招法，一切擊法與散手技術大同小異。

　　「散手一通知百械」這句武術諺語的內涵就是：只要精通散手，一切器械都會在交戰中使用。如：散手中的直拳、插指、側踹腿、正蹬腿，就是直刺刀、直刺劍、直刺棍等；散手中的擺拳、扇掌、後鞭拳、後擺腿，就是掃刀、掃棍等；散手中的後撩拳、正撞膝，就是前後撩刀、撩棍等；散手中的左右、上下截臂和截腿，就是左右截棍、上架下壓棍等等。

　　器械擊法的一招一式，都與散手技術緊密相連，只要細心領會、精心鑽研，就能從中發現散手與器械技擊之間的共同之處，如果精通了散手技術，就等於知道了器械的擊法。因此，警拳道雖沒有長器械擊法，但有豐富的立體散手技術指導，拿起任何器械都能交戰使用。

　　所以，在設計警拳道器械擊法時，考慮到為適應現代社會形勢的攜帶需要，研究設計定型了雙節棍擊法、匕首刺法、手銬擊法銬法三種器械。特別是雙節棍，具有打遠擊近之優勢，對打擊持凶器者及眾人圍攻具有強力絕招。在此，需要講明的是，匕首與手銬，雖不是大眾普遍使用器械，但它卻是特種人員、警察必備的隱藏武器，有時在執行特殊任務或抓捕罪犯時，往往會遇到罪犯持凶器的拚命抵抗，此時，這兩種微型的器械再加上散手中的腿法和擒拿法就會大顯神威。

第一節　雙節棍打靶練習

　　警拳道雙節棍，是現代社會形勢下攜帶最方便、最隱蔽、最有打擊效果的武術器械，特別是對付持凶器者，具有快速、高效的致命打擊絕招。要打出雙節棍最佳爆發力、練精這些招法，還需從模擬打靶中獲取。

　　首先將固定的橡膠人、酒瓶或移動的物體作為目標打靶練習（可參照警拳道雙節棍 DVD 打靶練習方式）。不經模擬打靶練習，雖有戰鬥力，但達不到最佳技擊效果。因為，經過模擬打靶練習，會從中找到最捷徑的打擊路線，練出最準確、最快速、最具有爆發力的技擊棍法，從而提升雙節棍的技擊水準。

　　如果單憑套路演練雙節棍，只是一種健身、表演形式，只能掌握一般的擊法，不能真正體現練習雙節棍的核心價值，是無法達最佳技擊境界的。所以，在練好雙節棍套路的基礎上，還要把套路中內含的招法和雙節棍獨立擊法拿出來集中打靶練習，把這些技擊棍法練好、練準、練快、練精，練到閃電發棍、出神入化，這才是練習雙節棍的終極目的。

　　警拳道雙節棍擊法眾多，有遠戰棍法、中戰棍法；有強攻棍法、有反擊棍法；有明棍擊法、有暗棍擊法，擊法各有千秋、效果不一。其中有很多招法，是無法拿出來模擬打靶練習的。本節主要選擇出最具打擊殺傷力的招法進行打靶練習，這些招法，經過模擬打靶練習，會更加快速、迅猛、威力倍增，在關鍵時刻防身自衛時，會展現出一招制敵之神效。

　　【註】練習雙節棍打靶，需用實戰雙節棍練習，這樣練出的手感才能適應實戰。

一、上撩下劈棍

　　右手握雙棍準備，然後右腿快速衝刺搶進一步，同時右手放出一棍向前疾速撩擊靶標，右腿再迅速向前衝刺搶進一步，同時右棍迅猛向下劈擊靶標（圖 10-1、10-2、10-3）。

圖 10-1　　　　　　　　　圖 10-2　　　　　　　　　圖 10-3

二、連環蓋棍打靶

　　右手握一棍右腋夾一棍做準備，然後右腿快速向前搶進一步，同時右腋鬆棍向

圖 10-4

圖 10-5

前猛力蓋擊靶標後右腋再準確夾住棍，按照此擊法可連續兩次或多次擊靶練習（圖 10-4、10-5）。

三、轉身後掃棍

右手握雙棍做好準備，全身突然右轉 270 度，同時右腿疾速倒撤一步、右手疾速放出一棍掃擊靶標（圖 10-6、10-7）。

圖 10-6

圖 10-7

四、上步斜撩棍

左、右手各握一棍做好準備，然後左腿快速向前衝刺搶進一步，同時全身右轉 90 度、右手鬆棍迅猛向前掃擊靶標（圖 10-8、10-9）。

圖 10-8

圖 10-9

五、撤步後撩棍

右手握一棍右腋夾一棍做好準備，然後全身快速右轉180度，同時左腿疾速向後蓋撒一步、右腋鬆棍迅猛向後撩擊靶標（圖10-10、10-11）。

圖 10-10

圖 10-11

六、上步前掃棍

右手握雙棍做好準備，然後右腿快速向前上一步，同時右手放出一棍迅猛掃擊橡膠人頭部（圖10-12、10-13）。

圖 10-12

圖 10-13

七、上步劈棍

右手握雙棍做好準備，然後右腿快速向前上一步，同時右手放出一棍迅猛劈擊橡膠人頭部（圖10-14、10-15）。

圖 10-14

圖 10-15

八、轉身後掃棍

右手握雙棍做好準備，全身突然右轉 270 度，同時右腿快速向後倒插一步、右手疾速放出一棍掃擊橡膠人頭部（圖 10-16、10-17）。

圖 10-16　　　　　　　　　　　　圖 10-17

九、搶步斜撩棍

左、右手各握一棍做好準備，然後左腿快速向前衝刺搶進一步，同時全身右轉 90 度、右手鬆棍迅猛向前掃擊橡膠人右側太陽穴（圖 10-18、10-19）。

圖 10-18　　　　　　　　　　　　圖 10-19

十、搶步撩、劈棍

右手握雙棍做好準備，然後右腿快速搶進一步，同時右手放出一棍打空擊，右腿再迅速搶進一步，同時向下迅猛劈擊橡膠人頭頂部（圖 10-20、10-21、10-22）。

圖 10-20　　　　　　　圖 10-21　　　　　　　圖 10-22

十一、鞭腿掃頭棍

右手握雙棍做好準備，然後左腿快速衝刺搶進一步，隨即右鞭腿猛力踢擊橡膠人，然後右腿自然收回向前落地，同時右手放出一棍迅猛掃擊頭部（圖 10-23、10-24、10-25）。

圖 10-23

圖 10-24

圖 10-25

第二節　雙節棍實戰擊法

警拳道雙節棍，在實戰中有七種警戒式可與對方對峙準備交戰，每種警戒式背後隱藏著許多打擊棍法，可隨意打出不同的強攻棍法、躲閃反擊棍法、阻截反擊棍法。這些棍法，陰陽虛實，靈活多變，可聲東擊西、出其不意打近擊遠，有明打之巧、暗擊擊之妙，招招凶狠，棍棍致命，打出的速度如似閃電，防不勝防，比任何器械都快，殺傷力特強，並且可與部分散手腿法、膝法緊密配合，滿足不同的交戰需要。

美國專業研究力學的人員，經過對雙節棍打出的最佳爆發力測試，其擊打強度僅次於一般手槍的射殺力。因此，美國有許多州的法律把雙節棍定為致命武器。雙節棍，其攜帶方便性、靈活性、強力性及有專打凶器之優點，在當今社會被武林界公認為是最強力的防身器械。因此，根據實戰效果，雙節棍被稱為警拳道兵器之王。警拳道，具有獨立雙節棍實戰擊法、乾坤雙節棍擊法、踢擊戰棍擊法，其棍法非常豐富、實用，一切擊法將在本節中逐一解讀。

第一警戒式隱藏擊法

》第 1 棍，強攻上撩下劈棍

在與持匕首者交戰時，可右手握雙棍嚴陣以待做準備，若要主動強攻，右腿可快速向前搶進一步，同時放出一棍撩打右手，先將持刀之手打傷讓其失去握刀能力，然後再疾速搶進一步，同時猛力劈擊頭部（圖 10-26、10-27、10-28、10-29）。

圖 10-26　　　　　　　　　　　圖 10-27

圖 10-28　　　　　　　　　　　圖 10-29

【要領】第一棍撩打手腕要準確，追蹤劈頭棍要緊跟而上，不給對方喘息機會，迅速打亂其陣腳，使其失去反抗能力。為了打出最佳速度及爆發力，衝刺搶步一定與發棍打擊同時完成。整個上撩下劈兩棍要連環快速、爆發有力，速戰速決。

》第 2 棍，強攻連掃棍

若要主動強攻，同樣右腿快速搶進一步，同時右手放出一棍橫掃對方持刀右手，再迅速搶進一步，同時疾速反掃頭部或右肋骨（圖 10-30、10-31、10-32）。

圖 10-30　　　　　　圖 10-31　　　　　　圖 10-32

》第 3 棍，急撤躲閃直刺，上撩下劈棍反擊

若對方主動強攻直刺胸腹，兩腿可快速向後急撤一步，同時上身後仰躲避來刀、右手快速放出一棍撩打右手，再迅速搶進一步，同時猛力向下劈擊頭面部（圖 10-33、10-34、10-35、10-36）。

圖 10-33

圖 10-34

圖 10-35

圖 10-36

【要領】反應要快速，兩腿急撤要靈活，第一棍撩打手腕一定要準確，為了打出最佳爆發力，左腿急撤落地一定要與上撩棍發力同時完成。

》第 4 棍，急撤躲直刺，連掃棍反擊

若對方強攻直刺胸腹時，也可兩腿快速向後急撤一步，同時右手迅速放出一棍橫掃右手，再疾速搶進一步反掃頭部（圖 10-37、10-38、10-39）。

【要領】後撤躲閃要快速、靈活，撤步與掃棍要同時完成。

圖 10-37

圖 10-38

圖 10-39

》第 5 棍，截擊直刺，掃頭棍反擊

若對方持凶器奔胸腹刺來，左腿可快速向後挪動一步，同時左轉躲閃以雙棍疾速阻截右手腕（圖 10-40、10-41），再迅猛用雙棍前端或放出一棍反掃頭部（圖 10-42、10-43）；也可以右腳踹擊襠部或曲骨、關元、神闕要穴（圖 10-44）。

圖 10-40

圖 10-41

圖 10-42

圖 10-43

圖 10-44

【要領】向後挪步、躲閃、雙棍阻截三者要同時完成。特別是阻截持刀右手非常關鍵,要準確、有力,可迅速擊傷右手和改變直刺刀方向解除第一危險。

阻截時,如果對方離得很近,可用雙棍擊頭;如果離得遠一點,就放出一棍遠打擊頭;也可以散手側踹腿反擊致命要穴,根據當時交戰情況,可機智靈活採用不同招法反擊。

》第 6 棍,截擊正蹬腿,掃頭棍反擊

若對方以右蹬腿踢擊胸窩處,可迅速以雙棍猛力阻截敲擊小腿三陰交穴,再疾速放出一棍反掃頭部(圖 10-45、10-46)。

【要領】敲擊三陰交穴要準確、有力,右腿受擊會立刻失去戰鬥力,右手放棍要緊跟奔頭。

圖 10-45

圖 10-46

➤ 第 7 棍，反擊從後鎖頸，後蓋棍擊頭

若對方從後以右臂偷襲鎖頸，可迅速放出一棍向後蓋擊頭部（圖 10-47、10-48）。

【要領】遇此情況，要快速反應，先彎腰、低頭閉氣穩定身體，再疾速穩、準放棍擊頭。

圖 10-47　　　　　　　　　　　　圖 10-48

第二警戒式隱藏擊法

➤ 第 1 棍，強攻轉身後掃棍

若與對方持匕首交戰，可以右手握雙棍嚴陣以待應對。若主動進攻，可把準時機，全身快速右轉 270 度，同時右腿迅速倒插一步逼近對方、右手放出一棍猛力掃擊頭部或腰肋部（圖 10-49、10-50、10-51）。

【要領】此棍法，屬陰性掃棍，不易發覺。交戰時，兩腿倒插步要快速、靈活，放棍要出其不意、放長擊遠、爆發有力，其打擊路線與要領和散手後鞭拳相同。

圖 10-49　　　　　　　圖 10-50　　　　　　　圖 10-51

➤ 第 2 棍，上步劈腕掃頭棍

用此警戒式強攻對方，也可右腿快速上步，同時右手放出一棍劈擊右手腕，再疾速反掃頭部（圖 10-52、10-53、、10-54）。

【要領】上步要出其不意，劈棍要爆發有力，反掃頭要緊跟追打。

圖 10-52

圖 10-53

圖 10-54

》第 3 棍，強攻上步橫掃棍

用此警戒式強攻對方，也可右腿快速上步，同時右手放出一棍掃擊頭部（圖10-55、10-56）。

【要領】上步要突然，掃棍要放長擊遠、爆發有力。

圖 10-55

圖 10-56

》第 4 棍，急撤轉身後掃棍

若遇匕首直刺胸部，左腿要迅速向後蓋進一步，同時右轉 270 度右手放出一棍掃擊頭部，也可下蹲掃擊腰肋、膝關節（圖 10-57、10-58、10-59）。

【要領】此棍，屬陰棍，不易發覺，在右轉後蓋步時，要出其不意放出一棍，如似暗箭突發，對方往往意想不到遭受致命打擊。放棍反擊時，一定要把準距離，不可早，更不可晚，危急關頭可一棍致命，同時發棍要放長擊遠、爆發有力，可隨意對頭或腰任意掃擊。

圖 10-57

圖 10-58

圖 10-59

➤ 第5棍，截臂掃腰棍

在對方以右直拳或右擺拳奔頭打來時，可快速以左小臂上架格擋，右手再疾速放出一棍猛力掃擊左腰肋章門穴，或撩擊襠部要出（圖 10-60、10-61、10-62）。

【要領】放棍反擊，要快速、爆發有力。如果對方以劈蓋拳或物體劈擊擊頭部時，在來不及躲閃情況下，也可用左臂上架護頭。

| 圖 10-60 | 圖 10-61 | 圖 10-62 |

➤ 第6棍，鞭腿掃頭棍

在與對方赤手空拳交戰時，可先用右鞭腿踢擊左章門穴，然後右手再迅速放出一棍跟蹤掃擊頭部（圖 10-63、10-64）。

【要領】此招，是遠戰腿法與雙節棍配合使用。交戰時，根據當時交戰環境，先出腿還是先用棍可隨意使用，並且發棍追蹤打擊要緊跟而上。

| 圖 10-63 | 圖 10-64 |

第三警戒式隱藏擊法

➤ 第1棍，強攻轉身後掃棍

遇持凶器者，可右手握一棍右腋夾一棍應對，再突然右腿倒插一步右轉 270 度，同時右腋鬆棍先打掉匕首，再迅猛反掃頭部（圖 10-65、10-66、10-67）。

【要領】此棍法，屬陰棍，不易發覺，發棍突然，速度快，威力大。交戰時，需以右腿倒插步帶動橫掃棍打出，同時要做到：步到、眼到、意到、棍到四者合一，並且爆發有力。

圖 10-65　　　　　圖 10-66　　　　　圖 10-67

》第 2 棍，轉身後掃棍反擊

若對方以匕首直奔胸部刺來，要快速反應，左腿迅速向後蓋進一步，同時右轉 270 度、右腋鬆棍放出掃擊頭部或腰肋（圖 10-68、10-69）。

【要領】一定要把準對方進攻時間和距離，右轉後蓋步與右腋鬆棍打出一定要同時完成。

圖 10-68　　　　　　　　　　　圖 10-69

》第 3 棍，後撩棍反擊後襲

在發覺對方從後對腰部刺來時，左腿要迅速向前上一步，同時右轉 90 度、右腋鬆棍迅猛撩擊右手臂或襠、腰、下頜處（圖 10-70、10-71）。

【要領】要眼觀六路、反應快速，不需轉身，此棍防不勝防，可直接後撩棍打擊，對方易遭受意想不到的打擊。特別注意：左腿上步與撩棍要同時完成，將棍打得越遠越好。

圖 10-70　　　　　　　　　　　圖 10-71

》第 4 棍，橫掃棍反擊後襲

若對方從後或從右刺來時，右腋要快速鬆棍迅猛橫掃打出，直接掃擊頭部或右側腰肋處（圖 10-72、10-73）。

【要領】要把準時機，不需轉身應對，以迅雷不及掩耳之勢迅速反擊，做到一棍制敵。

圖 10-72   圖 10-73

第四警戒式隱藏擊法

》第 1 棍，強攻連蓋棍

遇持刀者，可右腋夾一棍右手握一棍應對，然後快速搶步先蓋擊持凶器右手，再迅速搶步蓋擊頭部（圖 10-74、10-75、10-76）。

【要領】搶步與放棍一定同時完成，這樣才能打出最佳爆發力。此棍法，不但能對一人連環蓋擊，而且能對不同進攻者進行打擊，打出後一定要準確將棍自動收回藏夾於右腋下。

圖 10-74   圖 10-75   圖 10-76

》第 2 棍，強攻上撩下劈棍

以此警戒式也可快速搶進一步從下向上撩打右手，先將持刀之手打傷，再疾速搶進一步猛力向下劈擊頭面部（圖 10-77、10-78、10-79、10-80）。

【要領】第一棍撩打手腕要準確，若被擊中，凶器立刻就會失效。劈頭棍跟蹤追打要乘機而上，不可怠慢，整個上撩下劈兩棍要連環快速、爆發有力。

<table><tr><td>圖 10-77</td><td>圖 10-78</td></tr></table>

<table><tr><td>圖 10-79</td><td>圖 10-80</td></tr></table>

▶▶ 第 3 棍，搶步掃頭棍

以此警戒式也可快速搶步直接放棍掃擊頭部（圖 10-81、10-82）。

<table><tr><td>圖 10-81</td><td>圖 10-82</td></tr></table>

▶▶ 第 4 棍，急撤躲閃掃頭棍

以此警戒式也可打反擊，當對方直刺時，可迅速向後急撤一步後仰躲閃，同時右腋鬆棍疾速掃擊右手，再搶進一步橫掃頭部（圖 10-83、10-84、10-85）。

【要領】後撤躲閃一定要與放棍掃擊同時完成，這樣不但能出其不意快速擊傷右手，而且還能做到攻中有防、預防直刺慣性帶來的危險，對上步行刺瞬間遭受突然打擊。

圖 10-83

圖 10-84

圖 10-85

》第 5 棍，急撤上撩下劈棍

若對方奔胸刺來，也可快速後撤躲閃，同時右腋鬆棍撩擊持刀右手，再迅速上步猛力劈擊頭面（圖 10-86、10-87、10-88、10-89）。

【要領】後撤步與撩擊右手要同時完成，整個要領與上式相同，只是撩棍與掃棍有別。

圖 10-86

圖 10-87

圖 10-88

圖 10-89

第五警戒式隱藏擊法

》第 1 棍，強攻左右斜撩棍

與持刀者交戰，可左、右手各握一棍應對。若主動進攻，左腿要快速搶進一步，同時右手鬆棍先掃擊右手，再迅猛反掃頭部（圖 10-90、10-91、10-92）。

【要領】此棍法為陰陽棍，左手為陽棍，右手為陰棍，進攻時以陽棍吸引對方

圖 10-90 　　　　　　圖 10-91 　　　　　　圖 10-92

注意力，靠右手陰棍打擊對方。右手鬆棍打出要與左腿搶步同時完成，同時要放長擊遠、準確有力。

》第 2 棍，急撤轉身後掃棍

以此警戒式反擊，在對方直刺時，也可左腿快速向後蓋進一步，同時右轉 270 度左手鬆棍迅猛向後掃擊頭或腰肋部（圖 10-93、10-94）。

【要領】在右轉左腿向後蓋步時，一定要同時將棍掃出，絕不能延遲發棍。

圖 10-93 　　　　　　　　　　圖 10-94

》第 3 棍，截擊直刺掃腰棍

在對方直刺胸部時，也可以左棍快速向左阻截對方右手或凶器，然後右手鬆棍疾速掃擊右側京門穴（圖 10-95、10-96、10-97）；也可向右阻截，再疾速用左棍刺擊面部或天突穴（10-98、10-99）。

【要領】左棍阻截，要準確、有力，可先擊傷對方右手改變直刺路線解除危險，右手鬆棍掃腰，要快速、爆發有力，可瞬間擊傷右側京門穴或太陽穴致命癱瘓對方。

圖 10-95 　　　　　　　　　　圖 10-96

圖 10-97

圖 10-98

圖 10-99

第六警戒式隱藏擊法

》第 1 棍，強攻轉身後掃棍

以左警戒式兩手各握一棍做準備（圖 10-100），若主動進攻，可快速右轉 270 度，同時右腿後插一步、左手鬆棍疾速掃擊頭或腰部（圖 10-101）。

【要領】右腿後插步要快速靈活、穩定，左棍打出一定要與右腳落地同時完成。

圖 10-100

圖 10-101

》第 2 棍，強攻擊頭鎖頸棍

對赤手空拳者，可快速搶步以雙棍前端砸擊百會穴，兩棍再迅速下滑夾住頸部，右膝再緊跟撞擊襠部或曲骨要穴（圖 10-102、10-103、10-104、10-105）。

【要領】雙棍夾頸要持續用力，可迅速封閉人迎穴，棍夾、膝裝必立刻致命。

圖 10-102

圖 10-103

圖 10-104

圖 10-105

》第 3 棍，急撤轉身後掃棍

以此警戒式也可打反擊，在對方直奔胸部刺來時，左腿要快速向後蓋進一步，同時右轉 270 度、左手鬆棍直擊頭部或右腰肋（圖 10-106、10-107）。

【要領】左腿向後蓋步落地與左手鬆棍打出要同時完成，並且要放長擊遠、爆發有力。

圖 10-106

圖 10-107

》第 4 棍，急撤躲閃連掃棍

在對方直刺時，兩腿也可迅速急撤一步，同時右手鬆棍掃擊右手，先將右手擊傷打掉匕首，再緊跟上步反掃頭部或腰肋處（圖 10-108、10-109、10-110）。

【要領】反應要靈敏，掃擊右手要準確，反掃棍要快速跟進，不給對方喘息機會。

圖 10-108

圖 10-109

圖 10-110

421

第七警戒式擊法

》 聲東擊西棍

在遭遇多人從左右圍攻時，可採取聲東擊西打法應對。可先以右手不停的慢慢轉棍阻嚇右側一方，待左側一方進攻靠近時，右棍突然向左橫掃頭部或腰肋處，給其出其不意的突然打擊（10-111、10-112）。

》 技術解讀與要領

在應對左右夾擊時，要眼觀六路，耳聽八方高度警覺。為了更準確、更有效的打擊對方，可先以右手不停的轉棍假裝佯攻右側一方，給其製造一種要進攻的假象，其真意是虛張聲勢誘惑左側一方進攻，為聲東擊西、指右打左製造機會。此時，左側一方必乘虛而入進入圈套，我則把準時機，突然反掃一棍殺他一個回馬槍，對頭部或腰肋進行迅猛打擊。

此棍，為聲東擊西棍，發棍要突然，掃擊要準確、爆發有力。

圖 10-111

圖 10-112

第三節　手銬擊法與銬法

手銬，是特殊人員擒敵不可缺少的工具。其優點是：易隱藏、攜帶方便，一旦鎖銬成功，對方將徹底失去反抗能力、束手就擒。手銬雖小、雖不是普遍使用的武術器械，但在散手技術指導下，其短小精悍、剛硬靈活的手銬，可打出一些爆發力極強的招法，其速度之快，特別有效。

特別是在公共場合下，如果遭遇罪犯持凶器拚命頑抗、無法使用槍枝時，單靠赤手空拳就會加大難度、增加危險係數。此時，如果精於手銬擊法、銬法，在緝拿擒銬對方過程中，就會加快捕捉速度，減少危險，比赤手空拳緝拿對方會更加制勝一籌。為此，警拳道有一套獨特的鋼銬擊法、銬法，若能熟練掌握這些技術，在關鍵時刻對保護自己、快速制服罪犯會大顯神威。

手銬技術使用，有擊法、銬法兩種。擊法，有強攻擊法、反擊擊法兩種，在實

戰捕捉對方中，可憑藉鋼鋈延伸的長度、硬度及靈活性優勢，對持匕首者進行遠距離打擊特別見效；鋈法，有主動鋈法、反擊鋈法兩種。前者靠快速打法制服對方；後者以鎖鋈方式制服對方，二者技術使用不同、各有千秋。在實戰擒獲對方時，如果採用擊發，就要用散手打法指導手鋈衝鋒陷陣打擊對方；如果採用鋈法，就要用散手擒拿或摔法先控制再鎖鋈，只有機智巧妙的運用這些散手技術才能發揮出手鋈的特殊優勢，這也是「散手一通知知百械」在手鋈運用中的體現。

◆ 一、手鋈擊法

第一招，上撩、下劈鋈

在擒鋈罪犯遭持凶器抵抗時，可用右手持一鋈伺機應對。若要主動進攻，可把準時機右腿快速向前衝刺搶進一步，同時手鋈從下向上迅速撩擊右手將其擊傷，再疾速下劈面部，右腳再追蹤踹擊襠部（圖 10-113、10-114、10-115、10-116）。

此招，也可打反擊，在對方主動直刺時，兩腿可快速急撤一步，同時上身後仰躲閃、右鋈迅猛撩擊持刀右手（圖 10-117），後面追打反擊與圖 10-114、10-115、10-116 相同。

圖 10-113

圖 10-114

圖 10-115

圖 10-116

圖 10-117

》 技術解讀與要領

搶步撩打持刀右手時，手鋈撩出的路線，不要與對方持刀右手成一條直線，要與對方右小臂成斜角，也就是形成 X 角度，這樣對準確擊中持刀右手最有把握。

一旦對方右手被擊中，握刀就會無力，匕首就會失效，這一步非常關鍵。因為，現實中是與窮凶極惡的罪犯搏鬥。下劈銬要準確、迅猛、爆發有力直劈面部重傷對方，使其完全喪失抵抗力。為了更有效的致命或癱瘓對方，右腳可乘機追蹤踹擊襠部，整個連擊，要以閃電的速度完成。

第二招，下劈、反掃銬

如果採取主動打擊對方，可快速搶步先劈擊右手將其擊傷，再疾速反掃右側太陽穴。如果能準確擊中太陽穴，對方會當場斃命；如果沒有擊中，也足以使其重傷（圖 10-118、10-119、10-120），然後，同樣以右腳追蹤踹擊襠部將其致命或癱瘓（與上圖 10-116 相同）。

圖 10-118

圖 10-119

圖 10-120

◎ 二、主動擒銬法

第一招拿腕銬法

主動擒銬時，首先左手要突然抓緊對方右手腕，然後右腿迅速上步以右手持銬猛力推擊右手背將其拿倒在地，右膝再乘機跪擊右側期門穴，對方遭受二次必重傷無力反抗。此時，可先右後左迅速將兩手腕銬住（圖 10-121、10-122、10-123）。

》 技術解讀與要領

此招，採用了先拿再追打要穴招法。在左手抓住對方右手腕時，中指要用暗力

圖 10-121

圖 10-122

圖 10-123

摳招手腕尺骨上的二白穴，對方右臂會疼麻無力，再加右手以堅硬的鋼銬爆發推擊手背逆時針旋擰，對方右肘和右腕會被迫彎曲劇疼後倒。

如果技術發力得當，右手腕會當場被卸下脫臼，再加跟蹤跪擊期門要穴，其內部肝臟必重傷無力反抗，後續鎖銬雙腕就非常容易。整個動作，需要技術熟練、功力精湛，否則就難以捕捉上銬。

第二招雙手拿臂銬法

在抓住對方右臂時，要迅速上右步猛力前推逆時針旋擰，右肘和右手腕會劇疼被迫後倒，然後再乘機以右膝跪擊襠部或神闕要穴。在對方遭受卸骨、重擊雙重打擊後，定無力反抗，然後再將雙腕鎖銬（圖 10-124、10-125、10-126）。

》技術解讀與要領

此招，採用了先拿再追蹤暗擊招法。在兩手抓住對方右手腕時，首先要上步猛力推擰右小臂貼於胸部，當肘關節被強制推擰彎曲到極限時就無力反抗，如果技術發揮得好，當場就能將肘、腕雙關節卸下脫臼，若一次不能將右小臂推擰彎曲，兩腿要繼續以最快的速度向前逼進，同時兩手仍要抓緊右小臂前推旋擰。因對方是處於劣勢後退，會導致兩腿不穩亂步、右小臂劇疼無緩衝之力，上身定被迫後仰失去平衡後倒。此時，再乘機迅猛以右膝跪擊襠部將其重傷，然後兩手再猛力下壓旋擰右手腕，這樣經過二次攻擊，右腕和右肘關節必被同時卸下脫臼，再鎖銬雙腕就易如反掌。

圖 10-124

圖 10-125

圖 10-126

第三招雙手拿腕銬法

右手持銬準備，然後出其不意靠近對方，先以左手抓緊左手腕，再迅速上左腿蟄住對方左腿，同時右手握住左手助力猛力順時針旋擰手腕將其拿倒在地，再乘機以左膝跪擊左側期門穴，然後再將雙腕鎖銬（圖 10-127、10-128、10-129）。

》技術解讀與要領

第一步發起進攻，左手首先要準確抓住對方左手腕，不可抓小臂。然後左腿再快速上步蟄住其左腿，以防止對方後退化力抵抗，同時右手要迅速握住自己左手助力，在兩手猛推順時針旋擰對方手腕時，左肘臂要緊跟猛壓其左臂，這樣就會牢固

控制住左臂將左肘關節推撐到極限彎曲，此時，左臂就很難發力抵抗，再加左腿暗力向後猛頂左大腿，對方會立刻受控失去平衡，定被迅速拿倒在地。

如果第一步技術與發力得當，在對方倒地前瞬間，左手腕就會立刻被卸下脫臼；如果對方只是被拿倒到而腕骨沒被卸下，此刻，要乘對方倒地之機，再迅速以左膝猛力跪擊左側期門穴，胃及肋動脈、肋神經會遭受撞擊嚴重損傷，從而導致劇疼、身軟而無力反抗。

只要全身一鬆軟，再迅速跟蹤二次猛力旋擰手腕，卸骨必定成功。所以，鎖銬前的這些招法，如果巧妙運用見效，上銬鎖腕也就非常容易。

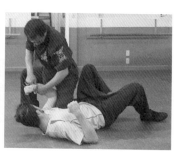

圖 10-127　　　　圖 10-128　　　　圖 10-129

第四招擒右臂銬法

左手持銬準備，然後突然靠近對方，迅速將右手臂插入對方右臂內側將右臂捕捉纏繞鎖在右腋下，左手再快速握住自己右拳加強助力，然後左腿迅速上步繞到對方右腿後邊，同時右轉、右臂猛力順時針旋壓右臂，將其擒拿被迫向前彎腰。然後左腿再快速拿到右腿前邊將其阻止前移，並猛力向後踢擊右腿，同時左手再猛力下壓左肘關節將其拿倒在地。

左膝再乘機猛力跪擊命門穴，兩手再猛力順時針旋擰右手腕將其卸下脫臼，最後進行上銬（圖 10-130、10-131、10-132、10-133）。

》 技術解讀與要領

右臂衝鋒陷陣捕捉纏鎖對方右臂，一定要見縫插針準確鎖住，並且要以右腋最頂端為力點夾緊對方右手腕，再以左手握右拳助力反別旋擰，對方右手腕比劇疼難以掙脫。否則只用右臂鎖夾手腕，不但不疼，反而可能造成對方掙脫的不利後果。在左腿上步實施後續招法時，右臂要同時運氣聚力，並以爆發力順時針旋壓右臂，如果發揮得好，就憑這一猛力旋擰，對方右手腕就可能被卸下脫臼，必劇疼導致向前彎腰。只要對方被擒拿彎腰，左腿要乘機迅猛向後踢擊對方右小腿，同時右腋要緊鎖手腕上提、左手猛壓肘部，將其拿倒在地，此時，右肩有可能被卸下脫臼。

如果要重傷對方，左膝要乘機猛力跪擊命門穴或右京門穴，使督脈總神經或腎臟遭受重撞癱瘓，然後，再鎖銬雙腕就非常容易。整個招法，以先拿後打產生效益，要求技術熟練、功力過硬。

圖 10-130

圖 10-131

圖 10-132

圖 10-133

第五招拿頸銬法

右手持銬準備，左腿突然搶步迅速以左手抓住頭右側青龍角頭髮猛力後拉，右手緊跟猛力推擊旋擰右下頜將其拿倒，右膝再乘機猛力跪擊右鎖骨，左手再快速抓住右手背猛力下壓將腕骨卸下，再將雙腕銬住（圖 10-134、10-135、10-136、10-137）。

圖 10-134

圖 10-135

圖 10-136

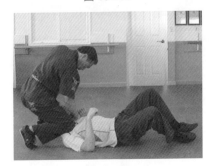

圖 10-137

» 技術解讀與要領

左手抓髮後拉與右掌推撐右下頜要果斷、爆發有力。如果技術、發力得當，會立刻將頸椎與下頜損傷脫臼，即使不能將頸椎拿下也會劇疼迫使對方左轉270度。此時，右臂要乘機鎖夾住頸部猛力後拉將其拉倒，右膝再乘機迅猛跪擊右鎖骨。然後左手再迅速抓住對方右手背猛力強制下壓，因對方右肘部著地無法化勁、動彈，右手腕定被迫極限彎曲導致關節脫臼。此時，對方已完全被控制，然後再將雙腕鎖銬住。

此招，內含拿頸、卸頜、卸腕、暗擊四種招法，只要一項成功，對方就會失去反抗力。

第六招抓右腕鎖銬

以左警戒式右手持銬準備，把準時機快速上左腿蹩住對方右腿，同時左手迅速準確抓住右手腕猛力後壓旋撐將右臂控制，然後右手迅猛甩銬砸扣右手腕將其銬住壓倒在地，再緊跟將左手銬住（圖 10-138、10-139、10-140）。

» 技術解讀與要領

要乘對方不備，突然上左腿蹩住右腿阻止後退，同時左手迅速抓住右手腕猛力下壓將肘關節推壓到極限角度，對方就會被迫後仰難以抵抗。如果鷹爪功過硬、拿腕技術熟練，當場就能把手腕卸下脫臼，即使不能將其卸下，肘、腕也會劇疼被控，右臂就會暴露在最佳被銬位置。

此時，右手要迅速甩出手銬，以銬環連接處為力點準確砸向右手腕，銬環會在慣性作用下將手腕環繞鎖住。由於鋼銬連接處明顯凸出極為堅硬，甩銬中會傷及手腕，具有銬中帶打之妙，再加左手用力下壓必倒無疑。

此招，鷹爪功要求特別過硬；技術要求精湛熟練；甩銬鎖腕要求準確無誤。這其中過硬的鷹爪功為首當其衝，沒有鷹爪功衝鋒陷陣迅速控制拿住手腕，後續上銬就有很大阻力。只有具備強力的鷹爪功指力，才能占據絕對優勢；才能快速完成上銬。

圖 10-138　　　　　　圖 10-139　　　　　　圖 10-140

第七招鎖臂地趟摔銬法

以此招捕捉對方，可假裝自然行走靠近對方，然後突然以右手臂插入對方右臂內側迅速將其鎖住，再迅速以左手握住右拳助力突然右轉 180 度與對方同時倒地將其摔倒，再迅速將右腕銬住（圖 10-141、10-142、10-143、10-144）。

》 技術解讀與要領

乘其不備、突然襲擊，是完成此招的有效手段。當偵查確定對方是要被緝拿的罪犯時，不可打草驚蛇、暴露身分，要非常自然的從對方右側路過。當靠近時，要見縫插針、突然以右臂將其右臂封鎖夾住，再以左手握右拳助力牢牢將其鎖緊，只要兩手臂集中發力控制一臂，對方就難以化力掙脫。然後運氣於右臂，突然右轉反別對方右手腕，同時猛力下坐後倒，在倒地前瞬間再突然右轉以右側著地，對方手腕如似鐵夾夾住一般被迫遭受旋擰，必劇疼向前彎腰趴地。

如果技術熟練、鐵臂功過硬，在倒地一瞬間手腕就會被卸下脫臼，即使不能卸下，倒地後，兩手臂再持續用力別擰也會將其卸下。然後，再快速將左、右腕銬住。

整個鎖臂銬腕有兩個關鍵：一是從捕捉右臂到完成地趟摔過程中，一定要用右腋最頂端為力點鎖夾對方手腕為最佳；二是在倒地一瞬間對方處在鬆軟狀態下卸腕骨最有效。其最佳效果，實為功力加技術的巧妙配合所致。

圖 10-141

圖 10-142

圖 10-143

圖 10-144

◆ 四、反擊拷法

第一招阻截右直拳抓臂摔銬法

在對方拒捕、以右直拳奔頭打來時，可先以左臂阻截右拳進攻，再迅速上右步左轉180度以胯部上頂襠部，同時右手持銬迅速與左手配合將右臂封鎖猛力下拉，再疾速左轉以螺旋力將其摔倒在地，右膝再乘機迅猛跪擊右期門穴或巨闕穴，然後再將兩手腕銬住（圖10-145、10-146、10-147）。

》 技術解讀與要領

右腿上步要快速左轉，先以胯部上頂襠部，同時兩手封住右臂猛力彎腰下拉，這一拉一頂兩股逆向力定迫失對方兩腳離地失去根基，然後突然向左翻身旋轉，對方必被摔倒在地。採用此摔法，必須下拉上頂兩種力巧妙配合才能有效完成。在對方被摔倒跌地之時，要疾速乘機以右膝跟蹤撞擊右期門穴或巨闕穴，必導致肝臟重傷而無力反抗，然後可順利將雙腕銬住。

此招，具有先阻截，後跟摔，再暗擊妙招，三種技術要準確發揮，特別是跪膝撞擊最關鍵，是防不勝防、乘虛而入、重傷癱瘓對方的強力毒招，是絕招中之絕招，必須精準掌握才能達到最佳效果。

圖 10-145　　　　　　圖 10-146　　　　　　圖 10-147

第二招阻截右擺拳抓髮摔銬法

在對方頑抗以右擺拳攻打頭部時，同樣先以左臂阻截來拳，右手再迅抓住頭髮、左手抓住左人迎穴，然後猛力下坐後倒，讓對方頭部撞地將其摔出（圖10-148、10-149、10-150）。

》 技術解讀與要領

左臂阻截後，左手要先下落封鎖住右側人迎穴，再與右手抓髮緊密配合猛力下拉後倒。由於人迎穴被封鎖控制，對方大腦會立刻阻斷供血、供氧、導致頭暈不穩，經猛力下拉頭必定撞擊地面遭受重撞失去反抗力，然後再乘機以左手抓住對方右手猛力下壓彎曲到極限，手腕不脫臼也會劇疼難以動彈，再鎖銬手腕就非常容易。

圖 10-148　　　　　　　　圖 10-149　　　　　　　　圖 10-150

此招，內含封穴、地趟快摔、拿碗卸骨三種技術。特別是左手鎖抓人迎穴是第一關鍵，只要鎖住，自始至終絕不能鬆手，這一步如果發揮得好，地趟摔就容易成功；只要地趟摔讓頭部撞地成功，對方就會重傷難以反抗，上銬就會隨心所欲。

第三招阻截右擺拳夾頸摔銬法

在阻截對方右擺拳後，右腿再快速上右步左轉 180 度以胯部上頂襠部，同時以右臂封鎖夾住頸部猛力下壓，再迅猛左轉以螺旋力將對方滾砸倒地，然後再將右手銬住（圖 10-151、10-152、10-153）。

圖 10-151　　　　　　　　圖 10-152　　　　　　　　圖 10-153

》 技術解讀與要領

阻截右擺拳後，右腿上步要快速，首先以胯部為支點上頂襠部，並配合右臂夾頸彎腰下拉，對方經過胯頂、下拉兩股逆向力，兩腳會失去根基被迫離地。此時，要藉機迅猛左轉翻身有意以胯砸壓襠腹將其砸倒在地，使其重傷失去反抗力。當對方被砸壓在身下後，右臂要繼續用力鎖夾頸部，絕不能放鬆，同時左手要迅速用力拿住右手腕，然後再上銬鎖住。

此招，採用了夾頸地趟摔來控制對方。在兩人緊抱同時倒地時，由於兩人重量再加有意砸壓產生的慣性是非常大的，全部重量會集中在胯部砸壓襠腹上，在對方下面又是硬地而無法化力的情況下，會遭受強大撞擊而受傷，輕則會劇疼減少戰鬥力，重則睾丸或腹內小腸會被撞擊斷裂危機生命。這一毒招的致命關鍵，就在於裡面隱藏了具有難以防範、早有預謀的撞擊胯法。胯，是人身十拳武器之一，其隱蔽

用法，難以看見，不易防守，常在兩人倒地的同時發揮出強大威力，致命的殺傷力就是靠胯這一暗器撞擊的。因此，在夾頸地趟摔時，胯坐這一暗招必須用好，只要用好，就會導致對方重傷，後續鎖銬就非常容易。

第四招躲直拳縮身抱腰摔銬法

若對方頑抗、以直拳進攻頭部時，要快速縮身下蹲躲閃來拳，並迅速抱住腰部猛力後拉，同時用肩前頂胸部、用頭頂住下頜將其扳倒在地，左膝再緊跟跪擊襠腹部，左手再迅速抓拿住右手將其銬住（圖 10-154、10-155、10-156）。

》 技術解讀與要領

要絕對把準對方出拳的距離和時間，首先以下蹲躲閃方式讓其擊空，並要低頭乘虛而入迅速抱腰突然後拉，同時用頭頂猛力頂撞下頜，用兩股逆向力迅速扳倒對方。此招的散手原理是：把準了空間差時機，以見縫插針的方式逼近抱住了腰部後拉，同時以頭最堅硬、最有力部位撞頂下頜，經二者緊密配合，可迅速占據反攻優勢。特別是以頭頂撞下頜，力量特大，對方處在被動時，無論怎樣低頭、挺腰用力抵抗都是難以生效的，必定被迫曲膝後倒受制約，這是槓桿原理巧妙利用產生的效果。在扳倒對方後，其襠部弱點正好處在左跪膝打擊之下。因跪膝路線短、速度快，對方在不利下更是難以防守。因此，會遭受致命打擊而失去反抗力。此時，左手再迅速抓住右手猛力下壓，右手腕會極限彎曲導致脫臼，然後再鎖銬手腕就成功了。

此招，為打空間差反擊，採用了先摔、後打、再拿三種技術，過程中突出了頭、手、膝三種武器的不同威力，其中，左跪膝是致命癱瘓對方的銳利暗器，起著決定性的作用。

圖 10-154　　　　　圖 10-155　　　　　圖 10-156

第五招躲直拳縮身抱腿摔銬法

在對方拒捕以右直拳進攻頭部抵抗時，也可快速縮身躲避來拳，同時左腿上步以左手迅速鉤摟住左腿，右手再緊跟配合將其抱緊右轉將其旋壓倒地，再乘機以左膝猛力跪擊襠腹部，左手再迅速抓拿住左手將其銬住（圖 10-157、10-158、10-159）。

» 技術解讀與要領

在下蹲縮身捕捉對方左腿時,首先要以左手衝鋒陷陣將對方左腿捕捉鉤摟住,右手再快速助力配合將其緊緊抱住,絕不能有一點空間讓對方有機可乘力抵抗。然後兩臂要猛力後拉上提左腿,並疾速右旋轉 90 度,同時以左肩用力下壓左大腿,當對方左腿被上提抱緊沒有緩衝餘地時,大腿再突然遭受旋擰下壓,兩股逆向力突然產生的螺旋力,不論對方如何抱攔抵抗,右膝關節都會被迫彎曲失去重心後倒,褌腹薄弱部位就會立刻暴露在左膝打擊之下,若要徹底癱瘓對方,左膝可果斷乘虛而入猛力跪擊。因對方處在極為不利的情況下,實則難以防守,必遭受致命一膝失去一切反抗能力。只要前面這些散手技術熟練順利完成,再鎖銬雙腕就非常輕鬆容易。此招,是採用了先躲避、再抱腿摔、再跟蹤打擊技術,統稱為打空間差反擊。其中抱腿摔不是本招的終極目的,是為左膝打擊開闢先鋒之路,真正致命癱瘓對方的是靠左膝來完成。

圖 10-157

圖 10-158

圖 10-159

第四節　匕首刺法

匕首,是古代冷兵器刀、劍的縮影,其刀法是在刀、劍刺穿技術上精選下來的更有利於近身交戰的技術。對武術器械而言,匕首是超短兵器,其表現形式有:套路練習和刺穿靶標練習兩種。

匕首,以近身格鬥見長,招法簡單實用,刀法刺穿路線極短,速度特快,難以防守,在直刺後,能迅速 90 度或 180 度急轉回刺,其靈活性是任何長兵器不能替代的。匕首,在古今戰場,雖不能在正面戰場發揮效益,但它的隱蔽性、不易暴露、防不勝防的獨特優勢,卻是警衛、保鏢、特殊人員必不可缺少的防身武器,在執行特殊任務或生命遭遇危急關頭,它會以突然出現的招法解除危險、保護自己。因此,它的實用價值永不會被淘汰。

練習匕首刺穿技術,可用陳舊的橡膠人或硬質泡沫塑膠為目標,以不同的刀法進行刺穿練習。經常練習,可提高各種刀法靈活性、速度,增強刀法的刺穿力度、準確度,對健身、防身特別有益。

刀法一：搶步直刺、橫刺

以右手正握匕首目視靶標，然後右腿快速搶進一步，同時直刺插入靶標，再快速抽出急轉 90 度迅速橫刺插入靶標（圖 10-160、10-161、10-162）。

圖 10-160

圖 10-161

圖 10-162

刀法二：搶步宰刺刀、掃頸刀

以右手反握匕首準備，然後右腿快速上步逼近靶標，同時匕首迅速從上向下宰刺刺入靶標，再快速抽出以刀尖橫掃面部或喉部（圖 10-163、10-164、10-165）。

圖 10-163

圖 10-164

圖 10-165

刀法三：搶步上挑下劃刀

以右手正握匕首目視靶標，然後右腿快速衝刺搶進一步，同時用刀尖從下向上快速挑劃腰至面部，再迅猛從上向下猛劃靶標（圖 10-166、10-167、10-168）。

圖 10-166

圖 10-167

圖 10-168

刀法四：搶步抹脖、反橫刺

以右手反握匕首目視靶標，然後右腿快速搶進一步，同時以匕首尖從右向左快速掃抹頸部咽喉處，再迅速反回橫刺插入靶標右腰（圖 10-169、10-170、10-171）。

圖 10-169

圖 10-170

圖 10-171

刀法五：轉身後撩刺

以左警戒式右手反握匕首目視靶標，然後右腿快速向後倒插一步，同時右轉180 度匕首撩刺插入靶標（圖 10-172、10-173）。

圖 10-172

圖 10-173

刀法六：轉身橫刺刀

以左警戒式右手反握匕首目視靶標，然後左腿快速衝刺搶進一步，右腿再緊跟向後倒插一步右轉 270 度，同時匕首橫刺插入靶標右側（圖 10-174、10-175）。

圖 10-174

圖 10-175

刀法七：搶步撩刺、橫刺刀

以右手正握匕首目視靶標，然後右腿快速搶進一步，同時從下向上撩刺插入靶標，再快速抽出急轉 90 度迅速橫刺插入靶標左腰（圖 10-176、10-177、10-178）。

圖 10-176

圖 10-177

圖 10-178

第五節　環境交戰與多人交戰

一、一人遭包圍交戰法

若遇多人圍攻，要冷靜、不可盲目亂動。撤為上策，突圍先，不可戀戰。首先要看好一個弱點為突破口，然後機智、勇敢迅速打開這個缺口衝出包圍（圖 10-179、10-180）。

圖 10-179

圖 10-180

二、兩人遭包圍交戰法

若兩人遭多人圍攻，首先兩人要背靠背嚴陣以待，絕不可分離拆散，這樣可解除後背遭攻擊之憂，再集中精力勇猛各打出一個缺口衝出包圍，快速撤離（圖 10-181、10-182）。

圖 10-181

圖 10-182

三、雙截棍應對多人交戰法

在遭遇多人圍攻時，若身帶雙截棍是最好的防身武器。此時，可用右腋夾一棍、右手握一棍或用右手握雙棍嚴陣以待作好準備。同時，要洞察四周環境，首先打擊進攻強者，可機智以前後掃棍或前後撩劈棍等棍法，先對圍敵之頭迅猛打擊。

擒賊先擒王，只要先將這個為首強者擊傷、擊退，其他人就會畏懼縮退，同時根據交戰變化，可與側踹腿、正蹬腿、鞭腿配合踢擊，這樣會增加打擊效果（圖10-183、10-184）。

圖 10-183

圖 10-184

四、利用環境交戰法

若遭遇多人圍攻追打，可機智選擇有利地形保護自己、打擊對方。如：若有大樹，則背靠大樹；若有牆壁，則背靠牆壁，若有其他遮擋物，則背靠遮擋物；若有山坡，則占居高處居高臨下應對；若有樹枝、碎石可快速拿起當武器；若有鬆土，可順手抓起撒土眯眾敵之目，同時還可抽出腰帶當武器，也可脫下上衣遮擋化力或迷惑對方待機反擊。

【宗旨】可機智利用一切可利用的條件，這樣會安全、快速、有效的反擊制勝對方，以便更好保護自己、快速突圍。

第十一章

警拳道技擊精髓
——斬穴術

　　武術，起源於神州大地，為神傳文化、四大國粹之一。既然是神傳文化，其背後必然有奧妙之處，這就是：武林秘籍。武功點穴，是武林秘籍其中之一，在武術中被稱為高級散手技擊精髓，其點穴手法博大精深、妙不可言，點穴所產生的各種威力及後果極為驚人，為武道精髓一絕。

　　何為神傳文化？眾所周知，中華民族為炎黃子孫，有五千年的文明歷史。軒轅黃帝以得道修出的超常功能，能清清楚楚的看到人體內不同微觀粒子及氣血在經絡、經穴、五臟六腑之間的運行規律，把人體從微觀到宏觀表體存在的奧秘，研究、解讀的淋漓盡致，以超常的智慧編著了《黃帝內經》這部曠世巨作，給中華民族留下了寶貴遺產，在歷史上被稱為昌盛不衰的中國三大奇書之一。還有我們偉大的漢字，也是我們的祖先、黃帝的史官倉頡以高深的智慧所造。他創造「神」字的內涵解讀就是：天神，引出萬物者也。偉大的醫學家孫思邈云：「其十二經脈，五色作之，奇經八脈以綠色為之。」他以修練出的天目，對人體十二經脈、奇經八脈的準確顏色，觀察的非常細緻，大大超越了現在醫學的發現，為研究人體科學、點穴治病、點穴救命、點穴致命提供了充分依據。

　　祖先以超人的智慧為我們今天留下的這些寶貴遺產，統稱為神傳文化。關於天目這種特異功能，也是當今科學界公認的世界上存在的六大特異功能之一，已不再是所謂的「迷信」。《黃帝內經》的高深內涵，在科學高度發達的今天仍然無法證實解答清楚。祖先在五千年的歷史長河中，不論在天文、地理、人體、醫學各方面，所創造的驚人奇蹟，是現代人、現代科學無法做到的，但我們的祖先在幾千年以前早就做到了。可見，我們古人的智慧有多高，這不就是超越常人的高人嗎？為此緣故，《黃帝內經》是誰也抹殺不了的。所以說，我們中國稱為神州大地；我們的文化稱為神傳文化。博大精深的武功點穴術就源自《黃帝內經》，毫無疑問，這是當之無愧的神傳文化其中之一，為武林秘籍絕學之首，在此簡單闡述。

　　何為武功點穴？其原理究竟為何故？具體手法如何實施？很多書中取頭不講尾、論中間少兩邊，只在圍繞著理論轉，沒有把真正武功點穴的來龍去脈和實踐手法說清楚，使學練者一知半解、蒙上了一層神秘面紗，以此遭受到了嚴重阻礙，對準確傳承斬穴術極為不利。

隨著時間的推移，當今國粹武術的變異以及先人沒有物色到德藝雙馨的人才緣故，武功點穴這項武林秘籍已殘缺不全、逐漸淹沒，精髓已蕩然無存，現實社會中非常罕見，猶如鳳毛麟角。因此，失傳也就成為必然。

警拳道絕密點穴術，因是本門秘中之秘，在過去教授及拍攝的教學光碟中，只是簡單的講述了表面的部分點穴技術，沒有從深度去解讀點穴術的來龍去脈及點穴後所產生的種種後果。根據秘傳、傳統中醫理論、現代醫學解剖為依據，本章圖文並茂，將詳細解讀具體點穴手法、具體練法，不繞彎路，不多紙上談兵，一針見血點到實處，回歸武功點穴之正統。

要實施武功點穴，在具備熟練的技術和過硬的功力基礎上，首先要釐清體內血頭、氣血在經穴的運行規律，同時要清楚它們是什麼物質，在體內起什麼作用。如果對這些模糊不清，想達到點穴致命或點穴救治之目的，是根本無從下手的。

人體，這個小宇宙，其奧妙深淵，身體內存在著層層不同的微觀粒子，這些微觀粒子統稱為「氣」。「氣」，是包羅萬象的，不只是已知的元氣（真氣）、血頭、棕氣、營氣等等，其實還有好多「氣」沒有發現，它們各自有規律的運行在不同空間；各自有獨立的存在形式和使命，不同的「氣」，有不同的功能，在人體內起著不同的作用。

「元氣」，亦稱「原氣」、「真氣」、「精華之氣」，它和許多無名微觀粒子，都是來自於先天，它是維持人體生命活動的原始動力，現代科學稱為「生命分子」。其實古人所講的「元氣」，遠比科學所講的「生命分子」要微觀的多，內涵更精深。「元氣」這種微觀物質，在中國修道古書中經常提到，它屬於生命先天之氣。先天之氣，根源上是來自宇宙所賜，但也可以靠後天煉功補充和從空氣、水穀中提取，繼而滋生擴大。

元氣越足，越能帶動血液旺盛運行；血旺，體內細胞就越加健康活躍，就會更暢通的傳遞力量，反應到表體就會更加強健有力，一切良性後果，都是氣盛血旺所致，大傷元氣或元氣消盡，就會導致人體癱瘓或生命終結。

由於高效點穴術，需要釐清人體與宇宙日月星辰、時間的密切關係，這樣才能達到出奇效果，在此簡單闡述一下二者存在的哪些巧妙聯繫。浩瀚宇宙大穹，在最高層有正、負之分，向下又衍生出陰陽相生相剋，到人這裡所產生的正與邪、善與惡就更加明顯。「天人相應」，是中國古代辯證法思想的產物。古人云：蓋天是一大天，人為一小天。宇宙大穹，由下面層層宇宙、星系、星體、日、月以及地球上的山川河流這些物質與宇宙特性組成；人體這個小宇宙，由四肢百骸、五臟六腑以及微觀上的細胞、生命分子、原子、質子、電子、夸克、中微子及更微觀的層層粒子加人的主元神、精神、思維、脾氣、秉性、所組成，二者不但在結構上相似，而且都有物質、精神兩方面存在。人體小宇宙內的層層無數個微觀粒子，就好像宇宙大穹中無數個星系、星體一樣，它們各自有不同的使命，並且在不同的空間都存在著獨立的運動規律。

天有星、雲、雷、電、風；人有心、肝、脾、腎、肺。人體這個小宇宙與大宇宙有很多相似之處，大腦、臟腑、氣血，每時每刻都與日月星辰周而復始的運動、一年四季、一天十二個時辰發生著密切關係。對宇宙大穹來說，如果最高層發生變化，必然導致下邊層層宇宙、星系、星體、地球、人類社會及人體自身發生變化。因此，古人叫作天象變化。

人身之血有一頭，日夜行走不停留。人身血頭，在十二時辰中有規律的圍繞小周天運行與地球圍繞太陽轉和電子圍繞原子核轉沒什麼兩樣。如果地球運行被外力阻截、破壞，必定會給太陽系帶來嚴重惡果。

從武功致命點穴來說，如果人體這個小宇宙中的氣血、血頭運行被外力阻截，整個人體就會發生重大變化。特別是點擊一些要穴，不管致命還是治病、救命，在古代需看日月星辰運行位置、配合準確時辰點擊才能產生奇效，這是人體與宇宙存在緊密關係的體現方式之一。因此，人體被稱為是一個小宇宙。

人體四肢百骸、五臟六腑、十二經脈，奇經八脈、三百六十五穴，縱橫貫穿分佈全身，內外相連，形成了一個以臟腑為核心的有機整體；人體經絡，是體內層層微觀粒子、氣血循環無端、周而復始運行的通道；是人體經脈、絡脈內外相互串聯的總稱。氣血、血頭，是維持人體生命生存的關鍵物質，所注經穴、所流十二經脈、所入五臟六腑固有永恆的準確規律，隨十二時辰變化而變化，精準無誤，絲毫不爽。

穴位，是指神經末梢密集、動脈、靜脈交匯之處，維持生命的不同微觀粒子與氣血，會在一天十二時辰內，各有規律的穿越入注而行，其部位脆弱，易被封鎖阻截；其面積大小不一，承受壓力有別，點擊產生的後果不同。諸如：鳩尾穴，血頭在夜間子時 11-1 點準時入注，如果把準時辰對其進行準確打擊，就很容易將血頭正常運行截斷，從而導致斃命；如果準確打擊右側肝經上的章門穴，必導致內部肝臟中毒病變，日後又會影響暴露在兩眼，遭成眼部病變等等。由此可見，致命要穴被點，會導致不同的惡果。

救命點穴，同樣有巧妙的手法使閉塞阻斷的氣血、血頭恢復正常運行，從而達到治病救人目的。為此，不難看出：不同的點穴手法，會帶來不同的後果，這就是宇宙相生相剋、永恆不變的真理由點穴在人體上的具體體現。

武功致命點穴，就是在掌握了血頭與氣血的運行規律後，以散手技術進行強制阻截或打擊，使氣血運行受阻或損傷、消亡，也就是損傷減弱或解體了生命分子。一旦真氣受阻、損傷、消亡，體內血液就失去動力無法正常流動，就像抽水泵一樣，電機停止運轉，水泵就失去了動力而無法使水繼續流動。血液不能正常流動，全身五臟六腑及大腦就會嚴重缺氧、失去營養，力就無法傳遞，人體就會力盡不能動，最終導致生命癱瘓或終結。這些後果都是氣斷、血滯所致。氣行血亦行，氣滯血亦滯，血行力亦傳，血滯力亦斷。因此，實施精確點穴術，必須嚴格掌控氣血、血頭運行規律。

　　如果在與惡徒交戰時，若把準時機，乘氣血旺盛即「開穴」之時，也就是把準血頭或氣血進入的某一穴，按時辰精準打擊，就會刺激損傷不同經筋，血頭或氣血運行路線就會被截斷，從而打破固有的運行規律，體內某一局部或整體就會急遽發生惡性變化，導致閉氣斷血、經氣逆行之惡果，在點穴中有「點穴逆經」之說。點擊不同的經穴會產生不同的後果，輕者，會導致疼、酸、麻、暈、吐、睡、笑、哭、啞、咳、傷、殘等症狀，若不及時施救，日後逐漸會導致臟腑內傷產生病變、危及生命；重者，可瞬間出奇制勝，一招制敵，會當場斃命。

　　萬事具有相生相剋之理，如果在遇善民遭惡人擊中要穴發生病變時，若再按血頭、氣血時辰運行規律，實施點穴解救，又可促使體內產生良性生理反應，會逐漸消除病變，最終可達死而復生救治之目的。這些點穴秘術，如果能把握阻斷和疏通氣血的火候，從而會產生良性、惡性兩種後果。可見，深奧的點穴術，具有掌控生死存亡的絕妙手法，如似一台精密儀器的設計師，不但能完全操控這台儀器多功能的正常運轉，而且用不同手法也能使它瞬間失效，同時又能把它修復好。

　　不同的點穴手法，能製造不可思議的驚人奇蹟，實為妙不可言、神傳文化的博大。為此，特別學習武功致命點穴術，定要崇尚武德，把握用武。「能打會打而不打，聖賢不得已而用之」，學習致命斬穴術，定要時刻慎記，只需在生命危急關頭懲惡揚善、或正當自衛使用，欺霸善良，為逆天而行，定遭惡報。善惡若無報，乾坤必有私，順天者昌，逆天者亡，天理不可違。

　　斬穴術，為警拳道散手技擊之精髓。妙手一出定乾坤，一招制敵在手中，這不是神話，是真實的點穴絕招存在。凡武家邁入高級武林，在精於散手技術、練就精湛功力之後，是必研、必練、必掌握的另一項絕學。特別在拳、腳、肘、膝、頭、掌、指，練到一定硬度功力之後，必須對準橡膠人或砂帶（橡膠人上標有致命要穴），以各種散手技術對其前後、左右實施反覆打擊練習，然後兩人再相互模擬點擊練習。功夫不負有心人，練習點穴術，只要堅定信心，持之以恆，苦練、實練加巧練，勇於吃苦，敢於付出，就能逐漸實現從生練到熟，從熟練到巧，從巧練到妙，最終從妙練到神這一境界；就能從中捕捉到點穴之奧妙、鑄就點穴之神手，在關鍵時刻，一招發去如離弦之箭，出手既滅、揮手即救，神手會大顯。神奇高效的點穴術，對時辰精算、精確認穴、技術巧妙、功力過硬要求非常嚴格，否則效果不佳，學者必須精準掌握。

　　為了快速斬穴克敵制勝，警拳道點穴術，在散手搏擊中注重實效、專攻要穴。人身雖有眾多死、殘、麻等穴位，但不是每個穴位都能輕而易取，因有許多穴位隱蔽、切而面積小，並且氣血通道較深、承受外力大，取穴相對較難，即使點到效果也並不理想（如：鷹窗、會陰、湧泉等穴）。所以，警拳道不提倡攻擊這些穴位（除非在特殊環境下搏擊時，因當時交戰情況而制宜，條件成熟可靈活取穴）。

　　再者警拳道不過多追求打擊多個穴位，只追求「精」，而不追求「多」。人身布有很多穴位，一旦學習過多，再加不是經常使用，對記憶會增加負擔，容易導致

取穴不準、點擊不精之弊病。所以，警拳道在遇惡徒交戰時，講究快速鎖定目標、直接打擊致命要穴為主（如：人中、太陽、風府、人迎、巨闕、章門、期門、命門、京門、曲骨等穴）。

本人創拳，正處亂世，習武、研武，歷經坎坷，曾多次在外遭遇劫匪，危急關頭，被迫對匪實踐用招打穴，屢次動武，都是萬不得已，或正當自衛，或懲惡揚善，專擊這些要穴也就成必然、值得。為此，不幸之時，正是驗證、成全打穴之機，對打穴的神奇後果進行了實踐驗證，因此，從中多次靈驗打穴之妙，對今天的斬穴手法和理論提供了充足的依據，圓融了警拳道斬穴術。

警拳道斬穴四大要素：

一要技術熟練：主動打穴招法、反擊打穴招法。

二要功力過硬：練精鐵指鷹爪功、鐵拳功、鐵砂掌、鐵肘功、鐵膝功、鐵頭功、鐵腳功。

三要取穴準確：精辨血頭、氣血入注穴位和十二經脈上的要穴及三十六死穴中的要穴。

四要取穴正時：記清血頭、氣血何時入注何穴及氣血何時入注何經、何臟腑。

警拳道斬穴四尋：

一尋血頭湧入穴：精尋血頭十二時辰各湧入的十二個穴。

二尋氣血所注穴：精尋氣血十二時辰各注入的十二穴。

三尋三十六死穴：精尋三十六死穴中的二十二個要穴。

四尋十二經脈要穴：精尋十二經脈上的十二個要穴。

第一節　十二時辰精斬十二血頭

人身之血有一頭，日夜行走不停留，血入何穴時不變，十二要穴準循走。

時辰點擊血頭，在古代武林被視為點穴之首，其奧妙是現代科學都難以解釋的，在當今武林中幾乎失傳，但，它卻是實實在在遺留在民間的真正點穴秘籍，就像人們只知道《黃帝內經》，但卻不知道還有《黃帝外經》、《陰符經》的存在。

「斬血頭」的理論依據是：人體除了氣血有規律的沿經絡循行以外，還有更加精密、更加微觀的「血」循環系統，這是我們的祖先在人體發現的另外一種更隱秘、更微觀的物質，它運行在更深的另外空間，它和經絡並存，但又不是經絡，比中醫認識到的經絡，更精密、更微觀，它是人體另外一種「血」循環系統，但又不是我們所看得見、摸得著的由分子組成的人體流動的「血」。這個血，與氣血、元氣、營氣、棕氣等不是一種物質，它是「氣」的一種，與通常所說的「氣為血之

帥，血靠氣帶動而行」不是一種概念。

這種「血」循環系統，在運行中是有頭和尾的，與一天十二時辰有著密切關係，血頭隨十二時辰變化而變化，其運行規律更加精準、永恆不變，其理在當今很少有人闡述過，其點穴致命和點穴救命秘法幾乎失傳，

血頭，它是按一天十二時辰，非常有序、無誤的運行在任督兩脈中更加微觀、更加隱秘的經絡上，在沿督脈從上往下運行到脊中穴時，會避開命門穴分兩路改走兩邊，也就是走左、右腎俞穴，然後再匯聚到督脈上的腰陽關穴沿督脈繼續下行（見圖 11-23、11-24），其間過程就好像在修公路時，當遇到湖泊或一座山時，可以避開從兩側繞過，然後再匯聚到一起，大概就是這個意思。

整個血頭運行傳輸原理：任、督兩脈猶如一條幹線公路，上面有汽車在奔跑，可是在公路下面還埋藏著更加細小的通信電纜，電纜線是更微小的通訊工具，電話信號是更微觀的物質運行粒子，電話信號靠電纜線傳輸而行，血頭就如似電話信號，不在公路上行駛，它是運行在另外更加隱蔽的電纜線上傳遞訊息。點擊血頭，就像把準電纜線位置將其截斷一樣，電話會自然中斷癱瘓，對某種情況來講，截斷電纜線，比截斷公路、毀壞汽車損失會更大。點血尾，猶如再將電纜線接住，重新恢復正常通信功能。斬血頭致命與點血尾救命，大概就是這個原理。

血頭，在體內運行是有獨立脈絡的，其時間、規律非常準確，流注任何一穴，都是嚴格按照十二時辰變化而變化的，每一個時辰均固定湧入一個穴位（見十二時辰血頭循環入穴規律表）。在沒有鐘錶的古代，古人可根據日、月、星辰運行的位置，就能推算出當時的時辰，然後就會準確找到血頭和血尾所注入的穴位。如：在夜間子時 23～1 點鐘，血頭準時進入鳩尾穴，血尾則暫停在神闕穴之中。若要致命打擊對方，就在子時斬截鳩尾穴；若要解救對方，就再點按神闕穴。斬擊其他十一穴，同樣要按血頭入穴時間點擊，再推算血尾入穴時間點按救治，具體點血尾解穴見第十二章《點穴解穴秘法》。「滅斬血頭，救點尾」，這句點穴秘訣就是從中而來的，其深奧之妙，不可不深悟。

斬擊血頭，屬特殊制敵絕招，在任督兩脈上共布有十二個要穴，除會陰穴隱蔽不易打擊外，有十一個穴位在危急關頭時可作為首選打擊目標。因這十一個穴位，易辨、易攻，特別脆弱，各種武器都能有機會進行捕捉。若在夜行遭劫匪搶劫時，只要把準血頭運行規律，可隨意出拳、腳、肘、膝、指、梗手，對其穴猛力一擊，血頭會立刻被斬擊截斷，定立竿見影，後果非常危險，最易致命。

斬血頭，這是歷代武林嚴密保守的一項制敵秘籍，不然，不會稱為絕招。只因為它是滅人的絕招，我們的前人德高望重，時刻嚴守：寧可失傳，也不亂傳，寧可不傳，也不誤傳這一武林規矩。掌握、練就此術之人，必須以德為重，嚴格遵守。

第一穴：鳩尾穴

【位置】在膻中穴下，大約 2 吋處。

【經屬】任脈。

【解剖】布有第六肋間神經前皮支的內側支和腹壁上動脈、靜脈分支，深部為肝臟。

【血頭注入時間】在夜間子時 23～1 點鐘，血頭準時按規律進入此穴。

【斬穴手法】當對方以右直拳或擺拳攻打我頭部時，可把準時機，快速以正蹬腿或側踹腿打空間差踢擊鳩尾穴最有效；也可機智向左躲閃，同時出右插指或右直拳、右梗手打擊鳩尾穴；也可以左臂迅速阻截對方右臂，再疾速以右插指或右直拳、右梗手點擊此穴；也可以正蹬腿或側踹腿、直拳、插指、梗手直接強攻斬擊此穴；在近身搏擊時，也可靈活使用後搗肘打擊此穴（圖 11-1、11-2）。

【打穴後果】在子時準確擊中鳩尾穴，可重傷第六肋間神經前皮支的內側支和腹壁上動脈、靜脈及肝、心臟，會迅速斬截血頭導致斃命。

圖 11-1　　　　　　　　　圖 11-2

第二穴：膻中穴

【位置】在兩乳連線與任脈交匯處。

【經屬】任脈。

【解剖】在胸骨體上，有胸廓內動脈、靜脈的前穿支和第四肋間神經前皮支的內側支。

【血頭注入時間】在夜間丑時 1～3 點鐘，血頭準時按規律進入此穴。

【斬穴手法】當對方以左直拳或擺拳攻打頭部時，可快速以左臂阻截右臂，再疾速以右插指或右直拳、右梗手斬擊膻中穴最有效；也可用三種手型或正蹬腿直接打擊此穴，正蹬腿踢擊膻中穴，需力達腳後掌（圖 11-3、11-4）。

【打穴後果】在丑時準確擊中膻中穴，可重傷胸廓內動脈、靜脈的前穿支和第四肋間神經前皮支的內側支，會迅速斬截血頭導致生命危險。

第三穴：廉泉穴

【位置】在喉結上方約一寸處，舌骨上緣凹陷處。

【經屬】廉泉穴是任脈、陰維脈交匯處。

圖 11-3　　　　　　　　　　　　圖 11-4

【解剖】此穴布有頸前淺靜脈、甲狀腺上動脈、靜脈、頸皮神經，深層有舌下神經分支。

【血頭注入時間】在早晨寅時 3～5 點鐘，血頭準時按規律進入此穴。

【斬穴手法】在對方以右直拳或右擺拳攻打我頭部時，先快速以左臂阻截對方右臂，再疾速出右手插擊廉泉穴最方便、最有效；也可把準時機、乘對方不備，左腿突然衝刺搶進一步逼近對方，同時左手抓住頭髮用力固定其頭，再迅速跟進右手猛力插擊廉泉穴，力達中指尖（圖 11-5、11-6）。點擊廉泉穴，唯一用插指，其他手型禁用。

【打穴後果】在寅時準確擊中廉泉穴，可重傷頸前淺靜脈、甲狀腺上動脈、靜脈、頸皮神經及舌下神經分支，會迅速斬截血頭導致生命危險。

圖 11-5　　　　　　　　　　　　圖 11-6

第四穴：印堂穴

【位置】在兩眉頭連線與督脈交匯處。

【經屬】督脈。

【解剖】布有額神經的分支、滑車上神經、眼動脈的分支、額動脈及伴行的靜脈。

【血頭注入時間】在早晨卯時 5～7 點鐘，血頭準時按規律進入此穴。

【斬穴手法】當對方以右直拳或右擺拳攻打我頭部時，先快速以左臂阻截對方右臂，再疾速出右直拳或插指、梗手打擊印堂穴最方便、最有效；也可以三種手型

直接打擊此穴，特殊近身搏擊時，可靈活使用鐵頭撞擊此穴（11-7、11-8）。

【打穴後果】在卯時準確擊中印堂穴，可重傷額神經、眼動脈分支、額動脈、靜脈，達到迅速斬截血頭、癱瘓或致命對方之目的。

圖 11-7

圖 11-8

第五穴：百會穴

【位置】在兩耳連線與頭上督脈交匯處。

【經屬】督脈。

【解剖】布有左右顳淺動、靜脈、左右枕動、靜脈吻合網、枕大神經及額神經分支。

【血頭注入時間】在早晨辰時 7～9 點鐘，血頭準時按規律進入此穴。

【斬穴手法】當對方以右直拳或右擺拳攻打我頭部時，先快速以左臂阻截對方右臂，再疾速跟進出鐵指勾手點擊百會穴最方便、最有效（圖 11-9），力達拇指、食指、中指三指指尖，遭對方抱腰時，可靈活使用拳擊此穴（圖 11-10）。

【打穴後果】在辰時準確擊中百會穴，可重傷左右顳淺動、靜脈、左右枕動、靜脈吻合網、枕大神經及額神經分支，會迅速斬截血頭導致癱地斃命。

圖 11-9

圖 11-10

第六穴：風府穴

【位置】在後頭督脈線上，入髮際一寸處。

【經屬】督脈。

【解剖】布有枕動、靜脈的分支、第三枕神經和枕大神經分支。

【血頭注入時間】在上午巳時9～11點鐘，血頭準時按規律進入此穴。

【斬穴手法】當對方抱住右腿時，左腿要快速後撤一步迅速穩定身體，然後以右肘猛力砸擊風府穴；也可巧妙周旋到對方後邊，以鐵指插擊或直拳直接打擊此穴（圖11-11、11-12）。

【打穴後果】在巳時準確擊中風府穴，可重傷枕動、靜脈分支、第三枕神經和枕大神經分支及大腦，會迅速斬截血頭導致斃命。

圖 11-11

圖 11-12

第七穴：脊中穴

【位置】在第十一胸椎棘突下凹陷中。

【經屬】督脈。

【解剖】布有第十一肋間動脈後支、棘間皮下靜脈從、第十一胸神經後支內側支。

【血頭注入時間】在中午午時11～13點鐘，血頭準時按規律進入此穴。

【斬穴手法】當對方抱住右腿時，左腿要快速後撤一步穩定身體，然後以右肘猛力砸擊脊中穴最方便、最有效；在近身交戰時，也可巧妙周旋到背後以後撟肘或插指、梗手斬擊此穴；也可從背後直接以正蹬腿或直拳、插指、梗手斬擊此穴（圖11-13、11-14）。

圖 11-13

圖 11-14

447

【打穴後果】在午時準確擊中脊中穴，可重傷第十一肋間動脈後支、棘間皮下靜脈、第十一胸神經後支內側支，會迅速斬截血頭導致脊中穴一下癱瘓或斃命。

第八穴：腎俞穴

【位置】在第二腰椎棘突旁、命門穴旁開一寸半處。

【經屬】足太陽膀胱經。

【解剖】布有第一腰神經後支的外側支、第二腰動脈、靜脈後支，深層為第一腰叢。

【血頭注入時間】在下午未時 13～15 點鐘，血頭準時按規律進入此穴。

【斬穴手法】在與對方近身交戰時，可巧妙周旋到背後以後搗肘或插指、梗手斬擊腎俞穴；也可從背後直接以正蹬腿或正撞膝、直拳、插指、梗手斬擊此穴（圖 11-15、11-16）。

【打穴後果】在未時準確擊中腎俞穴，可衝擊腎臟、破壞氣機、重傷第一腰神經後支的外側支、第二腰動脈、靜脈後支和深層第一腰叢，會迅速斬截血頭導致癱地或斃命。

圖 11-15

圖 11-16

第九穴：尾閭穴

【位置】在尾骨與肛門之間。

【經屬】督脈，督脈之絡穴，別走任脈。

【解剖】布有肛門動脈、靜脈分支、尾神經後支及肛門神經。

【血頭注入時間】在下午申時 15～17 點鐘，血頭準時按規律進入此穴。

【斬穴手法】此穴隱蔽不易直接鎖取，但從後邊以正撞膝、正蹬腿直接打擊尾閭骨非常方便、有效，重擊可連帶損傷尾閭穴（圖 11-17 圖 11-18）。

【打穴後果】若能在申時準確擊中尾閭穴或尾閭骨，可阻礙周天氣機運行、丹田氣機上升，重則同樣斬截血頭阻止正常運行，會導致此穴以下癱瘓或斃命。

圖 11-17

圖 11-18

第十穴：會陰穴

【位置】在兩陰之間。

【經屬】督脈、任脈、衝脈交會穴。

【解剖】布有會陰神經分支、深層陰部動脈、靜脈分支。

【血頭注入時間】在下午酉時 17～19 點鐘，血頭準時按規律進入此穴。

【斬穴手法】因此穴位置非常隱蔽不宜鎖取，在散手搏擊時，不提倡攻擊此穴。

【打穴後果】若能有機會在酉時準確擊中此穴，同樣可迅速斬截血頭導致斃命。

第十一穴：關元穴

【位置】位於小腹部，在肚臍下方三寸處。

【經屬】任脈，足三陰、任脈之會，小腸募穴。

【解剖】布有腹壁淺動、靜脈的分支或屬支，深層有十二胸神經前支的分支。

【血頭注入時間】在晚上戌時 19～21 點鐘，血頭準時按規律進入此穴。

【斬穴手法】當對方用直拳或匕首攻打頭、胸時，可快速出側踹腿或彈踢腳、正蹬腿打空間差反擊，直接踢擊關元穴最方便、最有效，若對方雙手抓肩或鎖頸時，可出正撞膝撞擊關元穴；也可以正蹬腿或側踹腳、轉身後蹬腿、彈踢腳直接踢擊此穴（圖 11-19、11-20）。

圖 11-19

圖 11-20

【打穴後果】在戌時準確擊中關元穴，可重傷腹臂前動、靜脈的分支、十二胸神經前支的分支及小腸、膀胱，會迅速斬截血頭導致斃命。

第十二穴：神闕穴：

【位置】位於肚臍眼正中央，與命門穴平行相對。

【經屬】任脈。

【解剖】布有腹臂臍周靜脈網、第十胸神經前支的前皮支，深層有第十一胸神經前支的分支。

【血頭注入時間】在夜間亥時 21～23 點鐘，血頭準時按規律進入此穴。

【斬穴手法】當對方以右直拳或右擺拳攻打頭部時，先快速出左臂阻截對方右臂，再迅速以右手插擊或右直拳、右撞膝打擊神闕穴最方便、最有效；也可以正蹬腿或側踹腳、轉身後蹬腿打空間差反擊踢擊此穴；也可以三種腿法強攻直接打擊此穴（11-21、11-22）。

【打穴後果】在亥時準確擊中神闕穴，可重傷腹臂臍周靜脈網、第十胸神經前支的前皮支、第十一胸神經前支的分支及小腸，會迅速斬截血頭導致癱地斃命。

圖 11-21

圖 11-22

十二時辰血頭循環入注穴位圖（圖中所標六角星為血頭入注穴位）

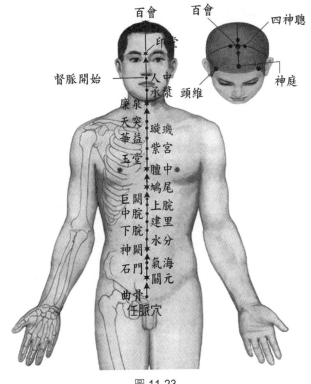

圖 11-23

十二時辰血頭循環入注穴位圖（圖中所標六角星為血頭入注穴位）

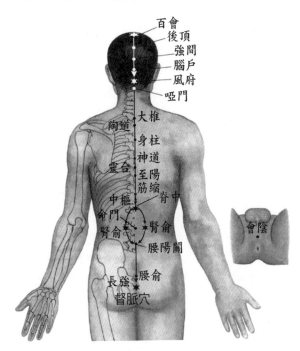

圖 11-24

十二時辰血頭循環入穴規律表

時　辰	血頭入穴時間	血頭進入穴位
子　時	23～1 點	鳩尾穴
丑　時	1～3 點	膻中穴
寅　時	3～5 點	廉泉穴
卯　時	5～7 點	印堂穴
辰　時	7～9 點	百會穴
巳　時	9～11 點	風府穴
午　時	11～13 點	脊中穴
未　時	13～15 點	腎俞穴
申　時	15～17 點	尾閭穴
酉　時	17～19 點	會陰穴
戌　時	19～21 點	關元穴
亥　時	21～23 點	神闕穴

第二節　十二時辰斬擊十二主道穴

　　何為「氣血」？氣為血之帥，血靠氣帶動而運行。這裡的「氣」，指的是「真氣」（元氣、精氣），它是運行在另外空間的微觀物質；這裡的「血」，是指水穀生成、肉眼可見的由分子構成的體內流動的血，二者互不脫離、相互依賴產生效能。這個「氣」，與「血頭」不是同一種物質，二者運行不走同一條脈絡，不在同一個空間，它們各自有獨立的存在形式和獨立的使命，它是維持人體生存必須的兩種不同物質。

　　氣血，是沿人體經絡、有序運行的兩種物質，其循環規律與一天十二時辰產生著密切聯繫，每個時辰氣血準時注入一個主道穴（見本節：十二時辰氣血注入各主道穴循環規律表），共循環注入十二個主道穴（見圖 11-41）。這些主道穴，面積大小不一，深淺不一，承受打擊力度不一，若按時辰推算，可精算出氣血所注之穴。

　　在散手交戰時，如果把準時辰準確擊中此穴，定會阻斷氣血正常流通，危及生命。如：在早晨辰時 7～9 點鐘，氣血準時注入百會穴，若要致命對方，就在辰時斬擊百會穴，因是督脈陽經受損，若要再點穴解救，左手可招住一方右手中渚穴（中渚穴在小指與無名指掌骨之間）10～15 分鐘，同時右手四指尖敲點右臂走馬

穴二十四次（走馬穴在肘部內側少海穴上邊，約三寸處），可以此法點穴施救，其他要穴被點解救法見第十二章《點穴解穴秘法》。

在武林中有句諺語：點穴只能殺人，而不能救人，屬於死手。宇宙相生相剋的理，貫穿到人體點穴上，也會存在著益害兩方面的效應。因此，點穴救人手法必須準確掌握。

斬穴阻截氣血，同為制敵一絕，具有致命的殺傷力，對斬擊這些主道穴，要想達到出手即滅、揮手解救之目的，必須具備熟練的技術和過硬的功力，缺一不可。警拳道在斬穴阻截氣血時，在十二個主道穴中，不提倡攻擊會陰、湧泉、血海三穴。因這三個穴位隱蔽、不易鎖取，效果不佳，不必在此耗費精力。所以，只要集中精力封鎖、斬擊另外九個易辨、易攻穴位就足矣了。

若遇匪徒交戰，只要精確把準氣血運行規律，再論時辰間隔長短或視日、月位置，就可分辨出氣血某時注入某穴，然後根據當時交戰環境，可隨意使用鎖筋法或以拳、腳、肘、膝、指、梗手打擊法對其穴猛力一擊，氣血就會立刻被阻截中斷，制敵效果非常有效。由於斬擊氣血易致命對方，因此，要注重武德，不在生命危急關頭不可輕易亂用。

第一穴：人中穴

【位置】緊鄰鼻下溝中。

【經屬】督脈，為手、足陽明、督脈之會。

【解剖】布有上唇動、靜脈和眶下神經支及面神經頰支。

【氣血入注時間】在夜間子時 23～1 點鐘，氣血準時循行注入此穴。

【斬穴手法】當對方以右直拳或擺拳攻打頭部時，可快速以左臂阻截右臂，再疾速以右插指或右直拳、右梗手打擊人中穴最方便、最有效；也可用三種手型直接強攻打擊此穴；也可以躲閃反擊招法斬擊此穴（圖 11-25、11-26）。

【打穴後果】在子時準確擊中人中穴，可重傷上唇動、靜脈和眶下神經支及面神經頰支，會迅速截斷氣血導致斃命。

圖 11-25　　　　　　　　　圖 11-26

第二穴：天庭穴（神庭穴）

【位置】在前額督脈正中線上，入髮際上五分處。

【經屬】督脈，督脈上行之氣在此聚集。

【解剖】布有額神經分支和額動脈、靜脈分支。

【氣血入注時間】在早晨丑時1～3點鐘，氣血準時循行注入此穴。

【斬穴手法】當對方以右直拳或擺拳攻打頭部時，先快速以左臂截擊來拳，再迅速以右勾手或右砍掌斬擊天庭穴最方便最有效；在對方近身抓肩時，也可以兩種手型反擊斬擊此穴；特殊近身搏擊時，可機智使用鐵頭撞擊、鐵肘打擊（圖11-27、11-28）。

【打穴後果】在丑時準確擊中天庭穴，可重傷額神經分支和額動脈、靜脈分支及大腦，會迅速截斷氣血導致斃命。

圖 11-27　　　　　　　　　　　　圖 11-28

第三穴：喬空穴

【位置】在兩耳後根部、顱骨乳突下前方至鎖骨上窩缺盆穴一直線，緊鄰扶突穴。

【解剖】有耳後動脈、靜脈、頸皮神經。

【氣血入注時間】在早晨寅時3～5點鐘，氣血準時循行注入此穴。

【斬穴手法】當對方以左手死抓左肩時，左臂可突然向下猛壓左肘關節，同時左肩猛力向前推頂左手，對方左臂必然彎曲，左喬空穴會處在右手打擊之內，右手再迅速插擊此穴；也可以插指強攻直接插擊此穴（圖11-29），特殊近身搏擊時可靈活使用肘擊。

【打穴後果】寅時擊中喬空穴，可重傷耳後動脈、靜脈、頸皮神經，會迅速截斷氣血斃命。

第四穴：大杼穴

【位置】位於後背上部，在第一胸椎棘突下，旁開一寸半。

【經屬】屬足太陽膀胱經。

【解剖】布有第一肋間動脈、靜脈後支、第一胸神經後支的皮支。

【氣血入注時間】在早晨卯時5～7點鐘，氣血準時循行注入此穴。

【斬穴手法】在交戰時，可巧妙轉到對方背後，迅速用鐵指插擊大杼穴最方便、最有效，若對方從前抱腰部，右腿要快速後撤一步穩定身體，同時左手用力鎖抓右側腰笑穴，再迅速以肘猛力砸擊此穴，也可以插指或梗手主動從背後直接點擊此穴（圖11-30、11-31）。

【打穴後果】在卯時準確擊中大杼穴，可重傷第一肋間動脈、靜脈後支、第一胸神經後支的皮支，會迅速截斷氣血導致癱瘓或斃命。

圖 11-29　　　　　　　　圖 11-30　　　　　　　　圖 11-31

第五穴：太陽穴

【位置】在眉梢與外眼角之間向後約一寸凹陷處，有左為太陽、右為太陰之說。

【經屬】屬經外奇穴。

【解剖】布有顳面神經、面神經的顳支、下頜神經的顳神經和顳淺動、靜脈的分支。

【氣血入注時間】在早晨辰時7～9點鐘，氣血準時循行注入此穴。

【斬穴手法】當對方以右直拳攻打頭部時，可快速向右躲閃避開來拳，再迅速以右手插擊或右擺拳打擊左側太陽穴最方便、最有效；也可把準時機以左右擺拳、插指、梗手或鞭腿強攻直接打擊此穴；也可左臂阻截右直拳後迅速以右擺拳反擊此穴（圖11-32），在對方從後抱腰時，也可迅速出左、右肘打擊左右太陽穴（圖11-33）。

圖 11-32　　　　　　　　　　圖 11-33

【打穴後果】在辰時準確擊中太陽穴，可重傷顴面神經、面神經、下頜神經和顳淺動、靜脈的分支及大腦，會迅速截斷氣血立刻斃命。

第六穴：日倉穴（地倉穴）

【位置】在嘴角外開直線與眼球垂直線交匯處。

【經屬】屬足陽明胃經。

【解剖】布有面動、靜脈；面神經和眶下神經分支，深層為頰肌神經的末支。

【氣血入注時間】在上午巳時 9～11 點鐘，氣血準時循行注入此穴。

【斬穴手法】當對方以右直拳或擺拳攻打頭部時，可快速以左臂截擊對臂，再迅速以右手插擊或直拳打擊日倉穴最方便、最有效，也可強攻直接打擊此穴；也可躲閃後疾速出插指或梗手、直拳打擊此穴（圖 11-34），特殊近身搏擊時，可靈活使用肘擊。

【打穴後果】在巳時準確擊中日倉穴，可重傷面動、靜脈；面神經和眶下神經分支及深層頰肌神經的末支，會迅速截斷氣血導致斃命。

第七穴：脈腕穴（太淵穴）

【位置】在手腕橫紋上，大拇指根部橈動脈搏動處，用手摸凹陷處有脈搏跳動感覺。

【經屬】屬太陰肺經，為八會穴之脈會。

【解剖】布有橈動脈、靜脈和前臂外側皮神經及正中神經支。

【氣血入注時間】在中午時 11～13 點鐘，氣血準時循行注入此穴。

【斬穴手法】此穴，隱蔽不易點擊，只有將對方擒拿控制住後鎖掐才能見效。例如：當對方以左手死抓我右肩時，可先用兩手封鎖住左手腕，同時左腿快速步蹩住對方左腿，左臂再緊跟將左臂鎖夾在左腋下，同時兩手猛力順時針旋擰將手腕卸下脫臼。此時，對方左手腕已完全被控制無力反抗，然後再快速變化手法，迅速以左手拇指尖封掐住脈腕穴，並且要持續用力鎖掐，才能達到阻截氣血、點穴目的。注意看左手拇指（圖 11-35）。

圖 11-34

圖 11-35

【打穴後果】在午時準確鎖掐脈腕穴，若鷹爪功過硬，可損傷橈動脈、靜脈和前臂外側皮神經及正中神經支，會迅速截斷氣血流通，輕則劇疼、酸麻，重則慢慢暈眩危及生命。

第八穴：七坎穴（鳩尾穴）

【位置】在膻中穴下，大約 2 吋處。

【經屬】任脈。

【解剖】布有第六肋間神經前皮支的內側支和腹壁上動脈、靜脈分支，深部為肝臟。

【氣血入注時間】在下午未時 13～15 點鐘，氣血準時循行注入此穴。

【斬穴手法】斬擊此穴，與本章第一節《十二時辰精斬十二血頭》中的斬擊鳩尾穴技術相同，其區別就是斬擊時辰不同（見圖 11-1、11-2）。

【打穴後果】在未時準確擊中七坎穴，後果與本章第一節《十二時辰精斬十二血頭》中的斬擊鳩尾穴相同，其差別：前者是在子時阻截血頭；後者是在未時阻截氣血，兩個不同時辰擊中此穴，都會迅速造成致命後果。

第九穴：丹田穴（氣海穴）

【位置】在肚臍下一寸半。

【經屬】任脈，為足三陰和任脈之會。

【解剖】布有腹壁淺動脈、靜脈分支和第十一肋間神經前皮支的內側支，深部為小腸。

【氣血入注時間】在下午申時 15～17 點鐘，氣血準時循行注入此穴。

【斬穴手法】與本章第一節《十二時辰精斬十二血頭》中的斬擊關元穴技術相同（見圖 11-19、11-20），其差別是：打擊穴位不同，發招需上升一寸半對準丹田穴。

【打穴後果】在申時準確擊中丹田穴，可重傷腹壁淺動脈、靜脈分支和第十一肋間神經前皮支的內側支及腹內小腸。

第十穴：血海穴

【位置】在大腿內側，髕底內側端上二寸處，當股四頭肌內側頭的隆起處。

【經屬】足太陰脾經。

【解剖】布有股動、靜脈肌支、股前皮神經、股神經肌支和隱神經。

【氣血入注時間】在下午酉時 17～19 點鐘，氣血準時循行注入此穴。

【斬穴手法】此穴，隱蔽抗擊打，不提倡攻擊，在散手交戰時，只能用低鞭腿踢擊此穴，如果鐵腳功過硬、踢擊準確，同樣可達到斬穴阻截氣血目的（圖 11-36）。

【打穴後果】在酉時準確擊中血海穴，可重傷股動、靜脈肌支、股前皮神經、股神經肌支和隱神經，會迅速截斷氣血流通導致下肢癱瘓，重則慢慢休克、窒息，又因是脾經線上的穴位，若在巳時擊中此穴，經過絡脈傳遞，會導致脾臟內傷。

圖 11-36

第十一穴：會陰穴

【位置】在兩陰之間。

【經屬】督脈、任脈、衝脈交會穴。

【解剖】布有會陰神經分支、深層陰部動脈、靜脈分支。

【氣血入注時間】在晚上戌時 19 ～ 21 點鐘，氣血準時循行注入此穴。

【斬穴手法】因此穴位置非常隱蔽不宜鎖取，在散手搏擊時，不提倡攻擊此穴。

【打穴後果】若能有機會在卯時準確擊中此穴，同樣可迅速斬截氣血導致斃命。

第十二穴：湧泉穴

【位置】在腳底二、三趾之間與足跟連線的三分之一處，在用力彎曲腳趾時，足底前部出現的凹陷處就是湧泉穴。

【經屬】足少陰腎經，為腎經首穴。

【解剖】布有足底動脈弓、足底內神經和外側神經。

【氣血入注時間】在夜間亥時 21 ～ 23 點鐘，氣血準時循行注入此穴。

【斬穴手法】此穴非常隱蔽，不易鎖取，在散手交戰時不提倡攻擊。

【打穴後果】若在亥時有機會能準確擊中湧泉穴，可損傷足底動脈弓、足底內神經和外側神經，可迅速阻截氣血流通導致慢慢休克。

又因此穴屬三十六死穴其中之一，即使不在亥時，如果能準確有力擊中，也會損傷各神經、動脈，慢慢危及生命，但相對而言，後者必須有足夠的力量，比不上按時辰斬擊此穴效果好。

氣血注入十二個主道穴分佈圖

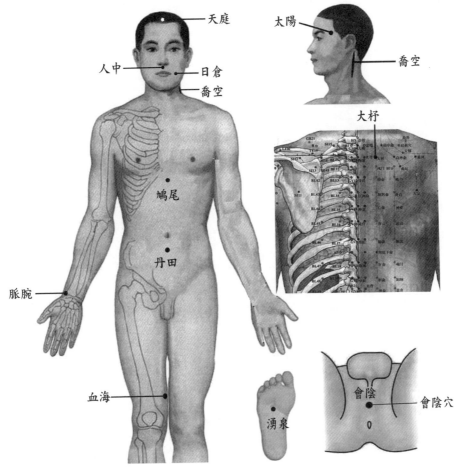

圖 11-37

十二時辰氣血注入各主道穴循環規律表

時　辰	氣血入穴時間	氣血入注穴位	特點
子　時	23～1 點	人中穴	旺盛
丑　時	1～3 點	天庭穴	旺盛
寅　時	3～5 點	喬空穴	旺盛
卯　時	5～7 點	大杼穴	旺盛
辰　時	7～9 點	太陽穴	旺盛
巳　時	9～11 點	日倉穴	旺盛
午　時	11～13 點	脈腕穴	旺盛
未　時	13～15 點	七坎穴	旺盛
申　時	15～17 點	丹田穴	旺盛

酉　時	17～19 點	血海穴	旺盛
卯　時	19～21 點	會陰穴	旺盛
亥　時	21～23 點	湧泉穴	旺盛

第三節　精點二十個死穴

　　人體有三十六個死穴分佈在全身各處，即：百會、神庭、太陽、耳門、睛明、人中、啞門、風池、人迎、膻中、鳩尾、巨闕、神闕、氣海、關元、中極、曲骨、鷹窗、乳中、乳根、期門、章門、商曲、肺俞、厥陰俞、心俞、腎俞、命門、志室、氣海俞、尾閭、肩井、太淵、足三里、三陰交、湧泉（見圖 11-53、11-54）。這三十六個死穴，均為神經密集、動脈、靜脈交匯處，有的排列密集；有的暴露明顯；有的隱蔽不易鎖取，雖然傳統上公認的都是死穴，但每個穴並不是用同樣的力度就能達到致命目的的。因每個穴所處的位置、深淺不一，所以承受的打擊力度就不同，再者，並不是哪一個穴位都能得心應手鎖取的。

　　如：湧泉、尾閭穴就非常隱蔽，不容易點擊；鷹窗、氣海穴抗擊打就強，功力不足，效果就不佳，因此，在散手交戰時就不要盲目攻擊。為了便於快速點擊、突出效果，在遇惡徒交戰時，警拳道提倡從三十六個死穴中，重點鎖定精選出最脆弱、最易打擊、效果最好的二十個要穴作為斬擊目標。

　　在散手交戰中，雙方都想在瞬間制勝對方，因此，攻擊易擊穴位、縮短點擊路線就成了快速制勝的關鍵，並且給拳、腳、肘、膝、頭、掌、指從不同高度、不同角度創造出最佳打擊機遇。相反，如果攻擊隱蔽、路線長、承受力較大的穴位，就會阻礙這些武器的充分發揮，從而導致技術複雜、拖延時間，勢必給自身增加了危險係數，這是不明智的選擇，為點穴之大忌，不但克制不了對方，有可能被對方抓住機遇遭到反制。所以，選擇斬擊二十個易攻穴位是符合散手斬穴要求的，當然在特殊情況下搏擊時，若條件成熟，不排除點擊其他十六個穴位，需智慧對待、靈活選擇，但畢竟效果不佳。

　　在實戰搏擊中，斬擊致命要穴非常關鍵，除鎖定二十個易攻穴位外，還有兩眼和睾丸兩個脆弱致命要處絕不可忽視，二者雖不在傳統認定的死穴範疇之內，但卻是散手交戰首選攻擊的重要目標。因為眼睛極為脆弱，特別用鷹爪封抓、鐵指插擊最容易，只要一隻眼睛稍微損傷，就會導致「滅燈」失去戰鬥力，然後，任憑拳打腳踢對方都會毫無招架之力、被動挨打；睾丸，神經密佈脆弱，以遠戰箭踢腳和近戰鷹爪鎖掐最有效，只要擊中、鎖住，就會劇疼無比，最易致命。

　　還有在二十個死穴中，其中有部分屬血頭、氣血按時辰入注之穴，但在點擊時不需要按時辰點擊，同樣會產生致命後果，相對而言，卻沒有按時辰斬截血頭、斬

截氣血效果神奇，同一穴位，需要加大打擊力度才能達到最佳效果。

斬擊死穴，主要損傷的是各神經、動脈、靜脈交匯處，只要準確、有力擊中，就會導致重殘或危急生命，但相生相剋之理會在點穴中體現出來，同樣有點穴、藥物施救方法。具體點穴解救參考本書第十二章《點穴解穴秘法》。斬擊死穴，是散手技擊之精髓；是博大精深國粹武術一絕，其制敵神效要歸功於前輩們嘔心瀝血的研究發明。精於武功點穴者，必須掌握施救方法，同時要正當使用、謹慎傳承。

第一穴：百會穴

【位置】在兩耳連線與頭上督脈交匯處。

【經屬】督脈。

【解剖】布有左右顳淺動、靜脈、左右枕動、靜脈吻合網、枕大神經及額神經分支。

【血頭注入時間】在早晨辰時 7～9 點鐘，血頭準時按規律進入此穴。

【斬穴手法】斬擊此穴，與本章第一節《十二時辰精斬十二血頭》中的斬擊百會穴技術相同（見圖 11-9、11-10），其差別就是不用按時辰點擊。

【打穴後果】如果準確擊中百會穴，可重傷左右顳淺動、靜脈、左右枕動、靜脈吻合網、枕大神經及額神經分支，即使不按時辰斬擊也會導致癱地斃命，雖是死穴，但需要更大的斬擊力度，比不上按時辰斬截血頭見效快。

第二穴：神庭穴（天庭穴）

【位置】在前額督脈正中線上，入髮際上五分處。

【經屬】督脈，督脈的上行之氣在此聚集。

【解剖】布有額神經分支和額動脈、靜脈分支。

【斬穴手法】斬擊此穴，與本章第二節《十二時辰斬擊十二主道穴》中的斬擊天庭穴技術相同（見圖 11-27、11-28），其差別就是不用按時辰點擊。

【打穴後果】如果準確擊中神庭穴，可重傷額神經分支和額動脈、靜脈分支及大腦，即使不按時辰斬擊也會導致癱地斃命，雖是死穴，但需要更大的斬擊力度，比不上按時辰斬截氣血見效快。

第三穴：太陽穴

【位置】在眉梢與外眼角之間向後約一寸凹陷處，有左為太陽、右為太陰之說。

【經屬】屬經外奇穴。

【解剖】布有顳面神經、面神經的顳支、下頜神經的顴神經和顳淺動、靜脈的分支。

【斬穴手法】斬擊此穴，與本章第二節《十二時辰斬擊十二主道穴》中的斬擊太陽穴技術相同（見圖 11-33、11-34），其差別就是不用按時辰點擊。

【打穴後果】如果準確擊中太陽穴，可重傷顴面神經、面神經、下頜神經和顳淺動、靜脈的分支及大腦，即使不按時辰斬擊也會迅速導致斃命，雖是死穴，但需要更大的斬擊力度，比不上按時辰斬截氣血見效快。

第四穴：耳門穴

【位置】在耳屏前，下頜骨髁突後緣，張嘴時呈現凹陷處。

【經屬】為手少陽三焦經，三焦經經氣中的滯重水濕在此冷降後由耳孔流入體內。

【解剖】在顴弓下方有顳淺動脈、靜脈和耳顳神經及面神經分支。

【斬穴手法】斬擊此穴，與本章第二節《十二時辰斬擊十二主道穴》中的斬擊太陽穴技術相同（見圖 11-33、11-34），其差別就是要擊打耳門穴。

【打穴後果】耳門穴被擊中後，會嚴重損傷顳淺動脈、靜脈和耳顳神經及面神經分支，產生頭暈、眼黑、耳聾、眼疼、咽喉腫痛、出汗症狀，因是死穴，容易致命。若在夜間亥時 21～23 點被擊中，因此時氣血準時流注於手少陽三焦經、流經耳門穴，又因三焦是六腑中最大的腑，如果遭到打擊損傷，經個絡脈傳遞，心、肺、脾、胃、肝、腎臟腑會產生病變，這就是武林中所說的內傷。因此，在亥時斬擊耳門穴，效果會更佳、更易致命。

第五穴：睛明穴

【位置】位於兩眼內角稍上方凹陷處。

【經屬】膀胱經。

【解剖】在眼眶內緣瞼內側韌帶中佈有內眥動、靜脈，深處上方有眼動、靜脈主幹和眼神經及鼻睫神經。

【斬穴手法】當對方以右直拳或擺拳、扇掌、鷹爪攻打我頭部時，先快速以左臂截擊對方右臂，再迅速出右手插指或二指禪點擊此穴最方便、最有效；也可躲閃後用插指或二指禪反擊點擊此穴；也可以插指或二指禪主動強攻直接點擊此穴（圖 11-38）。

圖 11-38

【打穴後果】晴明穴被擊中後，會嚴重損傷內眥動、靜脈和眼神經及鼻睫神經。因是死穴，容易致命。若在下午申時 15～17 點被擊中，因氣血準時運行於膀胱經、流經晴明穴，定截斷氣血，同時經過絡脈傳遞會嚴重損傷體內膀胱，所以危害更大、更易致命。

第六穴：人中穴

【位置】緊鄰鼻下溝中。

【經屬】督脈。

【解剖】布有上唇動、靜脈和眶下神經支及面神經頰支。

【斬穴手法】斬穴技術與本章第二節《十二時辰斬擊十二主道穴》中的斬擊人中穴技術相同（見圖 11-25、11-26），其差別就是不用按時辰點擊。

【打穴後果】準確擊中人中穴，可重傷上唇動、靜脈和眶下神經支及面神經頰支，因是死穴，重擊會迅速導致癱地休克或斃命。如果在夜間子時 23～1 點鐘人中穴被擊中，因氣血準時循行注入此穴，更容易致命。

第七穴：啞門穴

【位置】在後腦督脈正中線上，第一與第二頸椎棘突之間的凹陷處，入髮際上半寸。

【經屬】督脈。

【解剖】布有第三頸神經和枕大神經支及枕動脈通過，深部為弓間韌帶和脊髓。

【斬穴手法】斬穴技術與本章第一節《十二時辰精斬十二血頭》中的斬擊風府穴相同（見圖 11-11、11-12），其差別就是斬擊手法降低半寸對準啞門穴。

【擊穴後果】被擊中後，衝擊延髓中樞神經，損傷頸神經、枕大神經支及枕動脈和脊髓，經過絡脈傳遞，輕則會導致咽喉、氣管慢慢腫脹，產生頭暈、失啞後果，重點易致命，古代武林中所講的點啞穴不能說話就是這個原因。

第八穴：風池穴

【位置】在後腦枕骨入髮際一寸兩側凹陷處，風府穴與翳風穴連線中間。

【經屬】膽經。

【解剖】布有枕動脈、靜脈分支和枕小神經分支。

【斬穴手法】斬穴手法與本章第一節《十二時辰精斬十二血頭》中的斬擊風府穴相同（見圖 11-11、11-12），其差別就是斬擊兩側風池穴。

【打穴後果】準確擊中風池穴，會嚴重損傷枕動脈、靜脈分支、枕小神經分支和大腦，因是死穴易致命。如果在夜間子時 23～1 點被擊中，因氣血準時運行於膽經、流經風池穴，會迅速截斷氣血，同時經過絡脈傳遞會嚴重損傷體內膽囊，所以更易造成內傷或致命。

第九穴：人迎穴

【位置】位於頸部前，喉結旁開一點五寸處，頸總動脈搏動處。

【經屬】胃經。

【解剖】布有甲狀腺上動脈、頸內外動脈分歧處、頸皮神經、面部神經支，深處為交感神經幹。

【斬穴手法】斬當對方以右直拳或擺拳攻打頭部時，要快速以左臂截擊來拳，再迅速出右手插擊或右掌砍擊、鷹爪鎖掐人迎穴最方便、最有效；也可躲閃對方拳、腳、掌、膝後以插指或鷹爪鎖掐反擊此穴；也可主動強攻直接以插指點擊或以鷹爪鎖抓此穴；特殊情況下，也可誘惑對方近身後突然以插指或鷹爪封鎖此穴（圖11-39、11-40）。

【打穴後果】準確擊中人迎穴，會重傷甲狀腺上動脈、頸內外動脈、頸皮神經、面部神經支及交感神經幹，會迅速截斷大腦供氧、供血，輕則氣滯血淤、頭暈癱地，因是死穴，重則致命。若在早晨辰時7～9點被擊中人迎穴，因氣血準時運行於胃經、流經人迎穴，會迅速截斷氣血流通，同時經過絡脈傳遞會嚴重損傷胃部，所以更易導致胃內傷或致命。

圖 11-39

圖 11-40

◆ 第十穴：膻中穴

【位置】在胸前任脈上，兩乳連線中間。

【經屬】任脈。

【解剖】布有胸廓內動脈、靜脈前支和肋間神經前皮支。

【斬穴手法】斬穴技術與本章第一節《十二時辰精斬十二血頭》中的斬擊膻中穴相同（見圖11-3、11-4），其差別就是不用按時辰打穴同樣能致命，但沒有按時辰點穴效果明顯。

【打穴後果】準確擊中膻中穴，可重傷胸廓內動脈、靜脈和肋間神經前皮支，因是死穴，輕則氣散、心慌意亂、神志不清；重則致命。若在夜間丑時1～3點被擊中，因血頭準時進入此穴，會立即斬住截傷血頭，所以效果更佳、更易致命。

第十一穴：巨闕穴

【位置】在胸腹任脈正中線上，鳩尾穴下一寸、臍上六寸處。

【經屬】任脈。

【解剖】布有腹壁上動、靜脈分支、第七肋間神經前皮支，深部為肝臟。

【斬穴手法】當對方以右直拳或擺拳攻打頭部時，要快速以左臂截擊右臂，再迅速出右插指或直拳、正撞膝斬擊巨闕穴；也可以正蹬腿或側踹腳、轉身後蹬腿打空間差反擊踢擊此穴；也可主動強攻直接以正蹬腿或側踹腳、轉身後蹬腿踢擊此穴；也可採取誘惑反擊用三種遠戰腿法踢擊此穴，特殊近戰時，可用後搗肘打擊此穴（圖 11-41、11-42）。

【擊穴後果】準確擊中巨闕穴，可重傷腹壁上動、靜脈分支、第七肋間神經前皮支和內部肝、膽、心臟，因是死穴最易致命。

圖 11-41　　　　　　　圖 11-42

第十二穴：神闕穴

【位置】位於肚臍眼正中央，與命門穴平行相對。

【經屬】任脈。

【解剖】布有腹臂臍周靜脈網、第十胸神經前支的前皮支，深層有第十一胸神經前支的分支，內部為小腸

【斬穴手法】斬穴技術與本章第一節《十二時辰精斬十二血頭》中的斬擊神闕穴相同（見圖 11-21、11-22）。

【打穴後果】準確擊中神闕穴，可重傷腹臂臍周靜脈網、第十胸神經前支、第十一胸神經前支的分支和內部小腸，因是死穴，不必按時辰點擊同樣能致命，但力度要加大，比不上按時辰斬擊此穴效果神奇。如果在夜間亥時 21～23 點鐘擊中神闕穴，因此時血頭準時按規律進入此穴，會迅速斬截血頭，更容易致命。

第十三穴：關元穴

【位置】位於小腹部，在肚臍下方三寸處。

【經屬】任脈，足三陰、任脈之會，小腸募穴。

【解剖】布有腹壁淺動、靜脈的分支或屬支，深層有十二胸神經前支的分支，內部為小腸。

【斬穴手法】斬穴技術與本章第一節《十二時辰精斬十二血頭》中的斬擊關元穴相同（見圖 11-19、11-20），其差別是不需要按時辰打穴同樣能致命對方，但打擊力度要超過斬擊血頭力度才能達到目的，比不上按時辰點擊血頭效果好。如果在晚上戌時 19～21 點鐘點擊此穴，血頭正好按規律進入此穴，血頭會立即被阻截，對方更容易致命。

【打穴後果】準確擊中關元穴，會重傷腹臂前動、靜脈的分支、十二胸神經前支的分支及內部小腸和膀胱，因是死穴，輕則癱地休克，重則導致斃命。

第十四穴：曲骨穴

【位置】在體前腹下恥骨聯合上緣上方凹陷處。從丹田往下推，會觸摸到一塊凸骨，這塊骨頭就是恥骨，這塊恥骨上方邊緣中間就是曲骨穴。

【經屬】任脈。

【解剖】布有髂腹下神經前皮支、腹壁下動脈、陰部外動脈分支，深部為膀胱。

【斬穴手法】當對方以右直拳或擺拳攻打我頭部時，要快速反應迅速以左臂阻截右臂，再乘機以正撞膝猛力撞擊對方曲骨穴最方便、最有效；也可出右蹬腳或側踹腳、彈踢腳、轉身後蹬腿打空間差踢擊曲骨穴，根據交戰狀況，也可以正蹬腿或側踹腳、彈踢腳、轉身後蹬腿直接強攻打擊此穴，特殊地趟交戰時，可機智靈活以肘、膝打擊曲骨穴（圖 11-43、11-44）。

圖 11-43　　　　　　　　　　圖 11-44

【打穴後果】曲骨穴被擊中後，會重傷髂腹下神經前皮支、腹壁下動脈、陰部外動脈分支和內部膀胱，因是死穴，輕則癱地，重則當場致命。

第十五穴：期門穴

【位置】從乳頭中央垂直向下，第六肋骨之間處，與巨闕穴齊平。

【經屬】肝經，為肝經的最上一穴。

【解剖】布有肋間動、靜脈和第六、七肋間神經，右側內部為肝臟，左側內部為脾、胃。

【斬穴手法】當對方以左直拳或左擺拳攻打我頭部時，要快速以左臂截擊對方左臂，再疾速右轉、右腿倒插一步，同時以右肘猛力後搗右期門穴，若離對方稍遠，可以右拳橫掃鞭打此穴，也可把準時機，以右蹬腳或側踹腳直接強攻踢擊此穴；也可向左躲閃避開對方來拳，疾速見縫插針出右直拳或插指、梗手打擊此穴，有時將對方拿倒後，可迅速以跪膝撞擊此穴，特殊地趟交戰時，可出其不意用肘擊期門穴（圖 11-45、11-46）。

【打穴後果】右期門穴被擊中會重傷肝臟；左期門穴被擊中會重傷脾、胃，同時損傷肋間動、靜脈和第六、七肋間神經。因是死穴，容易導致氣滯血淤嚴重危及生命。如果在夜間丑時 1～3 點被擊中，因氣血準時運行於肝經、流經期門穴，會迅速截斷肝經、阻截氣血流通，同時經過絡脈傳遞，更容易迫使肝臟遭受內傷，因此，斬穴效果更佳、更易致命。

圖 11-45

圖 11-46

第十六穴：章門穴

【位置】在腋下垂直中線，第一浮肋前端，屈肘時正當肘尖處。

【經屬】肝經。

【解剖】布有肋間動脈末支和第十、十一肋間神經，右側當肝臟下緣，左側當脾臟下緣。

【斬穴手法】當對方以左右擺拳或左右直拳攻打我頭部時，要快速反應迅速以兩手護頭縮身下蹲躲閃來拳，再疾速以砍掌或擺拳打擊章門穴最方便、最有效；也可出鞭腿或後擺腿打空間差反擊踢擊此穴；也可以鞭腿或後擺腿強攻直接踢擊此穴，在對方從前用兩手抓肩或頭髮時，可出其不意出側撞膝打擊章門穴（圖 11-47、11-48）。

【打穴後果】準確擊中章門穴，會重傷肋間動脈末支和第十、十一肋間神經。若斬擊右側章門穴，同時會重傷內部肝臟；若斬擊左側章門穴，會同時重傷內部脾臟，因是死穴，重擊會當場癱地斃命。若在夜間丑時 1～3 點被擊中，因氣血準時

圖 11-47

圖 11-48

運行於肝經、流經章門穴，會迅速截斷肝經、阻截氣血流通，因此，肝臟更會遭受嚴重內傷、更容易致命。

第十七穴：心俞穴

【位置】位於背部，在第五胸椎棘突下，左、右旁開各一點五寸。

【經屬】膀胱經。

【解剖】布有第五肋間動、靜脈後支和第五、六胸神經後支的皮支。

【斬穴手法】此穴，在後背不易正面斬擊，在散手交戰時，需巧妙轉到對方背後智取打擊。具體斬穴技術與本章第二節《十二時辰斬擊十二主道穴》中的斬擊大穴相同，只是改變降低手法和肘法，以斬擊心俞穴為目的（見圖 11-30、11-31）。

【打穴後果】擊中心俞穴會重傷第五肋間動、靜脈後支和第五、六胸神經後支的皮支，同時衝擊損傷心臟，因是死穴易致命。如果在申時 15～17 點被擊中，因氣血運行於膀胱經、流經心俞穴，會迅速截經斷血，更易致命，輕則日後引起膀胱中毒產生病變。

第十八穴：命門穴

【位置】位於腰後督脈第二腰椎與第三腰椎棘突之間，與肚臍相對應，指壓有劇疼感。

【經屬】督脈。

【解剖】布有腰動脈後支及棘突間皮下靜脈叢和腰神經後支內側支。

【斬穴手法】當對方右手抓左肩時，可突然沉肩右轉右腿倒插一步轉到對方後面，同時出右肘搗擊命門穴；也可阻截對方右後鞭拳後，迅速右轉倒插一步，同時以右肘搗擊此穴；也可捕捉時機從後邊直接用插指或直拳、正撞膝、正蹬腿打擊此穴（圖 11-49、11-50）。

【打穴後果】準確擊中命門穴，會迅速衝擊重傷腰動脈後支及棘突間皮下靜脈叢和腰神經後支內側支、脊椎神經，嚴重破壞周天氣機，輕者命門穴以下易截癱，重者易致命。

圖 11-49　　　　　　　　　　　圖 11-50

第十九穴：志室穴

【位置】在第二腰椎棘突旁開三寸處（命門穴旁開三寸處）。

【經屬】膀胱經。

【解剖】布有第二腰動、靜脈背側支和第二、第三腰神經外側支。

【斬穴手法】斬穴技術與上式斬擊命門穴相同（見圖 11-49、11-50），其差別就是稍微改變打擊目標，需準確鎖定命門穴左、右兩側三寸處的志室穴。

【打穴後果】準確擊中志室穴，會重傷第二腰動、靜脈背側支和第二、第三腰神經外側支，同時震撞內部腎臟，破傷內氣，重者易致命。如果在下午申時 15～17 點被擊中，因氣血準時運行於膀胱經、流經志室穴，會迅速截斷膀胱經、阻截氣血流通，同時經過絡脈傳遞，會嚴重損傷體內膀胱，所以更易致命。

第二十穴：三陰交穴

【位置】在小腿內側，從足內踝中向上三寸，脛骨後緣凹陷處。

【經屬】脾經，係太陰、厥陰、少陰三經交會處。

【解剖】布有小腿內側皮神經、脛後動、靜脈、大隱靜脈，深層後方有脛神經。

【斬穴手法】此穴，位低隱蔽，在散手交戰時，以打反擊斬穴為主。當對方以高勢右蹬腿踢擊胸腹巨闕穴以上時，可快速反應，迅速以右肘橫截右小腿三陰交穴最有效（圖 11-51）；也可在對方兩手抓肩時，快出右腳偷踢右小腿三陰交穴，力達右腳後腳掌；也可在對方以右手抓右肩時，突然出右腳前掃右小腿三陰交穴，力達右腳內沿（圖 11-52）。

【打穴後果】準確擊中三陰交穴，會迅速損傷小腿內側皮神經、脛後動、靜脈、大隱靜脈及脛神經。此穴，雖是死穴，卻不像其他死穴一樣斬擊後能使對方當場斃命，但會立刻造成下肢麻木、失靈、損傷丹田氣之惡果，需經日後毒素擴展才能危及生命。如果在上午巳時 9～11 擊中三陰交穴，因氣血準時運行於脾經、流經三陰交穴，會迅速截斷太陰、厥陰、少陰這三條陰經，迫使氣血中斷、停止流通，所產生的毒素再經絡脈傳遞注入脾臟，會慢慢造成脾臟產生病變，因此，更容易導致嚴重內傷、致命。

圖 11-51

圖 11-52

三十六死穴分佈位置圖

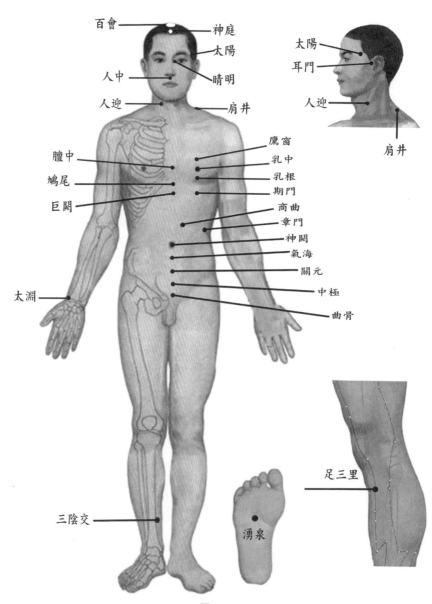

圖 11-53

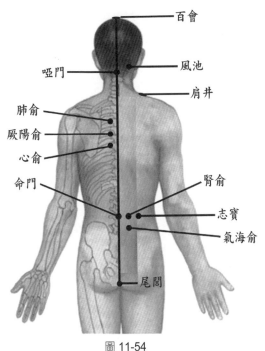

百會

風池

肩井

啞門

肺俞

厥陽俞

心俞

腎俞

志寶

命門

氣海俞

尾閭

圖 11-54

第四節　十二時辰尋經斬穴

人體十二經脈，是氣血運行、聯絡臟腑、溝通表裡上下、調節各部位功能的通道，損傷不同的經脈，會影響不同臟腑的正常功能，從而導致各種病變、危及生命。氣血，沿十二經脈運行與一天十二時辰有著密切關係，每個時辰會各流注一個臟腑，從寅時肺依次注入到丑時肝，準確完成流經十二臟腑的使命，其固定循環規律永恆不變（參考本節後面十二時辰氣血流注各經與臟腑循環規律表）。

若要尋經斬穴，就必須精確掌握氣血所流注臟腑的時間，這樣才能準確截斷主經通道、達到尋經斬穴之目的。縱貫十二經脈，每一條經脈上都分佈著幾十個穴位，非常繁雜，有很多穴位潛藏隱蔽、不易點擊，並且每個穴位承受的打擊力度不同。因此，為了清晰記憶要位、快速準確斬擊，警拳道在尋經斬穴時，提倡在每條經脈上重點鎖定選擇 1～4 個明顯易攻、脆弱要穴，這樣在散手交戰時，對快速打穴、速戰速決制勝對方非常有利。

尋經斬穴，是古代武林一特殊點穴制敵絕招，不但直接損傷體外，同時還傷及體內臟腑。其原理是：經脈遭受外力打擊損傷，氣血通道會遭到阻截封閉，因為氣血有殺毒、維持生命的功能，如果氣血不能正常流通，經脈中會產生一些惡性毒素，然後再由絡脈傳遞到達某一臟腑，因臟腑得不到氣血供給營養、殺毒，病毒就會乘機滋生擴大，最終導致臟腑病變，這就是古代武林中所說的內傷。

其實，導致內傷最易明白的道理就像用繩子將大臂綁緊一樣，如果大臂以下長

時間得不到氣血供給營養、殺毒，就會慢慢中毒腐爛。

尋經斬穴帶來的獨特內傷奇效，在古代一些德高望重、身懷尋經斬穴絕招的前人，在歷史上的一幕幕傳奇神話，使一些武林敗類、劫匪聞風喪膽、非常恐懼害怕，具有強大的震懾威力。如：在夜間子時 23～1 點鐘，若準時、準確擊中膽經頭上的風池穴，不但頭部直接遭受重傷，而且經過絡脈傳遞，日後膽囊必產生病變，從而達到內外兼傷之目的。尋經點擊膽經頭部風池穴損傷膽囊，原理就猶如一條電路幹線，如果突然把幹線截斷，不但幹線直接遭受損壞，同時會導致支線上運轉的機器癱瘓，截斷幹線就好比損傷了風池穴，電路支線上的機器就好比膽囊，點外傷內大概就是這個原理。

萬事具有相生相剋之理，有陰就有陽；有善必有惡；能傷就能治。尋經斬穴，雖然能致殘、致命對方，但同樣有妙法施救，參考本書第十二章《點穴與解穴》部分，不然會成為死手，這是學練武功點穴之大忌。因此，練習尋經斬穴者，必須精確掌握點穴生、殺之手法。

第一經：手太陰肺經（左右共 22 穴）

【流注線】此經，起於肩前中府穴（在肩關節正前方），終於拇指端外側少商穴。

【內徑原文】脈起中焦，下絡大腸，還循胃口，上膈屬肺。從肺系，橫出腋下，循臑內，行少陰，心主之前，下肘中，循臂內上骨下廉，入寸口、上魚，循魚際，出大指端。其支者，從腕後列缺穴，直出次指內廉出其端，交手陽明經。多氣少血，寅時注此。

【注入時間】氣血在早晨寅時 3～5 點鐘，準時注入此經。

【選穴斬法】此經，最易斬擊的是中府穴。在散手交戰時，可快速以插指或梗手、直拳強攻或反擊中府穴最有效；也可擒拿後用鷹爪鎖掐太淵穴（圖 11-55、11-56）。

【斬穴傷經後果】出現肺部脹悶、咳喘症狀。若在寅時各穴被擊中，因肺經被斬截，日後產生的毒素會經絡脈傳遞到達肺部，從而促使肺部產生病變造成嚴重內傷。

圖 11-55　　　　　　　　　　圖 11-56

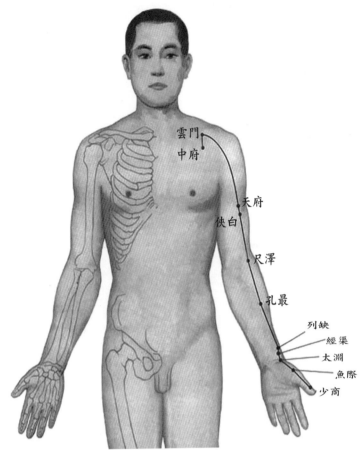

雲門
中府
天府
俠白
尺澤
孔最
列缺
經渠
太淵
魚際
少商

圖 11-57 手太陰肺經所布穴位

第二經：手陽明大腸經（左右共 40 穴）

【流注線】此經起於食指端指甲跟外側商陽穴，終於鼻孔側迎香穴。

【內徑原文】脈起大指次指之端，循指上廉出合谷兩骨之間，上入兩筋之中，循臂上廉，入肘外廉，上循臑外前廉、上肩，出髃骨之前廉，上出柱骨之會上，下入缺盆、絡肺、下膈，屬大腸；其支者，從缺盆上頸貫頰，入下齒中，還出挾口，交人中，左之右、右之左，上挾鼻孔，循禾髎、迎香而終，以交於足陽明經。此經氣血俱多，卯時氣血注此，受手太陰之交。

【注入時間】氣血在早晨卯時 5～7 點鐘，準時注入此經。

【選穴斬法】此經，最易斬擊的是迎香、口禾髎、扶突三穴。在散手交戰時，可快速以插指或梗手、直拳強攻或反擊前兩穴；也可用砍掌打擊扶突穴（圖 11-58、11-59）。

【斬穴傷經後果】出現齒痛、面頰腫脹症狀。若在卯時準確有力擊中各穴，不但外部直接遭受重傷，因大腸經被斬截、氣血中斷，所產生的毒素日後經過絡脈傳遞到大腸，會導致體內大腸中毒內傷，重則易致命。

圖 11-58　　　　　　　　　　圖 11-59

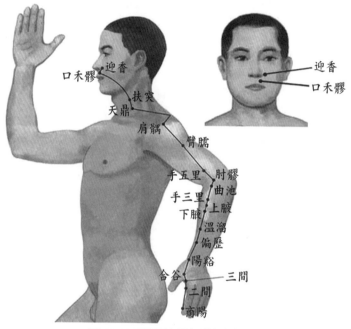

圖 11-60 手陽明大腸經所布穴位圖

第三經：足陽明胃經（左右共 90 穴）

【流注線】此經起於上額左側入髮際頭維穴，終於腳第二趾的第三關節內側歷兌穴。

【內徑原文】脈起於鼻交人中，旁約太陽之脈，下循鼻外，上入齒中，還出挾口、環唇，下交承漿，郤循頤後下廉，出大迎，循頰車、上耳前，過客主人，循髮際至額顱；其之別者，從大迎前下人迎，循喉嚨入缺盆，下膈，屬胃，絡脾；其支行者，從缺盆下乳內廉，挾擠入氣衝中；其支者，起胃下口，循脾里，下至氣衝而會，以下髀關，抵伏兔，下入膝髕中，下循胻外廉，下足跗，入中指外間；其支者，下膝三寸而別，以下入中指外間；其支者，別跗上，入大別，出其端，以交於太陰經。多血多氣，辰時氣血注此。

【注入時間】氣血在早晨辰時 7～9 點鐘，準時注入此經。

【選穴斬法】此經，長而破綻之多，有很多脆弱之穴可以從正面打擊。為了便於記憶、快速發招斬擊，可選擇鼻側巨髎穴、耳前下關穴、頸側人迎穴、乳根穴、胸下不容穴、小腹測大巨穴這六個要穴為斬擊目標。在散手交戰時，可把準辰時快速以插指或直拳強攻或反擊巨髎、不容兩穴；也可以擺拳、插指強攻或反擊側面下關穴（11-61）；也可以砍掌或鷹爪鎖拿人迎穴；也可以直拳或插指斬擊乳根穴；也可以正蹬腿、側踹腿、正撞膝強攻或反擊不容、大巨兩穴（圖 11-62）。在地趟交戰時，可機智靈活用肘、膝斬擊各穴。

【斬穴傷經後果】出現胃痛、腹脹、嘔吐、口渴、咽喉腫痛、胸部及膝髕等本經循行部位疼痛症狀。若在辰時各穴被擊中，不但外部遭受重傷，而且胃經被斬截所產生的毒素會經絡脈傳遞到達胃部，能導致胃部內傷，若不及時治療，會嚴重危機生命。

圖 11-61

圖 11-62

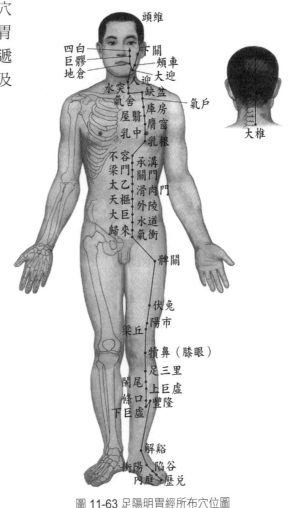

圖 11-63 足陽明胃經所布穴位圖

第四經：足太陰脾經（左右共 42 穴）

【流注線】此經起於腳拇趾趾甲根外側隱白穴，終於腋下大包穴。

【內徑原文】脈起大趾之端，循趾內側白肉際，過核骨後，上內踝前廉，上腨內，循胻骨後，交出厥陰之前，上循膝骨內前廉，入腹，屬脾絡胃，上膈，俠咽，連舌本，散舌下；其之別者，復從胃別上膈，注心中。少血多氣，巳時氣血注次。

【注入時間】氣血在上午巳時 9～11 點鐘，準時注入此經。

【選穴斬法】此經，易斬穴位在中盤。交戰時，可以插指或梗手、直拳強攻或反擊食竇、腹哀兩穴（圖 11-64）；也可以鞭腿或側踹腿、正撞膝、側撞膝反擊腹哀、大橫兩穴（圖 11-65）。

【斬穴傷經後果】出現嘔吐、胃脘痛、水腫、大便溏洩、失眠、下肢內側腫脹症狀。若巳時擊中各穴，因脾經截斷氣血受阻，毒素會經過絡脈入脾臟，會導致體內脾臟嚴重內傷。

圖 11-64

圖 11-65

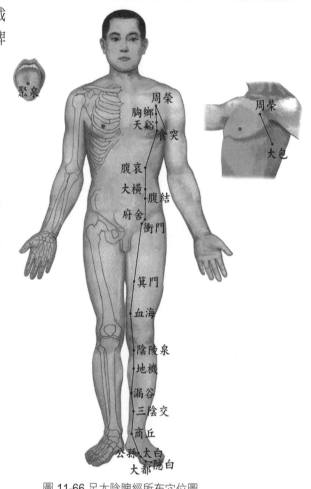

圖 11-66 足太陰脾經所布穴位圖

第五經：手少陰心經（左右共 18 穴）

【流注線】此經起於腋下極泉穴，終於小拇指指甲根內側少衝穴。

【內徑原文】脈起心中，出屬心系，下膈絡小腸；其支者，從心系，上俠咽，系目；其支者，復從心系卻上肺，出腋下，下循臑內後廉，行太陰心主之後，下肘內廉，循臂內後廉，抵掌後銳骨之端，入掌內後廉，循小指之內，出其端。多氣少血，午時氣血注此。

【注入時間】氣血在中午午時 11～13 點鐘，準時注入此經。

【選穴斬法】此經極短，在散手交戰時，主要鎖定斬擊少海穴為主。當對方用右手抓右肩或頭髮時，可快速以左拳棱打擊右少海穴最方便（圖 11-67、11-68），

若要當場致命對方，可疾速以右腳蹬擊襠部或曲骨、巨闕要穴（圖 11-69）。

【斬穴傷經後果】出現心痛、咽喉乾燥、口渴等症狀。若在午時擊中少海穴，因心經被截、氣血受阻、正中神經受損，產生的毒素會經過絡脈到達心臟，日後會導致心臟中毒內傷。

圖 11-67

圖 11-68

圖 11-69

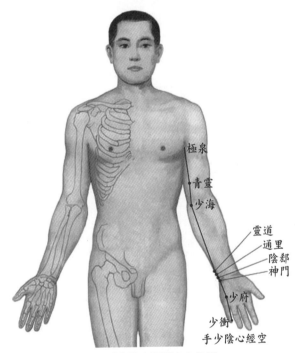
圖 11-70 手少陰心經所布穴位圖

第六經：手太陽小腸經（左右共 38 穴）

【流注線】此經起於手小指根外側少澤穴，終於耳前聽宮穴。

【內徑原文】脈起小指之端，循手外側上腕，出踝中直上，循臂骨下廉，出肘內側兩骨之間，上循臑外後廉，出肩解，繞肩胛，交肩上，入缺盆，絡心，循咽下膈抵胃，屬小腸；其支者，從缺盆貫頸上頰，至目銳眥，卻入耳中，其支別者，別循頰上頷抵鼻，至目內眥經。多血少氣，未時氣血注此。

【注入時間】氣血在下午未時 13～15 點鐘，準時注入此經。

【選穴斬法】在散手交戰時，主要以插指或梗手、直拳、擺拳、砍掌、鞭腿強攻或反擊聽宮、顴髎、天窗三穴。特殊近身交戰，可機智用肘或後鞭拳斬擊（圖11-71、11-72）。

【斬穴傷經後果】出現咽喉腫痛、肩部、大臂疼痛症狀。若在未時擊中各穴，可迅速截斷小腸經、阻止氣血運行、損傷各神經，不但外部直接嚴重受傷，所產生的毒素會經過絡脈傳遞引起小腸中毒病變，日後危及生命。

圖 11-71　　　　　　　　圖 11-72

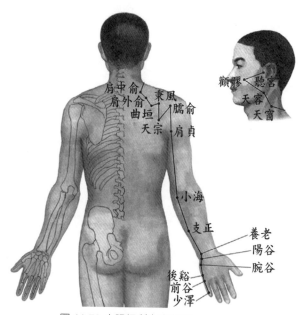

圖 11-73 小腸經所布穴位圖

第七經：足太陽膀胱經（左右共 134 穴）

【流注線】此經起於睛明穴，終於腳小趾端外側至陰穴。

【內徑原文】脈起目內眥，上額交顛上；其支者，從顛至耳上角，其直行者，從顛入絡腦，還出別下項，循肩髆內挾脊抵腰中，入循膂，絡腎屬膀胱；其支別者，從腰中下貫臀，入膕中，其之別者，從髆內左右別，下貫胛，俠脊內，過髀樞，循髀外後廉，下合膕中，以下貫腨內，出外踝之後，循京骨至小趾外側端。多

血少氣，申時氣血注此。

【注入時間】氣血在下午申時 15～17 點鐘，準時注入此經。

【選穴斬法】此經特長，穴位眾多，除頭面布有幾個穴外，其他各穴主要分佈在體後。為了便於快速取穴、發招迅速有力、增強打擊效果，在散手交戰時，可重點選擇斬擊面部晴明、攢竹兩穴和頭後玉枕、背部心俞穴、腰後氣海俞三穴最得心應手。由於穴位分佈較廣，發招可用：插指、梗手、直拳、擺拳、後鞭拳、後搗肘、砸肘、盤肘、正撞膝、跪膝、正蹬腿、側踹腳、鞭腿、後擺腿多種武器在散手技術指導下進行強攻斬擊、阻截反擊、誘惑反擊、躲閃反擊，並且在步下、地趟、反抓握、反擒拿交戰中都可機智發揮使用（圖 11-74、11-75）。

【斬穴神經後果】出現鼻塞多涕、小便不通、遺尿、頭痛、頸痛、背痛、腰痛等症狀。如果在下午申時準確擊中各穴，可迅速截斷膀胱經，阻止氣血正常運行。不同穴位遭受斬擊後，不但各神經、動、靜脈、內臟受傷，更為嚴重的是膀胱經被截斷後，氣血供應不到位，導致斷血斷氣、膀胱得不到充足營養，就會逐漸產生毒素，這些毒素會不斷擴充壯大，再經過絡脈傳遞會引起膀胱中毒產生病變，如不及時醫治，日後會嚴重危及生命。特別是玉枕穴準時被擊中，因是死穴，又是在申時遭受斬擊，腦部及膀胱經、各重要神經、動脈會同時遭受撞擊受傷，所帶來的後果是極為嚴重的，毫無挽救之機，被擊者會立刻致命。

圖 11-74

圖 11-75

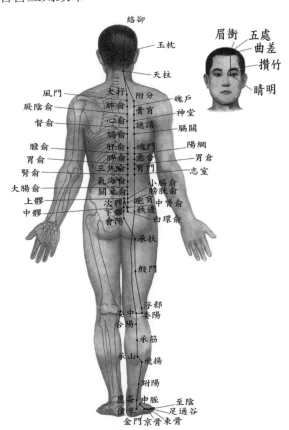

圖 11-76 膀胱經所布穴位圖

第八經：足少陰腎經（左右共 54 穴）

【流注線】此經起於腳底湧泉穴，終於鎖骨內端下面的俞府穴。

【內徑原文】脈起小趾之下，斜趨足心，出然谷之下，循內踝之後，別入跟中，上腨內，出膕內廉，貫脊、屬腎，絡膀胱；其支行者，從腎上貫肝隔，入肺中，循喉嚨俠舌本；其支者，從肺出絡心，注胸中。多氣少血，酉時氣血注此。

【注入時間】氣血在下午酉時 17～19 點鐘，準時注入此經。

【選穴斬法】此經，各穴分佈在身軀前督脈兩側和左、右兩腿內側。為了增加斬穴效果、快速制勝對方，在散手交戰時，可重點鎖定中盤身軀巨闕穴兩側幽門穴或神闕穴兩側肓俞穴或關元穴兩側氣穴作為斬穴目標。如果斬擊幽門穴，可用插指或梗手、直拳、正蹬腿、側踹腿、後搗肘強攻斬擊或防守反擊；如果斬擊肓俞穴或氣穴，可用正撞膝、正蹬腿、側踹腿、轉身後蹬腿進行強攻斬擊或防守反擊；如果在對方被擒拿、摔倒後或特殊地趟交戰時，可機智靈活使用後搗肘、砸肘或用跪膝撞擊各穴（圖 11-77、11-78）。

【斬穴傷經後果】出現面黑、咳嗽帶血痰、氣喘、坐而不安、兩眼模糊不清、飢而不想進食、心跳氣虛等症狀。如果在晚上酉時準確擊中三穴中的任何一穴，可迅速截斷膀胱經、阻止氣血正常運行，導致重傷心、肝、小腸及各神經，腎經缺血斷氣會慢慢導致體內腎臟中毒產生病變危及生命，若發招準確、有力，對方可當場休克或致命。

圖 11-77

圖 11-78

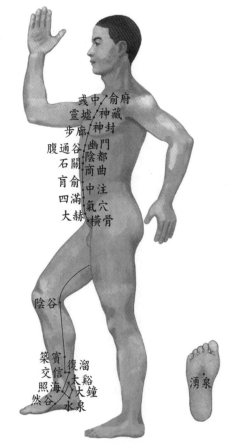

11-79 足少陰腎經所布穴位圖

第九經：手厥陰心包經（左右共 18 穴）

【流注線】此經起於乳中穴外上方的天池穴，終於中指指端的中衝穴。

【內徑原文】脈起胸中，出屬心包，下膈，歷絡三焦；其支者，循胸出脅，下腋三寸，上抵腋下，下循臑內，行太陰、少陰之間，入肘中，下臂，行兩筋之間，入掌中，循中指出其端；其支別者，從掌中循小指次指出其端。多血少氣，戌時氣血注此。

【注入時間】氣血在晚上戌時 19～21 點鐘，準時注入此經。

【選穴斬法】此經極短，最易斬擊的是天池穴。在交散手戰時，可用插指或梗手、直拳強攻或反擊乳中穴外側一寸處的天池穴最方便、最有效；也可在對方抓肩時出其不意突然插擊或用梗手點擊天池穴；也可擒拿後用鷹爪功封掐肘關節上面曲澤穴（圖 11-80、11-81）。

【斬穴傷經後果】出現心中熱、煩心、心痛、面紅目黃、臂肘疼痛、腋窩腫脹、眼睛昏黃、嬉笑不止等症狀。如果在晚上卯時準確擊中、封掐各穴，可迅速截斷心包經、阻止氣血正常運行，所產生的毒素會經過絡脈傳遞到心臟，日後會促使心臟、心脈受損造成內傷。

圖 11-80

圖 11-81

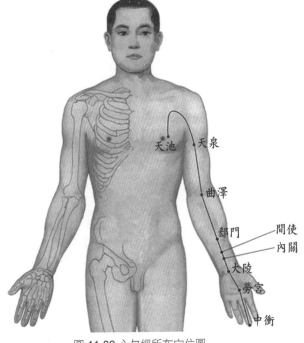

圖 11-82 心包經所布穴位圖

第十經：手少陽三焦經（左右共 46 穴）

【流注線】此經起於手無名指指甲根部、靠近小指一側的關衝穴，終於耳門穴。

【內徑原文】脈起小指次指之端，上出次指之間，循手表腕，出臂外兩骨之間，上貫肘，循臑外，上肩，交出足少陽之後，入缺盆，布膻中，散絡心包，下膈，遍屬三焦；其支者，從膻中上出缺盆，上項，挾耳後直上，出耳上角，以屈下頰至頤；其支者，從耳後入耳中，至目銳眥。多氣少血，亥時氣血注此。

【注入時間】氣血在夜間亥時 21～23 點鐘，準時注入此經。

【選穴斬法】在散手交戰時，可以插指或梗手、直拳擺拳、後鞭拳、鞭腿強攻或反擊耳門穴或絲竹空穴（圖 11-83），近身交戰可機智用肘擊（圖 11-84）。

【斬穴傷經後果】出現耳聾、耳鳴、咽喉腫痛。如在夜間亥時擊中耳門或絲竹空穴，可迅速重傷大腦和神經、動脈、截斷膀胱經、阻止氣血運行，產生的毒素會經過絡脈到心臟，日後心臟易造成內傷，同時也會影響心、肺、脾、胃、肝、腎功能，重擊易當場斃命。

圖 11-83

圖 11-84

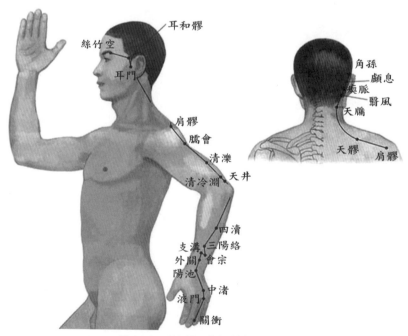

圖 11-85 手少陽三焦經所布穴位圖

第十一經：足少陽膽經（左右共 88 穴）

【流注線】此經起於兩眼外角旁邊的瞳子髎穴，終於第四腳趾趾甲根部外側的足竅陰穴。

【內徑原文】脈起目銳眥，上抵頭角，下耳後，循頸，行手少陽之前，至肩上，卻交出手少陽之後，入缺盆；其支者，從耳後入耳中，走耳前，至目內眥後；其支者，別目銳眥下大迎，合手少陽，抵頸下，加頰車，下頸，合缺盆，下胸中，貫隔，絡肝屬膽，循脅裡，出氣衝，繞毛際，橫入髀厭中；其直者，從缺盆下腋，循胸，過季肋，下合髀厭中，以下循髀陽，出膝外廉，下外輔骨之前，直下抵絕骨之端，下出外踝之前，循足跗上，入小指次指之間；其者支，別跗上，入大指，循歧骨內出其端，還貫入爪甲，出三毛。多氣少血，子時氣血注此。

【注入時間】氣血在夜間子時 23～1 點鐘，準時注入此經。

【選穴斬法】此經極長，在、中、下、三盤分佈眾多穴位。在散手交戰時，為了便於快速取穴斬擊，可重點鎖定眉中上面的陽白穴或耳前聽會穴、期門下邊日月穴、章門穴後邊的京門穴這四個薄弱穴位作為斬擊目標。

具體武器使用：以插指、梗手、直拳、擺拳、後鞭拳進行強攻斬擊或防守反擊陽白、聽會、日月三穴；以鞭腿強攻或反擊京門穴，近身或地趟交戰時，根據交戰環境、角度變化，可機智靈活以肘、膝撞擊（圖 11-86、11-87）。

圖 11-86

圖 11-87

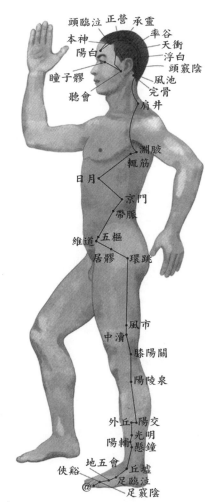

圖 11-88 足少陽膽經所布穴位圖

【斬穴傷經後果】出現頭痛、頜痛、眼痛、腋下腫痛、沿胸、肋、髖、膝外側、小腿外側等經脈所經過的部位疼痛，同時有口苦、嘔吐症狀。如果在夜間子時準確擊中各穴，不但外部直接遭受重，同時所產生的毒素會經過絡脈傳遞到膽囊，會促使體內膽囊產生病變、中毒內傷，特別是鎖定的四個重要穴位被準時重擊，對方易當場斃命。

第十二經：足厥陰肝經（左右共 26 穴）

【流注線】此經起於腳大趾趾甲根部、靠近第二腳趾一側的大敦穴，終於期門穴。

【內徑原文】脈起大趾叢毛之際，上循足跗上廉，去內踝一寸，上踝八寸，交出太陰之後，上膕內廉，循股陰，入毛中，過陰器，抵小腹，挾胃，屬肝。絡膽，上貫膈，布脅肋，循喉嚨之後，上入頏顙，連目系，上出額，與督脈會於巔；其支者，從目系下頰裡，環唇內；其支者，腹從肝，別貫膈，上注肺。多血少氣，丑時氣血注此。

【注入時間】氣血在早晨丑時 1～3 點鐘，準時注入此經。

【選穴斬法】此經，布有期門、章門兩個死穴。在交戰時為了快速制勝對方，無論搶攻或打反擊，可把準時機以插指、直拳或鞭腿、正蹬腿、側踹腿、撞膝斬擊這兩個死穴為最佳，在近戰或地趟交戰時，可機智用撞膝、跪膝、搗肘斬擊兩穴（圖 11-89、11-90）。

圖 11-89

圖 11-90

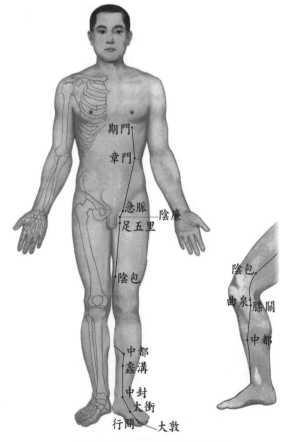

圖 11-91 足厥陰肝經所布穴位圖

【斬穴傷經後果】出現咽喉乾燥、面黑脫血、腰痛症狀，男則出現小腸疝氣，女則出現小腹部腫脹症狀。如果丑時擊中期門或章門穴，因兩穴同屬死穴，又是在丑時遭受斬擊，不但直接阻截肝經、中斷氣血正常流通，同時會重傷內部肋間動、靜脈、神經和肝、脾、腸、胃臟腑，最容易當場斃命。

如果丑時擊中肝經上其他穴位，雖不能當場致命，但肝經被截肝臟會失去氣血供養，毒素會經過絡脈傳遞到達肝臟，易導致肝臟中毒遭受內傷，若不及時治療，也會嚴重危及對方生命，這就是按時辰尋經斬穴帶來的獨特制敵後果。

十二時辰氣血流注十二經脈規律表

時　辰	流注時間	流注臟腑	備註
子　時	23～1 點	膽經	興奮
丑　時	1～3 點	肝經	興奮
寅　時	3～5 點	肺經	興奮
卯　時	5～7 點	大腸經	興奮
辰　時	7～9 點	胃經	興奮
巳　時	9～11 點	脾經	興奮
午　時	11～13 點	心經	興奮
未　時	13～15 點	小腸經	興奮
申　時	15～17 點	膀胱經	興奮
酉　時	17～19 點	腎經	興奮
戌　時	19～21 點	心包經	興奮
亥　時	21～23 點	三焦經	興奮

第五節　武功模擬點穴練習

點穴模擬練習，是捕捉技擊精髓、昇華高級散手之手段；是練就武功點穴的必經一關。

練習致命點穴絕招，首先要把武術氣功功力練好，也就是要把拳、腳、肘、膝、指、鷹爪、梗手逐個練上功力，用時，如似利箭出弓，只要攻，就能摧，以強力硬度為第一基礎，硬度過關，再進入模擬點穴練習。點穴武器，通常選用：鐵指插擊、梗拳點擊、直拳打擊、鞭腿、側踹腿、彈踢腳、正蹬腿、後擺腿踢擊；貼身近戰肘，通常採用：肘擊、膝擊、鷹爪抓鎖。

模擬點穴部位包括：陰陽兩經上的血頭注入穴位、氣血注入穴位、十二經脈各經上的重要穴位、人體三十六死穴中的二十一個易點穴位。在記清這些要穴分佈位置後，還要記熟血頭、氣血時辰注入時間，然後以不同散手招法指揮打出去，進行逐步模擬點穴練習。

武功強力點穴絕招，需要方式方法磨鍊才能鑄就。其方法是：把纏圍在樹上的軟膠墊或將站立的橡膠人清楚標上要點的穴位，並記熟這些穴位，然後圍繞四周以各種散手招法進行點擊練習，待點擊熟練後，再轉入兩人周旋模擬點擊練習。

初期練習，出招速度不要太快，隨著點穴技術、準確度增長，再逐漸加快速度。經過兩人忽前忽後、忽左忽右、聲東擊西、前虛後實、指上打下的不同戰術、打法模擬點穴練習，點穴技術會越練越熟；會逐漸從中捕捉點穴奧妙。

經過長期千錘百煉，可練就眼疾手快、取穴準確、取穴正時之功夫，至到能在0.2 秒鐘閃電點出一招則大功告成，可謂出招既滅，無不妙也。這個爐火純青之境界，在練習過程中，需要決心、信心、恆心、毅力、持之以恆、付出吃苦代價，才能步步為營練就成功。

【註】因點擊穴位諸多，本節不能一一解釋，只講明具體練習方法、選擇部分例子說明。

模擬點擊橡膠人練習

≫ 模擬點擊十二血頭

在橡膠人體上，表明陰陽兩經線上十二個血頭中易點的十個穴位，並記清血頭注入時辰，再以不同的招法點擊練習，可用指插、腳踢鳩尾穴（圖 11-92、11-93、11-94）。

圖 11-92　　　　　　　　圖 11-93　　　　　　　　圖 11-94

≫ 模擬點擊十二主道穴

在橡膠人體上，清楚表明十二個主道穴中易點的八個穴位，同時記清氣血注入時辰，然後以不同的散手招法進行點擊練習。

例如：鐵指插點喬空穴、太陽穴（圖 11-95、11-96）。

圖 11-95

圖 11-96

》 模擬點擊二十個死穴

在橡膠人上，清楚表明三十六死穴中的二十一個易點穴，並記清這些穴位的分佈位置，以不同的招法進行點擊練習。

例如：梗手點擊太陽穴、指插啞門穴（圖 11-97、11-98）。

圖 11-97

圖 11-98

》 模擬點擊十二經脈

清楚表明橡膠人上十二經脈上的易點穴，然後以不同的散手招法進行點擊練習。例如：鞭腿踢擊肝經上的章門穴，梗手點擊膀胱經上的肝俞穴（圖 11-99、11-100）。

圖 11-99

圖 11-100

綜合練習斬擊橡膠人穴位圖

» 兩人周旋模擬點擊練習

在點擊靜止橡膠人熟悉後，再轉移到兩人相互周旋綜合模擬點穴練習，這樣就可以針對實際人體進行真正的點穴練習了。練習時，兩人要充分把握相互之間的距離，清楚記清時辰所對映的中、上盤不同要穴，以不同的拳、腳、肘、膝、掌、指、梗手為斬穴武器，機智靈活的相互對不同高度、不同角度、不同方位的要穴進行強攻點擊、躲閃點擊、阻截點擊練習。

點穴之妙在於：眼疾手快、出招迅速、取穴準確、時辰正時、功力過硬。隨著點穴技術的不斷提高，兩人可逐漸加快速度，因為是模擬練習，發力不要過大、過猛，需點到為止。

做到：出手快、收得住，避免相互傷害。

同時在練習時，要充分發揮立體技術的獨特優勢，在貼身、中距離、遠距離交戰或擒拿、地趟摔中快速反應點穴練習，把一般的散手招法不斷加強練精，步步為營，逐漸提升到精確斬擊要穴中去。

　　不下真苦功，難得真本領，功夫不負有心人。在整個練習點穴過程中，只要堅定信心、肯吃苦，持之以恆在技術、功力上下工夫，經過身臨其境不斷磨鍊，就會從中捕捉到斬穴奧妙；就能練就閃電之神手，達到出神入化之境界，沒有其他捷徑可走，這就是練就點穴絕招的武林秘籍。在遭遇劫匪使用斬穴術自衛制敵時，可把勁力、功力放出，真是發招如閃電、出手似暗箭，眨眼功夫就能點倒致命對方，立刻見效，無不妙也。

　　例如：兩人在模擬周旋中，一方可突然衝刺搶進一步，同時出左拳或鷹爪、插指、梗手以聲東擊西戰術打法虛打胸部，先把對方注意力誘惑到下方，待對方本能反應防護胸部造成上部空白時，再疾速乘虛而入以右手插擊人迎穴（圖 11-101、1-102），或插擊巨闕穴（圖 11-103），或以右蹬腿踢擊神闕穴（圖 11-104），或以右鞭腿踢擊左側章門穴（圖 11-105），或以左踹腿踹擊巨闕穴（圖 11-106）等等，以前虛後實、聲東擊西、指上打下、指左打右、忽南忽北戰術打法出其不意迅速完成點穴各招。

圖 11-101

圖 11-102

圖 11-103

圖 11-104

圖 11-105

圖 11-106

兩人周旋綜合模擬練習斬穴圖

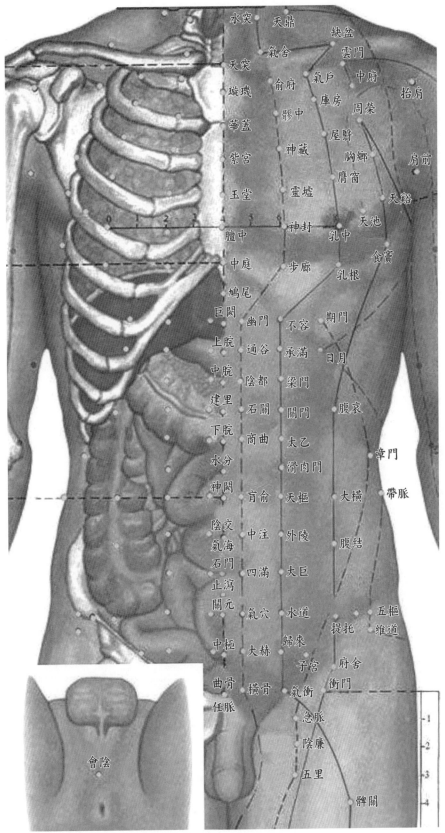

人體前軀穴位分佈圖

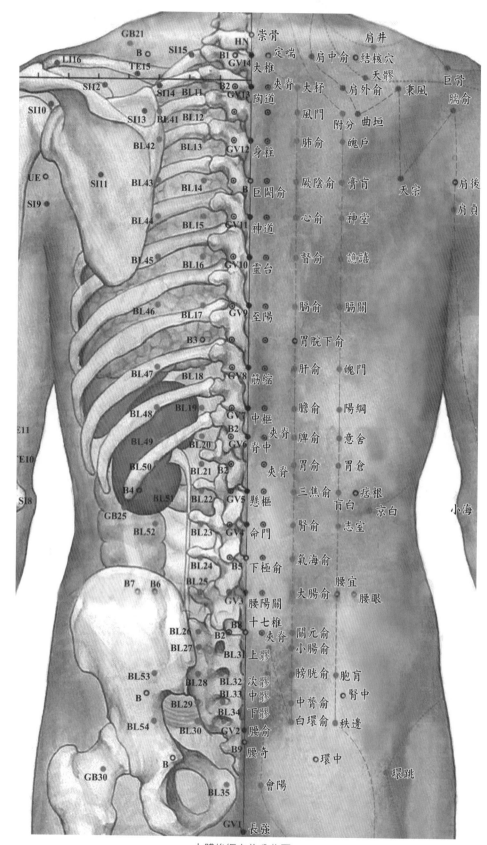

GB21　　　崇骨　　　　　　　肩井
B　SI15　HN
LI16　　B1　定喘　肩中俞　結核穴
TE15　　GV14　　　　　　　　天髎
SI12　　　大椎　　　　　　巨骨
SI14　BL11　B2　夾脊　大杼　肩外俞　秉風　臑俞
陶道　GV13
SI13　BL41　BL12　　風門　附分　曲垣
SI10
BL42　BL13　GV12　身柱　肺俞　魄戶
UE　　　　　　　　　　　　　　　　　　肩後
SI11　BL43　BL14　B　巨闕俞　厥陰俞　膏肓　天宗
SI9　　　　　　　　　　　　　　　　　　肩貞
BL44　BL15　GV11　神道　心俞　神堂
BL45　BL16　GV10　靈台　督俞　譩譆
BL46　BL17　GV9　至陽　膈俞　膈關
B3　　　胃脘下俞
BL47　BL18　GV8　筋縮　肝俞　魄門
BL48　BL19　GV7　中樞　膽俞　陽綱
E11　　　B2　夾脊
BL49　BL20　GV6　脊中　脾俞　意舍
TE10
BL50　BL21　B2　夾脊　胃俞　胃倉
B4
SI8　BL51　BL22　GV5　懸樞　三焦俞　肓白　痞根　京白　小海
GB25
BL52　BL23　GV4　命門　腎俞　志室
BL24　B5　下極俞　氣海俞
B7　B6　BL25　　　　　腰宜
GV3　腰陽關　大腸俞　腰眼
B8　十七椎　關元俞
BL26　B2　夾脊
BL27　BL31　上髎　小腸俞
BL53　BL28　BL32　次髎　膀胱俞　胞肓
B　BL33　中髎　　　　腎中
BL29　BL34　下髎　中膂俞
BL54　BL30　GV2　腰俞　白環俞　秩邊
B9　腰奇
B　　　環中　環跳
GB30　　會陽
BL35
GV1　長強

人體後軀穴位分佈圖

第十二章

點穴解穴秘法

　　穴未點，救謀先，有功無德，只會殺人而不能生人為死手，屬惡奸。故學武，雖能打而不亂打，而必先學救人之道，掌握點穴生、殺絕招，此為真武道。

　　實施武功斬穴術制敵，不得已出手正當自衛，這是前輩創立國粹武術文化的核心價值。武功斬穴、斷經，一般是按時辰乘「開穴」之機出其不意斬擊產生奇效，同時在複雜多變的交戰環境下，不排除有時誤傷他人或被惡人致傷，穴位一旦被點，經氣受阻必導致逆行，會迫使對方急遽閉穴斷氣，或癱地休克，或危及生命、或日後產生病變內傷，如不及時施救，後果不堪設想。

　　為了快速解救被點穴者，必須立刻實施點穴手法解決。解穴的方法很多，諸如：手法點穴、震擊穴位、藥物開穴、推血過宮開穴，還有民間流傳下來的一些解穴秘方。其中推血過宮開穴最快速、最神效，可以說手到穴開，有起死回生之奇蹟，其原理妙不可言，其實就是用修練發出的功能產生的奇蹟。

　　但自古使用此法者罕見、甚少；如果用藥物解穴或找民間秘方解救實在不方便，特別在夜間或野外人煙稀少的地方，要靠這兩種方式就非常困難。接下來最快速、方便的就是點穴解穴手法了。

　　實施點穴解穴，需有規律、按先後順序精準點壓二至多個穴位才能有效，有些穴位是需要一定的點壓力度才能刺激打開經脈，雖不是用致命的強勁爆發力，但還是要具備一定的指力，並且有些開穴方式是要把準時辰和發力火候才能見效的，在準確的手法刺激下，才能促使體內經氣相互串連、正常流通，關閉之穴才能重新打開，急救才能成功，否則，引氣還血就會失敗，達不到施救目的。此手法，在古代武林中叫作點穴開穴，屬武醫的精髓部分，堪稱武林秘籍解穴一絕。

第一節　妙點血尾解穴手法

　　「滅斬血頭，救點尾」，這句武林點穴諺語，其內涵隱藏著絕妙的生殺秘籍。斬血頭是殺人，點血尾是救人。前面講了斬擊十二血頭致命技術與要領，現在再把如何點十二血尾救人的奧秘揭示出來。血頭與血尾是有準確定時規律共同運行的，

它們是一條不可分隔的整體連鎖線，在人體內具有共同的使命，從而維持著生命的活力，一旦遭受重擊斬截，會導致癱地休克或致命。

血尾靠血頭帶動而行，血頭走，血尾就走，血頭停，血尾就停，就像火車一樣，車頭走，後面車廂就跟著走，車頭停，車廂就停，它們之間有著極其玄妙的鏈接關係，是運行在另外空間的真實微觀物質。如果血頭一旦進入某穴被斬截，血尾就在血頭剛經過的某一穴停止寸步難行，就像火車頭進站被摧毀一樣，後面的車廂也就同時停止運行。要想修復血頭、使血頭恢復正常運行，除推血過宮和藥物治療外，唯一的辦法就是點血尾開穴，這種點血尾方法是極其玄奧的，時辰要求把握特準。實施點血尾開穴，必須嚴格把準對方何穴何時被點、血尾停留何穴，二者絕不可有誤，否則點穴施救沒有效果、耽誤良機。如果準確無誤實施點血尾開穴，巧妙的手法會使血頭重新運行，使傷者復甦還魂、脫離危險（遭受特殊重擊被斬穴者除外）。

點血尾開穴救人為什麼這麼神奇？為什麼能使人起死回生呢？是什麼原因導致體內發生的變化從惡性轉化成良性的呢？

歸根結底是古人在氣功修練時發現的人體奧秘；是古人智慧的結晶，這是現代醫學手段無法解釋的，其高深奧妙，只有古人在氣功修練中才能清楚。如果要徹底釐清其來龍去脈，必須身臨其境從中國古老的氣功文化中體驗才能找到準確答案，這是唯一的辦法，別無它路可行，這就是華夏五千年文明我們的祖先遺留下來的精髓課題之一，作為炎黃子孫，我們應該珍惜、傳承。

要想準確點血尾開穴，首先要掌握血頭與血尾之間的鏈接運行規律。血頭每隔一個時辰就會轉移進入下一個穴位，同時血尾就會進入血頭剛離開之穴，在實施點血尾開穴救治時，只要確定何時斬擊血頭所在之穴，就能準確推算出血尾所停留之穴。例如：在夜間子時 11 點至 1 點，血頭會準時入住在鳩尾穴，血尾則同時停留在神闕穴。此時，如果對方鳩尾穴被準確斬擊，血頭就會強制被阻止運行，血尾也就自然停留在神闕穴，二者就會無法正常運行，對方必定癱地休克或致命。因子時斬擊鳩尾穴最容易致命，如果不及時搶救治療，就會嚴重危急生命，在此情況下，就需要點血尾開穴施救。

具體手法：以右手食指指肚點按住神闕穴（肚臍眼），然後垂直向下連續點按九次，再順時針點轉九次、逆時針點轉九次，完畢，再用右手拇指指尖掐點人中穴九次，按此規律連續點穴施救三遍。經過手指一緊一鬆三次掐點刺激神闕、人中兩穴，對方體內很快就會發生多種良性反應，血頭與血尾運行經脈就能得到修復，很快就會恢復通經走氣，傷者會慢慢甦醒脫離危險。

注意：在掐點兩個穴位時，用力不可輕，也不可重，根據當時各人年齡大小、胖瘦之別靈活用力，一般小孩和瘦者相對要稍用力，成年人和肥胖者要加大手指掐點力度，特別是在掐點人中穴時，如果自己本人感受一下，會感覺非常疼，但又不能傷害對方，因此，準確的點穴手法是非常關鍵的。

點穴密要

重手易致傷殘亡，
輕手難療無吉祥，
取中適力易開穴，
妙手一觸回生強。

以下十二血頭被點，在準確推算血尾入住何穴之後，可用以上所舉例的同樣手法點穴施救。

一、子時鳩尾血頭被點：先點神闕穴，再點人中穴，可開穴施救。

二、丑時膻中血頭被點：先點鳩尾穴，再點人中穴，可開穴施救。

三、寅時廉泉血頭被點：先點膻中穴，再點人中穴，可開穴施救。

四、卯時印堂血頭被點：先點廉泉穴，再點人中穴，可開穴施救。

五、辰時百會血頭被點：先點印堂穴，再點人中穴，可開穴施救。

六、巳時風府血頭被點：先點百會穴，再點人中穴，可開穴施救。

七、午時脊中血頭被點：先點風府穴，再點人中穴，可開穴施救。

八、未時腎俞血頭被點：先點脊中穴，再點人中穴，可開穴施救。

九、申時尾閭血頭被點：先同時點左、右兩個腎俞穴，再點人中穴，可開穴施救。

十、酉時會陰血頭被點：先點尾閭穴，再點人中穴，可開穴施救。

十一、戌時關元血頭被點：先點會陰穴，再點人中穴，可開穴施救。

十二、亥時神闕血頭被點：先點關元穴，再點人中穴，可開穴施救。

第二節　任督兩脈被點開穴秘法

◆ 督脈穴傷點穴開穴法

凡屬身背督脈（從頭部人中穴開始，向上沿頭上、頸、腰至尾閭骨）陽經線上的穴位被點受損，可用以下點穴法解救，不需要按時辰點穴，同樣可達到開穴施救目的，但被重點、重傷者除外。

一、點中渚敲走馬

只要督脈線上任何一穴被點受損，先用手掌連拍大椎穴震動三次（大椎穴在頸椎和胸椎之間），再各拍左右肩胛骨一掌，適當用力，拍擊震撞兩穴要感覺有點疼

為宜，然後再用左手拇指和食指掐住對方右手中渚穴（中渚穴在小指與無名指掌骨之間，圖12-1）。

感覺疼痛為宜，同時用右手四指尖敲點右臂走馬穴24次（走馬穴在小海穴向大臂方向三寸處，圖12-2，對左右兩手臂各點一遍，敲點時，感覺有巨麻向小拇指方向傳遞），即可通經走氣、開穴，傷者會慢慢恢復。

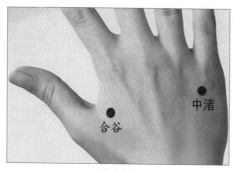

圖 12-1

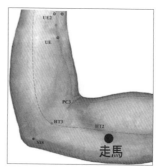

圖 12-2

二、點絕骨敲委中

只要督脈線上任何一穴被點受損，也可用手掌連拍大椎穴震撞三次，感覺稍疼為宜，然後運氣於左手食指用力點住對方左絕骨穴（即懸鐘穴，從外踝中向上三寸，腓骨前緣處，與三陰交穴相對應，圖12-3）。

感覺疼痛為宜，再用右手二指禪敲點左委中穴24次（委中穴在膝關節後正中，圖12-4），對左右兩腿各點一遍，敲點時，感覺痠疼為宜，即可通經走氣、開穴，傷者會逐漸恢復。

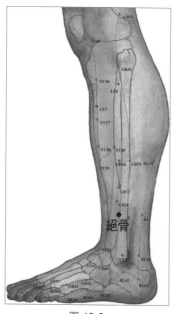

圖 12-3

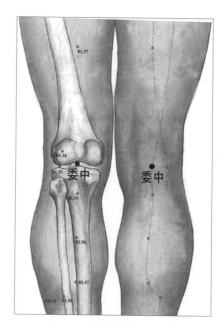

圖 12-4

三、頸椎傷、疼點穴治療

如果頸椎任何一處被點擊損傷或疼痛，可用拇指尖點壓食指與中指掌骨交匯處。點壓時，拇指要一邊順時針旋轉一邊點壓，並且要有疼痛感才能有效，會逐漸解除疼痛。左右手各點 2 分鐘為宜（見圖 12-5、12-6 點壓部位）。

四、腰椎傷、疼點穴治療

如果胸椎任何一處被點擊損傷或疼痛，可用拇指尖點壓中指與無名指掌骨交匯處。同樣拇指要一邊順時針旋轉一邊點壓，並且要有疼痛感才能有效，會逐漸解除疼痛。左右手各點 2 分鐘為宜（見圖 12-5、12-6 點壓部位）。

五、胸椎傷、疼點穴治療

如果腰椎任何一處被點擊損傷或疼痛，可用拇指尖點壓無名指與小指掌骨交匯處。同樣拇指要一邊順時針旋轉一邊點壓，並且要有疼痛感才能有效，會逐漸解除疼痛。左右手各點 2 分鐘為宜（見圖 12-5、12-6 點壓部位）。

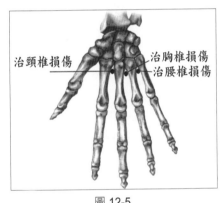

圖 12-5

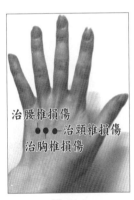

圖 12-6

◆ 任脈穴傷點穴開穴法

凡屬身前任脈（從頭部承漿穴開始，向下沿頸部、胸部、腰部到會陰）陰經線上的任何一穴受損，包括跌倒昏迷不醒，不論何時，可用以下點穴法解救，同樣可達到開穴施救、解除疼痛之目的，但被重點、重傷者除外。

一、掐合谷敲走馬

用左手拇指與食指尖掐住對方右手合谷穴（見圖 12-1 合谷穴位置）3 分鐘，感覺疼痛為宜，同時用右手四指尖敲點右臂走馬穴 24 次（敲點時，感覺有巨麻向腋窩和向小指尖方向傳遞），即可通經走氣，會逐漸解除疼痛。左右合谷、走馬穴各點一遍。

二、點內庭敲委中

用左手食指尖用力點壓住左腳內庭穴 3 分鐘（內庭穴，在第二和第三腳趾的第三關節根端，見圖 12-7），感覺疼痛為宜，同時用右手二指禪尖敲點左腿委中穴 24 次（敲點時，感覺痠疼為宜），即可通經走氣，會逐漸解除疼痛。左右內庭、委中穴各點一遍。

三、點內關敲走馬

用左手拇指尖掐點住右腕內關穴（內關穴，用力握拳時，在兩根肌腱中間，見圖 12-8），感覺疼痛為宜，同時用右手四指尖敲點走馬穴 24 次（敲點時，感覺有巨麻向腋窩和向小指尖方向傳遞），即可通經走氣，會逐漸解除疼痛。左右內關、走馬穴各點一遍。

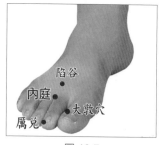

圖 12-7

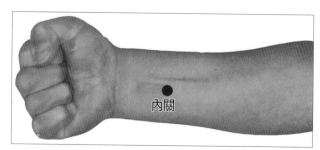

圖 12-8

四、點三陰敲委中

用左手拇指尖點住左三陰交穴（見圖 12-9），感覺疼痛為宜，同時用右手二指禪敲點左委中穴 24 次，即可通經走氣，會逐漸解除疼痛。左右三陰交、委中穴各點一遍。

五、敲擊震動後腦開穴

如果頸前咽喉被點，造成對方悶氣昏迷，可用左手襯在百勞穴上邊腦後兩處（見圖 12-10），然後用右拳連續敲擊震動左手數次，即可開穴通經走氣，對方就會慢慢甦醒。

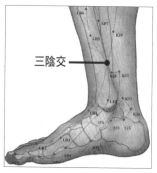

圖 12-9

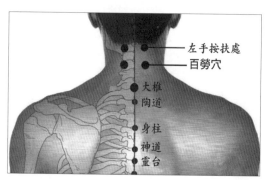

圖 12-10

◆ 兩側及上下肢被點開穴秘法

一、治療上肢癱瘓

若被點穴導致上肢癱瘓，可點天宗（見圖 12-11 天宗穴位置）、曲池、內關、外關、合谷五穴，按此順序每穴各點壓 9 次，點壓感覺疼痛才能開穴，患者會逐漸能動彈。

二、治療下肢癱瘓

若被點穴導致下肢癱瘓，可點絕谷、承山、陽陵泉、足三里、伏兔（見圖 12-12 伏兔穴位置）、環跳六穴，按此順序每穴各點壓 9 次，每隔 3 小時點一次，會逐漸能動彈。

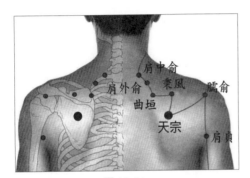

圖 12-11

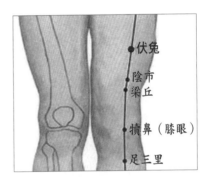

圖 12-12

第三節　二十個死穴被點解穴秘法

前面解讀了斬擊三十六個死穴中的二十個易點要穴技術，本節再揭示各穴被點封穴後如何再點穴開穴和藥物幫助治療秘方。

一、耳門穴

【被點症狀】此穴被點中，會導致耳鳴頭暈，倒地不醒，大汗淋漓，頰部腫疼，巨疼難忍，易休克致命。

【解穴】用大拇指指尖，先後掐點對方中指指甲根部、大腳趾趾甲根部各 9 次，正常人感覺疼痛為宜，再先後點壓外關穴、中渚穴、百會穴、風池穴各 9 次，再捏揉兩手合谷穴各 9 次。按以上先後順序重複點穴施救，至到對方關閉之穴重新打開通經走氣、甦醒為止。

【中藥幫助秘方】用 13 味總方再加木香 5 克，鬱金 6 克，七釐散 0.5 克，水煎沖服，最後服用飛龍奪命丹 3 副（見本節秘方）。

二、三陰交穴

【被點症狀】此穴被點中，會導致下肢麻木、失靈，洩氣、脾臟疼痛。

【解穴】先用大拇指用力點按陰陵泉、陽陵泉、足三里（見圖 12-13 三穴位置）各 9 次，感覺疼痛為宜，再雙掌重疊用掌心順時針用力按揉命門穴 9 次，最後用大拇指用力點壓兩絕骨穴各 9 次，感覺疼痛為宜。

按以上手法先後順序和次數，重複實施點穴治療，關閉之穴可重新打開、通經走氣，氣血運行會恢復正常。

【中藥幫助秘方】用 13 味總方再加牛膝 6 克，杜仲 6 克，薏苡仁 6 克，七釐散 1.25 克，水煎沖服，最後服用地鱉紫金丹 3 副（見本節秘方）

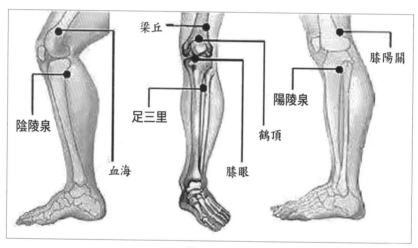

圖 12-13

三、期門穴

【被點症狀】此穴被點中，會震撞膈肌，氣滯血瘀，導致逆氣衝擊肝脾，巨疼難忍，易休克致命。

【解穴】運氣於兩掌，從膻中穴用力向兩肋推按 9 次，然後兩掌重疊，先左後右按住期門穴順時針各揉轉 9 次，待疼痛稍緩，再用兩手捏住兩肩同時提起連續輕抖 9 次，再用兩大拇指同時用力點壓左、右肩井穴（見圖 12-14）9 次，再點壓膻中穴 9 次，最後用大拇指尖掐壓大敦穴（在大腳趾趾甲根部內側）9 次，感覺疼痛為宜。按以上先後順序手法和次數，重複點穴救治，關閉之穴會被重新打開，即可通經走氣，對方會慢慢甦醒脫離危險。

【中藥幫助秘方】用 13 味總方再加五靈脂 5 克，砂仁 6 克，歸尾 3 克，七釐散 1.25 克，水煎沖服，最後服用地鱉紫金丹 3 副。

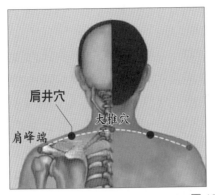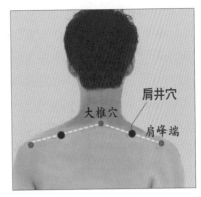

圖 12-14

四、章門穴

【被點症狀】此穴，右側內部為肝臟，左側內部正當脾臟下緣，被點中後，會震撞肝、脾兩臟，損傷膈肌膜，氣機逆亂，氣滯血瘀，經氣被阻截，巨疼難忍，呼吸困難，易休克致命。

【解穴】運氣於兩掌，從胸骨自上向下用力推拿 7 次，再先後按壓肩井穴、風池穴、肝俞穴各 9 次，然後將傷者兩肩提起連續輕抖幾下，待疼痛減輕後，再抓住傷者兩腳輕輕向下扯拉數次，最後推壓四肢各關節周圍穴位，先上肢後下肢，從根部到梢部全部關節都要推壓。按以上手法、先後順序以及次數重複實施救治，至到對方甦醒為止。此刻，關閉之穴即開，氣血運行恢復正常。

【中藥幫助秘方】用 13 味總方再加歸尾、五靈脂、砂仁、玄胡各 6 克，再用加減 14 味藥方：菟絲子 9 克，肉桂 6 克，劉寄奴 6 克，蒲黃 6 克，杜仲 6 克，玄胡索 3 克，香附 6 克，五靈脂 6 克，歸尾 6 克，縮砂 6 克，五加皮 5 克，廣皮 9 克，酒與水各半，煎後沖服。

五、人迎穴

【被點症狀】此穴被點中，氣滯血瘀，頭暈耳鳴，咽喉腫疼，面部肌肉痙攣，易休克致命。

【解穴】用右掌對準傷者啞門穴拍 5 次，再用手指先後點揉天突穴、百會穴、頰車穴（在地倉穴外邊，咬肌最高處，見圖 12-15）9 次。然後再從大椎穴用力向下推拿 9 次，最後兩手各抓拿左、右肩井穴同時用力上提 9 次。若傷者倒地昏迷不醒，需先點掐人中穴、合谷穴、湧泉穴，此刻，關閉之穴即開，恢復通經走氣。

【中藥幫助秘方】用 13 味總方再加白芷 6 克，鬱金 6 克，牛蒡子 6 克，水煎沖服，然後再服順氣通結散（見本節秘方）。

六、心俞穴

【被點症狀】此穴被點中，逆氣衝擊心臟，傷氣破血，全身麻疼，四肢無力，

咳喘吐血等症狀，易休克致命。

【解穴】運氣於兩手掌，從大椎穴開始用力向下往兩腋方向分推 7 次，再從胸前華蓋穴（見圖 12-16 華蓋穴位置）開始用力向下往兩肋分推 7 次，然後兩掌同時用力按壓左、右肩胛骨 9 次，待全身麻疼減輕後，再先後揉壓膻中穴、湧泉穴、大椎穴，可止咳喘吐血，此刻，關閉之穴即被解開，恢復通經走氣。

【中藥幫助秘方】用 13 味總方再加桃仁 4 克，乳香 3 克，生地 5 克，水煎沖服。再補服飛龍奪命丹 3 副。再繼續補服下方：當歸、狗脊、澤蘭、乳香、沒藥、桑寄生各 7.5 克，骨碎補 6 克，檳榔 5 克，續斷 5 克，秦艽 5 克，地榆炭 6 克，川芎 5 克，水煎沖服至氣順血止、恢復正常為止，需 5 副以上。

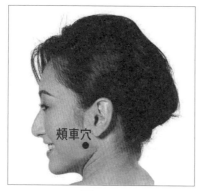

圖 12-15

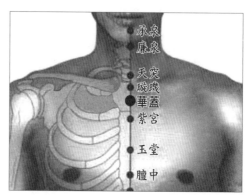

圖 12-16

七、風池穴

【被點症狀】此穴被點中，衝擊腦內延髓中樞，頸部僵硬疼痛，不能轉動，易休克致命。

【解穴】運氣於兩手拇指，從百會穴開始向下用力推拿至啞門穴 7 次，再兩手拇指同時點壓風池穴 9 次，最後兩大拇指併攏，從大椎穴沿脊柱向下用力推拿至尾閭骨 9 次，若傷者昏迷不醒，需先後掐點人中穴、合谷穴，此刻，關閉之穴即開，恢復通經走氣。

【中藥幫助秘方】用 13 味總方再加當歸 3 克，川芎 3 克，乳香 3 克，七釐散 1.25 克，水煎沖服，然後再補服飛龍奪命丹 5 副。

八、睛明穴

【被點症狀】此穴被點中，易導致頭昏眼花，怕光流淚，倒地不醒，重則致命。

【解穴】先用兩手食指同時輕揉兩太陽穴 9 次，再用右手拇指和食指同時輕柔兩睛明穴 9 次，然後再用右手拇指從印堂穴推拿至百會穴 18 次，再捏兩肩數次，再先後掐點曲池穴和合谷穴（見圖 12-17 兩穴位置）各 9 次，最後用兩大拇指用力從大椎穴推拿至命門穴 9 次，此時閉穴即開，恢復通經走氣。

【中藥幫助秘方】用 13 味總方再加羌活、川芎、防風各 3 克，水煎沖服。再服飛龍奪命丹 3 副，待頭腦清醒後再服下方：當歸、白芷、川芎、甘菊華、夜明砂、白芍、天麻、甘草各 3 克，三七、肉桂、各 2 克，水煎後，以大蔥為引，陳酒兌半服下。

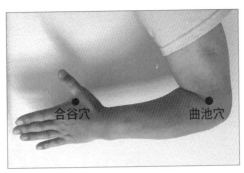

圖 12-17

九、志室穴

【被點症狀】此穴被點中，重撞腎臟，逆氣衝擊腰動、靜脈和腰神經，氣傷血淤，腰肋巨疼，重者若不及時救治，3 日後易發笑斃命。

【解穴】運氣於手掌，先後按揉左、右期門、章門穴各 9 次，再兩手捏拿左、右肩井穴上提 7 次，再點壓推拿左、右肺俞穴（見圖 12-18 肺俞穴位置）數次，最後再捏拉兩膝關節後邊委中穴各 9 次，此時關閉之穴即解，恢復通經走氣。

【中藥幫助秘方】用 13 味總方再加桃仁、菟絲子、各 3 克，水煎內服。然後再用 5 付飛龍奪命丹以酒兌服。再繼續服：黃耆、茯神、破故紙、各 8 克，厚朴、枳殼、砂仁、五靈脂、菟絲子各 6 克，乳石 7 克，以生薑 55 片為引，用酒兌服。

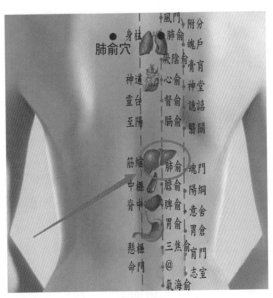

圖 12-18

十、膻中穴

【被點症狀】此穴被點中，逆氣亂竄，心慌意亂，手足無措，重者胡言亂語，倒地昏迷，重則致命。

【解穴手法一】先後掐點人中穴、合谷穴、湧泉穴各 9 次，再點壓曲池穴 18 次，待傷者稍清醒後，用兩大拇指同時從印堂穴推壓至兩側太陽穴 9 次，再從印堂穴推壓至百會穴 9 次，再用手掌從華蓋穴推至膻中穴向兩側肋部推壓 18 次，最後再點壓足三里（在膝關節下 2 吋、脛骨與排骨之間）9 次，此時關閉之穴即解，恢復通經走氣。

【解穴手法二】膻中穴被斬擊，也可用右掌拍打震動背部左、右肺俞穴各 3 次即可開穴。

【中藥幫助秘方】用 13 味總方再加肉桂 3 克，丁香 1 克，七釐散 1.25 克，水煎沖服。然後再服飛龍奪命丹 3 副、地鱉紫金丹 5 副。再繼續服：金竹葉 6 克，柴胡 54 克，鉤藤 5 克，當歸、陳皮、山楂肉、薏苡仁、麥冬、沉香、甘草、荊芥、防風各 3 克，青柿根蒂 3 個，酒水各半煎服，神志始終不清者，再加膽南星 2 克調服。

十一、神闕穴

【被點症狀】此穴被點中，衝擊肋間與腹中動、靜脈，易破氣血凝、巨疼不止，導致臍中潰爛、吐血、遺屎不禁等症狀，重則致命。

【解穴】先用熱水浸布擰乾暖臍 5 分鐘，然後雙掌疊起順時針按揉 24 圈，再從華蓋穴推拿至丹田穴 9 次，最後再用拇指用力點揉左、右足三里各 9 次，此時閉穴即解，恢復通經走氣。

【中藥幫助秘方】若腹痛大汗，將蘿蔔子與砂對半炒熱，用布包住敷於丹田穴處，涼後再炒再敷，待腹痛減緩，再用 13 味總方加三棱、桃仁、玄胡索各 3 克，杜仲 4 克，七釐散 1.15 克，水煎沖服，再服地鱉紫金丹 3 副。最後再用七釐散加川芎、防風各 3 克，共研為末，用陳醋調成漿敷於神闕穴。

十二、關元穴

【被點症狀】此穴被點中，逆氣衝擊腸壁下動、靜脈及肋間神經，震撞腸管，內傷元氣，腰肋巨疼難忍，重則致命。

【解穴】腹疼難忍者，先用萊菔子 6 克，蔥蒂 7 個，大蒜 3 瓣，共同搗碎炒熱，再加麥麵調成餅狀敷於腹部。待疼痛減緩後，再兩掌重疊按壓住關元穴對口腰背俞穴，向下推拿至兩側，左、右分推各 7 次，然後兩掌各按壓住左、右背部肺俞穴向下推拿至膀胱俞穴後再推向兩側，可連續推拿數次，最後運氣於兩食指，同時用力點壓住左、右足三里 3 分鐘，此時閉穴即解，恢復通經走氣。

【中藥幫助秘方】先用十三味總方再加木通、青皮各 3 克，三棱 5 克，七釐散 1.5 克，水煎內服，最後再補服飛龍奪命丹 3 副。

十三、巨闕穴

【被點症狀】此穴被點，逆氣上湧，氣滯胸襟，衝擊肝、膽，震撞心臟，重擊易閉穴致命。

【解穴】先以手掌稍用力連拍靈台穴（又名靈陽穴，在脊柱督脈第七和第八胸椎之間，見圖 12-17）三次，傷者即漸醒。然後兩掌重疊用力從華蓋穴下推至膻中穴向兩側分推，左、右各推 18 次，完畢，再用兩大拇指同時按壓住左、右乳中穴向下直推到前腰 7 次，最後用一拇指按壓住膻中穴下推至丹田穴數次，此時閉穴即開，恢復通經走氣。

【中藥幫助秘方】先用十三味總方再加遠志 6 克，川貝、石菖各 3 克，水煎沖服，最後再補服飛龍奪命丹 6 副、地鱉紫金丹 3 副。

十四、曲骨穴

【被點症狀】此穴被點中，逆氣衝擊肝經，滯澀周天氣機，憋氣凝血，小便閉塞不通，昏暈倒地，易休克致命。

【解穴】兩掌重疊順時針按揉丹田穴 5 分鐘，然後從丹田穴向上推至巨闕穴 7 次，再從丹田穴向下推至曲骨穴 7 次，再先後用力點壓湧泉穴、曲池穴、合谷穴各 9 次，按此順序反覆按揉、點壓，關閉之穴會漸漸打開，恢復通經走氣。

【中藥幫助秘方】先用十三味總方再加砂仁、菖蒲各 5 克，丁香 3 克，七釐散 1.15 克，水煎沖服，再服地鱉紫金丹 3 副。小腹脹急、小便閉塞者需服五苓散加減：人參、檳榔、小茴香、桔梗各 5 克，豬苓、澤瀉各 6 克。

十五、百會穴

【被點症狀】此穴被擊中，腦骨髓傷，頭暈目眩，易倒地昏迷不醒、休克致命。

【解穴】先兩大拇指從印堂穴推壓向兩側太陽穴、耳門穴各 7 次，再點壓印堂穴 9 次，再兩大拇指同時點住百會穴向兩側風池穴推拿 9 次，再兩手抓住左右肩大筋上提數次，再捏揉左、右合谷穴 9 次，再拿捏極泉穴（見圖 12-19 極泉穴）9 次，再抓提左、右肩井穴 9 次，最後用拇指用力點壓湧泉穴數次，關閉之穴漸漸會打開，即可恢復通經走氣。

【中藥幫助秘方】先用十三味總方再加羌活、川芎、防風各 3 克，水煎沖服，再補服：金沙、銀沙、自然銅各 4 克，山羊血、人參、三七各 5 克，虎骨、人中白各 7 克，桔梗 7.5 克，燈芯為引，水酒煎服，最後再服飛龍奪命丹 3 副。

十六、人中穴

【被點症狀】此穴被擊中，頭昏眼花，面部神經跳疼，頭、鼻巨疼，重點易致命。

【解穴】先用兩手大拇指各點壓住左、右太陽穴，然後同時下推至頰車（見圖12-20 兩穴位置）穴 7 次，再壓揉百會穴 7 次，再同時輕揉左、右迎香穴數次，再先後捏揉、點壓合谷穴和足三里各 9 次，此時，關閉之穴會漸漸打開，即可恢復通經走氣。

【中藥幫助秘方】先用十三味總方再加白芷 6 克，辛夷 3 克，天麻 6 克，七釐散 0.75 克，水煎沖服，再補服地鱉紫金丹 5 副。

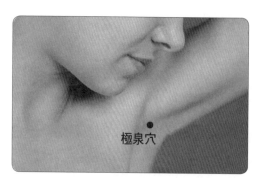

圖 12-19

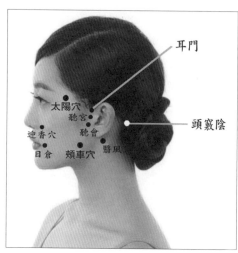

圖 12-20

十七、神庭穴

【被點症狀】此穴被擊中，頭昏腦脹，神志不清，流淚流涕，遇風吹特別危險，易致命。

【解穴】先用拇指按揉百會穴 7 次，再用大拇指點壓住印堂穴，然後上推至百會穴 9 次，再從百會穴下推至大椎穴 9 次，再從印堂穴推向兩側太陽穴 7 次，最後捏揉合谷穴數次此時，關閉之穴漸漸會打開，即可恢復通經走氣。

【中藥幫助秘方】先用十三味總方再加川芎、薄荷各 3 克，荊芥 5 克，決明子 6 克，水煎沖服，再補服飛龍奪命丹 3 副。

十八、啞門穴

【被點症狀】此穴被擊中，衝擊延髓中樞神經，頭暈不語，搖頭伸舌，兩目失明，抬頭困難，危症迭出，易致命。

【解穴】先用兩拇指同時點壓左、右頭竅陰穴 9 次，感覺疼痛為宜，再揉壓咽喉 7 次，再用兩大拇指同時用力點壓左、右乳中穴 7 次，再雙掌重疊順時針按揉丹田穴 9 次，再反覆推壓腎俞穴和命門穴多次，最後兩大拇指同時用力點壓左、右湧泉穴數次，此時，關閉之穴會漸漸打開，恢復通經走氣。

【中藥幫助秘方】先用十三味總方再加鉤藤 5 克，麥冬 3 克，沉香 2 克，七釐

散 1.5 克，水煎沖服，再補服安宮牛黃丸：黃連、黃芩、梔仁、雄黃、真珠各 3 克，鬱金 6 克，硃砂 5 克，犀角 2 克，冰片、麝香各 1 克，共研細末，煉蜜為丸，金箔為衣，用人參湯送下，最後再服飛龍奪命丹 3 副。

十九、命門穴

【被點症狀】此穴被擊中，逆氣衝擊脊椎、重傷神經，阻截督脈運行，輕者命門穴以下易截癱，重者易致命。

【解穴】先後掐壓人中穴、合谷穴、湧泉穴各 9 次，再運氣於雙掌重疊，以掌根從大椎穴向下用力推至到命門穴 9 次，再從命門穴向上推至到大椎穴 9 次，再同時揉壓兩委中穴 7 次，再同時拿捏膝後外側腿大筋 9 次，最後按揉命門穴數次，經過以上點穴手法，關閉之穴會漸漸打開，即可督脈恢復通經走氣。

【中藥幫助秘方】先用十三味總方再加桃仁 3 克，續斷、杜仲各 6 克，水煎沖服，再補服：紅花、乳香、骨碎補、甘草各 6 克，劉寄奴、沒藥、地榆、木香各 5 克，胡桃仁 8 克，砂仁 7 粒，地鱉蟲 1 個，紅棗 5 個，以童便為引，酒兌服，最後再服飛龍奪命丹 3 副。

二十、太陽穴

【被點症狀】此穴被擊中，直接損傷顳深動、靜脈和耳顳神經，阻截氣血運行，輕則頭暈耳鳴，視物昏花，若出血凝固者，避免見風，見風會發腫危機生命，重擊易當場致命。

【解穴】用手指先後點壓百會穴、耳門穴、風池穴、合谷穴各 9 次，再從印堂穴用力推至百會穴 9 次，再從百會穴推至風池穴 9 次。然後再反覆點壓、推拿全身所有關節周圍穴位，最後用力按壓足三里和湧泉穴數次，經過不同手法點穴，關閉之穴會漸漸打開，恢復通經走氣，傷者會漸漸甦醒。

【中藥幫助秘方】先用十三味總方再加川芎、羌活、防風各 3 克，菖蒲 6 克，七釐散 1 克，水煎沖服，再補服飛龍奪命丹 5 副，若傷口開裂流血，需外敷桃花散（見本節秘方），以快速止血、癒合傷口。

以上各穴，均是致命死穴，重則當場斃命，輕則日後幾天或幾十天、幾個月、甚至一年後出現各種急症而亡，其點穴後體內惡性變化複雜，諸多病症不知何因，所以，遇到各穴被點，要及時實施點穴加藥物救治，避免惡果發生。

第四節　十二經脈被點中藥解穴秘方

十二經脈，縱貫全身，氣血隨時辰變換循環流注各經，從而正常營養維護著人體生命。如果某條經脈及要穴，在相對應的時辰遭受阻截打擊，重則當場致命，輕

則日後引起臟腑產生病變導致嚴重內傷，仍會嚴重危及生命，這就是武功尋經斬穴帶來的奇妙後果。如果不按時辰斬擊經脈，雖然也會導致惡果發生，但沒有按時辰斬擊後果嚴重。

若要解除所產生的不同惡性症狀，首先要辨清何時何經及何穴被點受損，再內服各種專治特效藥，所關閉之穴、封閉之經會重新打開暢通，從而恢復通經走氣、解除危險。以下是十二經脈在不同時辰受傷的專治秘方。

一、子時膽經被點治療秘方

【症狀】此經多氣少血，若被點擊、阻截，經氣會發生變動，導致經氣逆行，會產生胸悶、口苦、胸肋疼痛、不能側轉、足部外側發熱、面色晦暗，身體不潤澤等症狀。病變時，會產生頭疼、下頜疼痛、缺盆腫脹、足外踝疼痛等症狀。若久日不治，會逐漸導致膽囊病變中毒、遭受嚴重內傷危及生命。

【專治秘方】赤芍、胡連各 6 克，澤蘭、五加皮、生地黃、柴胡、蘇木各 3克，斑節 2 克，甘草 1 克，水煎沖服。

二、丑時肝經被點治療秘方

【症狀】此經多血少氣，若被點擊阻截，經氣會逆行亂竄，導致腰疼，婦女會小腹腫脹，男子易生疝氣，同時咽喉乾燥、面部不光澤。肝氣虛，就會泄瀉，肝氣實，會閉小便等症狀。若久日不治，病變毒素會經過絡脈傳遞進入肝臟，會導致肝臟嚴重內傷危及生命。

【專治秘方】香附、柴胡、生地黃各 6 克，天花 4.5 克，枳殼、大地鱉蟲、威靈仙、赤芍各 3 克，甘草 1 克，水煎沖服。

三、寅時肺經被點治療秘方

【症狀】此經多氣少血，若遭受打擊，必定氣血被阻截，經氣會發生變動，導致氣血逆行，有肺腫脹、咳嗽氣喘、口渴、缺盆腫疼、掌心發熱等症狀。被點者運動劇烈時，會兩手交叉、緊按胸口，同時心中煩悶、眼睛發黑等症狀。若久日不治，會逐漸導致肺部病變中毒、遭受嚴重內傷危及生命。

【專治秘方】紫菀、黃芩、桔梗、延胡索、陳皮、枳殼各 3 克，款冬花、天花、知母、五加皮各 2.5 克，甘草 1 克，水煎沖服。

四、卯時大腸經被點治療秘方

【症狀】此經多氣少血，若被點擊，就會氣血受阻，導致頸部腫脹、下齒疼痛、目黃、口乾等症狀。若久日不治，病變毒素會經過絡脈傳遞進入大腸，會導致大腸嚴重內傷危及生命。

【專治秘方】木通、延胡索、牛膝、大黃各 3 克，黑丑、穿續斷、紅花各 2.5

克，澤蘭、甘草各 2 克，水煎沖服。

五、辰時胃經被點解除秘方

【症狀】此經多氣少血，若被點擊，經氣會發生變動，身體會發生振寒、呻吟、呵欠、腹脹、面部發黑等症狀。若久日不治，會逐漸導致胃部病變中毒、遭受嚴重內傷危及生命。

【專治秘方】木香、蘇木各 1.5 克，青黛 0.15 克，紅花 1 克，神麴 60 克，冰糖 120 克，共研細末、調冬蜜為丸白茯苓湯送下。

六、巳時脾經被點治療秘方

【症狀】此經多氣少血，若被點擊，經氣會發生變動，會導致舌本僵硬、食入嘔吐、胃脘疼、腹脹、關節不宜轉動、睡臥不安等症狀。若久日不治，病變毒素會經過絡脈傳遞進入脾臟，會導致脾臟嚴重內傷危及生命。

【專治秘方】白芍、蘇木、神麴各 6 克，白朮 4.5 克，淮山藥 3 克，紅花、青鹽、赤芍各 2 克，木瓜 1.5 克，冰糖 15 克，水煎沖服。

七、午時心經被點治療秘方

【症狀】此經多氣少血，若被點擊，會氣逆不順，導致心口疼痛、咽喉乾燥、口渴、目黃、肋疼、掌心發熱等症狀。若不及時治療，重者致命，輕者日後會逐漸導致心臟病變中毒、遭受嚴重內傷危及生命。

【專治秘方】茵陳 2 克，珍珠 6 克，黃連、鬱金、酸棗仁、黃芩、梔子、甘草各 3 克，水煎沖服。

八、未時小腸經被點治療秘方

【症狀】此經多血少氣，若被點擊，經氣會發生變動，導致咽喉腫痛、頷腫脹、頸部轉動不靈、肩部及大臂疼痛等症狀。若不及時治療，病變毒素會經過絡脈傳遞進入小腸，會導致小腸嚴重內傷危及生命。

【專治秘方】筳萱、甘草、當歸尾、蘇木、生地黃、黃連各 3 克，木通、車前子、紅花各 6 克，水煎沖服。

九、申時膀胱經被點治療秘方

【症狀】此經少氣多血，若遭受打擊，經氣會發生變動，導致氣血逆行、頭疼、頸部疼痛、背脊疼痛、腰疼、膝關節彎曲困難、小腿肚疼痛、眼睛發黃流淚等症狀。若不及時治療，病變毒素會經過絡脈傳遞進入膀胱，會導致膀胱嚴重內傷危及生命。

【專治秘方】白茯苓、茵陳各 6 克，牛膝、桔梗、當歸尾各 4.5 克，木香、黑

丑各 2 克，白芷、桑寄生各 3 克，水煎沖服。

十、酉時腎經受損秘方

【症狀】此經多氣少血，若被點擊，會氣逆不順，腎經不能上交於心，就會感覺飢餓，但卻不欲飲食，易咳嗽氣促，腎中精氣不能上升，眼睛會發黑、心中恐懼等症狀。若不及時治療，重者致命，輕者日後會逐漸導致腎臟病變中毒、遭受嚴重內傷危及生命。

【專治秘方】蘇木 1.8 克，檳榔、筵萱、麥冬、當歸尾各 3 克，紅花 2 克，杜仲 6 克，麥芽 1.5 克，甘草 1 克，水煎沖服。

十一、戌時心包經被點治療秘方

【症狀】此經少氣多血，若遭受打擊，經氣會發生變動，導致氣血逆行，就會發生掌心發熱、腋下腫疼、心慌意亂、眼睛發黃、嬉笑不止等症狀。若不及時治療，所產生的毒素會經過絡脈傳遞到達心臟，日後會促使心臟、心脈內傷危及生命。

【專治秘方】黃連 2 克，川芎 6 克，筵萱、檳榔、紅花、斑節、生地黃 3 克，水煎沖服。

十二、亥時三焦經被點治療秘方

【症狀】此經多氣少血，若被點擊，精氣定受阻，會氣逆亂竄，邪氣難排，會導致兩耳發聾、咽喉腫痛、耳後、肩部、肘部皆疼、小指不能隨意轉動等症狀，都是陽氣亂行、邪氣不出所致。若不及時治療，所產生的毒素會經過絡脈分別傳遞到五臟六腑，破壞其臟腑各功能，從而導致嚴重內傷危及生命。

【專治秘方】梔子、乾葛、藕節、生地黃、知母、桔梗各 3 克，黃柏 2.5 克，大黃 1.5 克，甘草 1 克，水煎沖服。

第五節　要穴被點辨生死法

武功點穴，穴位不一；輕重不一；損傷不一；後果不一。根據傷者當場暴露的外在症狀，可辨生死。

一、百會、太陽兩穴被點

凡百會穴被重點損傷，若口鼻出血、手足不動者，需急灌童便一碗。若手足能動、知道疼痛，可治；若手足不能動、言語不明，則不能治。氣喘呃寒者，七日必亡。如果心臟停止跳動、全身抽搐、呼吸急促加快、耳朵變涼、咽喉痙攣、瞳孔放

大呈現玻璃晶體症狀，則死神降臨。

二、囟門被重點

凡囟門被重點損傷出髓者，必亡。若食後受傷，七日不會亡，則可治；若兩眼閉而不睜者，不治，必亡。

三、太陽穴被重點

若太陽穴被重點損傷，導致昏暈倒地者，可急灌童便一碗。若能清楚知道疼痛者，可治；若無感覺、不知疼者，七日必亡；若知疼，頃刻又昏倒者，難治，二十一日必亡。

四、鳩尾穴被重點

若鳩尾穴被重點，並出現青色，七日必亡；若及時服藥，三天後見此穴由青變成紅黃色，可治。食飽者被點後，若三日不亡，可治；若心窩骨斷者，難治，必亡。

五、期門、章門穴被點

期門、章門穴被點，劇烈疼痛者，七日必亡；肺部受傷者，十四日亡；肝、膽受傷者，面青發暈、口吐黃水者，五日之內必亡；若痰發涼者，四十九日必亡；若筋骨麻木、身熱如火、飲食不進者，難治；破傷血入內者，難治；出黑血黑水者，難治。

六、乳中穴被點

乳中穴被點，男子可救，需急治；女人被點，則不治。

七、氣海穴被點

氣海穴被重點，導致內部小腸受傷，若出現頭暈發熱、口中亂言者，七日必亡。

八、腰部穴位被點

腰部穴位被重點，導致嘔血者，需急飲童便一碗，感知疼者，可治；不知疼而發笑者，三日內必亡；脊柱斷者，終身癱瘓，難治。

九、腰笑穴、腎俞穴被點

二穴被重點受傷，若嘔吐不出、全身難動、掙坐不起、睡臥不安者，七日必亡；若口吐鮮血，十日必亡。

十、咽喉穴被點

咽喉穴被點，喉部發紅者，可治；發青黑者，難治；喉管斷者，不治；受傷未斷者，十可救五。

【慎記】春傷肝，夏傷心，秋傷肺，冬傷腎必凶；出現口痰多、唇下吊、糞便黑、兩耳黑、眼發白、瞳孔大者凶，無論點穴或藥物都難以救治。

◇ 秘傳劉伯溫家藏接骨金瘡禁方

論鬥毆穴道

凡鬥毆周身穴道難以盡述，特纂其要，智者當深察之不可忽也。霸王開鎖一拳，即咽喉也。若悶者，即在腦後百勞（百勞穴在大椎穴上邊2吋、督脈中線旁各開1吋處）上一寸，左手襯在穴上，用右手不論輕重連打數下即醒。如不醒，用艾灸之，其穴在腦下一寸五分，以麝香連灸四、五次即醒，即用順氣散。如不醒則無救矣，或灸丹田穴。

封喉在霸王開鎖下三寸，用手橫打外去者是也。如悶者在霸王開鎖（咽喉）下半寸，用左手叉住頸項，右手扳住頭，往後一扳即醒，後用順氣散。兩氣眼在隔孔上下，後氣眼照前氣眼是也。

打上氣眼悶倒者，照前手襯打後氣眼，打後氣眼還拳即打前氣眼，打前上氣眼即打後下氣眼，打後上氣眼即打前下氣眼，若打左邊須打右邊，若打右邊須打左邊，若不醒照前法灸肩井穴，醒後服順氣散。

打血海，其穴往上第八根肋骨空所為下血海也。第十根肋骨空所為中血海也，腋窩中間為上血海也。若打下血海輕者三年死，重者一年死，再重者三月死。打中血海輕者一年死，重者半年死，再重者兩月死。打上血海輕者一月死，重者五日死，再重者即死。其穴不拘上下左右，打傷俱要吐鮮血而死，急易治之無妨。即用行傷打藥行血，十三味一帖為上。後用歸血入筋藥，若遲之則無救矣。

打霍肺，其穴在下氣眼旁一寸是也，內空而外實，若拳打重者，打進肋骨不拘幾根，亦用十三味方一帖，後用接骨丹，其骨自然凸出，再用行藥、補藥亦可。肋骨不斷者亦用十三味一帖，後用補肺丸為妙。人參五錢，白芍五錢，厚朴五錢，前胡一兩，以上研為細末，蜜丸如綠豆大，每服一錢，空心白滾水下。

第十三章

上骨接骨與藥物解毒急救

　　上骨接骨、點穴接骨與特殊秘方解毒急救，同屬武醫範疇之內，是武醫中的救人武林秘籍；是歷代武術家必備的救人秘招。

　　武醫救治具體包括：關節被卸上骨手法、點穴急救與接骨秘法、藥物接骨秘方、刀槍射傷救治秘方、藥物防毒秘方、藥物解毒急救秘方。

　　這些武醫秘方，能在不同環境下遭遇暗算或損傷時進行自救或他救，關鍵時刻能救死扶傷、體現武醫妙招的方便與特殊效益。

第一節　上骨手法與接骨治療

　　武功卸骨，是武術散手一項獨立技術。在採取卸骨制敵時，以快速、精準、巧妙的鷹爪功發揮威力。人體關節，在被卸脫臼後會劇疼難以動彈，輕則失去反抗能力；重則當場癱瘓倒地殘疾。

　　精確掌握武功卸骨、上骨術，是學練警拳道立體散手的必然。前面已對擒拿、卸骨術進行了詳細解讀，本節再詳細對上骨手法與治療進行闡述解釋。

　　上骨，就是根據某個關節生理結構，在脫臼後以精準、巧妙的手法將其重新恢復歸位，上骨歸位後，會立刻解除痛苦，從而恢復原形、隨意動彈，但被重卸者，需進一步治療。

　　在自衛制敵時，使用武功卸骨，可根據當時環境需要，損傷輕、重程度需自己準確把握。如果在自衛時，對方受到卸骨嚴懲之後，有誠心改邪歸正之意，可重新將其關節上骨歸位將其挽救；如果遭遇劫匪持凶器搶劫害命，對己或無辜平民構成嚴重生命威脅時，可施以重手法將某一關節卸下，使其永久脫臼或骨折、肌筋撕裂，徹底失去反抗能力，給其嚴懲。

　　如果遇到平民不幸關節脫臼、骨折、跌打損傷，需儘快施術上骨復位，一旦時間拖延過長，待肌筋腫脹後復位就困難，有些重要關節被卸後，若不及時上骨治療，會導致終生殘疾，後患之大。因此，掌握上骨治療方法非常重要，能在第一時間內及時治療、減少對方痛苦、消除後患。

一、關節被卸脫臼暴露症狀

【症狀一】關節被卸脫臼後，容易摸到原關節處有一異常凹陷。

【症狀二】關節被卸脫臼後，關節的槌骨頭不在原來的位置上，會出現在前後或左右、上下的不同位置。

【症狀三】關節脫臼後，周圍未被撕裂的肌筋與骨骼處於繃緊狀態，迫使脫位後的骨骼保持在特殊位置上，肢體軸線變異步，與健側對比不相稱。

二、頸椎被卸上骨法

【頸椎組織結構】頸椎共有七節，由上、下椎骨加椎間盤連接組成，周圍有肌筋連接保護。在武功卸骨中，對卸頸椎視為最危險、最狠毒的首選目標。頸椎關節有全錯位和半錯位兩種，在實施擒拿、卸骨時，如果施以重手法，會強制將頸椎全錯位脫臼；如果手法較輕，可導致半錯位（圖13-1、13-2）。

【女頸椎被卸症狀】頸椎被卸全錯位者，因頸椎骨髓被壓迫切斷，會出現面色蒼白、口開眼合、四肢厥逆、呼吸困難及脈搏微弱等症狀，容易導致全身永久癱瘓；頸椎半錯位者，頸椎骨髓稍受壓迫，意識清楚，頭會向一側傾斜不能轉動，半身麻木，頸部出現畸形，胸鎖乳突肌及頸頰肌均現緊張，用手可摸到有骨凸出椎體，此時，雖能微動，但會劇疼。

【上骨整復術】讓患者俯臥在床上，頭部稍伸出床外，助手用兩手固定患者雙肩配合醫者後拉，醫者雙手環扣耳後頸部、兩小臂內夾頭部，然後徐徐後拉牽引，使其頸椎錯位關節、肌筋逐漸歸位還原拉直，若聽到有滑動聲音，即復位成功（圖13-3）。

【術後處置】上骨復位後，需用手按摩頸椎關節周圍，使頸部肌筋、神經舒適、氣血暢通。然後再內服整骨紫金丹或舒筋活血湯，外敷接骨療筋膏（見本節藥方）。

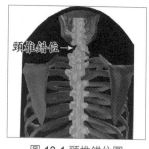

圖 13-1 頸椎錯位圖

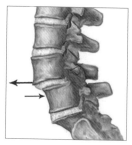

圖 13-2 頸椎錯位圖

圖 13-3 頸椎錯位上骨法

三、下頷被卸上骨法

【頷關節組織結構】頷關節，是由顳骨和頷骨組成，兩骨陰陽環扣，靠肌筋伸

縮活動（圖 13-4、13-5）。頜關節有雙脫和單脫兩種，通常在實施擒拿卸骨時，均能導致前脫和下脫。

【雙頜被卸症狀】下頜骨明顯向前凸出，張口而不能合閉，言語不清，口角不斷外流唾液，在下頜兩側有明顯的凸凹症狀。

【單頜被卸症狀】一下頜骨向健側歪斜，呈半張口形狀，上下兩齒不能合攏，雖能言語，但不清晰，脫臼一側關節凸起，相反頜關節處稍有凹陷。

【雙頜上骨復位術】令患者坐在靠牆的椅子上，助手在患者背後，用兩手固定好患者頭部，使頭部略向下低垂。醫者用紗布將兩大拇指包好，同時伸入患者口中，各放在兩邊下頜最後臼齒上，其餘四指托住下頜骨，然後慢慢用力下壓，當兩大拇指感到滑動復位或聽到滑動聲時，再向前一推，關節則復位成功（圖 13-6），然後讓其閉口咬肌向回收縮。

【單頜上骨復位術】若一側頜骨脫臼，將纏有紗布的拇指伸入患者口中，放在脫臼一側頜骨最後臼齒上，其餘四指托住下頜骨，然後慢慢用力下壓，當拇指感到滑動復位或聽到滑動聲時，再向前一推，關節則復位成功（圖 13-7）。

【術後處置】上骨復位後，用兩手指按摩兩頜關節凹陷處片刻，使氣血疏通、肌肉神經舒暢。然後用繃帶托起下頜三天，三週內不宜過度張口或吃硬食物，並內服整骨紫金丹或舒筋活血湯，外敷接骨療筋膏。

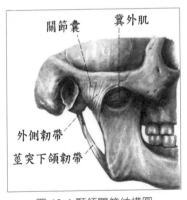

圖 13-4 顳頜關節結構圖

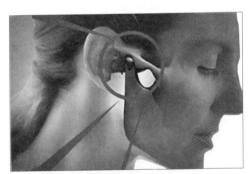

圖 13-5 顳頜關節圖

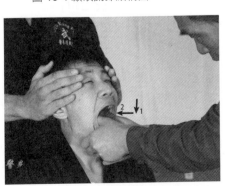

圖 13-6 雙頜上骨法

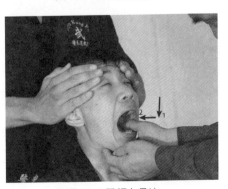

圖 13-7 單頜上骨法

四、肩關節被卸上骨法

【肩關節組織結構】肩關節，是由肱骨上端和關節窩組成（圖 13-8）。在關節周圍有喙骨韌帶盂肱韌帶圍繞，以防其脫節錯位，並有三角肌、小圓肌、胸大肌等保護。肩關節有前脫、後脫、上脫、下脫四種，通常在實施擒拿卸骨時，以前脫和下脫多見。

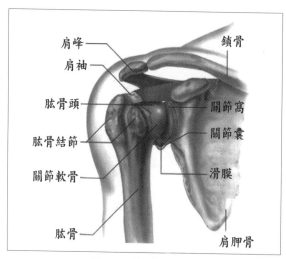

圖 13-8 肩關節結構圖

【肩關節向前脫臼症狀】肩峰明顯突出，肩峰下空虛而下垂，鎖骨外端下方飽滿，身形傾向患側，患臂不能靠攏軀幹，不能向外側旋轉，患肢稍長，手指無力，不能抓握東西。

【膝頂上骨術】例如左肩被卸脫臼，讓患者坐在凳子上，醫者與患者對面，然後把左腳踏在凳子上，將左膝蓋抵於患肢腋下，左手按住患者左肩峰前推，右手握住左手腕向左側水平徐徐外拉牽引，同時右手順時針轉動左小臂、膝蓋上頂肱骨頭，當感到肱骨頭滑入關節內或聽到滑動聲，復位即成功（圖 13-9）。

【肩關節向下脫臼症狀】肩峰明顯突出，肩峰下凹陷，三角肌緊張，並有皺紋狀，患肢明顯變長，不能貼身靠攏，身體自然傾向患側，在腋窩可摸到肱骨頭凸出。

【腳蹬上骨術】讓患者仰臥在床上，不需枕頭。一助手先固定好傷者雙肩，再將拳頭大小布球放入患側腋窩，然後醫者兩手握住患臂手腕徐徐後拉牽引，同時一足慢慢前蹬脫臼腋窩，並用腳暗力外頂肱骨，當感到肱骨滑入關節內聽到滑動聲，復位即成功（圖 13-10）。

【術後處置】上骨復位後，需用手按摩肩部周圍穴位、肌筋，促使氣血流通，預防肌肉萎縮、韌帶沾黏，然後再內服整骨紫金丹或舒筋活血湯，外敷接骨療筋膏。

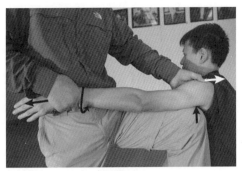

圖 13-9 肩關節前脫上骨法

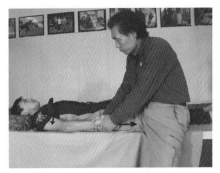

圖 13-10 肩關節下脫上骨法

五、肘關節被卸上骨法

【肘關節組織結構】肘關節，是由肱骨下端和橈骨上端、尺骨上端鷹嘴骨三骨組成，周圍有韌帶連接保護（圖 13-11、13-12）。肘關節有前脫、後脫、側脫和小兒橈骨半脫四種，通常在實施擒拿卸骨時，以前脫、後脫、側脫三種多見。

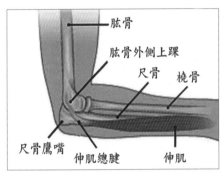

圖 13-11 肘關節彎曲時外側結構圖

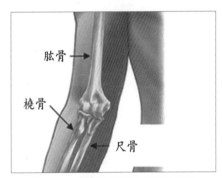

圖 13-12 肘關節伸直時前面結構圖

【肘關節向後脫症狀】患臂不能屈伸，肘關節成半伸半屈狀，鷹嘴在肘關節後方凸出，肱骨下頭搭於尺骨上方，畸形特別明顯，尺骨、橈骨側面副韌帶錯位，後方肱三頭肌緊張，前小臂縮短，機能有障礙，用手可摸到肘後有明顯空虛症狀，上骨前並無多大腫脹，上骨復位後則腫脹明顯。

【後脫指壓上骨術】讓患者坐在椅子上，患臂成半屈狀態，醫者用雙手環扣托住肘部鷹嘴骨，然後兩大拇指對準肱骨下端用力向後推壓，同時兩手四指重疊用力上托鷹嘴骨，並且令助手握住患臂手腕配合後拉牽引，在聽到有滑動聲時，復位即成功（圖 13-13）。

【肘關節向前脫症狀】鷹嘴骨及橈骨上端移位於肱骨下端前方，前小臂變長，肘關節周圍諸肌腱緊張，肘關節形成半伸半屈狀。

【前脫指壓上骨術】讓患者坐在椅子上，令一助手將患者大臂固定，醫者一手握住患臂手腕，將肘關節慢慢屈成九十度，另一手拇指對準尺、橈骨上端用力下壓，同時右手後拉牽引，在聽到有滑動聲時，復位即成功（圖 13-14）。

【肘關節側脫症狀】肘關節被卸側脫，一般是迫使橈骨與肱骨關節囊錯位脫臼，肘關節外踝有明顯變形，肘部明顯橫寬，橈骨上端明顯向拇指一側外凸，關節呈現搖擺狀態。

【側脫指壓上骨術】令患者坐在椅子上，將傷臂伸直，拇指朝上，令一助手固定好傷臂大臂，一助手緊握傷臂小臂，然後兩人後拉牽引，先將肘關節、肌筋拉直，同時醫者用兩拇指壓住橈骨上端用力向下壓迫、兩手餘指配合用力上提肱骨下端，當聽到有骨滑動聲，橈骨即復位成功（圖 13-15）。

【術後處置】上骨復位後，需在肘關節局部按摩，以促使氣血暢通。然後屈臂成九十度，外敷接骨療筋膏，用繃帶包紮好吊懸胸前兩週，並內服整骨紫金丹或舒筋活血湯。

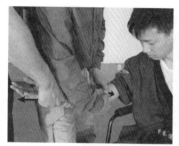  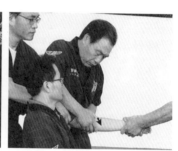

圖 13-13 肘關節後脫上骨法　　圖 13-14 肘關節前脫上骨法　　圖 13-15 肘關節側脫上骨法

六、手腕被卸上骨法

【手腕關節組織結構】手腕關節，是由舟骨、月骨、三角骨含於尺骨、橈骨下端關節窩內組成（圖 13-16）。腕關節周圍有堅強的韌帶環繞以防脫節，骨體外有軟骨附著，以防劇烈運動損傷。關節內有滑膜層，能向外分泌黏液，以潤澤關節便於活動。通常在實施擒拿卸骨時，根據不同的卸骨技術，主要強製造成：腕骨向前脫臼、向後脫臼、向側脫臼三種，但極少數也有造成掌骨脫臼的。

【掌腕關節前脫症狀】腕骨明顯凸出移位在掌心一面，尺、橈骨下端明顯凸出移位在掌背。

【掌腕關節後脫症狀】腕骨明顯凸出移位在腕背，尺、橈骨下端明顯凸出移位在掌心一面。

【掌腕關節側脫症狀】掌腕關節明顯凸出移位在拇指一側，尺骨下端明顯凸出移位在掌刀一側（圖 13-17）。三種脫臼關節都有明顯變形，用手可摸到僅有肌皮隔離，手腕不能轉動，畸形特別顯著。

【前脫上骨術】讓患者坐在椅子上，掌背朝上，令助手固定好患者傷臂，醫者兩手握住患手，用兩大拇指推壓尺、橈骨下端，同時兩手四指重疊用力上端後拉牽引掌根，至到畸形消失，復位則成功（圖 13-18）。

【後脫上骨術】讓患者坐在椅子上，掌心朝上，令助手固定好患者傷臂，醫者

兩手握住患手先將腕關節牽引拉直，再用兩大拇指用力推壓尺、橈骨下端，同時兩手余指一邊上端掌背一邊後拉牽引，至到畸形消失，復位則成功（圖 13-19）。

【側脱上骨術】讓患者坐在椅子上，令助手固定好患者傷臂，醫者兩手握住患手，然後先後拉牽引將腕關節拉直，再向中間對接，畸形消失後復位則成功（圖 13-20）。

【術後處置】以上三種上骨復位後，醫者再用手牽引傷手各個手指，使其筋骨拔直，再活動幾下腕關節，最後兩手再環扣住手腕脱臼處，用暗力握壓尺骨、橈骨下端，使兩骨向中間靠攏，以固定恢復原狀（圖 13-21）。重者，需外敷接骨療筋膏，用繃帶包紮好，然後內服整骨紫金丹或舒筋活血湯。

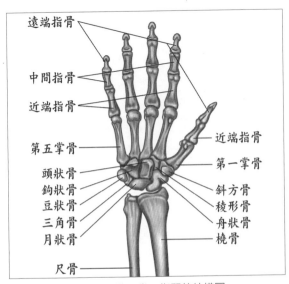

圖 13-16 腕、掌、指關節結構圖

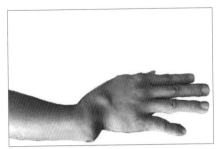

圖 13-17 腕關節被卸側脱圖

圖 13-18 手腕前脱上骨法

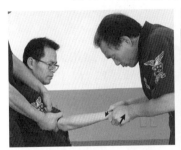

圖 13-19 手腕後脱上骨法

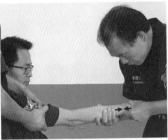

圖 13-20 手腕側脱上骨法

圖 13-21 雙手握腕加固法

七、指關節被卸上骨法

【指關節脫臼症狀】指關節移位脫臼，上下兩骨頭搭疊凸出，局部明顯變形，但關節彎曲角度不同，常伴有韌帶關節囊損壞，有麻疼感，功能受到障礙。

【上骨法】讓患者坐在椅子上，醫者先兩手捏住傷指關節兩邊，再徐徐拔伸牽引，拉直後再向中間對接（圖 13-22），然後用右手食、拇指捏住脫臼關節捏壓，使兩邊指骨徹底恢復原狀，復位即成功。

【術後處置】復位後，需讓傷指做幾次屈伸活動，再外敷接骨療筋膏，用繃帶包紮好，然後服七釐散或舒筋活血湯。

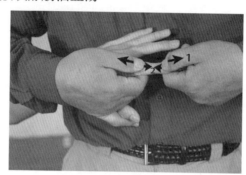

圖 13-22 指關節脫臼上骨法

八、膝關節被卸上骨法

【膝關節組織結構】膝關節，是由股骨下端和脛、腓骨上端及髕骨四骨組成，關節間藏有半月板軟骨（圖 13-23），並有滑液膜分泌黏液，以防活動時關節摩擦，此軟骨具有彈性，以防運動時挫傷；內外側布有堅強副韌帶附著，前有骨四頭肌，內有交叉韌帶和膕斜韌帶保護，使關節運動靈活自如，因此，膝關節脫臼較為少見。但在外力強制旋擰猛壓或爆發力踢擊下，超過膝關節正常活動角度和承受力度，會迫使脛骨上端向前或向後、向側移位脫臼。完全被卸脫位時，會造成關節囊破裂、十字韌帶、內外側副韌帶、半月板及周圍肌肉撕裂損傷；內側脫位嚴重者，會損傷腓總神經；嚴重後脫者，可致膕動脈、靜脈損傷破裂，引起肢體壞死和缺血性攣縮。

【膝關節向前脫臼症狀】膝關節前脫特別明顯，脛骨上端向前移位凸出，股骨下端前面、髕骨向後凹陷，膝關節前方肌肉緊張，股骨下端前部空虛（圖 13-24），有時神經被壓迫而有麻木感，膝關節完全失去功能。

【脛骨前脫上骨法】讓患者仰臥在床上，令一助手握住傷肢小腿用力後拉牽引，醫者雙手握住膝部，兩拇指用力下壓脛骨上端，同時兩手餘指用力上提股骨下端後部，使其關節、筋骨完全拉直，若聽到有入臼聲，上骨復位即成功（圖 13-24、13-27）。

【膝關節向後脫臼症狀】膝關節後脫與前脫症狀相反，股骨上端明顯移位向前

凸出，脛骨上端明顯向後凸出，髕韌帶和股四頭肌均現緊張，可摸到股骨下端後部凹陷空虛（圖13-25、13-26），整個膝關節失去功能。

【脛骨後脫上骨法】讓患者仰臥在床上，令兩助手各握傷肢大小腿用力後拉牽引，先將膝關節、肌筋拉直，醫者再用兩拇指用力下壓股骨下端，同時兩手餘指用力上提下面脛骨上端，若聽到有入臼聲，上骨復位即成功（圖13-27、13-28）。

【術後處置】復位後，需按摩膝關節周圍肌筋、穴位，使其氣血均勻暢通，再慢慢屈伸活動幾下。因膝關節全脫位，韌帶易被撕裂拉傷，雖已上骨復位，但容易再滑脫，需外敷接骨療筋膏，用繃帶包紮固定，然後服七釐散或舒筋活血湯。

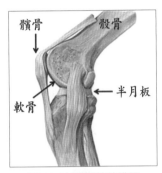

圖 13-23 膝關節結構圖

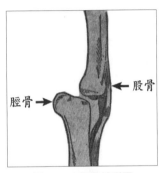

圖 13-24 脛骨前脫圖

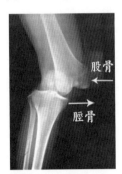

圖 13-25 脛骨後脫圖

圖 13-26 脛骨後脫實圖

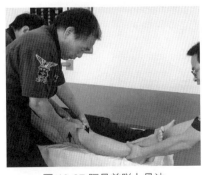

圖 13-27 脛骨前脫上骨法

圖 13-28 脛骨後脫上骨法

九、腳腕被卸上骨法

【足關節組織結構】足部關節，是踝關節、舟距關節、蹠跗關節、跟距關節、

蹠趾關節、趾骨關節的總稱。整個足部骨骼、經筋、韌帶、神經繁多複雜。其中踝關節，是由脛、腓骨下端和距骨、跟骨四骨重疊組成（圖13-29、13-30），靠周圍韌帶帶動活動，腳腕關節最大前後屈伸為九十度。足關節脫臼可分為多種，通常在實施擒拿腳腕卸骨時，以猛力旋擰、後掰強製造成前脫、內側脫、外側脫三種常見。

【腳腕前脫症狀】足背向前伸展不能背屈，脛、腓骨下端明顯移位向前凸出，跟骨部變長，跟骨上部及內外踝後部凹陷空虛，有明顯變形，腳腕活動受到嚴重障礙。

【前脫上骨法】讓患者仰臥在床上，在傷肢小腿下部墊上一本三公分厚書，令一助手固定住傷肢小腿下端，醫者左手握住傷腳腳跟，右手握住腳掌，然後向胸部方向後拉牽引（圖13-31、13-32），邊牽引邊將腳腕屈成九十度，若聽到有入臼聲，上骨復位即成功。

【踝關節向內側脫症狀】踝關節有明顯變形，內踝骨在內側有明顯凸出，跟骨向外側移位，內、外兩側肌筋緊張，關節囊與局部軟組織破裂損傷。

【內側脫上骨法】讓患者側臥在床上，傷腳在下，讓助手用力固定好患腿。然後醫者用雙手環扣住腳腕，用兩大拇指用力推壓凸出的內踝，同時餘指先用力向後牽引、再向上翻轉（圖13-33），當時會聽到骨滑動聲，上骨復位即成功。

【踝關節向外側脫症狀】踝關節明顯變形，外踝與距骨向外凸出，內踝關節凹陷，蹠骨翻向外側，外踝肌筋緊張，機能有障礙，有麻木感覺。經復位後，疼痛異常，血腫明顯。

【外側脫上骨法】讓患者側臥在床上，傷腳在上，讓助手用力固定好患肢。醫者雙手握住傷腳，用兩大拇指用力推壓外踝凸出部，同時兩手餘指先用力向後牽引、再向上翻轉，當時如有入臼聲，踝骨復位即成功（圖13-34）。

【術後處置】三種脫臼復位後，需按摩腳腕周圍肌筋、穴位，使氣血均勻暢通，再逐個慢慢牽引活動傷腳五趾，並輕輕轉動幾次，然後外敷接骨療筋膏，內用厚紙片固定好局部，再用繃帶包紮好，後服七釐散或舒筋活血湯，固定一週即好，若有骨折需固定三週。

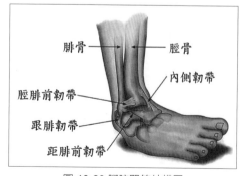

圖13-29 腳腕關節結構圖

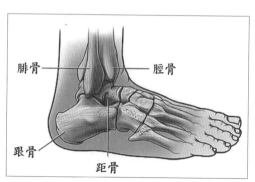

圖13-30 腳腕關節結構圖

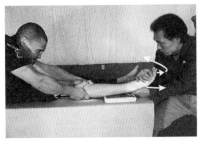

圖 13-31 腳腕前脫上骨法

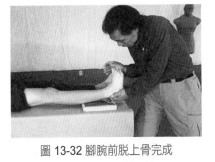

圖 13-32 腳腕前脫上骨完成

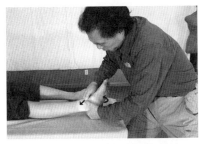

圖 13-33 踝關節向內側脫上骨法

圖 13-34 踝關節向外側脫上骨法

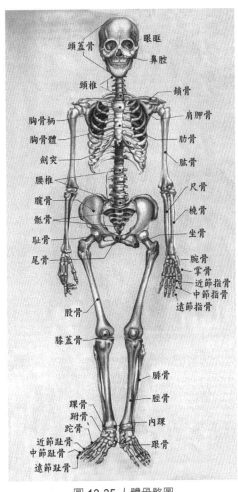

圖 13-35 人體骨骼圖

第二節　點穴接骨與刀槍重傷急救法

　　點穴治療骨傷與遭遇刀槍重傷急救秘法，是武醫體系中的武林秘籍其中之一；是古代武術家必備的救人、治療絕招。點穴治療骨折、關節損傷、關節錯位脫臼，如同施藥一樣，需有周密的配方。何骨斷、何關節傷、何關節脫臼，都有固定的先後點穴手法，其規律不可打破，慎防亂點耽誤時機。為了高效、快速達到治療目的，必須組成好的配方、準確選穴點壓才能見效。

　　使用點穴接骨治療非常方便、非常高效。透過點穴，會迅速調節體內機能，使體內產生滋養骨骼、快速接骨的有益元素，在有序、不斷的點穴刺激下，這些營養微觀物質會爭先恐後的彙集湧入到骨傷之處，從而促使損傷的骨骼迅速恢復癒合。整個點穴後的體內變化過程非常玄奧，深奧到需縱深追究到極微觀下才能明其原理，這是古人的智慧，對當今科學來說是難以解釋的。

　　人在遭受傷害時，往往是環境各異、很難預料，對及時治療非常不利。特別是在野外突遭不測或遭遇劫匪行兇骨傷時，要想及時找到藥物快速治療是非常困難的，若掌握點穴急救法後，可隨時、隨地實施救治，其手法、方法簡單易行，不但可以自治，也可為他人治療，出手即可達到急救目的。這種方便的點穴急救法，會營造眾多良機、避免傷後許多惡果。

　　對於刀傷、槍傷、跌倒損傷或遭惡人投毒及其他卑鄙手段暗算時，既有簡單的點穴、偏方急救秘法也有特殊中藥急救秘方。因此，掌握、傳承古人遺留的這些救人秘方，可隨心所欲、就地取材儘快使傷者轉危為安、及時脫離危險，這也是武醫武德的崇高體現。

　　【註】以下各骨折、關節損傷、關節脫臼點穴治療，需按先後順序點壓各穴二分鐘，不斷重複點壓會更好（若方便配合熱敷療法更佳）。

一、點穴治療骨折

（一）、**脛骨骨折**：取陽陵泉、崑崙、足三里三穴。
（二）、**肱骨骨折**：取肩井、曲池兩穴。
（三）、**橈骨骨折**：取手三里、神門穴。
（四）、**髖骨骨折**：取風市、環跳、外膝眼穴。
（五）、**腕骨骨折**：取後谿、外關穴。

二、點穴治療關節損傷

（一）、**膝關節損傷**：取膝眼、鶴頂、足三里三穴。
（二）、**踝關節損傷**：取崑崙、三陰交兩穴。
（三）、**頸關節損傷**：取大椎、風池兩穴。
（四）、**肘關節損傷**：取曲澤、手三里兩穴。

（五）、**肩關節損傷**：取肩井、肩髃兩穴。

（六）、**腰關節損傷**：取腰眼、腎俞、命門三穴。

（七）、**腕關節損傷**：取合谷、大陵兩穴。

（八）、**指關節損傷**：取合谷、阿是兩穴。

（九）、**趾關節損傷**：取太衝、阿是兩穴。

（十）、**髖關節損傷**：取環跳、伏兔兩穴。

三、點穴治療關節脫臼

（一）、**肘關節脫臼**：取外關、曲池、臂臑三穴。

（二）、**下頜脫臼**：取下關、耳門、頜下凹三穴。

（三）、**肩關節脫臼**：取外關、曲池、肩髃三穴。

（四）、**胯關節脫臼**：取足三里、風市、環跳三穴。

四、槍彈引出急救法

【秘方一】如果四肢被彈頭、箭頭鐵物打進存於骨內，取扁魚膽用沸水煮溶化，再和糯米飯共同搗成飯泥，敷於彈口處，換二到三次，彈頭會自動引出；如果箭頭、彈頭入骨結實不易拔取，可用巴豆、蜣螂搗碎拌勻敷於傷口，少頃發癢可取。

【秘方二】胸部身軀被彈頭及鐵物射進存於軀內，取扁魚膽和地老虎（土狗），用沸水煮溶化，再和糯米飯共同搗成飯泥，敷於彈口處，換二到三次，彈頭會自動引出。

五、破腹腸流出急救法

若腹部被刀傷腸子流出，但腸子沒有傷口，需急用上等好醋煮熱，然後先將腸子洗去污血，邊洗邊將腸子填進肚內，再用活雞皮趁熱貼住傷口，用布包好，再口服玉真散（藥店有售），半月後傷口會痊癒，雞皮會自然脫落。

【玉真散藥方】天南星、防風、天麻、羌活、白附子、白芷各等份，研粉末。

六、治刀傷急救秘方

凡金刃重傷，急將炭燒紅，和砂糖混合搗爛，塗之傷處可治。

七、刀、斧損傷治療

《天下第一金瘡藥》：凡刀、斧損傷、跌撲打碎，敷上實時止痛止血，更不作膿，勝於他藥多也，其傷處不可見水。預製此藥普送，因路遠者一時難取，故刻方廣傳之。今並筆之於書，則所傳益廣矣。各鄉有力之家，宜修合以濟急也。

雄豬油（熬化去渣，一斤四兩）、松香（熬化去渣，六兩）、黃蠟（熬化去渣，

六兩）、麵粉（炒、篩，四兩）、樟腦（研極細、三兩），麝香（六分）、冰片（六分）、血竭（一兩）、兒茶（一兩）、乳香（箬皮上烘去油，一兩）、沒藥（箬皮上烘去油，一兩）。以上藥研極細，先將豬油、松香、黃蠟三味熬化，合為一體，待將冷，再入藥末攪勻，瓷瓶收貯，不可洩氣，用時即知其神妙也。

又方：用降真香為末，敷上即俞。廣三七末，敷之宜效。

八、毒箭射傷急救秘方

先飲麻油一杯，再以雄黃塗之傷處，其毒自消。

九、遭觸電暗算急救法

若遭人暗算以電擊擊昏時，可迅速將人放在潮濕的平砂上，再用潮濕的砂將全身蓋住，傷者會慢慢甦醒恢復呼吸。

十、遭暗算繩索吊死急救法

若遭惡人謀害用繩索吊死或自縊者，自旦至暮，雖身已冷亦可治；自暮至旦，陰氣盛也，則難救。然予嘗見自暮至旦而猶救活者，不可輕棄也。

【救治法】先將人抱下，以被縟塞住古道（肛門、陰部），次將繩索徐徐解去不得遽然截斷，然後以手按摩胸部、喉部，若有氣自口出，微有呼吸，即以好肉桂心二、三錢，煎湯灌之；或用生薑原汁撬嘴灌口潤喉。若已僵直，令兩人以竹管吹起兩耳，然後以半仙丸（半夏丸）納鼻孔中或用公雞冠血滴入鼻孔（男左女右），再研末吹入兩耳，若心口溫者，雖一日猶可活也。

【註】凡自縊者，如果心頭微熱可救。可速將蔥心黃莖插入鼻孔三寸，若鼻、目出血者，有生機也。如果再將皂角末、麝香同灌口中會更快捷。

【半仙丸處方】半夏一兩，研末，用水製成丸，如黃豆大。

十一、遭暗算投水淹死急救法

【急救一】若見溺水或被投水淹死者，撈起速放在牛背上走動，如無牛，以凳代之，瀝去其水。然後用半仙丸納入鼻中或用搐鼻散吹之，再用生薑原汁灌口，若鼻孔無出血者，皆可救也。

【搐鼻散秘方】細辛（去葉）、皂角（去皮、弦）各 30 克，生半夏 15 克，共研細粉，瓷瓶收存，勿洩氣。臨用吹鼻 0.3～0.6 克。

【急救二】將溺水者頭朝下背在後背走動，並用一筷子橫插其嘴，讓水流出，再將皂角末塞入肛門、用生半夏粉吹入鼻孔，然後令兩人用竹管不斷吹起兩耳，溺水者會慢慢甦醒。

【急救三】如果是冬天遇見溺水者，需將濕衣脫下更換成乾衣將其臥躺在棉被上，再用炒鹽用布包好燙肚臍，並用筷子撬口橫插其口讓水流出，再令兩人用竹管

不斷吹起兩耳，再用生薑原汁灌口潤喉，對方會逐漸甦醒。此時，如果對方微笑，要迅速掩緊其口，如果掩不住口，其笑不止，就很難救活。還要特別注意：溺水者不可見火，一旦見到火就會大笑不止，無挽救希望，慎重、慎重。

【註】凡遇溺死者，速將撈起。

十二、心臟猝死點穴急救法

若遇心臟猝死者，需用左、右手各捏住傷者兩手中指，然後用兩拇指指甲尖各掐住患者兩中指尖，至到昏死者慢慢甦醒為止，但猝死時間過長無救。

十三、猝死救治秘法

先將死人扶持盤腿打坐在地上，然後將生半夏末吹入鼻內，若能有氣回升，可將生薑汁灌入，再將乾荷葉炒成灰，用熱小便調 15 克，日服 3 副即醒。

十四、破傷風急救秘方

【秘方一】將手十指指甲、足十趾趾甲剪下洗淨，放在鍋裡用香油炒黃，然後共研細末，遇破傷風者，黃酒沖服，汗出即癒，真奇方也。

【秘方二】川羌活、防風、荊芥、歸尾各 15 克，生地、白芷、紅花各 10 克，明天麻（煨）、劉寄奴各 7.5 克，水煎沖服。

十五、身體左側重跌急救法

凡是左側之穴被重點後，必暈倒癱地不醒、四肢逆冷不能動，其因是經氣受阻、閉穴所致。若心胸微熱，可先用通關散吹鼻，男吹左鼻孔，女吹右鼻孔，然後再用銀針在中指尖刺一針、在腳大趾尖刺一針，四肢在針刺時會有微動。然後雙掌重疊按住神闕穴順時針推轉，邊推邊醒，再用回生保命丹餵入。

十六、身體右側重跌急救法

凡是右側之穴被重點後，必暈倒癱地不醒、四肢逆冷不能動，會眼目直視，氣有出無進，其因是經氣受阻、閉穴所致。可先用通關散吹兩鼻孔，再雙手重疊按住神闕穴順時針推轉，邊推邊醒，然後再用接氣散餵入。

十七、通關散吹藥秘方

生芷、生半夏、生皂角、生蒲英、北細辛、麝香、冰片各 10 克，共研細末裝瓶收貯備用。

十八、急救活命丹：以下三秘方專救要穴被點暈死者

【秘方一】將男女尿桶溺壺中的白片鍛紅，醋淬 7 次，共研細末。遇昏迷死者

勿移動，如移動，則不治，命必亡；若見昏死口閉者，將口撬開，用陳酒將 1.5 克藥末一同灌下，能吐出惡血，即可活矣。

【秘方二】自然銅、古老錢各三錢（各醋淬七次），地鱉蟲五錢，黃麻（燒灰）三錢，大黃（酒煎）五錢，桃仁、當歸尾、紅花各一錢，骨碎補（去毛，酒蒸）、乳香、沒藥、血竭、兒茶、硃砂、雄黃各三錢，麝香五分，以上共研細末，入瓷瓶內，以蠟封好，勿令洩氣。若遇昏死者，原酒釀送下既活，連服數服即癒。

【秘方三】將自然銅 10 克（鍛醋淬 7 次），硃砂 2.5 克，小兒奶牙齒一個（火鍛），雞子一個（用 7 支縫衣針刺入雞子內），取古屋朝東牆壁泥一塊，桑木一寸，金不拘多少，水一碗，同雞子放鍋內煮熟，然後去白用黃，共藥 7 味，共研細末。遇要穴被重點昏死者，用水灌入 0.05 克既活。此藥勿多用！

第三節　接骨療筋秘方

一、接氣散

此方專治要穴被點、跌打損傷。盔沉 3 克、木香 9 克，人參 15 克，桔梗、檳榔各 9 克，枳殼 6 克，共研細末，用薑汁和童便為引，開水沖服。

二、回生保命丹

此方專治要穴被點、跌打損傷。黑丑、大黃、硃砂、巴霜（去油）各 5 克，麝香 1 克，血竭 2.5 克，共研為末，酒漿為丸綠豆大小，金箔為衣，壯人服 2.5 克，身虛者服 1.5 克，小兒服 1 克，陳酒送下。

三、地鱉紫金丹

此方專治要穴被點、跌打損傷。地鱉蟲、硼砂、自然銅各 24 克，烏藥、土狗、玄胡索（醋炒）、當歸（酒炒）、桃仁、威靈仙（酒炒）、川牛膝各 5 克，麝香、香附（製）、木香各 12 克，川續斷（鹽水炒）、五加皮（炒）、猴骨（製）、蘇木、貝母、廣皮（炒）、澤蘭、五靈脂（醋炒）各 9 克，菟絲子（不見火）6 克，共研細末，酒送下，輕者服 4.5 克，重者服 9 克。

四、七釐散

用水飛淨上等硃砂 6 克，真麝香、冰片各 0.6 克，沒藥、紅花、乳香（去油）各 7.5 克，真血竭 5 克，兒茶 12 克，共研為末，煉蜜為丸，每 7 粒為 1.5 克，每日服 2 次，每次服 1 粒，黃酒沖服。此方專治要穴被點、骨斷筋折、跌打損傷、刀槍損傷、血流不止者。

此秘方，為金瘡第一方，古之七釐今之 1.5 克，驗傷者隨時攜帶，非常方便。以上各藥，在端午節午時製作效果最佳，若刀槍傷重或喉管割斷，需速將乾藥末撒到熱雞皮上，然後敷貼包住傷處，會立刻止血定痛，並治療一切無名腫毒，非常奇效。

五、十三味總方

此方專治要穴被點、跌打損傷。三棱 25 克，骨碎補、赤芍各 7.5 克，當歸（若傷上中部用全歸，若傷下部用歸尾）、蓬朮、元胡索、木香、烏藥、青皮、桃仁、蘇木各 5 克。若傷重、大便不通，再加大黃 20 克，恐有瘀血入內澀滯，通瘀為主，用陳酒 250 克煎，又加縮砂仁 15 克，共煎同服。

六、飛龍奪命丹

此方專治要穴被點、跌打損傷。硼砂、地鱉蟲、自然銅（醋炙 7 次）、血竭各 40 克，木香 30 克，當歸、桃仁、蓬朮、五加皮（酒炒）、猴骨（製）各 25 克，元胡索（醋炒）、三棱（醋炒）、蘇木各 20 克，五靈脂（醋炒）、赤勺（酒炒）、韭子（炒）、蒲黃（生疏）各一半，破故紙（鹽水炒）、廣皮（炒）、川貝、枳殼、硃砂、葛根（沙炒）、桑寄生（炒）各 15 克，肉桂（去粗皮不見火）、烏藥、羌活、麝香、杜仲（鹽水炒）、秦艽（炒）、前胡（炒）、土狗（不見火）、青皮（醋炒）各 10 克。以上各藥，共研細末，老酒沖服，重傷者服 15 克，輕傷者服 7.5 克。也可與十三味總方同時內服。

七·順氣散

此方專治要穴被點、跌打損傷。木香 5 克，沉香 2 克，法夏 5 克，山楂 5 克，乳香 3 克，沒藥 3 克，當歸 4 克，共研末用酒沖服。

八、舒筋活血湯

歸尾、赤芍、片薑黃、伸筋草、松節、海桐皮、路路通、羌活、防風、續斷、甘草、木香各 15 克，若上肢傷加川芎 15 克，若下肢傷加牛膝 15 克，痛甚者加乳香、沒藥各 15 克，水煎沖服。此方活血祛瘀，活筋活絡，專治傷筋、關節腫疼。

九、接骨療筋丸

當歸 100 克、川芎 50 克、白芍 50 克、炒熟地 200 克、杜仲 50 克、川端 100 克、五加皮 100 克、骨碎補 150 克、桂枝 50 克、三七 50 克、黃耆 5 克、虎骨 50 克、破故紙 100 克、菟絲子 100 克、黨參 100 克、木瓜 50 克、劉寄奴 100 克、地鱉蟲 150 克。共研為末，用砂糖和水調和勻，製成藥丸，每個 20 克，每次一個，用滴花燒酒送服，專治被卸骨拿筋受傷用。

十、接骨療筋方

荊芥、防風、獨活、芥梗、補艾、川椒各 10 克，蕪活 5 克，透骨草、赤芍、一枝各 25 克。將以上 10 味藥煎熱，浸洗受傷處，任何跌打損傷都可使用此方浸洗。注意：皮破忌用。

十一、接骨療筋膏

山枝仁、大黃、黃柏各 15 克，共同研成細末，再配三花酒蒸熱，敷於患處，專治關節脫臼和經筋損傷。

十二、正骨紫金丹

此方專治筋骨損傷：丁香、木香、瓜兒、血竭、兒茶、熟大黃、紅花各 50 克，當歸頭、蓮肉、白茯苓、白芍各 150 克，丹皮 25 克，甘草 15 克。共研為末，煉蜜為丸，每次服 15 克，用童便或黃酒送下。

十三、斷指再接法

【秘方一】將斷指接回原處，外敷降香粉末，再用布包好，七天手指即好。

【秘方二】淨輕粉、血竭各 5 克，降香 10 克，梅冰 4 克，橡皮土（需炒）2.5 克，共研細末，敷骨折處即癒。夏令加龍骨更佳。

十四、洪寶丹（接骨用）

天花粉 150 克，薑黃、白芷、赤石脂各 50 克，共研細末，用茶水調敷患處，骨折自接癒合。

十五、接骨秘方

公牛角一個，在火上炙，乾一層刮下一層，榆樹皮、百果、楊梅葉、黃米麵或蕎麥麵各等份，花椒 7 粒，共研為末，用陳醋熬成稀糊，在青布上攤勻，然後貼於傷處，再用薄木片纏住，時刻聽到骨內響聲不斷，骨折定接上。

十六、五官斷傷再接法

【秘方一】若舌頭被擊斷裂，急將雞子擊碎，取蛋殼內白膜，然後套在舌頭上，外用洪寶丹敷之，會自然接續。

【秘方二】若舌頭被擊傷斷裂，將頭髮燒成灰，然後敷於舌上，需閉口保暖，以防其冷，會逐漸接上。

若耳或鼻被擊傷斷裂，乘頭髮灰熱時敷於傷處，再用熱布包住，以保持溫暖，勿見風，忌受涼，斷裂之處會逐漸癒合。

十七、殺毒洗膿秘方

金銀花、歸尾各 25 克，大黃 20 克，黃芩、黃柏、赤芍各 15 克，荊芥、薄荷、山慈菇、甘草各 15 克，防風、黃連各 5 克，水煎洗。

十八、接骨丹

雞一隻，去淨肉，將全身骨酥油炙為末。每服三錢，酒送下。又骨末三錢，取熱雞血調敷患處，再以生雞皮綁縛，經一週即接之。

十九、接骨續筋秘方

大生蟹一隻，搗碎後敷於傷處，再服熱老酒一碗，半日後，聽到骨內簌簌有聲，斷骨自合，螃蟹肉黃最能續筋接骨，納入傷中，筋骨自連。

二十、續筋秘方

先將斷筋湊好相對，用旋覆花汁塗之，仍用揉敷好，也可用白膠香研末敷之。

二十一、治眼睛秘方

若眼球被打出而不破者，急揉進，用生豬肉一片，將當歸和赤石脂末少許均勻撒在肉片上，貼住被傷眼睛，則去毒血，即癒。

二十二、止痛膏

此方活血散瘀、消腫止痛，主治筋骨斷裂、跌打損傷。乳香、沒藥、大黃、白芷、兒茶、血竭各二兩，綠豆粉一斤（炒），冰片三錢，共研細末，茶水八分和蜜三分調成糊狀，即可備用。

二十三、腎臟、睪丸脫落治療

若腎臟、睪丸被抓脫落懸掛未斷，先慢慢托上，然後取一些壁錢（類似蜘蛛）敷貼患處，日漸即好，會恢復原狀。

第四節　麻醉及止血秘方

一、止血秘方

【秘方一】在六月取桐樹葉，用童尿浸泡，經十次反覆浸泡再曬乾，然後將樹葉研成細末，用時敷於傷口，會立即止血，並且傷口癒合很快。

【秘方二】將曬乾炒過的絲瓜葉 8 克和乾淨墨魚骨 2 克，共研成細末撒於傷口很快會止血。

【秘方三】蔥白、砂糖各等份，共搗為泥，敷於傷處，會立刻止疼止血。

【秘方四】若遇刀傷，可將柿餅搗爛敷於傷口，會血止癒合。

二、桃花散

【秘方一】此方止血癒合傷口。乾石灰粉 6 兩，大黃 1 兩。先將大黃切片煮成濃汁，再共同摻入石灰粉放砂鍋裡同炒，待石灰炒乾成紅色時，放到地上去火毒，然後將石灰過篩備用。

用時撒到傷口處，會立即止血，待止血後，再用大蔥湯洗淨傷口，最後將玉紅膏（藥店有售）塗到傷口處，會長肉癒合傷口。

【秘方二】此方癒合傷口、生肌長肉。桃仁、歸尾、生地、白芷、紅花各 6 克，羌活、防風各 5 克，荊芥 3 克，共研細末，用陳醋調後外敷傷處。

三、外敷生肌秘方

炙乳香、炙沒藥、白芷、赤石脂、兒茶、龍骨、貓頭骨、五倍子各 5 克，共研細末，敷於傷口，會逐漸生肌癒合。

四、消腫止血特效藥方

土鱉、膽南星、防風、白芷、川芎、升麻各 15 克，南紅花 15 克，龍骨、當歸、羌活、螃蟹骨各 9 克，血竭 15 克，沒藥 24 克，炒馬錢子 10 個，乳香 30 克，金絲毛 24 克，三七 3 克，七葉一枝花 20 克，菖蒲 10 克，冰片 5 克。

將以上 20 味藥研成細末，裝入瓶中備用，用時用老酒或凡士林或本人口水調成糊狀敷於傷處，會很快消腫、止血。此藥勿內服。

五、內服麻醉秘方

【秘方一】麻黃、胡茄子、薑黃、川烏、草烏各 15 克，鬧羊花 30 克，共研細末。動手術前，取 2.5 克用茶酒送下，即可全身麻醉。若要解除麻醉，服甘草湯則解之。

【秘方二】茉莉花根磨汁，服一寸 1 日不醒，服二寸 2 日不醒，乘不醒時動手術不覺疼。若要解除麻醉，服鹽湯或醋湯即解。

六、外敷麻醉秘方

川烏尖、草烏尖、生南星、生半夏各 25 克，蟾酥 20 克，胡椒 50 克，共研細末，再加蓽撥 25 克或細辛 50 克，用燒酒調成糊狀，敷於身體中毒部位，能迅速麻醉局部，可任意刀割不覺疼，同時適應上骨、整筋、取毒箭用。

第五節　特殊藥物防身、解毒、增功秘方

特殊防身、劇毒、解毒、增功藥物，是大自然界固有的產物，它源於礦石、動物、植物，功能奇效，其悠久的自然產生是人類不可掌控的，但在使用上是可以把控方法的。

特殊藥物秘方，其毒性神秘又奇效，在古代主要用於軍事為加大殺敵力度而被重用，同時也是古代武林為防止眾匪打劫、暗算投毒、免遭陷害而使用的一項特殊方法。這些特殊藥物秘方，即是嚴格保密的防身、防毒秘密武器，又是解毒救人的絕招，二者同為武林藥物秘籍。雖然這些藥物各具其毒，但並非無藥可解，無論毒性再大、再頑固，都會有不同的針對藥物來解體它。

宇宙相生相剋之理，無不存在，大自然就是這麼奇妙、這麼完美，它在創造一種毒藥的同時，也同時為人類安排好瞭解毒之藥，早把剋星備在了它的周圍，等待著人類去發現、利用。但有些罕見解藥，卻很少有人能認識，在古代唯有武林高手、名醫才能辨認。

相生相剋，是宇宙永恆不變之理，萬事萬物都深藏著固定規律，只是玄奧至極不易被發現，無論科學有多先進，人類的發現都是極其艱難的，奇蹟的發現都是固有定數的。任何事物都有正反、利弊存在，毒藥，也不例外。毒藥，雖然它惡的劇毒一面能殺人，但它正的一面藥理價值卻能救人，在治療一些頑固疾病上，是任何藥物都無法代替的。

有些毒藥經過精細提取之後，其救人致病效果是很獨特、很奇效的，各種致病秘方，在古人幾千年遺留下來的醫書中都能找到答案。弘其益，拋其弊，以正克邪是正義、高德的展現。以其藥理救人、使用得當，利己、利民會走向昌盛；若以此藥為非作歹、陷害好人，惡報一定降臨其身。

中國五千年文明傳統文化，是建立在「惡有惡報，善有善報」的基礎上。善惡若無報，乾坤必有私。父輩作惡，正氣必耗盡，邪氣定入身，己必招災又禍及子孫；祖上行善，正氣必倍添，邪氣定被驅，己必福報又惠及後代。《易經》云：「積善之家，必有餘慶」。這裡所講的「餘慶」指的是：行善者，不但自己得福報，而更加受益的是子孫後代。

縱觀歷史看現在，以權以勢為謀私投毒行惡、害人者，即使暫時作惡手段得成，官升財又來，但最終都禍及本人及全家，沒有一個不遭惡報的，古今中外例子比比皆是，不勝枚舉。順天者昌，逆天者亡，可謂天理不可違，其教訓極為深刻，世人應該驚醒。

在這個世界上，大自然雖然產生著這些不可掌控的毒藥，但我們不能利用其負的一面危害人類，應該利用它正的一面以毒攻毒、以救人為上策，這也是維護人類道德、持久延續人類文明的高尚表現。害人之心不可有，防人之心不可無。古人試驗、發現的這些秘方，目的是用於正當防身、防毒、解毒、免遭陷害、有利於人

民。以下各種秘方要嚴禁亂用，絕不能不懷好意、以私作惡害人。後人繼承這些秘方，一定要建立在道德、正義基礎之上，切勿亂用！慎重！慎重！

一、迷魂陣防身法

取雞蛋兩個，再將雞蛋各鑽一個小孔，然後把蛋汁倒出晾乾，再將中藥生陰起石、生陽起石各 50 克研成細粉末，分別裝入兩個雞蛋殼內，再將小孔用膠布黏住，讓母雞孵化幾天後取出保存。再取半夏、生草烏各 50 克，研成細粉末共同用紙包住備用。在出差路過常發打劫地時，可提前口含生薑三片預防自身被迷魂，若遇劫匪，可將紙包一同撒向面部，對方嗅到會立刻迷魂自相殘打。此時，可趁機擺脫，實為防身之妙術。

【防法】嘴含三片生薑，可免遭迷魂。

二、噴劑迷魂防身法

阿托品 30 克、鬧羊花粉 5 克，溶於 100 毫升高濃度白酒中，放置一日，然後裝入噴具內，在遭遇打劫時噴射其面部，劫匪會很快昏倒在地，1～2 小時後才會甦醒。然後可趁機脫離。

【解法一】一次口服生甘草 3 片或取生甘草 30 克煎水服下可解。

【解法二】人參、甘草、茯苓各 5 錢，半夏、白薇各 1 錢，陳皮、菖蒲各 5 錢，研成細末服下三分之一，或煎水內服即解。

【解法三】用雞尾草煎水服下即解。

三、預防被迷魂法

在出差辦事住宿時，為預防中計遭迷魂暗算，睡覺前嘴含生薑三片，可預防被迷魂。

四、投藥醉敵防身法

將生草烏、生川烏各 50 克，飛燕草 20 克研成細末，裝入易撒的瓶中備用。取生綠豆浸泡去皮，曬乾後研成細末備用。在遇劫匪時，內含綠豆粉 3 克，然後將藥撒向歹徒面部，對方會立即醉倒，2 小時後才會甦醒。此時，可趁機脫離危險。

【解法】綠豆粉 5 克，同冷水灌服即解。

五、投藥癢敵防身法

用毒蛇頭一個、公雞頭一個、生草烏 40 克、柏楊樹根 2 兩、樟樹根 2 兩，用白酒 2 斤瓶裝密封浸泡 3 個月。然後取出蛇頭和雞頭焙乾研成細粉，再裝瓶備用。在出差遭遇打劫時，可迅速將藥撒向劫匪面部自衛。此藥，剛接觸皮膚無感覺，如果劫匪逼近搶劫，會很快逐漸全身發癢難忍、紅腫腐爛、無自控能力，自然就無法

繼續行兇搶劫。此時，可乘機脫離、解除危險，達到防身自衛目的。

【解法】取螞蟥 5 條搗爛，拌白糖 3 兩、硼砂 2 兩、酒精 2 兩，及時塗上可解除痛苦。

六、催睡防身法

取生草烏、生川烏、醉仙桃花、鬧羊花各 2 克，共研細末。外出時，為防劫匪，預先在香菸頭上沾少許。在遇劫匪時，口含生薑 3 片，只要點燃香菸，劫匪聞到香味就立刻昏睡。此時，可乘機脫離危險，實為防身妙招。

【解藥】葛藤花煎水灌服即醒（圖 13-36）。

七、白粉中毒解法

若遭惡人暗算，投毒白粉到飲料或食物時，在剛剛誤吃白粉後，可口嚼含羞草即解，也可一邊嚼一邊服黃酒。含羞草在下霜後採為最佳（圖 13-37）。因含羞草有毒，在嚼完後需用水刷牙清口。

圖 3-36 葛藤花

圖 13-37 含羞草

八、誤抽白粉煙解法

若遭暗算，誤抽摻入有白粉的香菸，可喝濃茶、吃生薑、冰糖即解。

九、防下毒檢測法

出門為預防惡人對吃、飲下毒，可隨身攜帶大蒜，在吃飲前將大蒜放入碗中，如果水變成紅色、大蒜變成黑色，說明食水已下毒。

十、遭砒霜暗灌急救法

純正的砒霜是無色無味的，與麵粉、澱粉、小蘇打很相似。它的主要成分是砷，一旦服下會迅速破壞人體肝臟，強烈刺激胃腸黏膜導致潰爛、出血，同時嚴重阻止細胞不能獲得氧氣，從而導致死亡。如果遭遇惡人暗算投毒誤吞砒霜，可迅速用以下秘方急救。

【秘方一】取1兩防風研成細末，用冰水服下即解。

【秘方二】取活白鴨鮮血，趁熱灌入，萬無一失，馬上即解。

十一、中毒腐爛解毒秘方

若遭惡人暗算投毒其身，會持續腐爛無法治療，可用路路通1兩、紫草3兩、甘草7兩，煎水泡洗患處，會慢慢恢復健康。

十二、見血封喉中毒解法

見血封喉，又叫箭毒木（圖13-38、13-39），它是世界上最毒的植物之一，光聽這個名字就足以讓人感到毛骨悚然、恐怖至極了，其毒性比斷腸草更大，無需吃下，只要見到血液就立刻殺人於無形。乳汁一旦入眼會導致失明；中毒30分鐘內會急遽凝固血液、封閉血管、麻痺心臟、導致死亡。因此，有傷口或女生經期更不能靠近。見血封喉中毒後，有「七上八下九不活」之說。就是說，被塗上毒汁的箭頭，只要獵物或人中箭，上坡只能跑七步，下坡只能跑八步，平地只能跑九步就必死無疑，可見毒性之大。

【解讀秘方】見血封喉雖毒性巨大，但它的藥理治病價值也是很獨特、很有效的。其乳汁經過提取後，可治療高血壓、心臟病、乳腺炎、淋巴結結核等。它的劇毒並非無藥可解，它的周圍，紅背竹竿草就與其相依而生（圖13-40），這就是它的剋星、唯一的解藥。

圖 13-38 見血封喉樹

圖 13-39 見血封喉樹果

圖 13-40 紅背竹竿草

十三、斷腸草中毒解法

斷腸草，即胡蔓藤、雷公藤、野葛、鉤吻、毒根、虎狼草、爛腸草等，誤吞後腸子會變黑沾黏，若不及時搶救，會劇疼不止而亡。若遭惡人暗算投毒誤吞斷腸草，可迅速用以下秘方急救。

【解毒秘方一】先服下炭灰，再服鹼水和催吐劑洗胃，洗胃後，再用綠豆、金銀花、甘草共同急煎服下可解毒。綠豆、金銀花、甘草三者共同煎服，實際上是萬用解毒藥。又方：將荔枝蒂粉碎與生豆漿一同服下，可同樣有解毒效果；用金銀花榨汁與黃糖灌服，也會有解毒作用；用鮮羊血、鴨血、鵝血趁熱灌服也有解毒效果。

【解毒秘方二】先將服毒者扶正，再撬開牙關，將剝皮的三個生鴨蛋灌口，入胃後會將毒草裹住，然後將豬油半斤煨溫灌服，再用黃豆半生與筍雞一隻連毛帶腸子搗爛，用二斤清水煮熟，放進布袋去渣取汁灌服，其毒即吐。若不吐，再用公雞毛探喉，吐出即癒。其毒在胃可治，其毒入腸難治。又方：用生蘿菜榨汁，灌服兩杯即癒（冬、春兩季用蘿菜籽一兩煎服，對急救胡蔓藤中毒會更佳）。

【解毒秘方三】急用嫩葉心粉碎泡水，再用布過濾取水滴入口中，即百竅潰血，再用抱卵不出的雞蛋粉碎研細和麻油一同灌口，可解斷腸草毒，毒物吐出可救，延時少遲則難救。

【解毒秘方四】雷公藤（圖 13-41、13-42），毒性很大，整個全植均都有毒，服 2～3 片或服嫩葉 7 個、根皮 30g 就會嚴重中毒，在 2 小時後會出現：胸悶氣短、腹瀉、劇烈腹痛、嘔吐、體溫下降、呼吸衰竭等症狀，24 小時左右會導致死亡。但它的醫療作用也很有效果，主要活血通絡、消腫止痛、祛風、殺蟲解毒等。

一旦遭暗算中毒，在 4 小時內急服催吐劑、泄劑，一般均能痊癒。如果超過 4 小時，可再服鮮蘿蔔汁 4 兩或燉服萊菔子 8 兩，也可服用鮮韭菜汁或濃茶、鮮羊血解毒。

【斷腸草形狀】枝葉比較光滑，葉子為卵狀長圓形或卵狀披針形，一般在枝條的關節處和枝條的頂端處開簇狀的黃花，花期在 5～8 月份（圖 13-43）。

圖 13-41 雷公藤

圖 13-42 雷公藤片

【金銀花形狀】在枝條的關節處開有對生的兩朵花，花筒比斷腸草的花細長而小，金銀花初開時是白色的，1～3天後會變成黃色的花，花期在5～7月份（見圖13-44）。

【註】斷腸草和金銀花，二者長相相似，為了更好的讓大家辨認區分，現將斷腸草和金銀花圖片列出供大家比較辨認。因為斷腸草本身有劇毒，金銀花是用來解毒的，功能相反，一旦誤採誤用，會帶來生命危險的。所以，在採取時一定要辨認清楚。

圖13-43 斷腸草　　　　　　　　　　圖13-44 金銀花

十四、中烏頭毒解法

烏頭（圖13-45、13-46），內含劇毒，古代標準軍用毒藥，主要用來塗抹箭頭及各兵器。關公刮骨療毒就是撩得烏頭的毒。烏頭雖毒，但它的醫療作用也是很有價值的，特別用於治療頑固風寒濕痹、癰瘡腫毒、中風不省人事、半身不遂、跌打損傷、筋骨疼痛、淋巴結核等有特殊療效。若遭暗算投毒誤吞烏頭毒，可急用以下方法急救。

【解毒秘方一】可急將生薑汁二兩灌口入胃，再用生綠豆二兩與生甘草一兩煎服，然後再用大劑量阿托品解救。

【解毒秘方二】也可急服牛奶解毒。因為烏頭鹼能與蛋白質結合，會催吐、洗胃，嚴重的還需靜脈輸一些強心藥。

圖13-45 烏頭　　　　　　　　　　圖13-46 烏頭花

十五、萬能解毒藥

甘草、金銀花、綠豆，三者同用堪稱萬能解毒藥。以上毒物雖毒，都可以其解毒。

甘草，味甘、性平，入脾、胃、肺經，具有潤肺、解毒、調和諸藥的功效，號稱眾藥之王。《神農本草經》將其列為藥之上乘；南朝醫學家陶弘景將其尊為國老，稱此藥為眾藥之王，若與金銀花、綠豆共用，其解毒效果會更有奇效。因此，三者成為萬能解毒藥。

十六、抗擊打秘方

【秘方一】找一個癩蛤蟆（蟾酥），將幾瓣大蒜塞入口中，然後用布包住蛤蟆，三天以後會自死。再取出口中大蒜埋入土中，等大蒜生長出苗來後，再挖出大蒜洗淨含入口中，不可吞下，在遇人拳打腳踢時，如似金鐘罩、鐵布衫，抗擊打力特強，不會感到疼痛。

【秘方二】取牛膽一個，不可將膽液倒出，然後將中藥天南星 90 克放入其內，掛在陰涼處晾乾，過幾天後膽液會滲入藥內，再將中藥取出曬乾研成細末保存。如果將藥粉服下或塗在全身，在遇到外力打擊時不會感覺疼痛；如果受外力打擊受傷，可將藥粉服下或將藥粉塗在受傷處，會立即止疼，奇效無比。

十七、輕身增力法

【秘方一】取茯苓、桂枝、靈芝各 150 克，杞子、黃精、蓮花各 100 克，西紅花 2 克，研成細末，然後放入 6 斤白酒罈內，密封埋入地下 30 天後取出，每日早飯前服一小杯，全身很快氣血充盈，體力速增，身輕如燕，行走如飛。

【秘方二】取紅參 4 克，鹿兒 3 克，雪蓮、西紅花、何首烏各 30 克，研成細末與蜂蜜煉成丸，每丸 9 克，在早飯前服一丸，全身很快氣血充盈，體力速增，身輕如燕，行走如飛。

十八、固功增力秘方

酒全歸、酒川膝、魚膠、虎骨、菟絲餅、枸杞、續斷、補骨脂各 200 克，炒蒺藜 50 克、炒蟹黃 400 克，以上十味藥研成細末，煉成水蜜丸，每丸 15 克，每日一丸，黃酒送服，強筋壯骨，增力固氣。

第十四章

警拳道七大理論

　　清晰、透徹的武學理論，是練武與傳承中的航舵，對縱深理解武術深藏內涵會有指導作用。警拳道七大理論，是從千錘百煉、紮實的實踐中催生靈感得來的，其見解獨特，根基非常牢固、穩定。

　　這七大理論，是站在武術的一個極高點從多方位、多角度由淺入深的對武術進行了全面透視剖析，如似一把萬能鑰匙，從中有序的打開了固封久藏的許多武林密碼，從不同層次揭開了千古武林秘籍的神秘面紗。在傳承與習武途中，如果以這七大理論作指導，就不會迷失方向，就能有辨別真假功夫的能力，對攀升到「上馬能用槍，下馬能作文章」的武術高境界，就會有明確的認識；對習武的終極目標，就會有準確定位；對邁入高層武林，就會有正確方向。相反，如果沒有準確的武學理論作指導，對武術的精髓、核心價值就會模糊不清；就會迷失方向、偏離軌道、闖入盲區、誤入歧途，在傳承與習武中，只能在底層、淺薄中延續，國粹武術就會變異成「舞」術，核心將永遠把握不準，精髓一定是蕩然無存，最終會顛覆武術之真諦，導致國粹武術變異。

第一篇　論　武

　　何為武？沒有武魂作指導，不重德，亂打、惡鬥不為武；不懂散手技術、花拳繡腿為假武；能打、會打而不打為真武。武術，這門國粹傳統文化的精髓就是：崇尚武德，交戰格鬥有方法。

　　論武、授武、練武，不能脫離歷史的背景。先人造「武」字的內涵是極其深奧的。「武」，止戈也，從「武」字的結構上看，「武」字是有「止」和「戈」組成的，這其中就包含著：戰爭、和平、兵器、威嚴、技術、功力和停止動武之意，同時涵蓋著科學、哲理、美學、倫理學、兵法學、武醫學、養生學等，昇華到高層又包含著宇宙的法理，絕不是單純的踢踢打打，從深層折射出了崇高的武學價值。

　　古人，只用了八畫創造的「武」字內涵，後人就需研究探索、苦練幾十載才能徹底搞清，這還得說是需有天賦之緣者。可見，古人創造「武」字的智慧與胸懷。

武，最明顯的表現形式就是軍事動武和散手交戰。

「武」的最高境界就是：注重武德，嚴謹動武，善與威嚴同在，能打、會打而不打。但又不是絕對的不打，聖賢不得已而用之，在何種情況下動武，需有充足的理由、在正義面前展現威嚴時智慧決定。

「武」，雖講和平，但並不是永遠不用武。「武」字有動武、展現威嚴的一面，在打擊侵略者、正當自衛、懲惡揚善、替天行道時，就是要有壯士斷腕之勇氣、聲東擊西之手段、一招制敵之威力，這就是「武」字的威嚴、終極體現。習武，不但要有高超的交戰本能，還需有崇尚武德、嚮往和平的高貴精神。

「武」字的內涵，看似矛盾，其實並不矛盾，須把它合二為一看待。在特殊情況下，動武可以換取和平，但動武必須以德作為指導，建立在和平之基礎上，絕不能誤認為是只管打而不講德。「德」，是武術的靈魂，與武永不可脫離。「有德無功非好漢，有功無德為奸惡」。動武，若沒有武魂作指導，失去武德去惡鬥，是一種沒有靈魂之惡行，這是對國粹武術的最大不敬與抹殺，在傳承中就會迷失方向、走向極端、誤人子弟。

武術，從第一天誕生起，先人就以德為武魂，繼而研練招法、功力，誠心遵循德藝雙馨這一標準健康傳承發展，歷朝歷代造就了無數民族英雄。「自古聖人德在先，自古武輩術精湛」。像岳飛、關羽、戚繼光等民族英雄，就是在衛國護民中，以正義之武立下了汗馬功勞，成為世人永久紀念的民族英雄。

神州大地，華夏文明五千年，孕育了燦爛的歷史文化，國粹武術，就是其中經典之一，自古就帶有傳奇色彩、隱藏著層層武林秘籍。武術雖然人人皆知，但不一定人人真懂，「名家」不代表「明家」。研究武術、傳承武術、習練武術，必須清楚其核心價值和博大精深的內涵及脊髓部分。不識兵書莫上場，不懂技術莫交戰。武術的用途就是：在維護正義時，能交戰、會交戰；它的價值就是：強健體魄，防身自衛；它的精髓就是：散手強力，功力過硬，這就是真正的武術。否則，只學花拳繡腿，不懂散手技術，不具備過硬功夫，交戰必束手無策、被動挨打，就不能以武建立威嚴；就不能完成武術的使命，動武就不能取勝，這又談何是武？這是對國粹武術之最大侮辱。

現代戰爭雖不以武功高強來決定勝負，但畢竟武術這門傳統文化，有它獨有的用武之地。就現代戰爭而言，不論武器再先進，各國特工人員、特種部隊、警衛保鏢還是把武功作為一項重要課程來學習；國際國內擂台競賽，更是昌盛不衰的發展項目；在民間始終作為國人鍛鍊堅強意志、勇敢自信、強健體魄、防身自衛、振奮民族精神的強力法寶，特別是在遭遇劫匪千鈞一髮之機，會以獨有的搏擊能力出奇制勝製造奇蹟。在人類歷史的長河中，武術，就是這樣扮演著正義而威嚴的角色。因此，這一國粹才千秋萬代昌盛不衰。

武術，在練習與傳承中，層次遞進是非常有規律的。不同層次的武術，要求不同，練法不同，境界不同，用法不同。大體分為：初級、高級、高層三個階段。每

一層次不論在健身或是散手威力、功力運用方面，其差距是非常之大的。邁過初級攀升到高級武道時，還需要精通武學理論、掌握武醫、時辰精確打穴及特殊藥物防身、防毒、解毒、急救等方法。

武學理論，是開啟實踐中隱藏的武林秘密鑰匙，透過理論才能看清武術潛藏的奧秘；才能知道武林秘籍的深奧；武醫，是方便救死扶傷的手段；精髓斬穴術，是高級武術交戰的強力體現，三者是逢源高級武術的必備內容。

一、初級武術

武術初級練習，屬於體內物理生理概念範圍變化調整階段。從健身角度講，透過鍛鍊，可改變生理機能、加強血液循環、新陳代謝旺盛、促使骨骼肌肉發達、增強抵抗力、提高免疫力、精力旺盛、反應敏捷、身心健康，同時掌握一些簡單的防身自衛技術（這裡不指花拳繡腿），在工作、幹事業中能夠增強自信心、大膽的應對社會，其優點都會體現出來，這是不爭的事實，是普遍的共識，一般人只要練習就可以達到，這是武術昌盛不衰的根源之一。

但在初級階段，不會練到高級水準散手技術或精確打穴術、精湛氣功絕技（如散手中的十拳武器發揮、時辰斬穴、鐵腳功、二指禪、卸骨鷹爪功等），並且對武術整體概念、精髓部分模糊不清，對武林秘籍抱有神秘感，有待期望學習、瞭解之願望，這就是初級武術階段的思維狀態。

二、高級武術

武術高級鍛鍊，在體內屬於物理生理生化調整階段。歷代武術家在昇華到高級階段時，不但功力、技術精湛，而且特別注重武德涵養、養生之道，他們或練佛家、或練道家武術氣功及一些祛病健身、養生功法，這些功法雖不是上乘修練功法、不能練就超常功能，但經過持之以恆的苦練，會促進體內物理生理生化調整，體內會生成一些高能量微觀物質不斷儲存在細胞中去，可激發自身功力不斷提高，會大大增強技擊威力，同時會促使身體健康昇華到另一境界。為此，歷代武術家，除在戰場上殉職外，大多在世時身體都很健壯、年齡都很長壽，這就是進入高級武術練習帶來的結果。

高級武術，在技術與功力上是非常豐富、精湛的。如：快速打法、捧法、擒拿卸骨、鎖筋、斬穴術、器械擊法、鐵腳功、二指禪、鷹爪功、五毒掌、鐵布衫等。經過高級階段練習，這些技術與功力會如虎添翼迅速提升，在技擊上可有一招制敵之神效，不然，就不稱為高級武術。

如何使這些技術、功力能提高上去？這就需要一套有效的、快速的訓練方法。這套方法就是：精練特殊的內氣、外功、技術。經過堅持不斷的練習，反應會更加機智靈敏、內氣會更加充盈、皮肉彈性會更強、骨骼、皮肉分子密度會更大，最終達到內強外壯，在散手交戰、器械交戰或打擊物體時，隨著拳腳打出，功力會隨心

所欲的達到拳腳中去，瞬間會產生強大的衝擊力和抵抗力，爆發出驚人的打擊威力。從科學檢測來講，這就是高能粒子束疾速演變成帶電粒子所起的作用，其實它就是練出的一種高能量物質，隨大腦指揮在另外空間高速運行，在散手搏擊時會衝鋒陷陣、隨意到達身體某一部位，展現出驚人的威力，這就是在高級武術練習時，體內物理生理生化調整造就的結果。

如果在歷史上，對於一個國家、一個民族來說，能夠把高級武術普及到軍隊，這就是一支戰無不勝的精銳部隊，可兵征天下、所向無敵、驅逐侵敵、救國救民，能製造軍事戰場上的奇蹟；如果個人在見義勇為、懲惡揚善打擊劫匪時，會更加有膽量、充滿自信，個人意志是會更加堅強，能製造一招制敵之神話。為此，高級武術在正面武力上所帶來的威嚴，使人見後會感到震撼、神奇，會大大鼓舞人心，激勵人們鬥志，從而振奮民族精神，產生積極向上的社會效益，這也是千百年來，激勵人們追求武術、傳承弘揚、流傳萬代、昌盛不衰的根本原因。

高級武術不是高層武術，但其制敵絕招和氣功絕技也足夠神奇的了。特別是對於武功點穴來講，最快一招能在 0.1 秒鐘之內閃電完成，這樣的神速只能高級散手才能完成。神奇的斬穴術，從古到今都帶著一層神秘色彩。為此，有人質疑，認為是天方夜譚，這是站在底層的武林角度講話。一個沒有身臨其境親身體驗、接觸過真正武功點穴的人，自然就不知其中之奧妙，是不能持否定態度的，這是被淺薄的武術經歷、狹窄的胸懷束縛住了。不入虎穴，焉得虎子。若要證實，就必須身臨其境體驗或達到這個境界才能明白，否則，在圈外永遠不知道圈內之奧妙。

時辰點穴、解穴的神奇是不可否認的（本書已有詳細解讀），這是古人遺留給我們的寶貴遺產。實施點穴、解穴，是要嚴把時辰血頭、經脈走向的，不但技術精煉、功力要過硬，而且時辰要絕對把準。點穴後人體內所產生的多種惡性或良性反應，現代醫學已逐漸的得到解釋。

高級武術散手的制敵招法和精湛功力，是人們關心注重的焦點，太低了人們不重視，太高了人們又質疑，只有高級武術的招法、功力才會引起人們的重視。初級武術相對容易，高級武術就需要講究方式方法了。那麼如何達到武術高級境界？毫無疑問必須具備兩點：一是有志者需深得明師真傳（不是名師），二是走研究試驗之路，別無選擇。拳諺道：「真功絕技練就難，親身一驗掘精湛，千練百練不得法，明師一點勝十年，」此言，一針見血道破了練武秘籍。

從古到今歷代武術明家都身經百戰，有著豐富的實踐、實戰經驗和傳授能力，能找到最捷徑、最有效的傳授方法；有避免學者誤入歧途、快速練就武林精髓的絕招。因此，有「明師一點勝十年」之說。

親身試驗，是一項極其危險的舉動，這是歷代武學開創者，在特殊環境下被迫選擇的一條探險之路，在研究探索中是要付出巨大代價的，其中包括生命代價。在試驗、挖掘過程中，其經歷是步步驚心的，但只要勇敢地身臨其境、敢於實戰、大膽研究以身試驗，先進制敵絕招、精湛功夫就會從中掘出，武林秘籍就會找到。但

走研究試驗這條路是比較艱難的，自古成功者少，失敗者多。但如果從失敗中、危險中站起來，那就是一個強者、勝利者，武林精髓必然掌握。所以說，「親身一驗掘精湛」。在此，不難理解，只要二者具備其一，高級武術就會掌握。

反觀中國古代武林，沒有一個真正武術家不是走其一、就是走其二這兩條路的，真正的武林秘籍都是從這兩條路找到答案的。警拳道的一些高級功夫、特殊技術和揭示的武林秘籍，就是從上百次的冒險試驗中挖掘得來的。因此，是極其獨特、前所未有的。在此特別講明，練就高級武術，雖特別注重講武德，但不講武德、致命絕招及精湛氣功絕技照樣能練成。為什麼呢？因為高級武術畢竟不是高層武術，高級武術的標準就是這樣固定的。

談到高級武術，就要談到門派的掌門人。肯定的講：掌門人就是高級武術的代名詞。但掌門人是有資格標準的。什麼是門派掌門人？就是能全部掌握這一門內容的人，才稱得起叫掌門人。當今許多門派掌門人，只講形式，不講水準，只要拜個師、按這一門的傳承代數排列，就是這一門的第幾代掌門人或傳人了，對掌門人看的非常簡單、非常淺薄。

其實真正的掌門人，不但要精確掌握這一門的全部實踐內容、使這一門保持永久不變，更重要的是要繼承這一門的武魂與精神，這才能達到一個真正的身懷絕技的掌門人。如果忽視這些、只學習幾個單一套路或基本的散手招法、功力，這就不是一個合格、獨立武術門派的掌門人。例如：單學警拳道斬穴拳或者部分散手、功力，不論你練得再精、再好，也不具備警拳道掌門人的資格。因為，單一的學習，會對這一門完美的傳承受阻。還有，門派與門派之間的技術、功力層次相差很大。因為任何一門的創始人，所處的歷史環境不同、創拳的背景不同、性格不同、個人素質不同、追求的目標不同、思想境界不同，所以，創立的這一門的特點、風格、技術、功力、理論就必然就不同。因此，掌門人的水準必然就會有巨大差距。

其實稱得起高級武功的門派，是要具備極強的散手打法、摔法、擒拿卸骨法、鎖筋法、斬穴術、點穴解穴、器械擊法和獨特精湛的氣功絕技及藥物防身、防毒、解毒、救治秘法的。這些具體內容，每一項都內涵著不同的武林秘籍，這就不難看出，掌門人的標準有如此多高。因此，成為一代真正的掌門人確實有一定困難，現在是，過去是，將來仍然是。這對於那些學花拳繡腿或在初級層次徘徊的人來說，可能會感到震驚、困難。由此可以看出：只知其一，不知其二、其三就不為逢源，就不能完成掌門人的傳承使命。

反觀中國歷史文化，其背後都有她的特殊因緣關係。從大的方面來看，諸如《易經》、《黃帝內經》、《山海經》，這是中華傳統文化的經典之作，被稱為中國三大奇書，是古人留給我們的寶貴遺產，但在特殊的歷史演變過程中，卻使其中的精髓蕩然無存，書中真正的高深內涵，在當今是極少極少人能夠徹底揭開和傳承下來的，為什麼？答案就是：在歷史傳承過程中，精髓被迫中斷。還有，就是境界太高，確實後無高人，所以必然導致斷層。再向下看，岳飛、戚繼光的精湛武功以及

華佗、李時珍的經典中醫，在當今仍然沒有人能夠真正的繼承下來，都是繼承了最淺薄的部分，其緣故，仍然是在傳承中沒有這方面的人才。

再看，近代李小龍創始的截拳道更是一面好鏡子，儘管他親自指教了一部分徒弟，但仍然無人領悟到他的思想境界、達不到他的精神狀態，武功當然就不可能練到他的水準。為此，截拳道的傳承必然受阻、質量必然下降，完美繼承就極其困難。「有狀元徒弟沒有狀元師父」和「青出於藍勝於藍」這兩句俗語不是絕對的。

為什麼先人開創的文化精髓及武林秘籍沒有人繼承下來？難道說精髓失傳、徒弟沒繼承下來還高於師父嗎？但現實中，又有很多徒弟超過了師父，這對前兩句話來說又是對的。任何事情都需要辯證的看，二者都會在歷史的演變中顛倒性出沒、周而復始的在生與滅中循環，這也是相生相剋在武術中的展現。所以，高級武術的精髓，隨著歷史的推移被淹沒是必然的，人類永遠無法改變。

高級武術，就是要具備強力的打擊威力，否則，就不算高級武術。可是，仔細觀察，卻發現當今武林已遍佈花拳繡腿，變異的國粹，早給我們敲響了警鐘，技擊精髓滅絕信號在不斷發出，武術真諦正在摧毀。現在盛行的花拳繡腿，已沒有博大精深的內涵了，深藏武林秘籍的拳經內涵已沒有多少人能知曉，神奇的斬穴術已蹤影不見，傳承中已沒有這一課。有的拳經、拳譜只是背背好聽而已，卻不知其中之奧秘，斬穴術也只是講淺薄的理論，實質的來龍去脈已迷惑不清，以此封鎖了開啟武林秘籍的鑰匙。

反觀岳飛拳經真正深藏的秘籍是什麼？有誰能徹底破解其中之奧妙？有誰能真正的繼承延續下來？如果武林秘籍解讀不清，就不可能練就高級武功；如果不重視技擊，就是從根本上拔出了武術的根，把武術打造成「舞」術了。可是人們卻感覺不到，仍在迷茫中傳承延續，幸好占比例不多的散打還保留了一點精髓種子，人們還能看到點真武影子。還有現在武林界出現了一種怪病：就是一些自封的「大師」，拿著前人的功績、創立的深奧文化，拚命的在粉飾自己，在理論上講的神乎其神，以所謂的什麼「內功」、「千斤墜」等假功夫，來欺騙一些初學者，這種不講武德的卑鄙行為，也是當今假武術時代的產物。其實，那只不過是力學的最佳利用，明人一看馬上就會戳穿、幾分鐘就可以教會別人。這種變異的假武術，不難看出現實中暴露出的弊端，在維護正義用武或擂台對抗賽時，卻束手無策，不敢親自上場展示一番，強悍的理論將軍，立刻就會原形畢露，一切畫上了句號。

不管社會如何發展，科學可以推翻再發明，但傳統文化就是傳統文化，傳承者在沒有智慧的情況下，絕不能以所謂的「創新」去隨意改變。前人嘔心瀝血創立的國粹，其內涵是博大精深的，它的出現、走過的足跡，對國家是有重大貢獻的；對人民是有豐功偉績的，傳承與學習者，絕不能拋棄前人創立的武術精髓。再看當今世風日下、道德下滑的現實社會，雖習武者巨多，但在維護武術尊嚴、對惡勢力動武展現威嚴時，卻不敢見義勇為、挺身而出，以武懲惡揚善極為少見。為何不敢伸張正義？其原因有兩點：一是練花拳繡腿根本就不會用武，二是會用武的缺乏正義

感，二者都脫離了武術的尊嚴，在正義面前不能用武或不敢用武，這也是武術變異導致的後果，對練武者的付出而言，實在可憐、可悲。

如果練武失去了正義、不懂技擊，就等於人失去了靈魂，從而變得殘疾，繼承的那些糟粕卻是毫無意義。如此延續下去，武德、武風、武威必然消亡，這是對前人創立者的最大不敬；是對中華武術的抹殺，後人一定要保持清醒認識，完美的傳承，才是國粹武術需要的。

高級武術，就是要能打、會打；就是要在維護正義、懲惡揚善、防身自衛中建立威嚴，要弘揚、要繼承，強力技擊絕對不能丟，這是先人開創國粹武術這門文化的核心價值和用途。要實現這些目的，就要增強實戰技擊威力，一旦動搖、脫離精髓，就會誤入歧途、走向變異；就會導致武術不能武，最終抹殺武術，武術的輝煌歷史就會逐漸淡忘，在關鍵時刻就不會展現武術的威嚴，邪惡就會滋長；正義就會淹沒；人民就會絕望。

如果按照前人創立的原始武術傳承千秋萬代，這才不會辜負前人對我們的期望；這才是真正國粹武術的火種延續不滅，前人在九泉之下才能安息。在中國歷史上，像岳飛、關羽、戚繼光，他們就是以爐火純青的高超武功，在維護國家民族尊嚴、兵征天下中發揮的淋漓盡致，打出了一片片天下，立下了汗馬功勞，在歷史上創造了許多輝煌戰績，以此建立了萬古流芳的威名，從而展現了國粹武術的神威。如果沒有精湛、強大的武功作支撐，就不能完成武術的特有使命；就不會創造出今天的輝煌歷史，歷史可能又是另一番景象，練武就毫無意義。

雖然高級功夫經過堅強的毅力苦練、巧練能夠練成，但畢竟還是少數人才能做到。如果達到高級武術頂端，就是昇華到武道中去了，就鄰近高層武術的邊緣了。隨著高級武術境界的昇華，當練到極限、無論怎樣練都無法再往上突破的時候，有智者卻發現：更高的神功（如真正的飛簷走壁、五雷掌、百步穿楊等），單憑高級武術階段的練習方法是無法解釋、無法練成的。要想練成，就需要探索走另外一條路。這唯一之路就是：必須進入正宗氣功修練，否則，練就高層武功、破解高層武林秘籍將永久成迷。

三、高層武術

高級武術，不代表高層武術，這一點必須搞清楚。二者在練法、用法及功能、功力等運用上相差太遠。從古到今，不論高級武術練得再好、再精，它還是高級武術，永遠也衝不出高級武術這個框框。高層武術，玄奧至極，深不可測，功能超常，真正明白者甚少，只因懂得人少，就是因為它極其神秘。要探索或練就，就必須進入氣功修練，別無選擇，否則，一生徒勞點滴難得。

昇華到高層武術練習，需用高深的宇宙法理作指導，要把修心性放在首位，在進入特殊的方式練習時，其標準、要求是極其嚴格的，所練出的功力會更高深、功能更神奇，一切大大超越前者。高層武術練習，透過修命，可使體內微觀粒子結構

產生轉化、變化調整，從而生成各種高能量物質，這些物質會滋養體內細胞、延長細胞新陳代謝時間，人自然就會身心健康，從而達到延年益壽之目的，這就是修命。如果再嚴格按照宇宙法理要求自己，注重心性修練，經過性命雙修，通化宇宙特性，生命就會提升境界，就會修練出一些超常功能。如：武林中的五雷掌、百步穿楊、真正的飛簷走壁等等。這些特殊、罕見的高層武林絕招，只是人們從武俠小說或者電影電視中所聞所見，從古到今都有傳奇色彩，給世人蒙上了一層神秘面紗，但真正親眼目睹者卻是鳳毛麟角。

對於高層武功來說，一切功能都是極其玄奧至極的，前面提到的這幾項功能，只是高層功能大廈中的一角，並且還是最低層次的，真正更神奇、更不可思議的大功能，不用說見過，就是聽都沒聽說過。因為，修練高層武功的人，是特別注重心性的，能把握住自己，絕不會在眾人面前顯示，同時受層次的制約，高深的功能根本不可能讓人普遍看見、知道，也就是說：天機不可洩漏。

凡進入高層武功修練的人，其實每個人都是有因緣關係促成的，如果無緣，修練高層武功是極其困難的。古今中外，罕見的高層武林高手，其背後都有高人指導。如：張三丰的太極神功，就是大道高人在背後指導重心性、修道得來的。而現在的太極拳套路和推手，都不是真正太極拳的精髓。無論是全國或世界太極拳冠軍，都只是太極拳最底層、淺薄的延續，心性修練已空，精髓已蕩然無存。

武術初級、高級功夫，是神傳文化在常人社會的傳承、展現，其健身價值、自衛價值可使人受益。所以，才得到了人們的永久認可。高層武術很難練到，神奇的功能人們極少看見，所以容易質疑。因為高層武術功法原理已超越科學，現代人不容易接受。中華民族五千年文明，歷朝歷代都承認是神州大地、神傳文化之國，既然是神傳文化，在背後必然有超越常人的秘密存在。所以，質疑者沒身臨其境親身體會，必持懷疑態度，可以理解，這是迷中所誤、智慧層次所做出的判定，但質疑卻不能代表事實。

高層武術的功能，許多人都有一個固執的想法：就是需要得到科學證明才相信，看似在理，其實是非常錯誤的。因為，科學太年輕了，只有一百多年的歷史，宏觀上我們不去比宇宙的歷史，就比我們中華民族五千年的歷史就差遠去了。就本次人類文明古人承傳下來的《易經》、《黃帝內經》、《山海經》這三大奇書，都同時貫穿著宇宙的法理，玄奧至極，所深藏的真正內涵，如果單憑只有一百多年歷史的科學是不能完美解釋清楚的。

因為科學的答案，是在發展途中得出的階段性結論，發現一點，承認一點，沒發現的就不敢承認，科學本身對自己都沒有準確定位，並且還不斷的自己推翻自己。就科學過去做出的定理、定論而言，今天的發現就有一百多項被科學本身所推翻。諸如：牛頓推翻了亞里斯多德的理論，而牛頓理論又被愛因斯坦修正。

2011 年 9 月 22 日，歐洲日內瓦核子物理研究中心，經過無數次反覆試驗證實：中微子的速度，比光速在真空中一秒鐘運行的距離提前 60.7 納米到達，也就

是比光速提前 6 公里到達，這一科研進步，將顛覆愛因斯坦狹義的相對論。在這短暫的幾十年之內，就有後人超越了前者。所以，科學的終極標準就很難定位。

還有中醫的精髓，也是實證科學的難解之處。偉大的醫學家孫思邈，對人體十二經脈的五種顏色、奇經八脈為綠色早就看得一清二楚，可是在當今高度發達科學面前就束手無策，至今對人體十二經脈的顏色根本就觀察不清，色盲都夠不上，怎麼去證實？可見我們古人的智慧早就超越現代科學。

現在已知的科學定律、定理，在不同時期的發展途中都是對的。但眾多的新發現、新科研成果，都足以說明科學的不穩定性、可變性。因為科學看不到物質的最本源物質是什麼、最宏觀的宇宙是什麼，所以會隨著發展而改變或推翻本身的定律，可見科學的脆弱與不成熟。所以說科學具有眾多盲點，不能對任何研究作出最終的答案。

高層武功的五雷掌、百步穿楊、飛簷走壁等，都是經過氣功修練得來的超常功能，現代人叫作特異功能。其原理，是遙不可測的，人類無限的放開思維，都無法想像有多麼神奇、多麼玄奧的，用科學是永遠解釋不清楚的。因為，實證科學的手段與我們古人探索宇宙、人體的方法相差甚遠，不在一個層次上。所以，尋找答案就極其困難。

換個方式，如果用古人遺留下來的修練方法就能練成，就能解釋清楚。中國歷朝歷代都稱為神州大地，就是神傳文化之地，有了古人開創的文化支撐，才造就了中華五千年的文明，在這悠久的歷史長河中，必然有許多不解之迷，這一切之迷，都是因為古人的智慧太高所帶來的必然。試想：那科學怎麼有能力來證實呢？若要證實，答案只有一個：永久等待。

高層武功的原理，是透過氣功修練、逐漸促使體內生成的高能量物質構成的，在意識指揮下產生著不同的功能。根據現代科學檢測，這些物質包括：紅外線、紫外線、伽馬射線、電磁波、超聲波、原子、電子、質子、夸克、中微子等等，其實還不止這些，還有無數無數極微觀粒子是現代儀器無法檢測到的，但確確實實存在著。如果高能物理學快速的發展下去，更多的微觀物質就會被發現、得到證實。

高層武功的運用，是非常嚴謹而又神秘的，歷朝歷代，只有少數者追求、渴望揭開它的真面目，願望只有少數人才能實現，不帶有普遍性。

關於高層武功的論述，是極其深奧的，不是三言兩語就能說清的，在此，只能簡單闡述一下。不入虎穴，焉得虎子，有志者事竟成。要想真正領略高層武功之奧秘，只有身臨其境、親身實踐才能得知；才能感知深不可測、妙不可言、神聖而又偉大奧妙所在。

如果有志者想追求高層武術，不妨付出點代價探索、修練一番，但必須是正宗氣功修練。當身臨其境時定會恍然大悟：原來如此，打開武術高層、神功密碼的鑰匙就在於此。拒絕走此路，一切高層武林秘籍將永遠與高級武術隔離，這層銅牆鐵壁，唯有氣功修練才能突破。

第二篇 破譯武林秘籍

何為武林秘籍？武林秘籍是廣義的，不是狹隘的，武林秘籍的準確定位就是：有關武術中的一切秘密統稱為武林秘籍。武術，起源於神州大地，是神傳文化、聞名世界的四大國粹之一。既然是神傳文化，在深層背後必然隱藏著玄奧之處，這就是「武林秘籍」。

武林秘籍，內涵博大精深，有深有淺，層次不一，內容多種多樣。要想揭開武林秘籍、練就武林真功，這是自古武林界共同追求的願望。但要想真正得到它，卻是阻力重重。特別是一些特殊的致命斬穴絕招、點穴解穴手法、練功秘法等，一般學練者不會輕易就能得到。

因為，歷代武術家為探索、研究這些秘密，都曾付出過沉重代價，包括以身探險、不惜生命的代價。所以，在歷史的傳承過程中，都是極其慎重、嚴謹的。因此有：「無志者不傳，無德者不傳，無才者不傳；寧可不傳，也不誤傳；寧可失傳，也不亂傳」之說。真正得到武林秘籍真傳的都是一些忠誠、有志、堅定、德高望重的人。

以下可從八個方面縱深破譯、解讀武林秘籍。

◎ 第一解：揭秘時辰點穴、解穴

點穴、解穴，堪稱高級武林秘籍之秘，屬武林絕密功夫，其精髓又是時辰斬穴，這是歷代武林高手必須掌握的絕密殺手鐧。穴位，是指神經末梢密集或大動脈、靜脈、神經幹線交匯處以及血頭、氣血按時入注之處。若按時辰打擊封鎖某個穴，會強烈刺激損傷不同的經筋，從而促使體內急遽惡化、激發滋生惡性物質擴散，會迅速打破氣血、血頭固有的運行規律，從而導致生命危險。

準確、不同的點穴手法，不但能致命，同時也能治病救命，這是二者在相生相剋之理中相互轉換產生的利弊效應，其原理極為深奧、妙不可言。

（一）解讀時辰點穴

按時辰斬穴，無論致命或救命，效果都超越、勝於一般普通點穴。點穴包括：打穴、點穴、招穴、踢穴。人身上、中、下三盤均布有不同的死穴、麻穴、殘穴、笑穴、啞穴等等。時辰斬穴又包括：時辰斬血頭、時辰斬氣血、時辰斬死穴、時辰擊十二經脈。其斬穴原理是：人體如似一個小宇宙，其血頭、氣血運行與日、月、星辰、每天十二時辰有著密切聯繫。

血頭何時注入何穴、氣血何時入住何穴、氣血何時流入何經，其運行規律隨時間變化而變化，是井井有條、絲毫不變的。為此，如果按照其運行規律，準確點擊

某穴，就會立刻強制截斷血頭或氣血，打破它們的正常運行規律，就會出現驚人的致命奇蹟。

如：在晚上酉時 17～19 點鐘，若準確擊中腎經上的幽門穴或肓俞等穴，可直接截斷腎經、阻止氣血正常流通，不但外部直接受傷，同時產生的微觀毒素，會經過絡脈逐漸傳遞到達腎臟，在腎臟內會慢慢滋生擴大，日後會引起體內腎臟病變，容易危急生命。又如：若在夜間子時 23～1 點鐘，若準確有力擊中鳩尾穴，可迅速斬截血頭，當場斃命。

（二）解讀點穴解穴

點穴解穴，在武林界更帶有神秘感，根據不同的穴位被斬擊封鎖後，可選擇兩種點穴手法解除恢復，一是按照時辰點穴解穴，二是不按時辰點穴解穴，採用何種方法解穴，要看當時是何穴被點才能決定其手法。

例如：若任脈陰經上任何一穴被點擊，可不按時辰進行點穴解救。

方法是：用左手掐住右合谷穴（感覺很疼為宜），同時用右手四指尖連續敲擊右走馬穴 24 次（走馬穴在少海穴向大臂方向三寸處），敲點時，感覺有巨麻向小拇指方向傳遞，即可通經走氣，逐漸恢復，解除痛苦。

又如：當督脈陽經線上任何一穴被點擊封鎖時，同樣不需要按時辰點穴就可以解除。可先用手掌連拍大椎穴三次（大椎穴在頸椎和胸椎之間），再各拍左右肩胛骨一掌，適當用力，感覺少疼為宜，然後再用左手拇指尖掐住中渚穴（中渚穴在小指與無名指掌骨縫之間），感覺疼痛為宜，同時用右手四指尖敲點走馬穴 24 次，即可通經走氣、逐漸恢復。

又如：在夜間子時 23～1 點鐘，若鳩尾穴被點強制將血頭封鎖關閉，會立刻導致生命危險，此刻，最快、最有效的辦法就是：在子時之內點壓神闕穴進行急救解除（關於點穴解穴，本書前文有詳細解讀）。因為「滅斬血頭救點尾」，此時，血尾就停留在血尾神闕穴，只有在子時點壓神闕穴，其穴才能解開，血頭才會恢復正常運行，人就會慢慢甦醒恢復。

這一點穴過程，表面看似簡單，其不知深藏的奧妙卻是難以言表、非常深奧的。其原理，就是施用點穴，人體內在微觀下發生了急遽變化，這一變化的奧秘就像孫思邈在微觀下看到的人體十二經脈五種顏色那麼神奇，而真正把握手法的還是在個人的腦子裡。

時辰點穴、解穴，奧妙深淵，同樣屬武林秘籍之秘，被歷代武術家視為武林一絕，在傳承上是非常嚴謹的。掌握了點穴、解穴的原理，從根本上就是掌握、破解了點穴武林秘籍。在此說明：高級武林秘籍不是高層武林秘籍，兩者之間的區別是非常大的，必須準確釐清。

◆ 第二解：解讀拳經、拳譜

（一）解讀拳經

拳經，武林秘籍也。拳經內涵廣義、深奧，是名門、正派必備的重要濃縮武學理論之一，其內涵包括：精確打穴要訣、解穴秘法、練功要領、特殊功夫密練法、交戰戰術、戰法、散手制敵要領、十拳武器智用、武學哲理、拳理等等。整個拳經內涵，有明解、有暗示，其暗示潛藏的一面極為難解，到底為何意，內行易懂，外行實則令人費解。為此，若能徹底破解拳經內涵，就基本破解了大多武林秘籍，就清楚了所隱藏的秘密。

如：警拳道拳經：「巳注日倉停一停，插指為先二梗拳」。這句拳經解讀是：氣血在上午巳時（9～11 點鐘），準時湧入日倉穴停住 2 個小時（日倉穴在眼球正中向下垂線與嘴角向外開線交匯處），若要點擊此穴，第一首選是用鐵指插擊，第二是用梗拳點擊，選擇這兩種手法點擊最方便、最有效。

又如警拳道拳經：「陰經穴傷合谷點，同敲走馬二四彈」。這句拳經解讀是：在任脈陰經線上，任何一穴受擊損傷，可一手招住合谷穴，一手敲點走馬穴二十四次，可通經走氣、恢復正常，這就是這兩句拳經隱藏的真實涵義。所以，拳經稱為「隱蔽的武林秘籍」。

（二）解讀拳譜

拳譜，是一個套路隱藏的技擊精髓縮言。凡具有技擊內含的精深套路，均具備著拳譜理論。例如警拳道斬穴拳拳譜：「偷步速追逼敵近，鎖定太陽後削掌」。這句拳譜解讀是：若要鎖定攻打對方右側太陽穴，右腳先快速倒插一步逼近對方，同時出右削掌（陰掌）疾速打擊太陽穴。又如：警拳道踢擊戰棍棍譜：「連環蓋棍從天沖，點打百會降天兵。這句棍譜解讀是：以右腋加一棍、右手握一棍以警戒式對敵，右腳可快速連環搶進兩步追打對方，同時快速發出兩棍從上向下連環蓋擊對方頭頂。為此，不難看出，此棍法如似天兵飛降，從上向下打擊頭頂百會穴，一句拳譜就解讀了這一招隱藏的擊法。

拳譜與棍譜每一句都含有固定的招法，只要破解了這一句的內在含義，就知道了這一招背後的用法，但所潛藏的變換招法，若單憑破解拳譜、棍譜就無能為力搞清，所以，還必須在拆解套路時詳細解讀才能徹底明白。

當然，拳術與拳術之間的區別是非常大的，有些拳譜只是記載了動作名稱，沒有什麼內含，也就談不上破解什麼秘密；有些拳譜內含比較淺薄，破解就容易。學武破解拳譜內含技擊之意，這是起碼要知道的拳術之秘。如果徹底破解了拳譜隱藏的招法，就是從根本上破解了一套拳術中所潛藏的技擊秘籍。

◆ 第三解：解讀練功、封穴固氣秘法

（一）解讀練功秘法

精湛功夫從何而來？為何有人一生徒勞難得真功？答案是：不得法。任何一門學術要想達到高境界，必須得到真正的明師親傳，明師會快速指導進入練功的準確軌道。

武林中的鐵腿功、鷹爪功、五毒掌、鐵頭功、鐵布衫等功夫，不是所練之人都在同一個層次上，多人同練一種功夫，不一定達到同一個層次，其差別甚大。

例如：有的人練鐵腿功或鷹爪功、二指禪，練了幾十年了，功力就是長不上去，仍然在原地徘徊，始終停留在腳只能踢四、五公分厚石碑，鷹爪功只能抓碎一般布砂袋，可始終突破不了赤腳後擺腿擊斷七、八公分厚石碑、鷹爪功搯斷直徑五毫米鐵絲、二指禪插碎酒瓶的境界。不但功力長不上去，並且更不知道在散手搏擊時如何運用，這就是一生徒勞練武的悲劇，阻礙這一切的根源就是沒經明師指點，終生不得法。

真正練武術，就是不但人身十拳武器和鐵布衫要練精，更重要的是，要把氣功功力注入到十拳及全身中去，把每一拳都千錘百煉、鍛鍊的爐火純青，最終達到攻防兼備，這才是練武術的終極目的。若要達到如此境界，毫無疑問就需要捷徑的練功方法，同時還需要中藥洗手秘方的配合，這個方法就是武林練功秘籍。如警拳道鐵指鷹爪功插碎酒瓶，是有內氣加外功練習再加中藥浸洗固功練成的，如果得不到這個練功秘法，就很難練成，知道了就是破解了練就鐵指鷹爪功的秘籍。

（二）解讀封穴固氣

封穴固氣，是一種點穴手法，從古到今就是一句武林神話。固氣原理極其深奧，其點穴手法極為嚴謹。穴位，是指神經末梢密集或大動脈、靜脈、神經幹線、中樞神經、迷走神經、三叉神經等交匯處以及血頭、氣血按時入注之處。功力，就是由練功在體內生成的一種高能量微觀粒子，它儲存在人體的細胞中，經由大腦指揮，隨意念在另外空間火速送入某一用功部位，從而產生強大的衝擊摧毀力和抵抗力，其威力是驚人的、不可思議的。

封穴固氣，就是在功力練到一定層次後，透過特殊點穴手法、按時辰點壓不同穴位將功力固定在身上，以防止掉功、達到固功固氣目的。例如點穴固氣手法之一：在午時（11 點到下午 1 點鐘）之內，要文點太陽、武點睛明。就是先用兩手中指同時點揉左右太陽穴，再用兩手拇指點住左右睛明穴（感覺很疼為宜）。在此時間內，由文火刺激顳眶動、靜脈、耳顳神經、面神經及武火刺激眼動脈、靜脈、眼神經，會促使體內發生不同的生理反應，繼而產生一些微觀物質，將儲存功力的管道封閉，使功力保持長久不漏，就像往汽車輪胎裡充氣一樣，待氣充到一定氣壓

時，將氣門擰住關閉氣口，氣就封存在裡面，會保持長久時間。平時練功，就像不斷向輪胎充氣一樣，待功力練到一定境界後，就可封穴固氣了。

這裡有一個問題必須搞清楚，無論點穴封穴固氣還是輪胎充氣，二者保持長久和保持永遠卻不是一個概念，只能說是功和氣能保持很長一段時間不會漏掉，而不是永遠不練功、永遠不充氣就能永遠保持住。

封穴固氣，有嚴格的點穴規律和手法，一天十二個時辰，每個時辰有固定的點穴手法和點壓穴位。外部點壓穴位會對映到體內產生變化，點穴用力大小都會帶來不同的後果。猶如中醫針灸，針刺深淺後果會不同，適宜可以治病，過度就會傷人或致命。透過巧妙點穴手法，體內會產生妙不可言的效果。

（三）解讀點穴破氣

宇宙相生相剋永恆不變的規律，都會貫穿到萬事萬物的各個領域。點穴能固氣，同時也能破氣。人身之氣，無疑是人體內運動的微觀粒子，這個氣，大小不一，不是單一的一種，而是指多種多樣活躍在另外空間維持生命的各種氣，包括精氣、元氣、營氣、棕氣、血頭等等，這些統稱為「氣」。

這些微觀粒子運行是有規律、固定通道的，這些通道就是看得見和看不見的經脈總稱。如果把經脈封鎖截住，那就是常說的截斷了氣血運行，這是指一般的阻截經脈。然而，還有特殊「氣」道口，也就是武林中所說的「氣門」。此穴就是天突穴、氣海穴這兩大氣門穴。武林中講，點了氣門穴，這個人就跑氣沒功夫了，此話不無道理。

首先來看氣海穴：位置在體前正中任脈陰經線上，臍下一寸半，從現代醫學解剖看，下邊布有：腹壁淺動脈、靜脈分支及腹壁下動脈、靜脈分支，有第十一肋間神經，（內部為小腸）。若受打擊，可損傷所有這些動、靜脈、神經以及小腸，重者可直接致命，輕者可導致破氣淤血、全身失靈。

再看，天突穴：位置在前頸下邊、胸骨上凹陷處。下面布有：鎖骨上內側皮神經、頸靜脈、甲狀腺下動、靜脈、胸膜，最下面是器管。若受打擊，可損傷所有這些動、靜脈、神經和氣管，重者可直接致命，輕者可導致破氣、咳嗽、哮喘、嘔吐、氣管腫脹、失啞、全身失靈症狀。

根據醫學解剖原理，點擊兩穴，會刺激這些神經系統，全面阻止各種氣的正常運行，氣血滯，功力無，這是必然的結果。而且不單是破氣的問題，更重要的是能夠致命。可見，點穴所產生的功效非同一般，其醫學根據非常充足。

其實，破氣之穴，不只是天突、氣海兩穴，還有命門穴、啞門穴、鳩尾穴，若遭打擊，同樣達到破氣掉功的效果。點穴破氣，猶如汽車掛檔，訣竅都在手法上，正確操作汽車會正常行駛，要想損壞機體，突然從高檔掛到抵擋，機體一定馬上損壞，點穴破氣大概就是這個原理。

封穴固氣與點穴破氣，在歷代武術高手中，都視為秘不外傳的絕招。如果掌握

了二者的絕妙手法，就破解了點穴固氣與點穴破氣秘密，毫無疑問就是破解了一項武林秘籍。

◆ 第四解：武醫救治、防毒解毒

（一）解讀武醫救治

練武，只能殺人，而不能救人，武林界稱為死手。一生練武，身在亂世，難免誤傷他人或遭別人暗算、傷害，或他人被別人擊傷。若遇此情況，及時出手排除是救死扶傷、崇尚武德、醫德的一種高尚體現，可隨時避免一些不必要的損傷。為此，掌握武醫救治、解毒、防毒方法是國粹武術文化的一部分，這其中有根深的訣竅。武醫救治包括：點穴救治、上骨復位、藥物救治三大項。

諸如：遇人受傷流血不止，可就地找到蔥白、砂糖各等份，共搗為泥，敷於傷處，會立刻止疼止血。

又如：遇到有人意外損傷斷指，可外敷降香粉末，再用布包好，七天手指即好。

又如：章門穴被點或損傷，可運氣於兩掌，從胸骨自上向下推拿 7 次，再先後按壓肩井穴、風池穴、肝俞穴各 9 次，然後將傷者兩肩提起連續輕抖幾下，待疼痛減輕後，再抓住傷者兩腳輕輕向下扯拉數次，最後推壓四肢各關節周圍穴位，先上肢後下肢，從根部到梢部全部關節都要推壓。

按以上手法重複實施救治，至到對方甦醒為止。此刻關閉之穴即開，氣血運行恢復正常。實施這些秘方，就地取材容易，簡單易行，效果快，是歷代德高望重的武術家獨有的救人絕招，在本書中都有詳細闡述。

（二）防毒解毒

防毒解毒，是指在意想不到的情況下，遭遇壞人對他人或本人對其食水下毒，或乘熟睡之機遭下迷魂藥暗算。為避免上當遇害，可用特效秘方提前預防。

如：在出差入宿睡覺前，嘴含三片生薑可預防迷魂藥暗算。

又如：若誤用毒食水或煙酒中暗放白粉，可口嚼含羞草即解。其方法簡單易行、效果顯著。但若不知此法，就會帶來嚴重後果。類似秘方多種多樣，書中均有答案。

救治、解毒、防毒秘法，雖不是練拳腳練出來的絕招，但卻是古代傳統武術中的一部分，是武醫救人、預防武林敗類奸詐行為的特殊絕招，對預防投毒暗算而言，在關鍵時刻所產生的防身功效，大大超越了拳腳。所以，在歷代武術家對此幾項秘法都非常重視，是柔性自保的最佳方式。為此，武醫救治與解毒、防毒的秘密方法，就是武林秘籍其中之一。

◆ 第五解：解讀空擊、套路

（一）解讀空擊

空擊，就是假想打擊，以鍛鍊空勁爆發力為主，是練習散手技擊的第一步。空擊動作非常豐富、包含技術非常之廣。具體空擊技術有：空打法、空摔法、空擒卸骨法，每一招假想打擊哪個部位，怎麼摔，擒拿哪個部位，自己非常清楚，針對打擊意識特強，旁觀者無法理解其中技擊之秘意。

如：左提膝外展加右鞭腿進攻。其技擊之意是：以左膝阻截對方右鞭腿，再快速出右鞭腿反擊對方左側章門穴或左側太陽穴穴，此招，是阻截反擊之絕招。

又如：右拳突然向下纏繞在胸前擊響左掌，再疾速右轉側倒跌地，其技擊之意是：以右臂快速封鎖住對方右臂，再用左手握住右拳助力，然後突然右旋轉主動倒地將對方重摔跌地，以摔中帶擒拿卸骨法，迅速制服對方，此招，內含擒拿和地趟摔兩種技術。為此，從兩例中不難看出，均含有意想不到的制敵技術。倘若不知其中技擊之秘，只做外形動作就是做體操，無什麼秘密可言。所以，真正的散手空擊動作，是各自含有具體打擊技術的，為此，表面使人看不明白的動作，實質是含有極強的制敵招法，若不詳細解毒其用意，他人實在難以琢磨其中技擊之奧妙。

在警拳道第一步「空擊」訓練中，已徹底把空擊隱藏的技擊內含全部解讀了。所以，這個空擊內含所隱藏的散手秘密，就是當之無愧的武林秘籍之一。

（二）拆解套路

練拳容易解拳難，解拳不比用拳難，深知拳中技擊秘，巧妙用拳為經典。練拳者，非能解拳，解拳者，非能用拳，用拳者，非能巧妙也。練拳目的就是要清楚套路中潛藏的技擊招法，徹底拆解一套深藏技擊內含的拳術是極其不容易的。

解讀拳譜，只是從理論上明白了這套拳術隱藏的技擊內含，但卻不知道這套拳術每個動作背後潛伏的所有招法，要想知道必須縱深挖掘拆解。

例如：警拳道斬穴拳第二十一招「插指後蹬襠」，這一招的技擊含意是：在散手搏擊時，先以左手指為尖刀兵，衝鋒陷陣對其雙目或天突穴進行插擊封鎖，再乘對方手臂防護面部導致襠部暴露破綻之機，疾速出陰腿（轉身後蹬腿）乘虛而入打擊襠部要處。此招，在套路中，只暴露了最表面的技擊招法，雖是致命一招，但卻無法表達這一招背後潛藏的全部變換技術。

所謂的變換招法就是：左手插指後，不是固定單一的非要用後蹬腿追踢襠部，而是還需根據當時交戰環境變化，可機智改用其他武器同樣可以致命追打。諸如：左手插指封眼後，還可以右拳直擊鳩尾穴或期門穴，也可用右擺拳打擊左側太陽穴；也可用右後鞭拳打擊右側太陽穴；也可出右掌扇擊左側太陽穴；也可以出有砍

掌砍擊左頸人迎穴；也可出右膝撞擊襠部或氣海穴；也可出右蹬腿蹬擊襠部或神闕穴或巨闕穴；也可出右邊腿打擊左側章門穴或腰笑穴；也可出右箭腳踢擊襠部；也可出左踹腳踹擊襠部或丹田穴、巨闕穴等招法進行跟蹤追打。由此可從中看出，這一招背後潛藏的變換技術還能打出十幾招，可見變換出的招法有多麼豐富。

若要徹底破解警拳道二十四式斬穴拳全部潛藏的變換招法就更不容易。在達到徹底解讀、應用斬穴拳境界時，除表面的二十四招外，其潛藏變換出的打法、摔法、擒拿卸骨法還能有上百種，可見斬穴拳潛藏的內含有多深，技擊套路神秘就神秘在讓人難以琢磨，不下工夫深入研究、不身臨其境親身經過精心指點實則太難掌握，這還只是一套拳術就有這麼多的隱藏秘密，可見一個門派、整個武林隱藏著多少鮮為人知的秘密。在此，練拳者也靜心深思一番，以此深受啟發，從而提高對技擊套路潛藏招法的縱深認識。

套路，是武術的組成部分，包括：拳術、器械、對練。目前，中國有二百三十多個拳種，套路與套路之間區別實在太大，每種拳術風格、特點不同，內含更是差別巨大，有些拳術內含淺薄，破解就容易。但有許多套路不存在什麼內含，屬空架子，根本就沒有什麼秘籍可破，也就談不上破解了。練拳，不懂解拳拆招就不會用拳，把拳用巧妙就更無從談起。練拳打套路，並不是單純的外形打拳，從中更有深層意義，單純的練套路只是形式上的繼承，不代表精華的繼承。若要用拳，還必須打破套路中的規矩，另行一套，也就是在拆招用拳時，全身架式都要改變，不能按演練套路的動作標準去進行散手搏擊，否則用拳出招必定是吃虧。

練拳和用拳二者概念不同，練拳以健身為主，用拳高於練拳，是以技擊為主。例如：單純演練警拳道斬穴拳就只能健身，若拆招用於交戰就是技擊。毫無疑問，徹底拆解套路中隱藏的散手招法，就是從局部破解了武林秘籍中的其中之一。

◆ 第六解：戰術、技術

孫子兵法，素稱「軍事交戰秘籍」，在軍事戰爭和散手交戰中都可借鑑採用，適應武術散手交戰的戰術、技術就是「武林秘籍」之一。若巧妙機智運用這些戰術、技術，都可轉敗為勝、以弱勝強制勝對方。

從以下戰術中可清楚看到智用戰術的效果。

（一）解讀戰術打法

1、以靜制動

與人交手，先鎮定自心，凝神觀視，守住拳腳，不可先動，任憑對方拳腳舞動，我惟靜以待之，抽機克制。如：對方聲勢浩大，從遠處以連環拳奔頭打來，可把準時機，上身突然左倒避開來拳，同時見縫插針突發右腳踹擊對方襠部或曲骨、關元要穴，給其致命一腳，打他個措手不及。散手中叫：打空間差反擊；兵法云：

「以靜制動」。

2、驕兵必敗

與人交手，敵弱我強，不可掉以輕心，定要紙老虎當真虎打，若稍微大意，就會失足被打、陷敗之境。如：對弱小者高傲動手、不以為然，總以為奔頭一拳就解決問題，但對方若善於見縫插針打弱點，機智躲避，避開來拳，奔襠突踹一腳，致使遭受重擊。兵法云：「驕兵必敗」。

3、聲東擊西

與人交手，可先以左手虛晃一招封鎖雙眼，同時嚴厲發出「呔」聲，對方必受驚被騙、轉移視線，引起誤判本能的雙手招架護眼，此刻下部必暴露破綻，我則乘機取下而攻之，可突出右鞭腿打擊左側章門穴或腰笑穴，或出右蹬腿或右踢腳重踢襠部要出，給其致命一腳。散手中叫：指上打下；兵法云：「聲東擊西」。

4、兵不厭詐

與人交手，不可太老實，要善於引誘、虛詐、誑騙、誘敵入圈套，出其不意反擊。如：對方善於強攻頭部，可假裝害怕後退，以左手前探繼續引誘進攻，把準時機，突然縮身後轉躲避來拳，同時疾速出右腳後蹬其襠部，出其不意殺一個回馬槍，給其意想不到的致命一腳。兵法云：「兵不厭詐」。

5、逢強智取

與人交手，若敵強我弱，不可正面勇攻，需先巧妙周旋，以柔化剛，或借彼以取之。如：對方以拳腳不斷凶猛進攻，我可先以躲閃避開拳腳，致使擊空而消耗氣力，此刻對方必氣盡拳慢，減弱戰鬥力，我則乘機出正蹬腿或側踹腳或鞭腿，猛力反擊襠部或巨闕、章門要穴，給其致命打擊。散手中叫：以柔化剛，待機反擊；兵法云：「逢強智取」。

6、出其不意，攻其不備

與人交手，善於假裝暴露破綻，誘敵進攻，入我圈套，我可突然變換招法，疾速見縫插針，使其防不勝防，上當受騙，遭受打擊。如：遇人進攻，可兩臂下垂站如平時，有意暴露頭部防守不嚴，不可帶有交戰形跡，使彼不知我虛實造成錯覺，待對方進攻時，我則把準時機突然出左腳出迅猛踹擊其襠部，給其致命一腳。兵法云：「出其不意，攻其不備」。

7、贏師誘敵

與人交手，要善露一番儒雅氣象，使敵視為文弱無能而放鬆警惕，我可乘其怠而攻之。如：兩人交戰，全身不可以警戒格鬥式出現，手腳都無防守進攻之勢，面部表情無格鬥跡象，以假溫柔形狀迷惑對方，待對方麻痺之時，乘機突然進攻，或打或摔將其制服。兵法云：「贏師誘敵」。

8、知己知彼，百戰不殆

與人交手，先識彼擅長何拳、何腳、何招。若對方擅用拳攻打上盤，我則以遠戰腿法取之中下盤，或抱腿快摔而克之；若對方擅用抱摔，我則以拳腳肘膝攻之；

若對方擅用腿法遠戰，我則避腿專打空間，乘虛而入，或接腿快摔，或逼近以快拳攻打頭面，迫逼其腿失效而受制於我。兵法云「知己知彼，百戰不殆」。

9、紀律不亂，敵不敢動

與人交手，兩手臂務嚴密看好門戶，全身成 45 度以警戒式對敵，慎勿散亂、暴露破綻，攻防兼備明顯，面部表情嚴肅認真，兩眼殺氣騰騰，有嚴陣以待、威武雄壯、泰山壓頂、氣勢逼人之勢，如行兵與紀律。兵法云：「紀律不亂，敵不敢動」。

10、兵不戀戰

與人交手，遭遇眾人圍攻，務先選有利地形保護其身，或居高臨下，或背靠牆樹作掩體，並機智想法突圍，或速抽腰帶當鞭開路，或抓土迷眾目作掩護，或拳腳勇猛拚殺一線，打出缺口，撤為上策，突圍在先。兵法云：「兵不戀戰」。

以上這些戰術，既是軍事交戰秘籍又是武術散手搏擊秘籍，絕不可忽視，若能機智巧妙運用，都會大大增加制勝係數。為何智用這些戰術在交戰時會產生這麼大的威力效果？因為良好的戰術就是散手交戰秘籍，用同樣武器交戰，掌握了交戰秘籍，就能更好發揮本人優勢，克敵制勝就容易。散手交戰不是單憑有功夫就能打贏的，是需要拼戰術、拼勇敢、拼智慧的，是全能素質的高級較量。靈活機動的戰術，可以打亂對方的陣腳，是節省體力、降低危險、制勝對方的秘密武器。

（二）解讀散手技術

十拳練精陰陽箭，有矛有盾攻防兼，明打暗擊有長短，練精能打立體戰。

人身十拳武器，布成明槍暗箭，武裝了所有散手技術，在快打、速摔、擒拿卸骨、鎖筋、斬穴交戰中，可自由發揮，各展千秋，整個人身猶如一艘移動的小航母，攻防兼備，打近擊遠，形成了真正的「立體交戰技術」。散手，是武術之核心內容，高效、先進、過硬的散手技術，其速度驚人，發招常常出乎意料，殺傷力特強，具有一招制敵之神效。特別是時辰斬穴術和卸骨術，被歷代武術家視為制敵殺手鐧，為散手之精髓。這些特殊制敵絕招，對很多練武人來說一生都難以接觸到，掌握練成就更難，所以，被歷代武術家稱為武林秘籍之秘。

例如：「封眼踢關元」一招，在與敵交戰時，可突然出左鷹爪抓擊對方雙眼，再疾速右轉出右腳猛力蹬擊關元要穴，可迅速截斷任脈陰經、重傷腹壁下動脈、肋間神經及破壞腸管，重則導致氣滯淤血而致命。若在晚上戌時 19～21 點被擊中，因血頭準時進入此穴，會立即斬截血頭當場斃命。使用此招需在 0.3 秒鐘之內以閃電般的速度打出，對方定難逃遭受致命一擊。

又如：「點人中踢章門穴」一招，在與敵時交戰時，可先以左手鉄指插點對方人中穴，再疾速出右邊腿打擊左側章門穴，給對方以連環重擊。點擊人中穴會迅速重傷唇動脈、面部神經、眶下神經，因此穴是死穴，重則致命。若在子時 23～1 點氣血注入此穴之機被擊中，可迅速截斷氣血流通，定當場斃命；踢擊章門穴會迅

速重傷肝臟、脾臟及膈肌膜，因此穴布在肝經上，受擊後會由絡脈傳遞慢慢引起肝臟病變，導致日後死亡，武林中傳說受內傷的緣故就是如此。妙用此招，在眨眼功夫會創造致敵性命之奇蹟。

又如：「防刀槍點期門」一招，當對方右手拿刀或槍對準胸部時，先假裝害怕使其對方放鬆警惕，再把準時機，兩手突然封鎖住右手腕用力順時針旋擰，同時右腳快速上步、全身疾速右轉以右肩撞擊胸部，將其擒拿、撞擊倒地，以出其不意的招法迫使對方刀或槍失效，在倒地瞬間，兩手繼續旋擰手腕，同時將肘、腕骨卸下，再乘機以左肘猛擊左側期門穴，可迅速重傷肝、脾內臟神經及膈肌，因此穴屬於死穴，重擊必當場斃命。此招，內含卸骨、打穴法，可迫使對方遭受雙重打擊而斃命。

以上三例是立體技術的精髓體現，可從中看出打穴、卸骨制敵的神奇。高級散手為什麼制敵這麼神奇？它不同於一般散手，特別需要人身十拳過硬的功力加巧妙的技術才能完成的。只有具備了高功力、高技術、把準時辰才能完成致命打穴的使命。散手立體技術是非常豐富的，具體包括：打法、摔法、擒拿卸骨、鎖筋、時辰斬穴、反擊刀槍、器械使用，並且在地趟、步下、騰空交戰時，都有獨特的發揮空間，特別能適應不同環境的散手交戰需要。

時辰斬穴又被稱為是散手之精髓，其打穴奧妙是非常深淵的，在古代武林把打穴絕招看的非常主要，以唯我獨有的姿態不輕易外傳，有「寧可失傳，也不亂傳」之說，通常是在雙方互惠互利的情況下彼此等同交換才能得到，或者是秘傳給忠誠、有志的下代掌門人、嫡系傳人，可見，先人把傳授打穴的絕招看得有多麼珍貴。為此，這些高效技術加戰術的巧妙利用，不但在交戰時能降低危險，而且能適應與不同的人交戰需要，會以弱勝強，反敗為勝，關鍵時刻能創造制敵奇蹟。所以，掌握了一些快速、高效的制敵絕招，就是真正的得到了武林中的散手技擊秘籍。

◆ 第七解：親身試驗

不入虎穴，焉得虎子。世上的武林秘籍，無疑都是那些武林前輩敢於身臨其境、冒險試驗、歷經千辛萬苦，從實踐中挖掘出來的。萬事都有誕生之日，誕生之前，都有創始過程，不同文化在創始過程中有不同代價的付出，包括：時間、經濟、體力以及生命代價在內的付出。為此，只有敢走身臨其境、冒險試驗這條路，才能領略其中之奧妙；才能從中發覺、捕捉新的秘密。就武術散手打法、摔法、擒拿卸骨、點穴解穴絕招以及各種功夫、特殊中藥秘方而言，人絕不是生來就會，必定有一個先行發明者，以冒著生命危險的代價，從反覆試驗研究中發掘練就出來的，並且是不同層次的人，發掘了不同層次的秘密，然後再總結出一套完整的傳授方法，以此固定下來作為這門文化的繼承延續。這些從冒險試驗中得到的秘法是極

為罕見的，所以被稱為是武林秘籍。

為此，每一項試驗成果，就成了發明者獨有的專利，也就是身懷獨有的絕招，如果本人不傳、不教，別人想得到，是極不容易的。要想得到必經發明人親授，否則就得重走親身試驗這條路，但也不是人人走這條路都會成功的。因為，在挖掘試驗過程中需要準確找到一個焦點，這個點就是目標，就是秘籍，它隱藏的很深，很秘密，挖淺了、掘偏了都會誤入歧途，並且在試驗挖掘時是有障礙、有危險的，若境界、智慧達不到，無靈感啟發，儘管百倍努力一生徒勞也難以捕捉到，在衝刺時都會碰的頭破血流，甚至把命賠上都難以成功。

所以，為什麼有些人一生練武都得不到真正的武林精髓？始終突破不了原來的層次？終生無法踏入高級武林？就是因為這些緣故阻礙著。

諸如：本人在研究試驗警拳道散手技術「抓面踢章門穴」、「防後鎖頸後踢百會穴」、「防刀槍卸肘腕」等招法時，是在靈感的啟發下，根據秘傳和中醫理論、人體生理結構，運用功力加技術的巧妙配合，從反覆試驗中得來的。這些招法在實戰搏擊或擂台對抗賽中，可機智變換出多種手型，有意想不到的招法打出。又如：警拳道時辰斬穴術：「轉身後蹬關元」，是根據秘傳點穴術，在某次下午戌時 7 點多鐘對劫匪自衛中得以驗證的，其威力效果真是妙不可言。又如：警拳道氣功絕技「赤腳後擺腿踢磚」、「二指禪插碎酒瓶」、「鷹爪功招斷鋼絲」、「鐵頭功倒立鐵柱上舉重吃玻璃喝啤酒」、「人體空中上吊頭開磚」等功夫，都是武林界前所未有的，這些獨特功夫都是突然來靈感馬上試驗練成的。

以上這些散手招法、點穴術及氣功絕技，在試驗中，都遇到不同程度的危險，其中有幾次都當場休克了，這期間的試驗雖然有驚無險，但畢竟在冒險中付出的代價實在是太多太多，可這其中的辛酸苦辣又有幾人能知道？所以，走試驗這條路太難了，不如拜明師學得快。就像高尖端武器一樣，如果人家懇願給圖紙，定很快就會製造出來，如果你自己去研究試驗，就要付出巨大代價，成功與否還是未知數。當然，在挖掘試驗這些技術、功夫時，也不能盲目，必須練到一定境界、思想提高到一定境界再加靈感啟發才能有望突破。

前面已講過，也不是每個試驗的人都能成功的，因為，失敗比例大於成功，並且極其危險，靠試驗獲取武林秘籍是極其不容易的。

以上散手技術與功夫，是真正從試驗中得到的絕招，雖從試驗中找到了答案，但畢竟經是歷了極其危險的試驗過程，從中感受了創始發明的辛酸苦辣，其實就是從試驗中破解了武林秘籍。自此，就固定下來作為警拳道的重要傳授內容。至於武林中的特殊點穴解穴、藥物防毒、解迷魂藥秘方，歷史上的武林前輩們，為研究這些藥物秘籍、找到答案，在親身試驗中，必定都付出過沉重代價；必定經受過無數次藥物發作後對身體的痛苦折磨過程，甚至付出生命的代價，這也可能是他們的使命，為開創歷史文化把生命置之度外，在經歷了驚險的試驗過程後，才將這些藥物秘籍捕捉到。所以，武林前輩的精神非常可貴，值得後人讚揚。

反觀當今武林，由於歷史演變及其他原因，武林秘籍精髓已是寥寥無幾。若要重新挖掘歸世，就必須嚴格遵守傳統拳理、哲理、中醫理論，精益求精去走研究、試驗這條路。若從試驗中站起，功夫必然精湛；技術必然先進；精髓必然掌握；根基必然堅固，定永遠矗立而不倒。只因為從試驗中得到的秘籍來之不易，在歷史上掌握武林秘籍的武術家，不見德藝雙馨之人，輕易不會外傳。為此，逐漸失傳也就成為必然。所以，身臨其境以身試驗，是破解武林秘籍的重要手段之一。

◆ 第八解：口傳

口傳，是傳授武林秘籍的一種特殊方式，是一項最完美的保密方式，這種傳授方式在古代武林界是非常普遍的。武林秘籍自古給人蒙上了一層神秘面紗，特別是每門沒派的精髓部分，被視為鎮家、護身之寶。為此，為預防被別人盜學，對傳授是極其嚴謹的，採取口傳這種方式也就成為了必然，可以說是天衣無縫的最佳保密傳授方式。

口傳的內容是廣義的。具體內容包括：時辰打穴秘招、時辰點穴解救法、特殊散手打法、摔法、擒拿卸骨法、鎖筋法、特殊功夫秘練法、特殊中藥煉功秘方、特殊中藥防身秘方、解穴秘方、解毒秘方、防迷魂藥秘方以及拳經、拳譜、劍譜等（當然有些門派不具備或少具備這些秘籍）。不同門派、不同境界的人，掌握著不同層次的武林秘籍，其內容深淺、高低存在著巨大差別。這些秘密由於是口傳，自然就儲存於大腦，無疑是最保險、最安全的，絕沒有被盜之憂患，一旦人去世，沒有任何文字記載，一切秘籍將會無影無蹤。為此，歷史上一些特殊武林秘籍失傳，至今無法找到答案的緣故就是如此。

凡是口傳的內容，都是極其珍貴、罕見的，這些武林秘籍，其威力功效各有千秋，有的有滅人之神威，有的有救人之妙法，掌握了這些武林秘籍，可以說就是掌握了生殺大權。所以說，歷史上的武術名家，雖身懷絕技、掌握著這些武林絕密，但怕落入奸匪之手作惡，又怕文字記載傳授不安全，就採取了口傳這樣一種傳承方式，感覺是最保密的。隨著時間的推移，一旦這些秘籍失去，要想找回，需重新尋找明師指教傳授，若難尋明師或明師去世，就需再次進入身臨其境重新試驗挖掘，這是一個極其漫長、艱苦的歲月過程。所以，後人要珍惜，要準確繼承、傳承。一些武術宗師本有期望後繼有人，但由於物色不到德才兼備的人才，最終遺憾放棄傳授，致使無後人繼承，造成失傳之惡劇，所以，武林秘籍也就越來越神秘了。

以上所述，全部把高級武林秘籍揭開了，由此可從中清楚不同層次的武林秘籍內容是什麼，這就是破解高級武林秘籍的具體方法。關於真正的飛簷走壁、五雷掌、百步穿楊等更神秘功夫，那是高層武林功夫的體現，屬高層武林秘籍範疇，不屬於高級武林秘籍之內，兩者差距非常之大。

要破解高層武林秘籍、練就這些高層功夫，必須走另外一條路；必須改變方式

採用更特殊、更嚴肅的練習方法才能獲取。這種方法就是：重心性、進入正宗氣功修練才能大功告成，這是唯一之路，別無妙法。

第三篇　警拳道拳經

戰術與戰法

戰術戰法要齊全，
何種環境應急變，
知己知彼百戰勝，
智勇能把敵巢端。
戰前把人藐視看，
真打視人虎一般，
不識兵書莫上場，
交戰時刻記心間。
遇敵交戰首大膽，
膽大敢拚敵膽顫，
兩軍對陣勇者勝，
交戰嚴把這一關。
前虛後實把敵騙，
重擊緊跟在後邊，
指東打西假迷惑，
乘虛而入敵難竄。
忽左忽右難防範，
指上打下難料算，
乘其不備突襲擊，
強攻需用閃電戰。
環境不利地早選，
居高臨下優勢占，
群敵圍攻鬥智勇，
抓土眯目最簡單。
臨戰封眼想在前，
鷹爪插指把燈關，
眼瞎視盲難招架，
乘機全身打個遍。

若遇強敵多周旋，
以柔化剛把力減，
待敵氣盡速反擊，
克敵制勝力省半。
交戰發聲破敵膽，
霹靂一聲敵膽寒，
發聲助威能聚力，
拳快腿猛力明顯。
強攻銘記打連環，
以剛克剛拼勇敢，
乘勝追擊不留情，
拳腳肘膝盡使喚。
膽小猶豫莫交戰，
違背戰規露破綻，
懼怕心慌無戰力，
兵法戒律勿違犯。
戰前讓人不為軟，
留著絕招最後展，
膽大氣足拳腳快，
速度在先敵必殲。
打摔擒拿機智換，
見縫插針乘機鑽，
立體技術顯神威，
妙用十拳立體戰。
交戰牢記長打短，
寸長寸強防近前，
最佳一拳先用腿，
腿長如炮能打遠。

人多不可長戀戰，
撤為上策突為先，
若遇圍敵先斬首，
果斷勇猛殺一線。
似笑非笑麻痺臉，
心存殺機毒手段，
妙用虛招亂敵意，
致命絕招在後斬。
遇持凶器莫腳亂，
機智脫衣遮敵眼，
乘機再換應對招，
速抽腰帶當鋼鞭。
交戰以打為首選，
三分擒摔備後邊，
散手招法忌亂用，
先後用錯存後患。
拳掌指梗主攻面，
腳膝主攻中下盤，
十拳各打有目標，
妙用十拳奇效顯。
指為尖兵勤偵探，
迷敵虛招敵難判，
潛藏暗箭待機發，
戰機一捕快出拳。
拳未打出謀御先，
最佳防守是躲閃，
陰陽十拳藏殺機，
攻防兼備兵家諫。

誘敵深入計多端，
巧設圈套進我圈，
敵誤歧途進陷阱，
回馬一槍快射箭。

遇敵突襲遭抱攔，
肘擊頭撞鷹爪攢，
突用倒摔獨絕招，
防不勝防速化險。

功力招法練精湛，
何時何戰任調遷，
交戰秘訣銘心記，
隨時可出殺手鐧。

十拳武器妙用

人身武器有十拳，
拳腳肘膝掌指肩，
再加頭臂胯整十，
鑄就周身陰陽箭。
鐵頭專攻胸和面，
近戰毒招殺手鐧，
前撞後碰兩邊舐，
中招不亡也必殘。
兩肘專擊頭肋間，
五肘近戰為首選，
站趟搏擊乘機用，
肘狠列為十拳冠。
左右兩臂似鐵桿，
攻防兼備隨開關，
阻截拳腳鎖頸臂，
明截暗鎖隨意變。
肩屬近器難發現，
挑頜旋肩壓手腕，
趟摔藏有絕密招，
暗撞襠胸最危險。
拳似機槍打多點，
重點打擊中上盤，
六拳各自有千秋，
拳拳使命不可亂。

鐵掌靈活隨意扇，
扇掌甩背加刀砍，
五掌專攻兩目標，
攻打頭頸最方便。
指為尖兵衝在前，
專插咽喉封鎖眼，
擒摔打拿用武廣，
抓似剛鉗能轉彎。
胯為陰拳難料算，
摔做支點快搶占，
地趟快摔藏暗招，
乘機坐襠毒手段。
膝猛近戰一利劍，
關鍵妙用破抱攔，
正撞跪膝加飛膝，
打近擊遠威力顯。
鐵腿似炮專打遠，
阻敵近前最安全，
二十四腿陰陽用，
絕對周身打個遍。
十拳練精武器尖，
有矛有盾攻防兼，
拳拳各有用武地，
練精能打立體戰。

穴位弱點斬擊

交戰兩睛似鷹眼，

耳後鳳池兩穴顯，

襠部弱點是睪丸，

尋視敵身打弱點，
殘麻死穴布全身，
時辰取穴要正選。
三十六穴要細觀，
血頭氣血都能斬，
專取弱穴顯奇效，
隱蔽暗穴不要管。
頭部死穴均佈滿，
重擊哪穴都麻煩，
萬兵失去將首領，
盡有千招難使喚。
任督兩脈是周天，
前後死穴一大串，
巧取哪穴均致命，
拳腳肘膝都能辦。
交戰關燈先封眼，
鷹爪抓擊乘機鑽，
下頜神經歸中樞，
擺拳擊中最危險。
頭側兩耳明掛懸，
鐵掌忽扇耳膜穿，
百會神庭置頭上，
拍掌砍掌最方便。
太陽聽宮頭兩邊，
擺拳扇掌快搶先，
睛明分佈雙眼角，
鐵指取穴速射箭。
鼻下人中正中見，
準點周天斷開關，
啞門後腦凹處藏，
智取需轉敵後面。

擺拳鞭腿都能殲，
頸側人迎易鎖取，
鷹爪鎖掐掌刀砍。
天突氣門總氣管，
鐵指插擊易氣斷，
頸椎督脈控全身，
巧使卸頸癱三盤。
膻中處在兩乳間，
斬擊散氣帶傷肝，
鳩尾巨闕緊靠近，
擊中傷心也損膽。
神闕氣海加關元，
中極曲骨在一線，
側踹正蹬連環踢，
斷經損臟氣必咽。
乳中膺窗上下端，
乳根期門四穴連，
拳腳肘膝乘機取，
肝肺脾胃氣同散。
章門兩穴腰側現，
腿膝妙打要精算，
擊中肝脾都遭殃，
連環鞭腿為首選。
胸椎兩邊要穴展，
肺俞心俞要明辨，
拳肘巧擊傷心肺，
貼身轉打要精煉。
命門躲藏腰後邊，
從後膝撞最簡單，
損督閉脈破氣機，
閻王不見也癱瘓。

箭腳專踢男子漢，
腎俞志室腰椎側，
重擊傷腎難復原。
督脈末端尾閭尖，
脆弱易斷易摧殘，
巧轉身後突撞膝，
損經斷脈速下癱。
肩上肩井易侵犯，
掌砍方便氣機亂，
三陰藏於小腿內，
前掃後掃偷腿展。
手腕內側是太淵，
百脈交匯為總站，
鷹爪鎖掐最奇效，
內傷氣機難逃竄。
腕上二白尺骨占，
運氣鷹爪把穴攥，
鎖掐經脈用暗力，
若封整臂難動彈。
少海一穴肘內潛，
擊中整臂麻又酸，
抬肩一穴肩前掛，
最佳取穴用直拳。
笑腰兩穴腰側現，
最佳取穴兩腿鞭，
此穴若遭準打擊，
哭笑難止定幾天。
打擊弱穴要精湛，
取敵性命並不難，
斬穴為何顯奇效？
千錘百煉絕招換！

時辰斬血頭

精點血頭時辰選，
時辰錯過效果淺，

時辰斬氣血

斬截氣血命危險，
絕招在手存善念，

周身血頭日夜流，
血頭入穴準時變。
子時鳩尾到此站，
丑時準時膻中換，
正蹬直拳加鐵指，
三拳取穴最方便。
寅時廉泉轉一圈，
鐵指插穴殺手鐧，
卯時血頭進印堂，
最佳取穴用直拳。
辰時百會準時見，
鐵掌蓋擊快搶先，
巳時風府正點來，
巧旋敵後鐵指點。
午時按序脊中返，
正蹬直拳把穴斬，
未時腎俞自然到，
拳膝任擊隨自然。
申時鳳尾準時轉，
撞膝擊中必下癱，
酉時血頭會陰藏，
此穴隱蔽禁手段。
戌時關元準循環，
陰陽腿膝乘機鑽，
亥時神闕停一停，
拳腳再加二指禪。

用招後果自判定，
遇匪出招建威嚴。
子注人中氣血鑽，
插指速點為首選，
丑注天庭按序進，
拍掌頭撞必遇難。
寅注喬空到自然，
拳掌易取加腿鞭，
卯注大椎氣血藏，
貼身轉打用肘尖。
辰注太陽準時返，
最佳一招鐵掌扇，
巳注日倉停一停，
插指為先二梗拳。
午注脈腕轉一轉，
鷹爪封穴最優先，
未注七坎正點來，
拳腳趾梗機智斬。
申注氣血入丹田，
反擊用腳打空間，
寅注白海準點到，
智取此穴要精算。
戌注下陰藏其間，
費力禁取不方便，
亥注湧泉隱蔽藏，
放棄取穴為高見。

時辰尋經斬穴

十二經脈縱身貫，
氣血流經按時變，
損外傷內存規律，
經絡臟腑互串聯。
子入膽經準時鑽，
巧點日月內傷膽，
丑時肝經按序來，

點穴通徑解穴

穴未斬擊救在先，
點穴解救記心間，
滅救手法把準用，
時刻嚴把這一關。
解穴先知何經斷，
再查何穴何時斬，
辨清再出妙手法，

外傷章門內傷肝。
寅時肺經準時返，
拳打中府肺腑殘，
卯時迎來大腸經，
內傷大腸人中點。
辰時胃經必定潛，
封插人迎把胃算，
巳時脾經正點到，
若傷脾臟大橫斬。
午時心經準時間，
封鎖少海心遇難，
未時循環入小腸，
聽宮被點小腸險。
申注膀胱莫勿判，
若傷膀胱睛明點，
酉時等來入腎經，
傷腎幽門挨一拳。
心包戌時定來串，
斬斷流經鎖內關，
亥時循環奔三焦，
臟腑齊傷耳門貫。

手到一點命歸還。
陰經穴傷合谷點，
同敲走馬二四彈，
內庭走馬點同效，
通逕走氣定解難。
陰經各穴若截攔，
再敲走馬點內關，
續點三陰委中敲，
何穴遭斬同法選。
陽經有穴遇危險，
敲點走馬中渚攔，
再點絕骨敲委中，
妙點還魂並不玄。
任督兩脈循環轉，
兩經十二穴佈滿，
巧擊血頭易斃命，
倒點血尾命速返。
點穴速救效非凡，
莫忘中藥再陪伴，
還魂點穴藏玄機，
秒點把握生殺權。

練與傳

練武精華要把關，
警拳不練繡花拳，
散手練精知百械，
立體技術藏其間。
技擊八差務苦練，
散手訣竅在裡邊，
練精出奇能制勝，
一招制敵為指南。
一練膽量破敵膽，
二練速度敵難閃，
三練技術打立體，
四練硬度專打軟。

萬力勁法需練全，
二十四力藏陽暗，
相生相剋存規律，
技擊之力藏裡邊。
特殊輕功莫看淡，
追敵突圍能躍竄，
環境交戰顯神威，
身輕如燕避危險。
練武莫忘鐵布衫，
因戰處境難判斷，
若遭拳腳突襲身，
鐵軀抵擋定自然。

探索絕招必深研，
誤入歧途難奪冠，
若知武林藏秘籍，
精練警拳有答案。
練武慎記去惡戰，
武字止戈意明顯，
深解武字其中秘，
和善背後藏威嚴。
現人遺忘武內涵，
亂世練武已走偏，
國粹精髓已淹沒，
此敲警鐘不再犯。

五練反應應急變，
六練長度能打遠，
七練空間乘虛入，
八練耐力益周旋。
八大體系循環練，
缺練一項不逢源，
功力技術從中生，
步步為營攻八關。
一練空擊假設斬，
二練打靶找準點，
三練基功鑄猴身，
四練砂袋透力鑽。
五練套路知內涵，
六練氣功內外堅，
七練模擬找竅門，
八練實戰武精湛。
十拳練精益實戰，
打造全身陰陽箭，
打摔擒點用武廣，
擊近打遠各自展。

高功苦練不可蠻，
師點勝過練千遍，
還需中藥秘方助，
牢記秘籍真功換。
破解秘籍擔風險，
靠師指點多實驗，
武藝假傳萬卷書，
明師一點勝十年。
多加交流多參戰，
身臨其境知深淺，
掘秘需敢入虎穴，
壯士斷腕要有膽。
練功紮實如擔山，
苦練巧練不偷懶，
得過且過為自斃，
囫圇吞棗把己騙。
學武慎記珍時間，
練功不要等人勸，
寸金難買寸光陰，
時光錯過難復返。

警拳傳承德在前，
學武不純不能傳，
傳給惡人民遭殃，
傳給義人弘慈善。
能武窮德為惡奸，
有德貧武非好漢，
古今謙謙聖真君，
德藝雙馨世代贊。
警拳拳經首展現，
武林秘籍深藏潛，
若解拳經其中秘，
苦練精研揭謎團。
拳經四四八句言，
道破真武解內涵，
深悟拳經能覺醒，
揭開拳經藝非凡。
武林秘籍妙深淵，
層層武藝不一般，
若知神功從何來？
毫無疑問進修練。

第四篇　警拳道技擊八大差解讀

　　警拳道技擊八大差，是從戰場和賽場驗證出來的散手交戰秘籍，在散手搏擊時起著至關重要的作用。散手搏擊是全能素質的綜合體現；是智慧和勇敢的高級較量，要想高效、快速制勝對方，就必須精研精練這八大差。

　　練精這技擊八大差，就等於全身配備了先進指揮系統和尖端武器；以此為散手交戰注入了強大火力，所占據的絕對優勢，只要發招，就能快速、高效的制勝對方，是全面提高散手質量的可靠保障。膽量、速度、技術、硬度、反應、長度、耐力、空間，這就是散手技擊八大差。

　　差，給人一種深思：那就是快與慢、硬與軟、強與弱、長與短的差距。如果這八項練的爐火純青，每一項都超越他人，在交戰時就有把握快速制勝對方。若只練其一，不練其七，在交戰時就會破綻百出、暴露弱點；就會被對方乘機而入，迅速遭受被動挨打之惡果，對制勝對方就非常不利。因此，若要研究散手、練習散手、散手實戰，警拳道這技擊八大差必定要練精。

一、膽量差

遇敵交戰首大膽，膽大敢拚敵膽顫。

兵家講：兩軍對陣勇者勝。勇，就是膽量的體現，在散手搏擊中叫「大膽打小膽」。膽大氣必足、神旺、血湧、力大，反應則靈活，特別利於散手交戰。勇敢，是兵家交戰和散手搏擊必備的先決條件，只有具備膽量，才能調動起體內潛在的力量，才能不懼怕對方；才能勇猛交戰。

大膽，是交戰高級心理素質的突出體現，只有膽大，大腦才能快速進入高度興奮狀態，全身毛孔則迅速擴大、汗毛直立、元氣劇增，體內高能粒子會迅速活躍充遍全身，人體先天潛伏的格鬥技能瞬間會爆發出來，在交戰時才會暴露出其優點，這就是膽大所起的作用。相反，不具備膽量，就莫想去交戰。因為膽小，則心跳懼怕、氣弱、腿軟、無力、反應遲鈍，不打自誇，對交戰非常不利。所以，散手交戰首先要大膽，必須敢打敢拚、有跟對方血戰到底的英勇氣概，具備了這種高度心裡素質，交戰時就會創造驚人奇蹟。

實戰證明：兩人在年齡、身高、體重、技術相等的情況下，只要誰的膽量大、誰敢拚敢打，誰就會制勝對方，如果不具備膽量就絕不能去交戰，若動手就一定會吃虧挨打，這是兵家交戰和散手交戰之大忌。

警拳道交戰秘籍技擊八大差，就是首先把膽量訓練放在了第一線，膽量過硬是戰勝對方的第一關鍵，如果在散手搏擊時膽小懼怕，就會全面影響技術、功力、速度的最佳發揮。所以說，交戰時誰膽量大，誰就能增加制勝籌碼。

二、速度差

拳腳快速如射箭，亂敵陣腳難躲閃。

速度快，就是絕招，就是力量，就是先進武器。散手交戰，不論強攻或反擊，只有閃電般的速度發招，才能快速打亂對方陣腳；才能迫使對方無反應機會、無換手招架之力，達到速戰速決之目的，兵家叫「閃電戰」，散手中叫「以快打慢」。與敵交戰，不論使用任何技術進攻、防守，必須機智果斷、迅速。

要求：出腿如炮轟，出拳如射箭，阻截突然現，以迅雷不及掩耳之勢打對方個措手不及，迫使對方遭受意想不到的迅猛打擊或阻截之痛苦。散手搏擊，若發招不快，一切技術、硬度、長度等優勢都會大大降低、減少威力、失去最佳打擊效果，不但克制不了對方，而且還會還會被對方乘機鑽空子、加大自身危險。

古今中外不論兵家交戰還是散手交戰，快速調兵移將、閃電發招，為用兵之上策，一切從快就能爭取時間將對方打亂陣腳，迫使暴露破綻，以便乘虛而入速戰速決。諸如「鷹爪封眼追踢襠」一招，在交戰時，左手要如離弦之箭先抓擊對方雙眼，不論對方能否躲過這一抓，右蹬腿或右踢腳都要以閃電般的速度跟蹤踢擊襠部，這一抓一踢，如果訓練有素，可在 0.3 秒鐘之內完成，其速度驚人，必定百分

之百命中，既是對方能躲過左手的搶先攻擊，也躲不過飛速追打的右踢腿，更不用說對方有反擊的機會。因為，疾速的追踢，再加右踢腿的遠戰優勢，可逼其對方無招架之力被踢中；因為，疾速的追踢，對方根本就沒有時間反應發招，這就是速度帶來的特殊效應。因此，速度超越對方就能占據優勢；就能迅速制勝對方。

又如「截腿反踢章門」一招，若對方以右邊腿踢擊我左肋，我則疾速提左膝阻截，由於提膝突然出現，定迫使對方無法迅速停止進攻的右邊腿，必定剎不住車踢在我左膝上，致使遭受左腳重傷或斷骨之痛苦，我則乘機再快速出右鞭腿猛力踢擊左側章門穴，給對方致命一腳。如果此招訓練有素，從提左膝阻截到右鞭腿反擊，可在 0.5 秒鐘瞬間完成。由於阻截反擊速度特快，對方在遭受阻截的第一時間就會受傷減少戰鬥力，根本就無法再躲避飛速踢來的右鞭腿，必遭阻截和反擊的雙重打擊。因為提膝阻截和右鞭腿反擊，都是以極快的速度突然出現，從一開始阻截就使對方遭受重創，就從根本上就壓制住了對方的續戰能力。

由此可見，快速的突然阻截，第一時間就能迅速癱瘓對方，遭受不打自垮之惡果，同時為致命鞭腿踢擊章門穴捕捉了先機。從以上兩例來看，不論閃電強攻還是阻截反擊，只要發招快，就能捕捉先機、出奇制勝。

三、技術差

技術練全立體戰，機智變換能脫險。

警拳道散手技術使用比例：七分快打三分摔拿。散手技術包括：快打、速摔、擒拿三大技術。高級打法中又暗藏著斬穴術；高級摔法摔中又暗藏著暗擊、擒拿卸骨技術；高級擒拿中又暗藏著卸骨、掐穴、拿筋技術。這些技術，經過十拳武器武裝，如果在遠戰、中戰、纏身近戰或者在騰空、地趟、步下交戰中機智變換使用，就是真正的立體散手技術發揮。

只要技術練全、練精，不論在何種環境下交戰，都能隨心所欲發招進行強攻或防守反擊，既是出招被對方識破化解或處於不利地位，都會有潛在的變換技術應急對付，一招不成可迅速另換一招，其招法極為豐富，關鍵時刻定會化險為夷、反敗為勝，迫使對方遭受意想不到的打擊，這就是警拳道立體交戰技術的威力。

知己知彼才能百戰百勝，把準對方技術專長，因人制宜發招應對。諸如：在對付拳擊運動員時，就要用遠戰腿法或者摔法。因為對方只用拳擊技術就單一，下部空白就容易暴露破綻，就有更多的腿法或摔法撲捉戰機對其攻擊；如果對付摔跤運動員，就需用遠戰腿法和快拳猛打。因為，只要避開貼身摔，對方摔技就會失效，就沒有用武之地，就會束手無策。在與兩類人交戰時，就是首先要避開對方的優勢，揚長避短，發揮自己立體技術之長，就能以絕對優勢克制對方，

又如：與散手搏擊運動員交戰，當出右邊腿進攻對方左腰肋時，若被對方接住右腿實施快摔反擊，在這千鈞一髮關鍵時刻，就需快速變招應對。首先左腿要快速後撤一步穩定全身重心，左手再疾速按壓住對方右膝關節前邊阻止前進，同時右手

臂鎖夾控制住頸部，在感覺對方上步發力摔擇時，可突然下坐後倒，借對方發力之慣性將其向後摔出，再乘被摔倒之機，疾速以左拳打擊面部，給其致命一拳。此招，屬鞭腿強攻後被對方接腿反制處在不利情況下再進行反擊的一個過程，這一過程，靠的就是技術全面成功阻止對方反擊，而又反制對方的變換招法。此刻，豐富、機智靈活的變換技術展現出了強力的優勢，最終迫使對方遭受了意想不到的打擊，這就是技術差帶來的特殊效果。

由此，我們可從幾例中深受啟發：只要練精了高效的立體散手技術，不論在千變萬化的賽場或戰場，危機時刻都能大顯神手、化險為夷；都能應對各種環境的交戰需要。相反，如果技術單一、沒有變換技術應對，在處於不利情況下，後果必定是吃虧慘敗。因此，技術的差距，關鍵時刻決定著勝敗。

四、硬度差

硬度練精專打軟，有矛有盾攻防兼。

硬度，功力的象徵，攻防的保障，制敵的剋星。硬度，扮演者砲彈的角色，若把超強的硬度充實到拳、腳、肘、膝、頭、掌、指、臂、肩、胯這十拳中去，就是全身佈滿了先進銳利武器；若充實到全身就是盾牌，可增加巨大殺傷力和抵擋力，在散手技術的指揮下，會衝鋒陷陣直奔目標，就如似導彈配備了高爆彈頭一樣，只要攻就能摧，只要截就能防，不論打到對方何處或阻截對方何處，都足以瞬間重傷或致命對方，這就是硬度過關帶來的奇效。

硬度，是歷代真正武術家必須突破的一關，如果把硬度練好，整個人身就如似一輛坦克車，同時具備著攻防兼備的能力，具有進攻的槍炮，又有防禦的鐵甲，對散手搏擊來說等於是如虎添翼，這是散手技擊特別需要的。

硬度超強，會有能力快速重傷、癱瘓、致命對方，散手搏擊叫以硬打軟。但，這個硬，不是僵硬，這其間是經過內氣、外功練習產生的柔中催剛的剛硬；是筋骨、皮肉增加密度後以內氣催發的堅硬；是經過練習體內生成的帶電粒子所產生的結果，這就是散手所需要的剛勁爆發力，這個「硬」裡面是有學問的，高水平散手搏擊非常需要這個「硬」。要想達到這種剛硬，就必須內氣外功兼併同練，經過系統練習武術氣功才能保證達到剛硬的頂點。實戰證明：只有硬度超強，才能達到以剛克剛、以剛克柔交戰之目的。

在散手交戰中，雙方鬥智鬥勇、拳腳來往，攻防變幻莫測，誰都想打贏，中招不能排除，挨打不能避免，要想占據優勢，除了大膽、速度快、技術先進外，硬度就派上了用場，硬度不過硬就達不到最佳效果。諸如：在與對方交戰時，一拳打在頭上、一鞭腿踢在腿上，即使對方沒有足夠的功力抵禦，由於拳腳硬度不夠，可能會導致兩敗俱傷、不能再戰之後果，不論在比賽或自衛時都會受到嚴重影響。又如：在點擊穴位、卸骨、拿筋時，若指力硬度不夠，不能產生穿透力將潛藏較深的經筋、穴位封鎖控制，就會阻礙這些技術的最佳發揮，快速制敵就不能實現。又

如：對方以右邊腿踢擊我左肋，可快速踢右膝或以右肘阻截對方脛骨或腳腕背，若肘膝功夫過硬，對方就像踢在鐵柱上一樣，脛骨、腳腕背必定遭受斷骨之痛苦，達到不戰而勝之目的。相反，如果硬度不夠，可能出現顛倒性的悲劇，會遭到被對方踢斷腿、臂的後果。

由此可見，使用同樣招法阻截，硬度不到結果就不同，在賽場和戰場這樣的例子非常之多、不勝枚舉，教訓極為深刻。所以說，硬度超強非常重要，只要阻截，就能迫使對方碰硬釘子，不打自傷；只要進攻，就像穿甲彈打坦克一樣，你硬我比你還硬，再硬也要擊穿摧毀它，堅強的心理加超強的十拳硬度，不但自身毫無損傷，並且還保持連續再戰的優勢，會漂亮的打出以剛克剛的奇效。

所以，古今中外真正的技擊高手都清楚這一點：硬度超強就能打軟，這一關必須突破。為此，鐵腳功、鐵拳功、鐵肘功、鐵膝功、鐵頭功、鷹爪鉄指功、二指禪及鐵布衫、金鐘罩功夫必須要練，在散手搏擊時，特殊的超強硬度優勢就會體現出來，制勝對方就會有保障。

五、反應差

反應快速應急變，突遇敵襲能化險。

反應，在散手中屬指揮系統。反應快速，就能打出隨心所欲的招法，關鍵時刻，就能快速一招定乾坤。人，具備著先天本能反應和後天本能反應兩種，先天本能如：當一隻蝴蝶突然衝撞你的眼睛時，你會不自覺的眨一下眼或迅速躲閃，不用思維就能做到，這就是先天本能反應。散手交戰中的快速應急反應是後天練成的，練到高境界就會出現本能反應奇蹟。如何練成散手本能反應需在三大方面下工夫：一是多練散手攻防模擬打靶；二是勤練散手模擬交手；三是多加實戰對抗訓練。

經三方面反覆練習，就會增強大腦的反應速度，並且會逐漸改變眼睛看物體的運動速度，當對方向你進攻時，眼睛會看到對方打來的拳腳減慢，這樣大腦就會有充足的時間指揮肢體發招，或進攻或躲閃防守。從看到對方進攻到大腦指揮發招反擊這一過程，幾乎在同一時間完成。當練到高境界時，大腦思維和眼睛看物體運動的速度都會改變，可達：視見不思，看動緩慢，本能發招，攻防自然，這與蒼蠅的眼睛就有點相似。蒼蠅為什麼不易撲捉？因為蒼蠅的眼睛內有無數隻複眼，它看物體運動是緩慢的，當去撲捉它時，它就感覺有充足的時間躲避，這是蒼蠅的先天本能所致。

人，雖沒有複眼，但經過專項訓練，眼看物體運動的速度確實會減慢，對阻截、躲閃拳腳、再反擊對方就容易。其實人的眼睛變化實質是大腦的變化，大腦的變化又影響著視覺變化，繼而就會影響著全身肢體的行動。所以，練反應就是練大腦。

反應快速，是經有效的方法練習得到的，有許多行業在達到高境界時都能產生一種職業本能反應，人的大腦就潛藏著這麼多玄機，就靠方式方法去開發。機智靈

活的快速反應，就是最先進的指揮系統，在激烈的散手交戰中，會指揮全身所有的武器果斷、準確打出或阻截，讓一切技術發揮到最佳狀態，能瞬間克制對方。諸如：在與對方激烈的搏擊時，對方突然以飛快的直拳奔頭打來，可迅速反應右閃躲避來拳，再疾速出右鞭腿或右撞膝踢擊撞擊左腰肋；又如：對方突然以側踹腿進攻我腰部，可快速反應，疾速後抽腰躲閃化解來腿，同時以左肘臂猛力下截小腿，再疾速出左腳踹擊對方章門或腰笑穴。

當然，這些動作還需要巧妙的技術和功力支撐完成。倘若反應不夠快，可能就要被對方擊中；如果反應快，不但能導致對方擊空、遭受阻截之痛苦，更重要的是會遭受致命打擊。

又如：在激烈的自衛實戰和擂台對抗賽時，對方被擊傷甚至休克，當有人問用什麼招法擊中對方時，可能就記不清了，因為在激烈的快速交戰時，有時根本就沒有時間去想用什麼招法，全靠應急反應去應對，如果訓練有素，本能的反應會在瞬間無思、無想迸發出來，所以不容易記清，這種情況在實戰中例子很多，這就是快速反應帶來的奇效。

因此，加強快速反應練習，是練習散手搏擊的重要一步，絕不可忽視，只要練精，在關鍵時刻就能化險為夷；就能迅速制勝對方。

六、耐力差

耐力練好能久戰，消敵氣力優勢顯。

耐力持久，在交戰時能消耗對方體力；能以柔化剛、持久交戰、以弱勝強、以小勝大、達到後發制人之目的。在散手交戰時，因各人的特長不同，選擇的戰術戰法就不同，決定交戰勝負的時間有時幾秒鐘、幾分鐘，甚至更長時間。採取猛衝猛打、速戰速決閃電戰法是強者的一貫選擇，可憑藉優勢在幾秒鐘之內迅速癱瘓制勝對方；善於採取周旋化力、揚長避短的是弱小者常用的後發制人戰法，弱小者若占據了耐力優勢，再以各種招法與對方機智糾纏，經過周旋拖延時間，待對方氣力耗盡時，期間會找到最佳、有效的制勝招法。

兩種戰法各有利弊，適應哪種戰法都需因人制宜而定。以耐力取勝是弱小者的智慧選擇，從戰場和賽場的眾多例子都可得到證實。

諸如：甲、乙兩人進行散手比賽，第一局甲憑藉力大會強攻猛打，雖然乙採取防守躲避戰法應對，但甲還是占據了優勢，到第二局甲仍然採取正面強攻打法，但由於被乙躲閃而擊空，迫使體力不斷減弱，導致一切技術發揮減慢而曝露破綻，此時，乙抓住時機乘虛而入奪回了分數，打成了平局，到第三局由於甲耐力不夠，戰鬥力繼續下降，乙憑藉自身耐力優勢，抓住了後發制人的戰機，最終贏得了這場比賽的勝利。從甲乙兩人的比賽中可看到：若乙和甲硬拚硬打，就進入了甲的圈套，必定是慘遭失敗，但乙很機智靈活，先以躲避周旋來消耗對方體力，待體力耗盡時再奮起反擊，這樣就容易制勝。不論賽場或自衛戰場，這樣的例子都非常多，可見

耐力好有多麼重要。

如何提高散手交戰耐力，這是有針對訓練方法的。散手交戰耐力，是一種專職耐力，兩人長時間模擬交手就是鍛鍊散手耐力的最佳訓練方法，其次就是負重綜合打靶、綜合打沙袋、綜合空擊。因為模擬交手訓練，僅次於實戰，每出一招都會受到對方應對反擊，因此，雙方均有心理壓力。

心理有了壓力心跳就會加速，呼吸就會加快，就會影響體內氣血正常運行，氣血運行不正常，力的傳遞就會受阻，從而導致耐力減弱。若經常反覆模擬練習，就會不斷適應這種對抗形勢，心理素質就會向好的方面調整，壓力就會逐漸緩解，繼而昇華到沒有心裡壓力的境界，這樣心裡素質就加強了，交戰耐力就提升上來了，就能適應散手交戰需要。當然耐力好，不是奪取勝利的絕對條件，還需其他方面的優勢配合，但畢竟持久的耐力會對制勝對方創造有利條件。

由此可見，若脫離這些專職耐力訓練方法收效就不大，專研究散手技擊的人都清楚：職業耐力就是職業耐力，絕對不代表其他耐力。一個長跑運動員耐力再好，不代表散手耐力好；一個挑山工的耐力實質上夠好的了，使用這種方式訓練散手耐力雖有幫助作用，但永遠達不到最佳狀態。因為他們是機械運動，運動角度不同，其運動形式，不是散手打出的路線；不存在拳腳突然爆發的定點發力動作；沒有應急反應變換動作；更沒有兩人對抗產生的心裡壓力，在這種條件下是不會練出最佳散手耐力的。相反，散手交戰耐力再好，也不代表其他職業耐力好。因此，不同的職業有不同的耐力訓練方法，這一點必須釐清楚。

抓住人與人長時間的模擬散手練習這一項，就是鍛鍊散手搏擊耐力的最佳方式，其他都不能與其相比。耐力一旦提高，會提升整體散手質量，在遇強敵時，可機智躲避、誘惑、詆騙對方，憑藉耐力優勢與對方巧妙周旋使其撲空耗力，然後再乘虛而入、奮起反擊，一舉殲滅，兵法叫「兵不厭詐，後發制人」。

七、長度差

拳腳打遠似砲彈，敵難靠近避萬險。

拳諺道：一寸長，一寸強。這句話的內涵是：與人交戰，拳腳要盡力打遠，能打多遠就打多遠，只有打得遠，才能阻止對方靠近；才能避開更多的危險，在對方還沒靠近時，就能以遠戰招法擊中制勝對方，這就是放長擊遠帶來的效益。古今兵家及現代戰爭都非常重視遠戰這一點。古代以射箭為遠戰武器，現代以導彈為遠戰武器，軍事戰爭和散手交戰都有一個共同目的，就是：不等敵方靠近，就用遠戰武器迅速摧毀癱瘓制勝對方，達到先發制人之目的，這就是雙方交戰歷來被重視的共同點。要達到、體現這種高效殺傷威力，軍事戰爭就需要研發製造遠程導彈武器；散手搏擊就需要練習遠戰招法指揮拳腳放長擊遠。

散手搏擊，人身有十種武器可用，散手中叫作十拳武器，即：拳、腳、肘、膝、頭、掌、指、臂、肩、胯。這十拳武器，在散手搏擊時就形成了陰陽利劍，能

打近擊遠，拳拳各有用武之地。其中腳（腿），視為遠戰武器之首，拳、掌、指列為中長武器，其餘列為近戰武器。

在散手交戰時，腳，就是要首當其衝扮演大砲、導彈的角色，不等對方靠近，就搶先以各種遠戰腿法先重傷對方，一旦對方稍微靠近，拳、掌、指就要衝鋒陷陣發揮優勢；如果遭遇近身抱攔，肘、膝、頭、鷹爪、臂、胯就要派上用場，以近戰招法對其克制。

這十拳武器，各有千秋，能在遠戰、中戰、近戰、打法、摔法、擒拿、卸骨、鎖筋、斬穴中各自發揮優勢，在散手技術指導下，能打出立體技術，能適應不同距離、不同環境的交戰需要，這就是技術、功力訓練有素的結果。

練習拳腳放長擊遠，不論在打砂袋或打靶以及兩人模擬交手訓練時，都要在意識指導下，按技術要求使關節、肌筋放到一定長度進行放長擊遠打擊目標，這樣經過反覆練習，在散手交戰時，拳腳就會放到最長限度，對打擊對方、阻止對方靠近就會占據優勢。

例如：甲乙兩人高度相同、腿、臂長相同，在散手搏擊時，兩人同時出直拳各自進攻對方面部，此時兩人都同時處在被擊中的危險之中，但是由於甲能把直拳放得很遠，超過了乙打出直拳的長度，甲就占據了長度優勢，在危急關頭，可能比對方多打遠一寸就能率先擊中制勝對方，這就是一寸長一寸強。

又如：甲乙兩人交戰，乙擅長用拳進攻，當乙用直拳進攻甲時，甲把準時機以側踹腳打空間差反擊，此刻，就能輕易而舉的將乙踹出制勝，因為乙打出的直拳再長、再好也比不上腿長，雙方使用的武器不一樣，誰的武器能打遠誰就占據絕對優勢，腿長對付拳必然就容易。

從上述兩例來看，不論拳對拳還是拳對腿，只要打出的長度超過對方，就能制勝對方。所以，練習散手要學會放長擊遠，充分體現一寸長一寸強的優勢。如果讓對方靠近，當然還有其他武器、招法應對，但畢竟增加了危險係數。因此，把握快速打得遠，就能在交戰第一時間迅速制勝對方。

八、空間差

乘虛而入打空間，見縫插針打弱點。

空間，就是有縫、有破綻、有空白之處。在散手搏擊中，除了機智靈活運用把握好以上七大差外，在變化莫測的交戰中，還需抓住打空間時機，尋找對方薄弱之處進行打擊，特別是致命要穴，一旦發現漏洞，就要迅速乘虛而入給其致命一擊，這就叫見縫插針打弱點，同時在散手交戰中自身也要嚴密防守，避免暴露破綻，使敵不敢輕舉妄動。

打空間，就是保存實力，不硬碰硬，盡量避開對方拳腳，像打游擊一樣，機制靈活、神出鬼沒鑽空子，專找對方空白之處打擊，以最省力、最小的代價達到制勝目的。諸如：對方以高式右踹腿進攻我頭胸時，下部必然空白暴露破綻，此時，可

抓住打空間差反擊機會，疾速縮身以倒地後掃腿將其掃倒，給其意想不到的突然打擊。又如：當對方從後邊以右臂封夾我頸部處於被動時，首先要快速低頭運氣於咽喉、左手抓住其手腕下拉，同時右腿後撤一步向前彎腰保持身體穩定，此時，對方左、右章門穴明顯空白，處在後搗肘最佳打擊角度，可迅速先右後左與後搗肘給其連環打擊。

從以上兩例可以看出，交戰所處的環境不同，捕捉暴露空間的部位就不同，使用的招法也就不同，但都是打空間差反擊招法，沒有把精力放在死打硬纏上，只是機智的把準了對方空白之處，突發一招進行反擊，以這種打空間差反擊招法制勝對方就非常容易。

散手交戰打空間差的原理，其實從自然界動物捕獵中就可以得到。諸如：獵豹在追捕斑馬時，一旦接近展開搏鬥，牠會首先鎖定攻擊咽喉要出，因為牠知道，只有咬住頸部氣管才能快速制服斑馬，這是唯一的選擇。所以，獵豹為了生存，在長期的獵食當中練就了快速找空間進攻的本領，以獨有的絕招很快就制服比牠重幾倍的斑馬。

從體重來看，獵豹與斑馬差距很大，但戰鬥力卻正好相反，獵豹並沒有其他招法，但牠避開正面碰撞、鑽空子、咬弱點的本領練的卻是爐火純青，一旦捕獵時就會展現出來。在散手搏擊中，如果我們也像獵豹一樣，專找對方空間打弱點豈不是更省時省力？動物都能懂得這個道理，我們人更應領先一步，把打空間的技巧練精、用好，這對提高散手質量非常重要。

警拳道技擊八大差，從不同角度闡述了散手技擊秘籍，每一差都肩負著獨特的技擊重任，若都能練精，從不同「差」中都能找到技擊奧妙，關鍵時刻都能捕捉到進攻、反擊先機；都能以這個「差」出奇制勝；都能以這個「差」提高散手搏擊威力。為此，警拳道技擊八大差，只要精益求精練習超過別人，散手質量會提升到一個很高的境界。俗語道：真傳幾句話，假傳萬卷書。散手技擊交戰秘籍，就在技擊八大差其中。

第五篇 警拳道萬力勁法透視剖析

勁，分明、暗兩大母勁，明勁明顯，易被發覺；暗勁隱蔽而狡險，不易發覺。兩勁一陰一陽又內含著橫勁、豎勁、螺旋三大勁，這些勁在散手搏擊時，根據豎勁破橫勁、螺旋勁破萬勁這一原理，又變換出許多防守進攻的力，以此共同組成了有利於散手搏擊的二十四種勁法，警拳道叫作萬力勁法。

萬力勁法是多種力各其所長的總稱，每一種力，在散手搏擊中各有千秋、各有使命、各有用武之地、各自肩負著不同的技擊重任，其終極目的一致，就是交戰中在技術的指揮下，各顯其能，能化解對方、躲閃對方、防禦對方、阻截對方、制勝

對方。這些力，若能精確利用，會在不同環境交戰中體現出不同的威力來，對提高散手質量至關重要。

二十四種勁法

（一）明勁：

指有明顯看到的各種力。如擺拳、劈腿、鞭腿等在散手交戰時的明顯力。

（二）暗勁（內勁）：

指有隱蔽內勁之力。例如：在散手搏擊時使用的鉄指鎖筋、掐穴、卸骨之力及地趟摔時頭、肩、胯在無空間情況下發出的暗撞之力。

（三）橫勁：

指有推、拉、截擊及橫衝直撞之力。如用兩臂開啞鈴、拉拉力器、兩人相互交換碰臂和以肩撞擊砂袋練出的橫衝直撞力。練出的這些橫勁，可在散手交戰時以兩臂截擊對方直拳、正蹬腿、側踹腿及抓肩、抓胸、抓髮摔時體現出巨大威力。

（四）豎勁：

指有直擊之力及上頂、下撐之力。如直拳、插指、正撞膝、正蹬腿、側踹腿、後蹬腿打出的直力及下蹲負重肩扛、頭上頂、和頭、拳、指倒立練出的支撐力。

（五）螺旋勁：

指有螺旋擰力。如擒拿卸骨時手臂發出的螺旋力、突然旋轉摔法的擰力及後掃腿、轉身後擺腿等旋轉打擊力。

（六）剛勁：

指全身有以柔催剛的爆發力。如手、臂、腿、腳、肘、膝、肘、膝進攻與阻截時發出的爆發速度及全身抖勁之力。

（七）柔勁：

指有化力、消力、黏力、纏力、牽引力和躲閃之力。

（八）打勁：

指人身十拳在騰空、地趟、步下打法中，有快速擊打之力。

（九）摔勁：

指有針對快速摔練出的摔力。如在地趟摔和步下摔時發出的摔力。

（十）擒拿勁：

指手臂有擒拿、卸骨、掐穴、拿筋之力。

（十一）長勁：

指拳、腳、肘、膝、掌、指有放長擊遠打擊之力。

（十二）寸勁：

指十拳部位，在極短距離之內打出的寸勁爆發力。

（十三）截勁：

指腿、膝、肘、臂有以剛克剛阻截之力。例如：以肘臂阻截直拳、擺拳、後鞭

拳及以腿膝截擊鞭腿等發出的阻截之力。

（十四）爆發勁：

指有快速衝擊爆發力。如頭法、肩法、拳法、掌法、指法、肘法、臂法、膝法、胯法、腿法發出的爆發力及摧磚斷石的爆發力。

（十五）頭勁：

指針對頭練出的明、暗兩種力。如頭法在散手搏擊中發出的前後、左右撞擊力、暗頂之陰力及用頭撞擊對方、撞擊石碑、負重倒立之力。

（十六）肩勁：

指針對肩練出的明、暗兩種力。如肩法在散手搏擊中發出的撞肩、挑肩、抖肩撞擊爆發力及擒拿時的螺旋壓肩陰陽之力和突然地趔快摔時發出的暗撞之力。

（十七）肘勁：

指針對肘練出的明、暗兩種力。如肘法在散手搏擊中打出的盤肘、挑肘、砸肘、頂肘、後搗肘爆發力和以兩肘走路練出的陰暗內勁之力。

（十八）臂勁：

指針對臂練出的明、暗兩種力。如臂法在散手搏擊中發出的截臂、擊臂爆發力和鎖臂、擰臂、纏臂、鱉臂之暗力。

（十九）掌勁：

指針對掌練出的爆發打擊力。如掌法在散手搏擊中打出的扇掌、砍掌、甩掌、削掌、拍掌、推掌、按掌之爆發力。

（二十）指勁：

指針對指練出的的明、暗兩種力。如指法在散手搏擊中發出的插指、掃指、抓擊、點擊明顯爆發力和擒拿卸骨、拿筋、封穴、暗抓之暗力。二指禪倒立、一指橫頂磚及二指插碎酒瓶功夫，屬明、暗兩種不同力的展現，也就是內勁和外勁爆發力的展現。

（二十一）拳勁：

指針對拳練出的的明、暗兩種力。如拳在散手搏擊中發出的直擊、擺擊、勾擊、鞭擊、崩擊、栽擊、撩擊爆發力和用拳倒立、用拳做俯地挺身練出的內勁。拳擊斷磚的爆發明勁和背部負重做俯地挺身的力，屬拳的內勁和爆發摧毀力的展現。

（二十二）胯勁：

指針對胯部練出的的明、暗兩種力。如胯在散手搏擊中發出的撞胯爆發力和頂胯、坐胯之暗力。

（二十三）膝勁：

指針對膝練出的的明、暗兩種力。如膝在散手搏擊中發出的正撞膝、側撞膝、騰空撞膝、跪膝之爆發力和特殊地趔摔打時發出的暗撞膝。撞膝斷磚，屬明勁爆發力展現。

（二十四）腿勁：

指針對腿腳練出的的明、暗兩種力。如腿在散手搏擊中發出的騰空、地趟、步下踢擊爆發力和瞥腿、纏腿之暗力。各種腿法踢擊斷磚，屬明勁爆發力的展現；用腿纏瞥斷木棍屬內勁暗力展現。

警拳道二十四種勁力，是專為散手搏擊練出的力，在交戰中扮演著不同角色，各自有其獨特的價值，不論哪一種勁力，都是經過不同的方法練習開發出來的。每一種力，在練到精湛時，若巧妙利用，其打擊力、阻截力、暗抓力、化解力都是非常有效的，有快速破解對方、制勝對方的威力。

諸如：對方以右蹬腳進攻我胸部巨闕穴時，可快速稍微左轉躲閃來腳，同時出右肘猛力截擊小腿三陰交穴，再疾速出右踹腳踹擊襠部要處，給其致命一腳。此招，是採用了躲閃與橫勁破豎勁同時發招的方法，不管對方正蹬腿有多大勁，可輕而易舉的將其阻截致傷或被躲閃踢空，以此為重腿致命打擊創造先機。所以，精準發揮橫截力，可迅速截傷對方來腿及改變來腿方向。

又如：對方以雙手抓握我右手腕進行擒拿時，可快速出左手封鎖住對方右手，再疾速上右步靠近對方，同時以右肘滾壓對方右小臂，以反擒拿螺旋力會迅速將其腕關節拿下迫使跪地，這就是螺旋力的威力體現。

又如：被對方貼身攔抱住頸部或腰部時，可機智採用暗力鷹爪鎖掐人迎穴或腰笑穴、襠部、肘內側正中神經、尺神經等要害之處。以直拳、插指、側踹腿、後蹬腿進行打擊對方，這是豎勁爆發力的展現，與以上幾種力在用法上有截然不同。

從以上幾例可以看出：橫勁對截擊破解正蹬腿的豎勁是非常有效的；螺旋力在擒拿與反擒拿時是有特殊的效果的；鷹爪暗力鎖掐在貼身抱攔交戰時會有意想不到的制敵效果，但這幾種力在發起閃電強攻時就不適應，就會顯示出弊端來。所以，每種力各有其長，各有所短，力的相生相剋是存有規律的，何時採用何力破解制勝對方，需要根據當時的交戰環境機智發揮。為此，練好二十四種勁力，隨時都能滿足不同環境的交戰需要。

警拳道萬力勁法，是針對散手搏擊研發出來的力，不代表其他職業力，也不是單純的指拳腳之力，而是指在交戰時全身發出的各種散手交戰之力，所有技擊之力與其他職業力不能相提並論，用法與目的存在著根本差別，只能在散手搏擊時發揮見長、展現威力。因為散手之力用於其他運動項目上就不一定占優勢。

如：與舉重運動員進行舉重相比就不占優勢，相反，舉重運動員的力用於散手搏擊就不一定占優勢，如果踢出一腳、插出一指就不一定有殺傷力。因此，職業與職業之間的力是存在重大區別的，只能在其本職業範圍內發揮效益。所以，散手力就是散手力，若練精、應用好，就能提升散手質量。

第六篇　警拳道十拳武器及立體技術解讀

　　拳，散手交戰武器也。拳，不只是單純的指拳，它是人身十拳武器的總稱。即：拳、腳、肘、膝、頭、掌、指、臂、肩、胯。這十拳分佈在全身不同位置，形成了陰陽利劍，可明打暗擊；可長擊短打，在散手搏擊時變化莫測，在遠戰、中戰、近戰及在騰空、地趟、步下打法中各顯神手，攻擊目標各有分工，每一拳都各有所長，各自肩負著防守、進攻的重任，在快打、速摔、擒拿卸骨、拿筋、點穴時扮演著不同角色，各自有獨特的發揮空間，打擊效果各有千秋，如似一個移動的航母戰鬥群，陸、海、空、遠、中、近戰武器配備齊全，能適應不同環境的交戰需要，形成了警拳道立體打擊技術。

第一拳：腳

　　腳（腿），屬陰陽一拳，為拳中之霸、十拳之王。警拳道具有二十四種腿法，具備攻防兼備之優勢，主要以腳腕背、小腿脛骨、腳尖、腳底、腳後腕為踢擊力點，可在騰空、地趟、步下三種打法中機智對遠距離、中距離、近距離實施打擊，能對全身各部位進行明踢暗擊，對快速阻截中低式腿法進攻有特殊防禦招法，其打擊威力及效果在十拳中名列之首。

　　（一）鞭腿：

　　為陽腿，以腳腕背、小腿脛骨前邊為力點，以打擊遠距離見長，可主動進攻；可防守反擊；可對高、中、低上中下三盤實施選擇打擊。此腿法速度快、力大凶猛、不易防守，能適應任何環境交戰需要，交戰時，主要打擊頸部、頭側太陽穴、腰兩側章門穴、腰笑穴及膝關節為主，屬重型遠戰腿法之一。

　　（二）側踹腿：

　　為陰陽兩腿，以腳底為力點，以打擊中、長遠距離目標見長。在散手搏擊時，正面主動進攻顯示陽腿；防守反擊時則成為陰腿，可對高、中、低上下三盤實施打擊，主要踹擊陰經線上的褲部、曲骨、關元、中極、氣海、神闕、巨闕、鳩尾穴、膻中穴、咽喉十大要穴及兩胯前股動脈、兩膝關節，在實施偷襲打法時，可打擊陽經線上的尾閭骨、命門穴及命門穴兩旁的腎俞穴。此腿法力大、凶猛，屬重型遠戰腿法之一，能適應任何環境交戰需要。

　　（三）正蹬腿：

　　為陽腿，以腳後掌為力點，以打擊中、長距離見長，可主動進攻，可防守反擊，在散手搏擊時，主要蹬擊陰經線上的褲部、曲骨、關元、中極、氣海、神闕、巨闕、鳩尾穴、膻中穴、下頜骨十大要穴為主，在實施偷襲打法時，可打擊督脈陽經線上的尾閭骨、命門穴及命門穴兩旁的腎俞穴。此腿法力大、凶猛，屬重型遠戰腿法之一，正面發揮效果最佳，能適應任何環境交戰需要。

（四）轉身後蹬腿：

屬遠戰陰腿，以腳底為力點，可主動進攻；可防守反擊。交戰時主要打擊中盤禕部、曲骨、關元、中極、氣海、神闕、巨闕七大要穴為主。此腿發招隱蔽、突然、快速、力大、凶狠、不易防守，特別以打空間差反擊著稱，屬於最難防、最凶狠的重型陰腿腿法。

（五）彈踢腳：

為陽腳，以腳尖為力點，可主動進攻，可防守反擊，以快速踢擊遠距離目標見長。在散手搏擊時，主要以踢擊禕部、曲骨、關元、中極、氣海、神闕六大要穴及下頜骨為目標。此腿法靈活、快速，屬遠戰最快的腿法，需在穿鞋前提下使用，嚴禁在散手對抗賽中赤腳使用。

（六）後擺腿：

屬陰腿，以腳底、腳後腕為力點，以打擊遠距離見長。交戰時，可主動進攻；可防守反擊，主要打擊頭側太陽穴、頸兩側、兩腰側章門穴、腰笑穴及陰經線上的巨闕穴、神闕穴、動脈陽經線上的命門穴為主。此腿法力大、凶猛，發招陰暗、不易發覺，屬重型腿法之一。

（七）劈腿：

為陽腿，以腳後腕、腳底為力點，以主動進攻、打擊中距離見長。在散手交戰時，主要劈擊對方兩肩鎖骨、肩井穴及胸窩巨闕穴三大要害部位，是主動進攻的重型腿法之一。

（八）偷腿：

屬近戰陰腿，以腳底為力點，以近戰反擊見長。主要在被對方從正面抓握時踹擊小腿三陰交、膝關節兩大要處為主，此腿法踹擊路線短、速度快、不易發覺、不易防守，對偷襲、攻擊對方兩小腿有獨到之處，是近戰反擊的腿法之一。

（九）震腳：

屬近戰陰腿，以腳後掌為力點，以反擊見長。主要在被對方抱攔時突然以爆發力震擊腳背、腳趾發揮威力。此腳發招陰暗、路線特短、速度特快、不易發覺，容易擊中，是瞬間破解抱攔的高效一拳。

（十）地趟鞭腿：

屬地趟陽腿，以腳背、腳腕、小腿脛骨為力點，可對中短距離目標實施打擊。此腿法用法單一，主要在假裝躺地誘惑對方進攻時，突然發腿反擊對方頭面或禕腰、兩側章門穴發揮威力。其腿法獨特、防不勝防，最適應誘惑反擊戰法。

（十一）前掃腿：

屬陰陽一腿，以腳內沿為力點，以掃擊中距離見長，可主動進攻；可防守反擊。在散手搏擊時，以掃擊對方腳腕、破壞下肢平衡為目的，特別在抓肩掃腿捧時發揮威力。

（十二）倒地前掃腿：

屬地趟陽腿，以腳內沿為力點，以掃擊中距離見長，可主動進攻；可防守反擊。在散手搏擊時，要把準時機突然倒地以掃擊對方腳腕為目的。此腿用法單一，有時被對方躲閃需急出另一腿用地趟鞭腿補擊，發招需出其不意。

（十三）倒地後掃腿：

屬地趟陰腿，以腳後腕為力點，以反擊高式進攻腿法見長。在散手搏擊時，主要把準時機突然倒地掃擊對方小腿三陰交穴或腳腕兩處為主。此腿法發招隱蔽、突然、獨特、力量大、不易發覺，屬重型地趟陰腿之一。

（十四）扶地後掃腿：

屬地趟陰腿，與「倒地後掃腿」擊法相同，都是以反擊高式進攻腿法見長，隱蔽性好，屬重型地趟陰腿之一。

（十五）倒地後踢腳：

屬地趟陰腿，以腳尖、腳背、小腿脛骨前邊為力點。在散手搏擊時，雖用法單一，但出其不意的打擊效果是非常凶狠、有效的。主要在被對方從後鎖頸或假裝躺地誘惑對方進攻反擊時，突然倒地踢擊臉面發揮威力。此腿反擊獨特、防不勝防，易擊中面部要害部位，屬最難防的陰腿之一。

（十六）前滾劈腿：

屬地趟陽腿，以腳後跟、腳底為力點，以主動進攻見長。在散手交戰時，可把準時機，突然進攻劈擊對方面部及陰經線上的巨闕、神闕、襠部三大重要穴位。此腿法用法單一，打法獨特、凶猛、力大，不易防守，屬地趟腿法之一。

（十七）地趟勾踹腳：

屬陰腿，以腳底為力點，以攻擊近距離目標為主，需兩腳配合完成。此腿法主要在佯裝躺地誘敵上鉤反擊時或兩人正面抓握時突然倒地發揮見長，主要踹擊對方膝關節為主，此腿法單一、打法獨特、不易防守，有出其不意有迅速重傷膝關節之妙法，屬地趟陰腿之一。

（十八）地趟剪腿：

屬陰陽兩腿。前腿為陽腿，後腿為陰腿，前腿負責捕捉阻止目標移動，後腿負責打擊目標。此腿法以兩小腿及腳後跟為力點，可主動進；可打反擊，需兩腳配合完成。在散手搏擊時，可把準時機，疾速以前腿前插瞥住對方前小腿，再疾速旋轉以後腳反打腰部，兩腿所產生明打暗絞之力，可迅速將對方絞剪倒地，特別對腳腕有重大殺傷力，屬唯一地趟陰陽兩腿。

（十九）騰空剪腿：

屬陰陽兩腿，與地趟剪腿要領及力達部位相同，但以攻擊遠距離目標為主，交戰時，需以閃電般的速度騰空捕捉頭、頸、胸三大部位將對方絞剪倒地。由於此腿法暴露明顯，幅度太大，易被發覺，不是練的特精盡量不要使用。

（二十）騰空箭踢腳：

屬遠戰陽腿，以腳尖為力點，主要在騰空時踢擊下頜、咽喉兩大要出，但動作幅度大，易暴露，實戰中盡量少用。

（二十一）騰空側踹腳：

屬遠戰陽腿，主要以腳底為力點，在騰空時以踹擊頭、頸、胸為三大部位為主。此腿法，雖然踹擊力度特大，但動作幅度大，易暴露，提倡實戰中盡量少用。

（二十二）騰空鞭腿：

屬遠戰陽腿，主要以腳背、腳腕、小腿脛骨為力點，在騰空時主要踢擊頭兩側太陽穴及兩肋為主，但動作幅度大，易暴露，實戰中盡量少用。

（二十三）騰空後側踹：

屬遠戰陰腿，主要以腳底為力點，以騰空踹擊頸、胸為主，在使用時與騰空後蹬腿差距甚小，可隨意選擇兩種腿變換使用，但此腿法動作幅度大，易暴露，實戰中同樣盡量少用。

（二十四）騰空後擺腿：

以腳底、腳後腕為力點，通常是在打靶或空擊訓練時，藉助扶地後掃腿旋轉慣性帶動才能打出，多數是以此法鍛鍊腿部靈活爆發力為主，不可用於散手交戰。

第二拳：拳

拳，屬陰陽一拳。警拳道有直拳、勾拳、擺拳、崩拳、後撩拳、後鞭拳六種拳法，以拳面、拳楞、拳背為力點，可明打；可暗擊；可主動進攻；可防守反擊，可對中、短距離目標實施靈活打擊。在交戰時，主要打擊腰部以上各部位為主，在地趟打法和特殊環境交戰時，也可打擊襠部、氣海等要穴，其打擊威力及交戰價值在十拳中名列第二。

（一）直拳：

為陽拳，以拳面為力點，在交戰中首當其衝，可對中、短距離目標實施打擊。在散手交戰時，主要攻擊陰經線上的印堂、鼻子、人中、咽喉、膻中、鳩尾、巨闕、神闕及兩眼、左右期門要穴為主，特殊情況搏擊時可打擊後腦、啞門、命門及命門穴兩側的腎俞穴。此拳法變化靈活、速度快、力量大，為重型一拳。

（二）擺拳：

為陽性一拳，可主動進攻，可防守反擊。戰場與自由搏擊時以拳面為力點，散手比賽時也可以拳心為力點。

擺拳，以打擊中、短距離目標見長。在散手搏擊時，主要攻打頭兩側太陽、左右下頜和左右章門三大要處，是散手搏擊的重要拳法之一。

（三）勾拳：

扮演著陰陽兩拳的角色，以拳面、拳楞為力點，主要在近戰時發揮威力。交戰時，能以正面陽拳打擊下頜骨，在抱攔頸部或兩肩時，能以陰拳打擊巨闕、期門兩

大要穴，在貼身轉打時可打擊命門穴及命門兩邊的腎俞穴。此拳路線短，速度快、不易發覺、不易防守，為近戰重要拳法。

（四）後鞭拳：

屬陰拳，以拳背、拳棱為力點，可主動進攻，可打反擊，在交戰時以打擊中距離見長。此拳法力大凶猛、發招隱蔽，不易發現，主要打擊對方太陽穴、頸兩側為主，在與高個子交戰時，可機智靈活變為打擊兩側章門穴和腰笑穴。

（五）崩拳：

為陽拳，以拳棱、拳背為力點，可主動進攻，可防守反擊。在交戰時，可對中、短距離實施打擊，攻擊目標以兩眼、人中穴、鼻子為主。此拳靈活快速，但力量不大，用法單一，以快打面部為主。

（六）後撩拳：

屬陰拳，以拳背、拳楞為力點，可對中、短距離實施打擊。在散手交戰時，以打反擊見長，對克制背後來敵有獨特效益。此拳法用法單一、發招隱蔽、速度快，不易發覺、不易防守，命中率高，打擊目標以陰經線上的襠部、曲骨穴、關元穴、中極穴、氣海穴、神闕及巨闕穴七大要穴為主。

第三拳：指

指，屬陰陽一拳。拳諺道：拳無掌能，掌無指能，指為先鋒，其內涵就是：沒有任何拳法、掌法比指靈活、打得遠。在打擊遠目標上除腿外，指名列第二。

警拳道有插指、掃指、抓擊、鷹爪鎖掐四種指法，在散手搏擊時衝鋒陷陣，以十指尖為力點，扮演著尖刀兵的角色，能長擊短打；能明插暗抓；能快速轉彎，其靈活多變、神出鬼沒的獨特優勢，在打法、摔法、擒拿卸骨、封招點穴、鎖拿經筋中發揮著全能作用。若能將鐵指鷹爪功練精，在插擊、抓擊雙眼、封鎖咽喉、封掐人迎穴及鎖掐經筋時，會有出奇效果，屬十拳中最靈活、用途最廣的一拳，有「萬能一拳」之稱，其交戰價值在十拳中名列第三。

（一）插指：

為陽指，以中指、食指、無名指、小指四指指尖為力點，可主動進攻，可防守反擊，對插擊中、長、短距離的兩眼、人中穴、咽喉三大要處有特殊招法。在散手搏擊時，常常扮演尖刀兵的角色，其速度特快，為十拳中最快的一拳，有「閃電一拳」之稱，是封點遠距離雙眼的強力剋星，但力量不大，需以攻擊弱穴位為主。

（二）掃指：

為陽指，以四指尖力點，在散手搏擊時，可主動進攻，可防守反擊，能對中、長、短距離目標隨意掃擊，其速度特快，極為靈活，命中率極高，但力量不大，在散手交戰時，主要以橫掃雙眼為主。

（三）鷹爪：

為陰陽指，以五指指尖力點，可明抓，可暗鎖，能主動進攻，能防守反擊，可

對中、長、短距離目標隨意捕捉封鎖。在散手搏擊時，主要以鷹爪抓擊對方兩眼、鎖掐咽喉、封鎖頸部人迎穴及在擒拿卸骨、摔跤時展現威力，有時虛晃一抓作為假象破壞對方的注意力，為後面重腿或重拳跟蹤打擊開創條件，其速度特快，不以防守，是十拳武器在交戰中最靈活、用途最廣的陰陽指法。

第四拳：肘

肘，屬陰陽一拳。警拳道有盤肘、挑肘、砸肘、頂肘、後搗肘五種肘法，以打擊近距離目標發揮見長，可主動進攻，可防守反擊。在散手搏擊時，可對前、後、左、右、上、下六個方位實施自由打擊，攻擊目標主要鎖定在中、上盤的頭部太陽穴、左右頜骨、整個臉面、胸窩巨闕穴、期門穴及腰兩側章門、腰笑兩穴。在貼身轉打和地趟摔打時，可對腰後左右京門、腎俞、命門三大要穴及襠部、後腦進行致命打擊。五種肘法凶猛快速，能明打，能暗擊，技擊路線短，不以防守，是近身搏擊的致命武器，屬重型一拳。因此，在武林界有「寧挨十手，不挨一肘」之說，其打擊威力及交戰價值在十拳中名列第四。

（一）盤肘：

屬陽肘，以肘部尺骨末端前端為力點，以打擊正面目標為主。在散手交戰時，可主動進攻，可防守反擊。主要打擊對方太陽穴、人迎穴及下頜三大要處效果最佳。此肘進攻路線短、速度快、撞擊力大，易致命、重傷對方，屬重型一肘。

（二）挑肘：

屬陽肘，以肘前端為力點，主要在正面被對方抱攔頸部或雙方相互抓握時出其不意挑擊對方下頜骨、面部發揮威力。此肘法路線極短、爆發速度特快、不易防守，是破解近身抱攔、抓握的強力絕招。但用法單一，只要條件成熟，打擊極為準確、凶狠。

（三）後搗肘：

屬陰肘，以肘部尺骨尖（肘尖）為力點，以打反擊見長。在散手搏擊時，主要打擊從背後抱腰或鎖頸者太陽穴或章門、期門穴為目標。在貼身轉打和地趟摔特殊打法時，可對襠部、面部及腰後京門穴、命門穴、後腦進行致命打擊。此肘法，防不勝防，發招隱蔽、凶狠、力大、不易發覺，一旦中招，易致命或重傷，屬重型一肘。

（四）砸肘：

屬陽肘，以肘尖為力點，以打反擊為主，不可主動進攻。在散手交戰時，主要在對方從前抱攔單腿時以砸肘砸擊脊背命門穴或腎俞、胃俞、肝俞、心俞、肺俞及後腦處為目標；在地趟摔打時，有砸擊襠部、面部的機會，有迅速破解制勝對方的妙招。

（五）頂肘：

屬陰肘，以肘尖為力點，以打反擊見長，不可主動進攻使用。在散手近戰時，

主要打擊從左右抱攔腰、頸部來敵的面部、巨闕、期門要穴及在反擒拿後追蹤頂擊面部發揮威力。

第五拳：膝

膝，屬陰陽一拳，以膝尖為力點，既能明打，又能暗擊，在主動進攻時展現陽性膝法；在打反擊時展現陰性膝法，可對遠、中、短距離目標實施打擊。警拳道有騰空撞膝、正撞膝、側撞膝、跪膝四種膝法。

在散手搏擊時，可在騰空、地趟、步下三種打法中自由發揮使用，正面攻擊目標主要是陰經線上的襠部、曲骨穴、關元穴、中極穴、氣海穴、神闕穴、巨闕穴、膻中穴、人中穴及左右章門穴、腰笑穴、期門穴，在特殊貼身轉打、地趟摔打或將對方拿倒時，可撞擊陽經線上的尾閭骨、命門穴、後腦、啞門穴及脊椎兩旁的腎俞穴；在雙方相互抓攔時，具有暗膝一招制敵之神效。膝，撞擊力大、凶狠，屬重型一拳，其打擊威力及交戰價值在十拳中名列第五。

（一）正撞膝：

屬陰陽膝，可主動進攻，可防守反擊。使用騰空正撞膝可對遠距離目標實施撞擊；使用步下撞膝，可對中、短距離進行撞擊。在散手搏擊時，主要打擊正面來敵陰經線上的襠部、氣海、神闕等要穴；在主動抓髮、抓肩時，可撞擊臉面、胸窩巨闕要穴；在特殊打法時，可撞擊背後尾閭骨、命門及腎俞致命要穴。正撞膝，在膝法中屬最凶狠、最有殺傷力、攻擊部位最多的一膝，屬重型一膝。

（二）側撞膝：

屬陰陽膝，可主動進攻，可防守反擊。主動進攻時為陽性膝法展現，防守反擊時為陰性膝展現，在散手搏擊時，以打擊中距離目標見長，主要撞擊對方左右章門穴、腰笑穴兩大要穴為主，其用法單一，需專找兩弱穴攻擊。

（三）跪膝：

為陰膝，以膝尖為力點。在散手交戰時，主要在地趟摔法或將對方拿倒在地瞬間乘對方不備跟蹤跪擊臉面或巨闕、章門、神闕、氣海、襠部及背部命門、京門穴展現威力，能給對方意想不到的致命一膝。

此膝法，跪擊路線特短、防不勝防、速度極快、隱蔽性好、難以發覺、命中率特高，是地趟纏身搏鬥最陰險、暗傷對方最有效的膝法。

（四）騰空撞膝：

為陽膝，以打擊遠距離見長；以正面主動進攻、騰空撞擊發揮威力。在散手搏擊時，主要是把準時機、突然發起搶攻撞擊對方巨闕穴和下頜骨為目標。

此膝法，雖然是騰空撞膝，但速度特快、撞擊力特大、極為凶狠、殺傷力特強，屬重型膝法，一旦被命中撞擊，必重傷後倒，重者易致命。發招時，需把準時機、快速果斷、突然襲擊最佳。

第六拳：掌

掌，屬陰陽一拳，出掌靈活，以掌心、掌背、掌刀、掌根為力點，能明打暗擊，以打擊中、長距離目標為主，可主動進攻，可防守反擊。警拳道有扇掌、反背掌、砍掌、拍掌、後削掌、推擊掌六種掌法。

在散手搏擊時，主要以頭面、頸部、巨闕穴、章門穴、期門穴、鎖骨六處為攻擊目標，其交戰價值及打擊威力在十拳中名列第六。

（一）扇掌：

為陽掌，以掌心為力點，以打擊中、長距離見長，可主動進攻，可防守反擊。在散手搏擊時，主要扇擊對方頭側太陽穴、聽宮穴、左右頜骨為主，其力量之大，打擊力極強，實為重型一掌。

（二）砍掌：

為陽掌，以掌刀為力點，以打擊中、短遠距離目標見長，可主動進攻，可防守反擊。

在散手搏擊時，主要砍擊對方頸兩側人迎要穴及左右鎖骨為主，其力量之大、凶猛，屬重型一掌。

（三）反背掌：

為陽掌，以掌背、四指背面為力點，以打反擊為目的；以打擊中距離目標見長。在散手交戰時，主要以掌背甩擊對方雙眼、鼻子及左右太陽穴為目標，雖力量不大，但速度特快，弱穴易被擊中，屬靈巧一掌。

（四）推擊掌：

為陽掌，以掌根為力點，可主動進攻，可防守反擊；可對中、短距離目標實施打擊。此掌，內含擊與推兩種力，在散手搏擊時，以正面出掌打擊效果最佳，主要推擊對方臉面、下頜為主。

（五）削掌：

為陰陽一掌，使用時，以掌心朝下、以掌刀為力點，可主動進攻，可防守反擊，以打擊中距離目標見長。

在散手交戰時，若以小臂阻截對方直、擺拳後，可疾速回掌反擊太陽、人迎兩穴，此時展現的是陽性一掌；若主動強攻打擊對方，可左腿疾速搶進一步，同時右腿快速倒插一步、右轉迅速打出右後削掌攻打頭側太陽穴或頸側人迎穴、章門穴。此時，使用的是陰掌後削掌。後削掌，速度快，隱蔽性好，不易發覺，對出其不意、突然打擊對方非常有效。

（六）拍掌：

為陽掌，以掌心為力點，以打擊中距離效果最佳，可主動進攻，可防守反擊。在散手搏擊時，主要拍擊對方頭頂神庭、囪會、百會三大要穴為主。此掌，拍擊力之大，為重型一掌，但易被發覺，需果斷、快速出擊。

第七拳：臂

臂，屬陰陽一拳，能明截，能暗鎖，在近距離交戰發揮見長。警拳道有截臂、鎖臂、滾壓臂、纏臂四種臂法，其中截臂又分：上架臂、下砸臂、內格臂、外格臂、斜砸臂五種。

在散手交戰時，主要在截擊對方拳、腿進攻及在擒拿、摔跤時發揮效益。其使用價值及制敵效果在十拳中名列第七。

（一）截臂：

展現的是陽性一臂，以阻截對方拳腳進攻發揮效益。在散手搏擊時，可以靠近肘關節的尺骨端截擊對方的鞭腿腳背、正蹬腿、側踹腿的小腿及阻截直拳、擺拳、後邊拳、勾拳、撩拳的進攻，對阻截拳腳進攻、保護自己非常有效。

（二）鎖臂：

屬陰性一臂，力點在整個全臂。在擒拿卸骨及摔跤時，主要以暗力封鎖頭部人迎穴、鎖夾腿、臂、腰發揮威力。此臂法隱蔽、不易發覺，是用內勁、暗力控制損傷對方的有效利器。

（三）滾壓臂：

展現的是陽性臂，使用時易發覺。此臂法，用法單一，主要在反擊對方抓肩時與左手配合，以大臂下部猛壓卸手腕骨發揮威力。

（四）纏臂：

屬陰陽一臂，在反擒拿鎖摔纏臂、別摔滾壓腿地趟摔時發揮威力，即表現出突然爆發的陽勁一面，又要有跟蹤暗力的一面，陰陽結合，可迫使對方肘、腕、肩關節脫臼被卸，同時在纏臂地趟摔時能製造摔法奇蹟。

第八拳：頭

頭，為陰陽一拳，以頭頂及前額上端、左右青龍角、頭後面為力點，能明撞，能暗頂，可主動進攻，可防守反擊，在貼身近戰時發揮效益。警拳道有前撞頭、上頂頭、下頂頭、碰頭四種頭法，其中碰頭又包含著前、後、左、右碰頭法。

在貼身近戰抓握、攔抱時，主要以頭碰撞對方頭面及巨闕穴為目標，在特殊地趟摔打時，可乘倒地之機撞擊神闕、氣海、襠部三大要處。頭，撞擊路線特短、速度之快、力量之大，是近戰快速制敵、反敗為勝的重要一拳，其使用價值及制敵效果在十拳中名列第七。

（一）前撞頭：

為明頭，以頭頂為力點，以正面直線撞擊發揮效益，可主動進攻，可防守反擊。在近戰時，主要撞擊對方臉面、胸窩巨闕兩大要處為目標；在主動抱腿摔時，也可撞擊腰腹處。此頭法，易發覺，但撞擊路線短，速度快，力量大，不易防守，實為重型一拳。

（二）碰頭：

為明頭，以打反擊為主，在交戰時，可對付從不同方位抱腰者的頭部。主要以前、後、左、右青龍角四個部位為力點，突然撞擊對方鼻子、太陽穴發揮效益。此頭法，撞擊路線特短、速度極快、防不勝防、命中率特高，屬最靈巧一頭。

（三）上頂頭：

為陰暗一頭，以頭頂為力點，在貼身近戰時，主要反制頂擊抱攔者下頜骨為主。此頭法，隱蔽性好，速度快，不易發覺，能給對方意想不到的突然打擊，為陰險一頭。

（四）下頂頭：

為陰暗一頭，以頭頂為力點，主要在地趟摔時暗撞發揮威力，特別是在與對方同時倒地瞬間一刻，可乘慣性之機有意撞擊襠部或神闕、胸窩巨闕三大要穴效果最佳。此頭法，無空間、無預兆，非常隱蔽，難以發現，是暗撞重傷對方的重要頭法。

第九拳：肩

肩，屬陰陽一拳，以肩前、後、外側及肩上部為力點，既能明勁撞擊，又能暗勁旋壓，以貼身近戰發揮威力，以打反擊見長。警拳道有撞肩、挑肩、旋壓肩三種肩法，在散手搏擊時，主要挑擊對方下頜、撞擊胸部、擒拿時旋壓手腕和在抱腿摔時旋壓大腿發揮效益，在地趟摔打時可乘勢暗撞襠、腹、胸窩三大要處，用途甚廣，屬十拳中陰陽一拳，其使用價值及制敵效果在十拳中名列第九。

（一）撞肩：

屬陰陽一肩，以肩外側、後部為力點，在近戰時，主要撞擊對方胸窩或在地趟摔時，以旋轉滾撞肩撞擊對方胸窩處；在主動抱腿摔時，也可撞擊腰腹處。此肩法，具有明撞暗擊之招法，陰陽並用，撞擊力大，是近戰傷及對方的有效肩法。

（二）挑肩：

為陽性一肩，以肩上部為力點，上挑路線極短、速度快，在遇對方從側面抱攔時，主要以寸勁突然上挑對方下頜產生效益，實為難防，但用法單一，不具普遍性。

（三）旋壓肩：

為陰暗一肩，以肩內側、外側為力點，特別在擒拿、摔法時發揮見長。在散手交戰時，主要在反擒拿時旋壓對方手腕或在抱腿摔時下以肩旋壓大腿發揮效益。此肩法，使用隱蔽，不易發現，是擒拿、快摔的重要一拳。

第十拳：胯

胯，純屬陰暗一拳。警拳道有頂胯、坐胯、擊胯三種。在散手交戰時，主要為快摔做支點、撞擊後面來敵或在地趟摔時乘慣性坐擊對方襠、腹、胸窩發揮威力，

其招法極為隱蔽、不易發現，對暗傷對方有獨作用，其使用價值及制敵效果在十拳中名列第十。

（一）頂胯：

為陰暗一胯，主要在夾頸摔、鎖臂摔時，以胯為支點頂住對方襠腹部，迫使兩腳離地而協助完成摔法技術，其胯法非常陰暗、在暗中助力發揮效益。

（二）坐胯：

為陰險一胯，主要在地趟快摔時，乘倒地慣性坐擊對方襠、腹、胸三處。採用此胯坐擊，無破綻，非常隱蔽，不易發現，防不勝防，極為凶險，特別是在兩人同時倒地時借其慣性坐擊襠部，對方最易遭受意想不到的致命撞擊。

（三）擊胯：

為陰暗一胯，以近戰打反擊見長，主要以胯撞擊從背後抱腰或以臂鎖頸者的襠、腹部發揮效益。此胯發招隱蔽、速度快、不易發覺，是應對背後來敵的有效手段。

十拳如似陰陽箭，技術指導立體戰。解讀十拳，全面揭開了十拳武器隱藏的技擊奧秘。由此可見，每一拳都肩負著不同的重任，其威力及用途各有千秋，既有明槍又有暗箭，各自有打擊的目標，既能打近，又能擊遠，能全面適應騰空、地趟、步下打法的需要；能在快打、速摔、擒拿卸骨、拿筋、點穴中發揮著不同的作用。可以說：拳隨身行，箭隨意發。在不同技術指導下，能滿足任何環境的交戰需要，這就是警拳道十拳武器能打立體技術的優勢。

武者，會打也；拳，散手武器也。十拳武器全能散手交戰，古人早以研究應用到實戰，只是在繼承中單一、中斷、甚至失傳。從中國古代武林不難看出：各門各派創始者的性格及時代背景不同，所創始門派的特點就不同；追求的目標就不同；練法就不同；技術與功力就不同；使用武器也就不同，這些不同，必存在著武藝上的巨大差別。有的重視拳法；有的重視掌法；有的重視腿法；有的重視近戰；有的重視遠戰等等，為此，無論在擂台賽場還是在實戰戰場中，都會有弊端暴露：就是使用武器單一。

武器單一，必然導致技術單一，這樣就不能適應全方位立體交戰需要。所謂立體技術，就是人身十拳武器能在快打、速摔、擒拿卸骨、拿筋、點穴中都有用武之地，都能得到最佳發揮；都能隨心所欲發揮出獨特的威力，可適應不同環境的交戰需要，對制勝對方有著強大的技術、武器後盾。

從現實中看：無論在國際 K-1 或散手擂台賽及驚險的對匪實戰中，沒有靈活的技術，不具備長短、明暗武器的配備，就不具備打立體戰的條件，若忽視武器的配備，關鍵時刻就會導致束手無策，最終就會導致慘敗。所以，只有具備十拳武器及全能技術，才能立體交戰。

警拳道的十拳武器，就是為立體技術交戰提供的堅強武器後盾，這是從身經百

戰中驗證的可行十拳武器，從深層破解了十拳武器技擊之密碼，代替了當今花拳繡腿，重新點燃起武術技擊之星火，針對花拳繡腿變異的國粹完成了一次武術技擊、研究探索革命，以此成功鑄就了警拳道的立體交戰技能。

第七篇　散手交戰相生相剋力學解讀

力，具有剛柔之分，它們彼此之間存在著相生相剋的訣竅，其相生相剋是有條件標準的，在散手搏擊時會出現循環性的制約結果，每種力都是在技術指導下而發揮效益的。在交戰時只要巧妙用力、符合了用這種力的條件，就能克，就能化，就能以剛克剛、以剛克柔、以柔化剛、以柔化柔。所以說，在散手搏擊中沒有一種力是萬能的。但有一種力是萬能的，這就是「快加硬」。如果快到極限，使人的反應跟不上，就被克制；如果硬到極限，超過人的抵禦能力，也同樣被克制。在散手交戰時，不管用何招、何力，最終制勝對方必須用快速爆發力加硬度來完成。

一、以剛克剛

以剛克剛硬超強，拳拳穿甲軀似鋼。

以剛克剛，就是正面交鋒，不迴避採用一切招法，憑藉全身功力過硬採用的一種強攻、硬截打法。以剛克剛打法，對十拳及鐵布衫在硬度上是有嚴格要求的，在散手搏擊時，需保證每一拳及鐵布衫練得爐火純青、堅硬如鋼，猶如坦克車一樣，要攻有槍炮，要防有鋼軀，不論哪一拳打出都有強大的殺傷力；不論哪一部位都能抵禦拳腳的進攻，這樣才能形成真正的攻防兼備絕對優勢，否則，就達不到以剛克剛之目的。

散手搏擊，是全能素質的高級較量，功力的強硬就是專為打擊摧毀對方而練的。在交戰時，不管使用任何一拳，力達部位必須練的堅硬才能達到最佳殺傷效果，不然付出代價練鐵腳功、鐵肘功、鐵指功、鐵砂掌等就毫無意義。因為在施行以剛克剛打法時，雙方不講任何情面，在擊到身體時，誰的硬度、力量大誰就占優勢，因此，超強的硬度就成了決定勝負的關鍵。所以，硬度必須練好。

在散手交戰中，硬度差距帶來的教訓太多，應該引起高度重視。若要想以剛克剛制勝對方，需清楚自己與對方硬度的差距，如果差距之大就不能採取。當然，用巧妙的技術以自身最堅硬的部位，去阻截或進攻對方的薄弱部位倒是有機可乘的，但必須精確把準。以剛克剛不只是在講理論，而是從實戰中可驗證出了許多答案。

諸如：兩人交戰，對方好似一輛坦克，用一般的火炮根本無法摧毀，必須使用穿甲彈來對付。這就需要自己的拳腳練的像穿甲彈一樣，必須以剛克剛，以硬打硬，你硬，我比你還硬，以這種氣勢打出去，不論打到哪個部位都能重傷或致命對方。

又如：對方以剛硬的右鞭腿踢擊我左肋時，可疾速上提右膝，以靠近膝關節的脛骨上端，截擊對方腳背或脛骨，迫使對方無法收住快猛、慣性極大的鞭腿，如似踢在鋼柱上一樣，對方用力越大，必定受傷越大，當自己感覺有點疼時，對方一定會骨折，這樣會導致不打自垮的後果，這就是以剛克剛帶來的制敵奇蹟，散手中叫作「防守是最好的進攻」。

又如：在散手交戰時，若突然遭到對方意想不到的拳腳打擊，在來不及阻截躲閃時，可用鐵布衫來抵禦完成保護自己，這就需要鐵布衫練的爐火純青，才能隨心所欲封穴閉氣、抵擋拳腳的打擊。如果鐵布衫練得過硬，不但保護了自己，而且還可用鐵布衫的堅韌彈性將對方反頂回去，甚至傷及對方，這也是用鐵布衫以剛克剛製造的效果。

從以上三例可見，以剛克剛必須拳拳過硬，在進攻、阻截、抵擋時，才能以剛硬的絕對優勢擊傷或阻截傷及對方。為此，剛硬必須練，不但要練，並且還要練的爐火純青，為確保以剛克剛製造先決條件。

二、以柔化剛

以柔化剛柔藏剛，綿裡藏針反似槍。

以柔化剛，是指在散手搏擊中，以消力、化力、粘力、躲閃、纏力、牽力迫使對方打來的剛勁爆發力擊空或失效的結果。以柔化剛是散手搏擊的一種手法，是為反擊制勝對方製造的一項條件，不代表是以柔克剛。嚴格講，單就散手技術來說，不存在以柔克剛，以柔化剛和以柔克剛這兩種概念在散手搏擊中是存在一定區別的，不能共用一個名詞，用招時，採取的是先後兩種不同的力。

在散手技擊中，「柔」，不能克剛，只能化剛。要想克剛，必須在化力後，迅速變成帶有剛勁的招法反擊才能達到克制對方目的。

諸如：在交戰時，對方以剛猛的右鞭腿踢擊我左膝關節，可迅速提起左腿順勢向右牽引來腿，然後快速落地疾速右轉，同時出右腳後蹬腿猛力後蹬對方襠部，給其致命一腳。此過程看起來是一招，其實是一化一克兩招組成，前者使對方右鞭腿踢在了牽引的左腿上，從而化解了了對方鎖定的最佳踢擊點，迫使右鞭腿像是踢在棉花上，以此迫使腿力減弱化無，達到了以柔化剛的目的，但卻沒有將對方克制。真正要克制對方，是靠迅猛反擊的轉身後蹬腿完成的。

我們從一化一克來分析：這一招如似棉裡藏針，棉為柔，能化剛，針為剛，經過反擊能克制重傷對方。這裡提腿牽引就是棉，迅猛後蹬腿反擊就是針。先用棉化開剛是第一步，再用棉裡的針反擊克制對方是第二步，由此可見，並不是一步完成的，這就是棉裡藏針、柔中帶剛潛藏的技擊用意。從物質來講，棉和針是不同的兩種物質；從武術散手來講，柔和剛是兩種不同的技術、不同的勁力，二者各自扮演著化與克的角色。

又如：對方以凶猛的右腳踹擊我腰部，可疾速向後抽腰躲閃來腿，將腿的衝擊

力化開減小，迫使對方右腳踹空失效，再乘機以右鞭腿踢擊對方章門穴或巨闕要穴，給其致命一腳。由此可見，這一招同樣是先柔後剛。

我們再來分析這一招柔與剛所起的作用，前者是以抽腰躲避來腳的方式，使對方踹腿擊空而失效，只要破壞了對方鎖定的長度打擊點，踹腳衝擊慣性所延長的力就非常小，這就是以柔化剛所做的功，達到了以柔化剛的目的。可是儘管化來化去，卻沒有將對方制服、致命，對方仍有戰鬥力，最終徹底解決對方、克制對方，還是靠奮起反擊的右鞭腿完成了這一任務。

從這兩招解讀中可以得到證實：前者只能以柔化剛而不能克剛，武林界常說的「以柔克剛」是人們忽視、曲解了它的真意，從來就沒有「以柔克剛」的實戰技術證據，我們必須清楚化與克的兩種不同概念。

在散手搏擊中，有很多技術是以柔化剛的，無論對方拳腳如何進攻，都可疾速縮身、左右躲閃、突然後撤或以手臂牽引、以螺旋纏力化開、以橫勁破豎勁將對方化開的這些技術統稱以柔化剛，沒有和對方正面交手、強攻硬拼，都是先以巧妙的方法迫使對方拳腳擊空、失效為目的，但不等於把對方克制了、制服了、致命了。再說以柔化剛不是人人都能做得到的，需要非常成熟的技術才能成功，否則，就有危險。就像防彈衣一樣，它以超強的堅韌力可以化開一般的槍擊，但永遠抵禦不了大口徑狙擊槍的射擊。

散手搏擊同樣道理，以柔可以化開略高於本人層次的對手，但超越自身層次之大的對手是無法實現的，自身的技術有多高、能化多大剛須心知肚明。可見以柔化剛的技術是有標準要求的，不可盲目使用。

柔，可以克剛，這一點毫無疑問，大自然與現實生活中就有很多例子，但都是在特殊環境條件下符合了以柔克剛的條件。如：山石風化、水滴石穿等等，這都是以柔克剛的體現，但在散手搏擊中，以柔克剛絕不存在。

三、以剛克柔

以剛克柔快硬強，拳似射箭柔難防。

以剛克柔，是指在散手搏擊時憑藉自身拳腳快猛、剛硬的優勢採取的一種打法，所打出的拳腳就像離弦之箭一樣，其速度大大超越了對方採用的躲、閃、牽等以柔化剛的招法速度，再加超硬的拳腳跟蹤穿透力，就能迫使對方招法失靈、無法做到以柔化剛，從而達到以剛克柔之目的，散手搏擊中叫「以快打慢，以硬打軟」。現代兵家交戰採用出其不意的極速導彈轟炸，由於導彈速度特快，就能迫使對方無機會應對而被迅速摧毀，這也是以剛克柔的戰術打法。無論散手交戰還是兵家交戰，採取以剛克柔打法，必須快與硬占據優勢、超越對方，否則，難以成功。

諸如：兩人交戰，可搶先發起進攻，首先左腿快速搶進一步，同時以左手鷹爪抓擊對方雙眼，不論擊中與否，也不論對方躲閃化解與否，右鞭腿都要果斷疾速跟蹤追踢左章門穴，給其致命一腳。

我們分析一下這一招是如何以剛克柔的。此招，是主動搶攻又是連環打擊，如果能在 0.3 秒鐘之內發出鷹爪抓擊、踢出右鞭腿，不給對方喘息機會，在疾速的鷹爪抓擊、鞭腿連環強攻下，對方根本沒有充足的時間採用以柔化剛招法，堅信不論對方如何躲閃化解都是毫無效果的，因為在極短的時間內發起快速連環攻擊，對方還沒反應過來，鷹爪、鞭腿已兵臨城下，對方想躲閃、牽引或纏黏根本無機會，既是能化解鷹爪的第一攻擊，也無法躲避奮起快猛追打、具有延伸踢擊力的右鞭腿，再說搶步鷹爪抓擊與右鞭腿直線打擊距離已接近 1.5 米，鞭腿左右橫踢距離也在半米左右，有效打擊範圍形成了直線加橫掃，不管對方左右躲閃或後撤，必被鎖定在這個打擊範圍之內，想在 0.3 秒鐘之內反應化解，在此緊急情況下，人的大腦反應達不到這個境界，從時間上計算，這幾乎等於零，根本就沒有能力做到，要想化解談何容易？結果一定是措手不及、遭受閃電般的連環打擊，除非對方判斷準確、早就有意躲閃應對，但這還得需要非常機智、非常靈敏的高手才能做到，一般水準是難以逃脫的，就像子母導彈追打飛機一樣，不但速度超越飛機，並且跟蹤打擊範圍之大，無論飛機怎樣耍花招，即使躲避一枚導彈，但卻無法擺脫其他彈頭的追打，根本無力躲閃逃避。

退一步講，就是清楚告訴對方使用這一招，在相距 0.8 至 1 米疾速連環打擊下恐怕都難以化開，何況是在不知對方用何招的情況下突然遭受打擊，化解豈不是更難？若能化解的也是同等層次的人。因為，不同層次的人所打出的速度、強度不同，這個差距就直接影響到化解、克制。為此，快與硬的巧妙配合，為以剛克柔開創了先決條件。

為什麼在「警拳道散手技擊八大差」中，除了把膽量放在第一外，快，放在了第二位？說明了「快」不論在兵家交戰還是散手交戰的重要性。快、硬，能打亂一切招法，就像軍事戰爭的武器一樣，都把速度準確和爆炸摧毀威力放在了首位去研究，只要快和爆炸威力過硬，就能防不勝防迅速摧毀對方。宇宙相生相剋的規律，在散手中也是相互轉換的，不是固定不變的，就看剛與柔的技術、功力練到何種程度，不是學了以柔化剛的招法就能化解所有的剛；也不是學了以剛克柔的招法就能克制所有的柔，在散手技術中沒有絕對的絕招，同樣一招對同等層次的人有制約作用，超過了這個層次就不起作用、就不是絕招。所以說，以柔化剛是有速度、剛硬標準的，達不到這個標準硬去以柔化剛是有風險的。

從上述例子可以證實：真正以剛克柔的秘訣就是「速度加剛硬」，二者具備就是以剛克柔的唯一剋星，別無妙法。所以，速度要練快，剛硬要練精，只有達到一定境界，才能隨心所欲以剛克柔。

四、以柔化柔

以柔化柔待還手，摸清招法閃電揍。

以柔化柔，也是在散手搏擊時雙方常用的一種待機反擊、後發制人的手段，其

形式是以虛、閃、避、挪、黏、牽柔性方法來體現。雙方在散手交戰時彼此都以偵察兵的角色出現，相互周旋、相互偵探來應對對方，目的是迫使對方找不到發力機會，是克制對方前的一種巧妙摸底戰術方法。

但以此方法儘管雙方化來化去卻都無法將其克制，更不能解決根本問題，只能起到試探對方、瞭解對方、掌握對方動向的作用，最終目的是為反攻制勝摸底對方動向。知己知彼才能百戰百勝，在摸清了對方的底細後，隨時可找時機將柔變剛，以迅雷不及掩耳之勢的快招來制勝對方。

諸如：兩人在交戰對峙時，若對方不動，我則不動；你若動，我先行；你想閃，我不進；你想黏，我鬆轉；你想牽，我止前；你想纏，我順旋；你是水，我是棉；你化我，我化你；你若柔，我更柔，整個身體行蹤似水隨流，全身始終保持處於鬆而不懈、警戒試探狀態，嚴把以柔化柔時機，不給對方可乘之力，逼其對方無從下手。若要反擊，我則出其不意出快拳打或出快腿踢擊、或速摔將其克之。經過實例深入分析，我們可從中得到啟發，機智的找到真正以柔化柔的方法，在散手搏擊時，會更有智慧、更有對策。

世上萬事萬物沒有絕對的，散手技術也同樣如此，其宇宙相生相剋的道理，在不斷激勵著人們研究發明出相互制約的辦法。只要有新招一出，就一定有新辦法應對。軍事武器同樣如此，你有槍，我有碉堡；你有坦克，我有穿甲彈；你有導彈，我有反導系統；你用電子干擾，我用反電子戰干擾等等，一切都是在相生相剋的演變軌跡中不斷尋找著答案。

散手招法在交戰時非常複雜、變化多端，以剛克剛、以剛克柔、以柔化剛、以柔化柔的招法，都是在同等層次中循環相互制約，但卻不是固定的絕對絕招。因為速度、功力跟不上，用招就注定要失效，如果速度、功力提高一層，對克制以下層次的人就非常容易，達不到這個境界，就被高於你層次的人所克制。所以，巧妙、出神入化的招法，是有速度、功力標準的，二者只有達到一定境界克制對方才能生效，才能創造震撼人心的制敵奇蹟。

第十五章

警拳道各段位學習及考核內容

第一節　警拳道黑帶一至九段學習內容

黑帶一段學習內容（學習時間：220 課時）

（一）基本功：

學練正踢腿、側踢腿、外擺腿、裡合腿、單拍腳、前倒、後倒、側倒、前滾翻、後滾翻、扶地側翻、踺子翻。

（二）假想空擊：

學練直拳、擺拳、勾拳、後鞭拳、崩拳、撩拳、插指、掃指、鷹爪抓擊、扇掌、砍掌、反背甩掌、後削掌、盤肘、後搗肘、挑肘、砸肘、頂肘、正撞膝、側撞膝、彈踢腳、正蹬腿、側踹腿、鞭腿、劈掛腿、偷踢腳、轉身後蹬腿、後擺腿。

（三）套路：

學練警拳道二十四式空勁斬穴拳。

（四）打靶：

學練拳、腳、肘、膝、掌、指、鷹爪打靶及用斬穴拳二十四招打靶。

（五）打砂袋、打橡膠人：

學習拳、腳、肘、膝、掌、指、鷹爪打砂袋、打橡膠人。

（六）武術功力：

學練用雙拳做俯地挺身、兩臂倒立及兩臂開啞鈴、全蹲蛙跳。

（七）散手技術：

學習拳、腳、肘、膝、掌、指、鷹爪防守與進攻簡單招法。

（八）武學理論：

學習「警拳道」三字內涵寓意、《警拳道武德要訣》、《警拳道武魂》、《警拳道精神》、《警拳道特點》、《警拳道散手技術使用比例》、《警拳道武訓》、《警拳道秘籍》、《警拳道內在氣質》、《警拳道外在氣質》、《斬穴拳拳譜》。

黑帶二段學習內容（學習時間：220 課時）

（一）基本功：

學練側空翻、騰空跌撲、後空翻、騰空前竄滾翻、騰空回頭跌撲。

（二）套路：

學練警拳道三十六式乾坤雙節棍。

（三）假想空擊：

學練地趟鞭腿、地趟鈎踹腿、倒地後踢腳、直身前掃、倒地前掃、倒地後掃、扶地後掃假想空擊、騰空撞膝、騰空彈踢腳、騰空側踹腳、騰空鞭腿、騰空後蹬腿、騰空後擺腿及散手連環空擊。

（四）打靶：

學練騰空撞膝、騰空腿法打靶及警拳道規定的四組阻截反擊打靶。

（五）打砂袋：

學練騰空撞膝、騰空腿法打砂袋、打橡膠人。

（六）武術功力：

加強雙拳在水泥地上做俯地挺身、兩拳倒立、馬步兩臂開啞鈴、單腿跳直拳空擊。

（七）散手技術：

學練拆解斬穴拳表面第一散手技術和散手擂台競賽技術。

（八）散手模擬：

兩人模擬學習基本散手進攻與防守反擊技術及按散手競賽規則模擬練習散手擂台對抗技術。

（九）實戰：

按散手競賽規則戴護具擂台對抗練習。

（十）武學理論：

學習《乾坤雙節棍棍普》及解讀警拳道徽標和段位標誌內涵。

黑帶三段學習內容（學習時間：260 小時）

（一）基本功：

繼續加強學習騰空、地趟基本功練習。

（二）套路：

學練警拳道二十四式踢擊戰棍及內含實戰擊法。

（三）假想空擊：

學練接腿蹩腿摔、接腿掃踢摔、接腿涮腿摔、挑襠過頭摔、抱單腿旋壓肩摔、夾頸摔等假想空摔和散手連環空擊。

（四）打靶：

學練各種躲閃反擊打靶、阻截阻擋反擊打靶和警拳道規定的四組攻防打靶。

（五）打砂袋：

學練拳、腳、肘、膝綜合打砂袋、打橡膠人。

（六）散手技術：

學練躲閃、阻截反擊技術、部分地趟摔法、防抱攔摔法及部分擒拿技術。

（七）器械擊法：

學練拆解踢擊戰棍內含二十四招實戰擊法

（八）功力：

學練單腿蹲起、單腿跳手握啞鈴直拳空擊、兩手各五指倒立、單拳做俯地挺身、脊背負重雙拳做俯地挺身、兩拳著地蹦跳、負重全蹲蛙跳。

（九）實戰：

按散手競賽規則繼續加強戴護具擂台對抗練習。

（十）武學理論：

學習《踢擊戰棍棍譜》。

黑帶四段學習內容（學習時間：260 小時）

（一）空擊：

學練手握啞鈴負重空擊、警拳道規定的九組立體技術空擊。

（二）套路：

學練警拳道二人徒手對練、空手奪匕首對練

（三）打靶：

學練腿綁砂袋負重打靶、一人對四人打靶、警拳道規定的九組立體打靶。

（四）散手技術：

學練誘惑反擊技術、地趟打法、地趟摔法及各種自由搏擊招法。

（五）器械擊法：

學習雙節棍獨立自衛擊法。

（六）武術氣功：

學習警拳道武術氣功內氣和外功二指禪、鷹爪功、鐵拳功、鐵砂掌、五毒掌、鐵指功、鐵肘功、鐵臂功、鐵膝功、鐵腳功、鐵布衫等練法。

（七）實戰：

繼續加強散手擂台對抗和自由搏擊擂台對抗練習。

（八）理武學論：

學習《警拳道拳經》及解讀拳經內涵。

黑帶五段學習內容（學習時間：300 小時）

（一）空擊：

學練手握啞鈴、腿綁沙袋負重空擊及 60 秒綜合空擊。

（二）套路：

學練警拳道三人徒手對練、空手多棍對練。

（三）打靶：

繼續加強快速連環打靶練習。

（四）散手技術：

學習拆解斬穴拳所有潛伏隱藏招法，繼續學習擂台對抗技術、自由搏擊技術及一人對付多人自衛招法和反擊刀槍自衛打法。

（五）器械擊法：

學習手銬擊法與銬法。

（六）武術氣功：

繼續加強練習武術氣功內氣和外功。

（七）實戰：

加強規定散手和自由搏擊兩種擂台對抗練習。

（八）武學理論：

學習解讀《警拳道拳經》內涵。

黑帶六段學習內容（學習時間：360 小時）

（一）空擊：

繼續加強各種空擊技術練習。

（二）打靶：

繼續加強快速連環打靶練習。

（三）散手技術：

學練擒拿卸骨、拿筋技術。

（四）上骨術：

學習關節被卸上骨術、經筋被拿治療法。

（五）武術氣功：

繼續加強練習武術氣功內氣和外功。

（六）實戰：

繼續加強規定散手和自由搏擊兩種擂台對抗練習。

（七）武學理論：

學習《警拳道七大理論》。

黑帶七段學習內容（學習時間：400 小時）

（一）散手技術：
深入拆解警拳道斬穴拳隱藏的所有技術，繼續加強練習立體散手技術。

（二）武術氣功：
繼續加強練習武術氣功內氣和外功。

（三）實戰：
繼續加強規定散手和自由搏擊兩種擂台對抗練習。

（四）藥物解毒：
學習特殊藥物解毒、防毒與急救秘法。

（五）接骨上骨：
繼續學習關節被卸上骨手法及中藥治療跌打損傷秘方。

（六）武學理論：
繼續學習《警拳道七大理論》。

黑帶八段學習內容（學習時間：280 小時）

（一）點穴固氣：
學練十二時辰點穴固氣秘法。

（二）循經點穴：
學練點擊十二經脈導致臟腑內傷的主穴。

（三）解穴秘方：
學習十二經脈被點藥物解救臟腑內傷秘方。

（四）斬擊死穴：
學練點擊三十六死穴中最易致命的二十一個死穴。

（五）點穴解穴：
學習點穴解穴手法及藥物解穴秘方。

黑帶九段學習內容（學習時間：280 小時）

（一）點氣血：
學練點擊十二時辰氣血入住的十二個穴位。

（二）解穴秘方：
學習十二穴位氣血被點封點穴解穴及藥物解穴秘方。

（三）斬擊血頭：
學練點擊十二時辰血頭入住的十二個穴位。

（四）點穴解穴：
學練點血尾入住的十二個穴位解穴手法。

【說明】學練警拳道各段內容，因各人思想境界、理解能力、接受能力和身體素質不同，在學練過程中，各自練成、掌握的時間會有提前或延長。

第二節　警拳道段位晉陞考核內容

初級黑帶一段考核內容

（一）套路：

演練警拳道空勁斬穴拳，時間為 45 秒，需準確、有力（30 分）。

（二）打靶：

用空勁斬穴拳二十四式打靶，需準確、有力（30 分）。

（三）功力：

用兩拳在腳墊子上做十個俯地挺身、倒立十秒鐘（20 分）。

（四）武學理論：

背寫警拳道三字內涵、《警拳道武德要訣》、《警拳道武魂》（20 分）。

初級黑帶二段考核內容

（一）套路：

演練警拳道乾坤雙節棍，時間為 1 分 20 秒，需準確、有力（25 分）。

（二）打靶：

示範警拳道規定四組阻截反擊打靶，需準確、有力（15 分）。

（三）散手技術：

拆解示範斬穴拳內含表面第一技術，需準確、有實戰威力（30 分）。

（四）功力：

兩拳在水泥地上做二十個俯地挺身、倒立二十秒鐘（10 分）。

（五）武學理論：

背寫警拳道徽標及初級、中極、高級、頂級四個段位標誌內涵（20 分）。

初級黑帶三段考核內容

（一）套路：

演練警拳道踢擊戰棍，時間為 45 秒，需準確、有力（20 分）。

（二）打靶：

示範警拳道規定四組攻防打靶，需準確、有力（15 分）

（三）器械擊法：

拆解示範踢擊戰棍二十四招實戰棍法，需準確、有力（35 分）。

（四）**功力：**

單腿蹲起五次，單拳做五個俯地挺身（10分）。

（五）**武學理論：**

背寫《踢擊戰棍棍譜》（20分）。

中級黑帶四段考核內容

（一）**套路：**

演練警拳道二人徒手對練，需準確、有力（20分）。

（二）**打靶：**

示範警拳道規定的九組立體打靶，需準確、有力（20分）

（三）**散手技術：**

示範五招躲閃反擊技術、三招地趟打法、三招地趟摔法（20分）。

（四）**功力：**

單拳或兩手各三指倒立10秒、掌扇、拳擊斷兩磚，任選一項（20分）。

（五）**武學理論：**

背寫警拳道拳經《時辰斬氣血》（20分）。

中級黑帶五段考核內容

（一）**空擊：**

示範60秒假想空擊，需突出拳腳肘膝打法及快摔、擒拿技術（15分）。

（二）**套路：**

演練警拳道空手奪棍（20分）。

（三）**散手技術：**

示範五招反刀槍招法、五招誘惑反擊打法，需有實戰威力（25分）。

（四）**功力：**

單臂三指倒立五秒或側踹腳踹斷6公分厚石碑，任選一項（20分）。

（五）**武學理論：**

背寫警拳道拳經《時辰斬血頭》一文（20分）

高級黑帶六段考核內容

（一）**散手技術：**

示範五招擒拿卸骨術和五招拿筋術，需有實戰威力（45分）。

（二）**功力：**

鞭腿赤腳踢斷直徑5公分木棍或踢倒250磅橡膠人，任選一項（35分）。

（三）**武學理論：**

預交一篇《警拳道立體交戰技術》武術論文（20分）。

高級黑帶七段考核內容

（一）散手技術：

拆解示範警拳道斬穴拳隱藏的全部招法，需準確、有實戰威力（40分）。

（二）功力：

二指倒立或插碎酒瓶、赤腳後擺腿踢斷6公分石碑，任選一項（40分）。

（三）上骨：

現場理論講解下頜、肩、肘、腕、膝、腳腕關節脫臼後的上骨原理。

（四）武學理論：

預交一篇《為什麼說散手一通知百械》武術論文（20分）。

頂級黑帶八段考核內容

（一）發明：

創編一套24式實戰拳術，內含招法要符合散手攻防原理（35分）。

（二）循經點穴：

示範如何點擊十二經脈，並講明點擊何經導致何臟腑內傷原理（45分）。

（三）武學理論：

預交一篇《解讀武林秘籍》武術論文（20分）。

頂級黑帶九段考核內容

（一）發明：

發明五招具有實戰威力的散手技術、一項獨特氣功絕技（20分）。

（二）點血頭：

示範十二時辰點擊十二血頭，時辰、手法要準確（30分）。

（三）點穴解穴：

示範十二時辰點十二個血尾解穴救治，時辰、手法要準確（30分）。

（四）武學理論：

預交一篇《高級與高層武術的區別》武術論文（20分）。

【註】每段實踐與理論考核總成績為100分，考核滿70分為合格。

警拳道職業隊夏季一週訓練課程表

	早課 5:00-6:30	上午第一節 8:00-9:30	上午第二節 10:00-11:30	下午第一節 4:00-5:30	下午第一節 6:00-7:30
週一	腿綁砂袋越野跑、拔筋、踢腿練習。	綜合空擊及腿綁砂袋手握啞鈴負重空擊練習。	綜合打靶及腿綁砂袋打靶練習。	地趟、騰空基本功練習。	散手單招模擬和綜合對抗模擬練習。
週二	腿綁砂袋越野跑、拔筋、踢腿練習。	打砂袋或打橡膠人練習。	散手單招模擬和綜合對抗模擬練習。	武術氣功內氣練習。	武術氣功外功練習。
週三	腿綁砂袋越野跑、拔筋、踢腿練習。	警拳道套路練習。	拆解警拳道套路內含招法及潛藏變換招法。	警拳道器械擊法練習。	近身反擊刀、槍招法練習。
週四	腿綁砂袋越野跑、拔筋、踢腿練習。	學習及解讀警拳道七大理論。	立體散手技術強攻與反擊練習。	武術氣功內氣練習。	武術氣功外功練習。
週五	腿綁砂袋越野跑、拔筋、踢腿練習。	打穴、卸骨、拿筋招法練習。	學習點穴解穴、上骨手法及藥物救治方法。	綜合散手對抗模擬練習。	按散打競賽規則實戰對抗練習。

警拳道五十六代祖譜

龍脈傳承鑄警拳，
十年磨劍左右圓，
精研武道揭秘籍，
國粹經典今朝返。

正法金時巍然誕，
揚善克邪建威嚴，
浩然正氣尚武德，
萬古永存如泰山。

警拳道論證會

十年磨一劍，一劍定乾坤。警拳道歷經十年的專注研究、二十年的賽場和戰場考驗，以真功絕技在海內外一炮打響，成為華夏武林新崛起的一顆璀璨明珠。此時，迎來了全國武術專家、權威人士對警拳道的全面論證。

2005 年 5 月 28 日，中國武協副主席張山、山東省武術院副院長張炳臣、中南海鏢局武術教官楊作凡、國家最高法官學院武術教官曾聖才、中國武警武術教官王志華、少林寺武僧德慈大師、武術家牛懷祿、王志和、《中華武術》雜誌社總編昌倉、淄博市武術管理中心主人王連玲等一批武林專家，組成警拳道論證小組，親臨警拳道誕生地，山東淄博警拳道武功學院，進行為時兩天的現場考察論證。

在兩天論證中，專家們首先觀看了 1995 年中央電視台和國家武術運動管理中心拍攝的《警拳道實戰搏擊》散打教學片，同時現場觀看了警拳道隊員散打比賽及各種功夫表演。歷時兩天，對警拳道三大實踐內容、八大訓練體系、七大武學理論全面審查論證，論證組一致共認：警拳道源流有序、風格獨特、拳理明晰、自成體系，屬實戰派功夫，在繼承中華傳統武術精髓的基礎上，三大實踐內容獨具創新特色；強身自衛、散打競賽效果顯著；七大武學理論獨特見解，符合創拳立項標準，具有根深的武學研究價值，值得推廣發展。

中國武協副主席張山，在警拳道論證會上現場為警拳道慷慨題詞：十年磨劍定乾坤，警拳一鳴震四海；中國禪書書法創始人、少林寺德慈大師也當場揮筆拋墨，為警拳道的成功論證題寫了：「武之道，龍之魂」六個大字，表達了老一輩武術家對警拳道的充分肯定。同一天警拳道首屆研究會成立，標誌著警拳道進入了一個新的發展階段，為縱深研究警拳道、探索新技術、新絕招，注入了新的火力，搭起了新的舞台，為警拳道在全球快速發展又開啟了新的征程。山東電視台、淄博電視台、《中華武術》雜誌等媒體相繼報導了這一新聞。

警拳道武魂純真、立意高遠，注重全能功夫、立體散手技術訓練，在繼承中華武術精髓的基礎上，經上百次的冒險試驗破解了許多武林秘籍，從中挖掘練就成眾多先進、高效散手技術和氣功絕技，成功鑄就了警拳道這一重大武術工程。警拳道的問世，為華夏幾千年的武術瑰寶注入了新鮮血液，充實了武林大家族，在海內外武壇上扮演著重要角色，成為繼承、弘揚、創新中華武術國粹的典範。

作者聯絡方式

美國電話：408-896-0999　　650-683-2567
中國電話：13953383188
微信：Jx08925　　Jx-2008925　　bennytao1129
郵箱：jqdkungfu@gmail.com　　bennytao1129@yahoo.com

memo

memo

memo

警 拳 道

編 著 者｜陶忠先
責任編輯｜艾力克

發 行 人｜蔡森明
出 版 者｜大展出版社有限公司
社　　址｜臺北市北投區（石牌）致遠一路 2 段 12 巷 1 號
電　　話｜（02）28236031，28236033，28233123
傳　　真｜（02）28272069
郵政劃撥｜01669551
網　　址｜www.dah-jaan.com.tw
E - m a i l｜service@dah-jaan.com.tw
登 記 證｜局版臺業字第 2171 號

承 印 者｜傳興印刷有限公司
裝　　訂｜佳昇興業有限公司
排 版 者｜菩薩蠻數位文化有限公司
初版 1 刷｜2023 年 5 月

定　　價｜1000 元

國家圖書館出版品預行編目（CIP）資料

警拳道 / 陶忠先　編著. ──初版，
──臺北市，大展出版社有限公司，2023.05
　　面；　公分──
ISBN　978-986-346-414-3（平裝）
1.CST: 拳術
528.97　　　　　　　　　　　　　　112004999

大展好書　好書大展
品嘗好書　冠群可期

大展好書　好書大展
品嘗好書　冠群可期